古代歷史文化 研究輯刊

二六編

王明蓀 主編

第 16 冊

清代買賣契約地區差異性的初步研究
——以清水江、徽州和浙東地區為中心的考察

李秋梅 著

國家圖書館出版品預行編目資料

清代買賣契約地區差異性的初步研究——以清水江、徽州和浙東地區為中心的考察／李秋梅 著 -- 初版 -- 新北市：花木蘭文化事業有限公司，2021〔民 110〕

目 4+298 面；19×26 公分

（古代歷史文化研究輯刊 二六編；第 16 冊）

ISBN 978-986-518-599-2（精裝）

1. 買賣 2. 契約 3. 區域經濟 4. 清代

618   110011826

ISBN-978-986-518-599-2

9 789865 185992

古代歷史文化研究輯刊

二六編　第十六冊　　　　　　　　　ISBN：978-986-518-599-2

清代買賣契約地區差異性的初步研究
——以清水江、徽州和浙東地區為中心的考察

作　　者　李秋梅

主　　編　王明蓀

總 編 輯　杜潔祥

副總編輯　楊嘉樂

編　　輯　許郁翎、張雅淋、潘玟靜　美術編輯　陳逸婷

出　　版　花木蘭文化事業有限公司

發 行 人　高小娟

聯絡地址　235 新北市中和區中安街七二號十三樓

　　　　　電話：02-2923-1455／傳真：02-2923-1452

網　　址　http://www.huamulan.tw 信箱 service@huamulans.com

印　　刷　普羅文化出版廣告事業

初　　版　2021 年 9 月

全書字數　257144 字

定　　價　二六編 32 冊（精裝）台幣 88,000 元　　　　版權所有・請勿翻印

清代買賣契約地區差異性的初步研究
——以清水江、徽州和浙東地區為中心的考察

李秋梅　著

作者簡介

李秋梅，女，1976 年 9 月出生，教授，博士研究生，現在青海廣播電視大學任教，長期從事開放教育教學工作，主講《馬克思主義基本原理概論》《形勢與政策教育》《公共政策概論》等課程。青海省優秀教師，青海省高校思想政治理論課教學能手，青海省優秀專業技術人才，榮獲青海省高校中青年教師教學優秀獎 1 次，青海廣播電視大學教學競賽二、三等獎各 1 次；國家開放大學「青年學術新秀」。主編撰寫教材 2 部，參與撰寫著作 3 部，主持完成省級課題 3 項，廳局級課題 1 項，校級課題 2 項；參與完成省社科規劃課題 2 項，廳局級課題 4 項；參與建設省級和中央電大精品課程 1 門，主持建設校級精品課程 3 門，參與建設 1 門。

提　　要

　　買賣契約關乎百姓日常的生產經營、財產交易、家庭生計，對各類物權佔有的界定、經濟權屬的劃分、家庭與家族經營收益的穩定預期也有積極作用，是維繫市場交易秩序、規範人們的經濟行為，乃至推動地區經濟社會發展的重要保障機制之一。清代清水江、徽州和浙東三個地區的買賣契約，由於受到當地自然地理環境、經濟發展水平與結構、文化風俗的影響，無論在契約構成要件，還是訂立程序方面都存在較為明顯的差異。再加上中國傳統社會所具有的血緣與地緣高度重合的特徵，以及清代民事法律的相對簡陋與粗鄙，各地區的「鄉規」「俗例」對契約實踐發揮著重要的規範作用。由此，國家、鄉族力量及契約主體經濟利益訴求在不同地區不同時期的對比與變化直接造成了買賣契約在形式與內容上的差異，契約關係始終在以戶籍為經和以地籍為緯的制度框架以及宗法精神的背景下發展演變。這種差異是清代清水江、徽州和浙東三地經濟關係和法權關係及其發展變化最直接和最具體地反映。瞭解和分析不同地區買賣契約的差異性有助於探尋中國古代經濟社會運行的真實圖景。

目

次

緒　論

一、研究主旨、意義、方法與思路

　　契約是雙方或多方共同協議訂立的有關買賣、抵押、租賃等關係的文書、條款。在中國古代,「契」的本義為刻,「約」的本義為繩索,引申有約束之意。「作為一種包含和傳達一定信息的載體,它們都是指人們在日常的各類交往中所記錄下來的,對約定人具有一定的約束力的信物或者憑證。」明清以前這種信物或憑證有判書、質劑、傅別、書契、約契、約劑等多種稱呼,到了清代,這類憑證的稱呼還有「書」「字」「據」「票」等,倒是「契」和「約」合起來用的情況反而比較少見。可見在歷史的進程中,由於經濟社會的發展,書面記錄質料和記錄內容、標準的變化,契約的稱謂也發生著變化。但契約總是跟交易相關,與財產流轉相關,這一點在任何時代都沒有發生本質的變化。由於中國古代存在買(賣)、租(賃)、雇傭、合夥、借貸、質押等交易活動,因此契約主要是指在財產流轉或財產交易過程中所產生的「契」「約」「書」「字」「據」等具有憑證特徵的文本。買賣契約是中國古代契約的重要類型之一,是指雙方當事人之間約定,一方轉移標的物的所有權於對方,另一方支付相應對價的憑證,具體指的就是各類買賣交易中出現的「契」「約」「字」「據」等具有憑證特徵的文書。受學力、資料和文章容量所限,在對買賣契約分布區域的選擇上,以清水江、徽州和浙東地區為限;在買賣契約的形式類型上,鑒於本文的研究對象和材料的關係,主要以書面契約為主;對買賣涉及的交易對象的種類則主要集中在田產、房屋、林木、林場上。

（一）研究主旨

本文嘗試對清水江、徽州和浙東地區的買賣契約進行對比研究，並探尋造成差異性的背後原因。之所以選取這三個地方，主要基於以下考慮：

首先，這三個地區在清代都是受到商品經濟發展影響比較明顯的地區。清水江地區雖地處偏遠，但是從明末開始興起的「皇木」採集，及後來演化而成的更大範圍和更大規模的木材交易和木材生產活動，在此基礎上催生了以山林、土地權屬及其利益分配為中心的買賣租佃關係和大量的各類契約文書，商品經濟對該地區的影響痕跡非常明顯，尤其是其林業經濟的發展在整個古代中國非常具有代表性。徽州自不必多言，因其自成體系，形成了專門的「徽學」，其契約文書不僅數量巨大、內容豐富、特點鮮明，而且其反映的該地區的經濟發展及社會關係，如商業資本的發達、佃僕制、宗法制，又是藉以開展中國古代經濟史、歷史人類學、地域社會史、社會文化史等研究的重要支撐，無疑是中國歷史學界、法史學界、經濟學界研究關注的焦點之一。浙東地區因其地理位置優越，是清代經濟最為發達的地區之一，亦是中國資本主義萌芽產生的地區之一，在土地等重要財產的轉移上又是普遍盛行契約方式的地區之一，「一田二主」現象普遍又極具本地區特色，再加上新近契約資料的不斷挖掘和發現，無疑為契約研究提供了重要的材料支撐，因而具有一定的代表性和極高的研究價值。基於此，本文將在梳理清代關於買賣契約法律規範的基礎上，側重考察、分析清水江、徽州和浙東地區的買賣契約及規範，對其進行比較研究，理解清代法律規範與民間契約訂立慣例共同作用下的民事法律秩序及其對當時社會生活的作用與影響。

其次，三地買賣契約的差異性表現與當地經濟、社會和文化發展本身存在著密切關係，是中國古代經濟社會發展不均衡、不平衡的具體體現。本文將綜合運用史學、法學和社會學方法，分析探究造成這些差異性的原因，為我們進一步瞭解清代法律制度、社會文化提供新的視角和研究途徑。

再者，通過對清代買賣契約的考察，我們還可以看到國家法律本身所應該具有的邏輯上的一致性、系統性及其定位的適當性對其實際效果所具有的決定性意義，從而為當代中國的民事立法提供一定的警示和借鑒。

（二）研究意義

中國向來有重視契約的傳統，《周禮》云：「凡以財獄訟者，正之以傅別、

約劑。」〔註1〕也有調整契約關係的法律條文，如「依令田無文牒輒賣買者，財沒不追，苗子及買地之財併入地主。」〔註2〕但數量較少，因此要將契約作為重要資料和切入點去瞭解和把握中國古代社會的民事法律及其運行。20世紀90年代以後，隨著中國社會史、經濟史、法制史研究的不斷深入，契約作為當時各種社會經濟行為、法律行為的第一手資料，開始受到極大關注，出現了一大批極具學術價值的研究成果。具有一定深度歷史關懷的區域研究，探索特定區域社會的結構過程，是有益於理解區域與人群差異性和解釋中國文化多樣性的一種重要學術取向。本文聚焦於清水江、徽州和浙東地區的買賣契約，系統、全面地分析其地區差異性的表現，探究在契約實踐的影響下，區域內社會關係所發生的變化及這些變化生成的經濟、社會和文化原因，為理解三地經濟社會發展與地方社會變遷提供新的視角與途徑。本文的研究意義有三：

一是通過對三地買賣契約的比較分析，全面掌握買賣契約要件構成及其內容和契約訂立程序在三地的差異性表現，正確理解清代國家法律規範與民間契約訂立慣例共同作用下的契約實踐及其對地域經濟發展、社會運行、百姓日常生活的作用與影響，以豐富和推進中國古代契約及民事法律研究。

二是分析和探究造成三地買賣契約地區差異性表現的經濟、社會、文化、法律方面的原因，還原或再現具有地緣差序格局特徵的內地和邊疆區域少數民族較為真實的日常生活圖景，進一步瞭解中國古代社會。

三是對清水江、徽州和浙東區域性買賣契約的研究，有助於我們在當代民事立法過程中，適當關注地區經濟與社會的差異性及各地區、各民族的傳統習慣，以保證國家法律的預期效力。

（三）研究方法與思路

1. 比較研究法

本文在具體考察清水江、徽州和浙東地區買賣契約的基礎上，將從契約主體、契約的買賣標的、契約的構成要件及其訂立程序等方面展開比較，分

〔註1〕《周禮·秋官司寇》〔M〕徐正英，常佩雨譯注，北京：中華書局，2014：32。

〔註2〕長孫無忌等：《唐律疏議》〔M〕，劉俊文點校，北京：中華書局，1983：246。

析三地買賣契約的相同點與不同點，並探討形成這種地區差異性的原因。

2. 歷史文獻法

歷史文獻法是指通過閱讀、分析、整理有關文獻材料，全面、準確地研究某一問題的方法。本文將通過對三地載有買賣契約及其國家相關法律條文文獻的閱讀、整理、收集、分析，就三地買賣契約要件構成、訂立程序及當地社會變遷等關鍵問題，進行初步的梳理和探究。

3. 案例分析法

三地買賣契約數量巨大，本文將選取具有代表性的買賣契約文本進行比較分析，力求把握國家法、政府行為、經濟、社會、文化等因素對其內容與形式所產生的影響，並探尋其背後的原因。因此案例分析法是本文採用的重要方法之一。

4. 社會學方法

契約是權利關係的法律文書，體現了實際社會經濟的法權關係，因此它不僅是一個法律問題，還是重要的經濟問題，同時還具有重要的社會文化意義，因此結合法律社會史和文化人類學以及民俗學的研究方法，通過統計、計量、對比等方法對國家法背景下的清代買賣契約進行分析和解讀也是本文的重要方法。

二、研究回顧

（一）契約資料的收集與整理

現已編撰出版的包含清代買賣契約的資料主要有《明清徽州社會經濟資料叢編》（第一、二集）〔註3〕《徽州千年契約文書》〔註4〕《田藏契約文書粹編》〔註5〕《清代地契史料》〔註6〕《中國歷代契約彙編考釋》〔註7〕《福建明清經濟契約文書選輯》〔註8〕《廣東土地契約文書》〔註9〕《清河州契

〔註3〕安徽省博物館編撰：《明清徽州社會經濟資料叢編》〔M〕，中國社會科學出版社，1988。
〔註4〕王鈺欣，周紹泉：《徽州千年契約文書》〔M〕，花山出版社，1990。
〔註5〕田濤，宋格文，鄭秦：《田藏契約文書粹編》〔M〕，中華書局，2001。
〔註6〕四川新都縣檔案史料組：《清代地契史料》〔M〕，四川人民出版社，1985。
〔註7〕張傳璽：《中國歷代契約彙編考釋》〔M〕，北京大學出版社，1995。
〔註8〕《福建明清經濟契約文書選輯》〔M〕，人民出版社，1997。
〔註9〕譚棣華、冼劍民：《廣東土地契約文書》〔M〕，暨南大學出版社，2000。

文匯編》〔註10〕《清代上海房地契檔案彙編》〔註11〕《清代以來天津土地契證檔案選編》〔註12〕《陝西省清至民國文契史料》〔註13〕《閩南契約文書研究綜錄》〔註14〕《廣西少數民族地區碑文、契約資料集》〔註15〕《福建民間文書》〔註16〕《貴州文斗寨苗族契約法律文書彙編——姜元澤家藏契約文書》〔註17〕《清代寧波契約文書輯校》〔註18〕《吉昌契約文書彙編》〔註19〕《石倉契約》（第1~3輯）〔註20〕《北京商業契書集》〔註21〕《內蒙古土默特金氏蒙古家族契約文書》〔註22〕《清代浙東地區契約文書輯選》〔註23〕《成都龍泉驛百年契約文書（1754~1949）》〔註24〕《清代閩北土地文書選編（一）》〔註25〕《清代閩北土地文書選編（二）》〔註26〕《雲南省博物館館藏契約文書整理與彙編》〔註27〕《湖北天門熊氏契約文書》〔註28〕《天柱文

〔註10〕 甘肅省臨夏州檔案館：《清河州契文匯編》〔M〕，甘肅人民出版社，1993。

〔註11〕 上海市檔案館：《清代上海房地契檔案彙編》〔M〕，上海古籍出版社，1999。

〔註12〕 劉海岩：《清代以來天津土地契證檔案選編》〔M〕，天津古籍出版社，2006。

〔註13〕 王本元，王素芬：《陝西省清至民國文契史料》〔M〕，三秦出版社，1991。

〔註14〕 廈門大學歷史研究所：《閩南契約文書研究綜錄》〔J〕，中國經濟社會史研究，1990年增刊。

〔註15〕 廣西壯族自治區編輯組：《廣西少數民族地區碑文契約資料集》〔M〕，民族出版社，1987。

〔註16〕 陳支平：《福建民間文書》〔M〕，廣西師範大學出版，2007。

〔註17〕 陳金全，杜萬華：《貴州文斗寨苗族契約法律文書彙編——姜元澤家藏契約文書》〔M〕，人民出版社，2008。

〔註18〕 王萬盈：《清代寧波契約文書輯校》〔M〕，天津古籍出版社，2008。

〔註19〕 孫兆霞：《吉昌契約文書彙編》〔M〕，社會科學文獻出版社，2010。

〔註20〕 曹樹基，潘星輝，闕龍興：《石倉契約》〔M〕，浙江大學出版社，2011、2012、2014。

〔註21〕 劉小萌：《北京商業契書集》〔M〕，國家圖書館出版社，2011。

〔註22〕 鐵木爾：《內蒙古土默特金氏蒙古家族契約文書》〔M〕，中央民族大學出版社，2011。

〔註23〕 張介人：《清代浙東地區契約文書輯選》〔M〕，浙江大學出版社，2011。

〔註24〕 胡開全：《成都龍泉驛百年契約文書（1754~1949）》〔M〕，巴蜀書社，2012。

〔註25〕 楊國楨：《清代閩北土地文書選編（一）》〔J〕，中國社會經濟史研究，1982（01）：111~121。

〔註26〕 楊國楨：《清代閩北土地文書選編（二）》〔J〕，中國社會經濟史研究，1982（02）：102~114＋116。

〔註27〕 林文勳，吳曉亮，徐政芸：《雲南省博物館館藏契約文書整理與彙編》〔M〕，人民出版社，2013。

〔註28〕 張建民：《湖北天門熊氏契約文書》〔M〕，湖北人民出版社，2014。

書》（第一輯）〔註29〕《貴州清水江流域明清土司契約文書（亮寨篇）》〔註30〕；
《貴州錦屏文斗寨苗族契約法律文書彙編——姜啟貴等家藏契約文書》〔註31〕
《清水江文書》（第一、二、三輯）〔註32〕《安徽師範大學館藏千年徽州契
約文書集萃》〔註33〕《貴州清水江文書·三穗卷　第一輯》〔註34〕《貴州清
水江文書·黎平文書》〔註35〕等，為契約研究提供了豐富的一手資料。2015
年9月30日，總投資約1900餘萬元的錦屏文書特藏館對外正式開放，將清
代數十萬貴州少數民族林業契約文書系統分類保管，為學者開展契約及相關
研究帶來了極大的方便。

　　臺灣、日本和美國也有系列契約文書資料出版發行，其中包含不少清代
買賣契約資料。臺灣方面，如陳秋坤《臺灣古書契（1717～1906）》〔註36〕
《萬丹李家古文書》〔註37〕《契約文書與社會生活》〔註38〕《大崗山地區古
契約文書彙編》〔註39〕等；劉澤民《大甲東西社古文書》〔註40〕《大肚社古
文書》〔註41〕；三田裕次藏、張炎憲《臺灣古文書集》〔註42〕胡家瑜《凱達
格蘭古文書》〔註43〕《道卡斯新港社古文書》〔註44〕；臺灣史料集成編輯委

〔註29〕張新民：《天柱文書》〔M〕，江蘇人民出版社，2014。

〔註30〕高聰，譚洪沛：《貴州清水江流域明清土司契約文書（亮寨篇）》〔M〕，民族
　　　　出版社，2014。

〔註31〕陳金全，梁聰：《貴州錦屏文斗寨苗族契約法律文書彙編——姜啟貴等家藏契
　　　　約文書》〔M〕，人民出版社，2015。

〔註32〕張應強，王宗勳：《清水江文書（全三輯）》〔M〕，廣西師範大學出版社，2007、
　　　　2009、2011。

〔註33〕李琳琦：《安徽師範大學館藏千年徽州契約文書集萃》〔M〕，安徽師範大學出
　　　　版社，2014。

〔註34〕貴州省檔案館、黔東南州檔案館、三穗縣檔案館：《貴州清水江文書·三穗卷》
　　　　（第一輯）〔M〕，貴州人民出版社，2018。

〔註35〕李斌：《貴州清水江文書·黎平文書》〔M〕，貴州民族出版社，2018。

〔註36〕陳秋坤：《臺灣古書契（1717～1906）》〔M〕，臺北立虹出版社，1997。

〔註37〕陳秋坤：《萬丹李家古文書》〔M〕，南投縣國史館臺灣文獻館，2011。

〔註38〕洪麗完，陳秋坤：《契約文書與社會生活》〔M〕，中研院臺史所籌備處，2001。

〔註39〕陳秋坤，蔡承維：《大崗山地區古契約文書彙編》〔M〕，中央研究院臺灣史研
　　　　究所出版，2004。

〔註40〕劉澤民：《大甲東西社古文書》（上、下冊）〔M〕，南投市國史館臺灣文獻館，
　　　　2003。

〔註41〕劉澤民：《大肚社古文書》〔M〕，南投市臺灣省文獻委員會，2000。

〔註42〕三田裕次藏，張炎憲：《臺灣古文書集》〔M〕，臺北南天書局，1988。

〔註43〕謝繼昌：《凱達格蘭古文書》〔M〕，臺北市臺灣大學人類學系，1999。

〔註44〕胡家瑜：《道卡斯新港社古文書》〔M〕，臺北市臺灣大學人類學系，1999。

員會編輯的《臺灣總督府檔案抄錄契約文書》（10 冊）〔註45〕洪麗完《外埔鄉藏古文書專輯》〔註46〕簡史朗、曾品滄《水沙連埔社古文書選輯》〔註47〕《大基隆古文書選輯》〔註48〕等契約文書彙編成果。日本方面，據各種文獻所錄契約文書編輯的《中國土地契約文書集（金至清）》〔註49〕、濱下武志《東洋文化研究所所藏中國土地文書目錄解說》（上、下）資料集〔註50〕等，也都或多或少地涉及清代買賣契約。仁井田陞在其《中國法制史》〔註51〕中也涉及清代土地契約，並對其買賣形式與特點問題進行了分析。滋賀秀三的《中國法制史——基本資料的研究》〔註52〕中也專列「明清契約文書」一章，就買賣契約問題進行了相關論述。岸本美緒《東京大學東洋文化研究所契約文書研究會的 30 年》〔註53〕對日本東洋文化研究所 1975 年開始設立的「契約文書研究會」及其所取得的研究成果作了詳細講解。美國哈佛燕京圖書館亦收藏有大量中國契約文書。

　　從以上契約資料的整理與收集來看，清代遺留下來的買賣契約遍布全國各個地區，表明當時契約訂立的普遍。安徽、福建、臺灣向為契約遺存大省，貴州和浙江的清水江文書和石倉契約的發現為契約研究提供了新的素材。內蒙古、北京、天津、湖北、雲南、四川、甘肅、陝西等地也有相當數量的契約被發現，為開展跨地域、長時段的買賣契約研究開闢了新的路徑，有助於推動中國古代民事法律制度研究取得新進展。

（二）研究與討論

　　早期對清代買賣契約的相關研究主要出現在一些法制史類著作中。如

〔註45〕臺灣史料集成編輯委員會：《臺灣總督府檔案抄錄契約文書》〔M〕，臺北行政院文化建設委員會出版，2005。

〔註46〕洪麗完：《外埔鄉藏古文書專輯》〔M〕，臺中縣外埔鄉公所，2001。

〔註47〕簡史朗，曾品滄：《水沙連埔社古文書選輯》〔M〕，臺北縣新店市國史館，2002。

〔註48〕許文堂：《大基隆古文書選輯》〔M〕，基隆文化中心，2004。

〔註49〕《東洋文庫明代史研究室中國土地契約文書集（金至清）》〔M〕，財團法人東洋文庫，1975。

〔註50〕濱下武志：《東洋文化研究所所藏中國土地文書目錄解說（上、下）資料集》〔M〕，東京大學東洋文化研究所附屬東洋文獻中心，1983、1986。

〔註51〕仁井田陞：《中國法制史》〔M〕，上海古籍出版社，2018。

〔註52〕滋賀秀三：《中國法制史——基本資料的研究》〔M〕，東京大學出版會，1993。

〔註53〕〔日〕岸本美緒，欒成顯：《東京大學東洋文化研究所契約文書研究會的 30 年》〔J〕，史學月刊，2005（12）：13～15。

臺灣學者戴炎輝所著的《中國法制史》，分類闡述了中國古代法律的起源、訴訟、刑事、身份和財產法的發展歷史，較為詳盡的分析論述了中國法律史。在財產法史中專門提到了買賣契約，分析了「活買」與「絕賣」「典賣」與「抵押」的區別等問題，是一部論述較為詳盡的中國古代債法史的著作。張晉藩教授的《中國法制史》《清代民法綜論》《中國民法史》等，曾憲義教授的《新編中國法制史》葉孝信的《中國法制史》等著作重點論述了中國古代社會的立法概況、司法制度及其特點，對清代契約都有一定涉獵，但論述較為簡略，並未凸顯契約在研究民法領域的重要性。隨著對中國古代法律研究的不斷深入與發展，20 世紀 90 年代由葉孝信主編的《中國民法史》，專門論述了明清涉及契約的形式與要件、契約種類以及賠償責任等內容，對於買賣契約這一重要類型也有相關論述，可以視作是中國古代法律制度研究上的一大突破。1996 年，孔慶明先生所著的《中國民法史》對清代民法問題進行了更為詳盡地闡釋，進一步豐富了契約的研究。之後，楊國楨的《明清土地契約文書研究》和劉雲生的《中國古代契約法》基於經濟學和法學視角對清代買賣契約做了較為全面的考察，對於推進買賣契約研究與中國古代民事法律研究具有重要的啟示意義。繼以上學者所做的開創性工作之後，對清代買賣契約的研究進入一個新時期。按照所研究對象的不同，這段時期的學術成果主要分為以下幾個方面：

一是對特定類型的契約和相關制度所做的微觀研究。清代買賣契約中的買賣標的涉及土地、房屋、牲畜等，學者們重點圍繞著不同標的種類契約開展了較為細緻的研究，取得了相當數量的研究成果。傅衣凌先生的《福建農村的耕畜租佃契約及其買賣文書》〔註 54〕，內容涉及清代牲畜的買賣問題，先生通過分析認為當時的商品經濟已滲透到農村。卞利《清代江西安遠縣土地買賣契約文書的發現與研究》〔註 55〕，介紹了清代江西贛南地區民間土地買賣和租佃活動的契約文書，以及完糧串票（即上下忙執照）、軍功或捐監執照等，並對其作了初步研究，不僅為清代贛南地區社會經濟的研究提供了重要參考資料，也為買賣契約的研究提供了重要啟示。童廣俊和張玉《試論清

〔註 54〕傅衣凌：《福建農村的耕畜租佃契約及其買賣文書》〔J〕，中國社會經濟史研究，1983（04）：1～4。

〔註 55〕卞利：《清代江西安遠縣土地買賣契約文書的發現與研究》〔J〕，農業考古，2004（03）：92～99＋103。

代、民國時期冀中農村土地買賣中的契約精神——以束鹿縣張氏家族土地買賣契約為例》〔註56〕，認為束鹿縣張氏家族土地買賣契約具有現代合同的基本要素和現代契約精神。許光縣《清代契約法對土地買賣的規制——以紅契制度為中心的考察》〔註57〕，通過對紅契制度的考察，認為清代契約法的發達是與土地所有權的急劇轉移分不開的，並對當時社會的經濟生活產生了深刻地影響。劉高勇就清代買賣契約問題發表了系列文章，包括《論清代不動產買賣契約的國家法律制度》〔註58〕，分析了清代與不動產買賣契約有重要關聯的契稅制度、主客體資格、契約書面規範等；《從格式固定化到內容形式化：中國傳統契約的發展軌跡——以清代田宅買賣契約為中心的考察》〔註59〕，對清代買賣契約內容形式化和格式化的發展趨勢做了初步考察；《功能決定形式——對清代買賣契約內容特點的解讀》〔註60〕，認為清代契約主體具有平等性，對某些契約要件的缺省是契約訂立者對自身利益訴求的一種直接表現；他的博士論文《清代買賣契約研究》〔註61〕則對清代買賣契約進行了靜態和動態的考察，從法制史的角度歸納總結了其所具有的獨特特徵，意在為現代民事法律建設提供有價值的借鑒。王萬盈《產權交易下的清代浙東契約文書述論》〔註62〕，揭示了清末浙東地區產權交易的複雜態勢。祖麗比亞・艾尼瓦《清代南疆買賣契約研究》〔註63〕，介紹了南疆買賣契約的特點和種類。譚棣華、趙令揚《從廣州愛育堂契約文書看清代珠江三角洲

〔註56〕童廣俊，張玉：《試論清代、民國時期冀中農村土地買賣中的契約精神——以束鹿縣張氏家族土地買賣契約為例》〔J〕，河北法學，2006（08）：96～99。

〔註57〕許光縣：《清代契約法對土地買賣的規制——以紅契制度為中心的考察》〔J〕，政法論壇，2008（01）：183～186。

〔註58〕劉高勇：《論清代不動產買賣契約的國家法律規制》〔J〕，長江師範學院學報，2008（05）：142～149。

〔註59〕劉高勇：《從格式固定化到內容形式化：中國傳統契約的發展軌跡——以清代田宅買賣契約為中心的考察》〔J〕，雲南社會科學，2008（04）：123～127。

〔註60〕劉高勇：《功能決定形式——對清代買賣契約內容特點的解讀》〔J〕，韓山師範學院學報，2008（04）：17～22。

〔註61〕劉高勇：《清代買賣契約研究》〔D〕，中國政法大學，2008。

〔註62〕王萬盈：《產權交易下的清代浙東契約文書述論》〔J〕，西北師大學報（社會科學版），2008（03）：68～73。

〔註63〕祖麗比亞，艾尼瓦：《清代南疆買賣契約研究》〔J〕，理論前沿，2014（09）：54。

的土地關係》〔註64〕，揭示了清代珠江三角洲地區因為需要修築河堤，以及與江海爭地，所不同於其他內陸地區的土地買賣關係。劉小萌《乾、嘉年間畿輔旗人的土地交易——根據土地契書進行的考察》〔註65〕，以乾隆、嘉慶兩朝（1736～1820）封建經濟的繁榮所產生的商業資本和高利貸資本的膨脹為背景，對旗人土地買賣、租佃關係、民典旗地等問題進行研究。沈炳堯《清代山陰、會稽、諸暨縣房地產契約文書輯存》〔註66〕，對清代山陰、會稽、諸暨3個縣的房契做了考察。馬學強《「民間執業全以契券為憑」——從契約層面考察清代江南土地產權狀況》〔註67〕，論述了清代作為財政主要收入的江南地區的土地買賣情況。陳學文《明清徽州土地契約文書選輯及考釋》〔註68〕，對徽州地區一些契約文書所含的歷史意義作了初步分析；在其另一篇文章《土地契約文書與明清社會、經濟、文化的研究》〔註69〕，將契約文書與社會、經濟、文化相關聯，為研究明清社會制度、經濟史、文化史提供了不少方法。張傳璽《契約史買地券研究》〔註70〕，深入探討契約與地券及封建國家土地私有制形式的相關問題。羅海山《傳統中國的契約：法律與社會——以土地買賣、典當契約為對象的考察》〔註71〕，選取了土地買賣與典當契約為研究對象，揭示了中國古代契約所具有的文化特質。金海姣《清代浙東田地買賣契約研究》〔註72〕，分析了清代浙東田地買賣契約的要件構成、功能及其反映的現代法律精神。羅海山《傳統中國的契約、法律與社會》和王德慶《契約、習慣與社會秩序》，以土地交易契約為研究對象，揭示了傳

〔註64〕譚棣華、趙令揚：《從廣州愛育堂契約文書看清代珠江三角洲的土地關係》〔J〕，中國社會經濟史研究，1987（04）：11～19。

〔註65〕劉小萌：《乾、嘉年間畿輔旗人的土地交易——根據土地契書進行的考察》〔J〕，清史研究，1992（04）：40～48＋39。

〔註66〕沈炳堯：《清代山陰、會稽、諸暨縣房地產契約文書輯存》〔J〕，中國經濟史研究，1998（03）：153～159。

〔註67〕馬學強：《「民間執業　全以契券為憑」——從契約層面考察清代江南土地產權狀況》〔J〕，史林，2001（01）：69～78。

〔註68〕陳學文：《明清徽州土地契約文書選輯及考釋》〔J〕，中國農史，2002（03）：48～60。

〔註69〕陳學文：《土地契約文書與明清社會、經濟、文化的研究》〔J〕，史學月刊，2005（12）：10～12。

〔註70〕張傳璽：《契約史買地券研究》〔M〕，北京：中華書局，2008。

〔註71〕羅海山：《傳統中國的契約：法律與社會》〔D〕，吉林大學，2005。

〔註72〕金海姣：《清代浙東田地買賣契約研究》〔D〕，遼寧大學，2014。

統契約在中國社會中的作用，其中也涉獵到了清代土地交易及買賣契約問題。周進《清代土地絕賣契約研究》〔註73〕，運用現代民法理論重點考察了清代土地絕賣契約的成立與生效的要件及中人的作用。楊朝迎《宋至清代徽州地區幾件買賣契約文書初探》〔註74〕，通過對宋至清代的幾件徽州買賣契約的研究為中國古代土地買賣與稅賦問題提供重要參考。周翔鶴《清代臺灣開發史上的個體開墾者》〔註75〕，提出應專注於清代臺灣的個體經營和番墾的經營方式，其對臺灣開發具有獨特作用。梅磊《道光年間湖北天門熊氏田地買賣契約文書研究》〔註76〕，通過對清代道光年間內陸地區（湖北天門）的民間契約文書的研究，使大家對熊氏田地買賣契約文書的基本格式及百姓生活有一個大致的瞭解。穆柔荷《清代河南土地交易研究》〔註77〕，認為清代河南的土地交易發展迅速，並受到國家法的制約與規範。趙永明《徽州土地契約文書詞彙的特點及價值》〔註78〕，通過土地買賣契約所用詞彙特點的描摹，揭示了其在漢語詞彙史中的價值。

　　第二，對清代契稅徵收和管理所做的研究。清代由於社會財富和人口大量增加，契稅的徵收和管理亦趨規範和嚴格。清代的契稅一般為契價的百分之二到三，清末稍漲，典契曾上升到百分之六，賣契曾上升到百分之九。易弓《康熙五十六年〈張渭瑞出賣熟荒山田契約〉評介》〔註79〕，通過對清代康熙朝少數檔案中時間較早的「張渭瑞出賣熟荒山田契約」的研究，認為該契約反映了康熙末年以來四川地價人口、稅賦制度、風俗及政區的變化情況。呂鵬軍《從有關律例看清代田房典當契稅的變化》〔註80〕，著重分析討論清

〔註73〕周進：《清代土地絕賣契約研究》〔D〕，武漢大學，2005。

〔註74〕楊朝迎：《宋至清代徽州地區幾件買賣契約文書初探》〔D〕，蘭州大學，2013。

〔註75〕周翔鶴：《清代臺灣開發史上的個體開墾者》〔J〕，臺灣研究集刊，1991（03）：71～75＋70。

〔註76〕梅磊：《道光年間湖北天門熊氏田地買賣契約文書研究》〔D〕，鄭州大學，2016。

〔註77〕穆柔荷：《清代河南土地交易研究》〔D〕，鄭州大學，2018。

〔註78〕趙永明：《徽州土地契約文書詞彙的特點及價值──以明清土地契約文書為例》〔J〕，中國農史，2016，35（01）：130～135。

〔註79〕易弓：《康熙五十六年〈張渭瑞出賣熟荒山田契約〉評介》〔J〕，歷史檔案，1989（01）：132～134＋105。

〔註80〕呂鵬軍：《從有關律例看清代田房典當契稅的變化》〔J〕，清史研究，1999（04）：106～108。

代典當契稅的發展與變化。韓軍《清代契稅制度研究——以江蘇省為例》〔註81〕，從現代契稅制度所包含的具體內容考察清代契稅制度，探討其合理性。劉高勇的《論清代的契稅與民間契約管理》〔註82〕，認為清朝政府對民間不動產買賣的管理主要是通過徵收契稅的方式，以此來解答今天我們的政府在制定房價、抑制物價上漲政策上的得失。陳新立《清代田房契稅徵管中的失範：國家與地方、民眾的互動》〔註83〕，提出國家是田房契稅徵管制度規範化的主導力量，國家在田房契稅徵收管理上具有兩種社會職能，一是保障所有權合法，穩定社會秩序，二是保障國家稅收收入。黃亞楠《清代以來江浙地區田房契稅研究》〔註84〕，試圖從征收額度、管理規定、開支用途、懲處方式等方面考察田房契稅的整體概貌，闡述清代以來中央政府如何通過規範民間土地房屋交易行為來維持交易秩序，以促使其健康運轉。王新斐《清代山西稅契制度研究》〔註85〕，主要對山西地區稅契制度及其實施情況進行了較為系統地研究。陳支平《清代臺北蘆洲的土地賦稅關係》〔註86〕，從契約內容中發現民間所開墾土地與賦稅徵收相脫節的原因所在。

　　第三，中人研究。在中人問題上，韋明鏵《「白螞蟻」解——關於房地產買賣之「中人」及其文化釋讀》〔註87〕，通過清代的老房契，論述了買賣第三方的「中人」。周進《清代土地買賣契約中人現象研究》〔註88〕，對清代「中人」在契約中的角色劃分及對同姓「中人」的作用進行了淺要的分析。劉高勇、屈奇《論清代田宅契約訂立中的第三方群體：功能及其意義》〔註89〕，

〔註81〕韓軍：《清代契稅制度研究》〔D〕，華中科技大學，2013。

〔註82〕劉高勇：《論清代的契稅與民間契約管理》〔J〕，廊坊師範學院學報，2008（02）：
　　　　85～88。

〔註83〕陳新立：《清代田房契稅徵管中的失範：國家與地方、民眾的互動》〔J〕，人
　　　　文論叢，2013（00）：234～247。

〔註84〕黃亞楠：《清代以來江浙地區田房契稅研究》〔D〕，華東師範大學，2015。

〔註85〕王新斐：《清代山西稅契制度研究》〔D〕，山西大學，2013。

〔註86〕陳支平：《清代臺北蘆洲的土地賦稅關係》〔J〕，中國社會經濟史研究，2001
　　　　（03）：50～59。

〔註87〕韋明鏵：《「白螞蟻」解——關於房地產買賣之「中人」及其文化釋讀》〔J〕，
　　　　檔案與建設，2002（05）：44～46。

〔註88〕周進：《清代土地買賣契約中人現象研究》〔J〕，遵義師範學院學報，2007
　　　　（04）：18～20＋32。

〔註89〕劉高勇，屈奇：《論清代田宅契約訂立中的第三方群體：功能及其意義》〔J〕，
　　　　西部法學評論，2011（03）：16～20。

論證了在清代田宅交易中第三方群體對交易的影響。周進、李桃《同姓中人在清代土地絕賣契約中的法律角色研究——從與賣方的關係探討》〔註 90〕，論述了同姓的「中人」在土地絕賣契約中的地位。陳勝強《中人對清代土地絕賣契約的影響及其借鑒意義》〔註 91〕，探究了「中人」對清代土地絕賣契約的影響，建議發掘中國傳統民事法律中的積極因子，為當代法制建設提供借鑒。趙良玉《古代中人作用之法律分析》〔註 92〕，分析了中人在契約訂立中的作用，其中涉及了清代買賣契約中的中人問題。楊志芳《清代、民國雲南買賣契約中「第三方群體」研究》〔註 93〕，認為「第三方群體」廣泛存在於雲南買賣契約中，發揮著重要功能。王帥一《明清時代的「中人」與契約秩序》〔註 94〕，認為中人制度是中國古代民間法律秩序的重要組成部分。

　　第四，林業契約及相關問題的研究。陳柯雲《明清徽州地區山林經營中的「力分」問題》〔註 95〕《明清山林苗木經營初探》〔註 96〕《從〈李氏山林置產簿〉看明清徽州山林經營》〔註 97〕；張雪慧《徽州歷史上的木材經營初探》〔註 98〕，上田信《山林、宗族與鄉約——從華中山區的事例說起》〔註 99〕，涉谷裕子《安徽省休寧縣龍山鄉浯山嶺村山林經營方式的特徵》〔註 100〕，

〔註 90〕周進，李桃：《同姓中人在清代土地絕賣契約中的法律角色研究——從與賣方的關係探討》〔J〕，貴州社會科學，2009（11）：132～136。

〔註 91〕陳勝強：《中人對清代土地絕賣契約的影響及其借鑒意義》〔J〕，法學評論，2010，28（03）：155～160。

〔註 92〕趙良玉：《古代中人作用之法律分析》〔D〕，鄭州大學，2018。

〔註 93〕楊志芳：《清代、民國雲南買賣契約中「第三方群體」研究》〔J〕，思想戰線，2017，43（05）：140～146。

〔註 94〕王帥一：《明清時代的「中人」與契約秩序》〔J〕，政法論壇，2016，34（02）：170～182。

〔註 95〕陳柯云：《明清徽州地區山林經營中的「力分」問題》〔J〕，中國史研究，1987（1）：24～30。

〔註 96〕陳柯云：《明清山林苗木經營初探》〔J〕，平準學刊，1989（4）。

〔註 97〕陳柯云：《從〈李氏山林置產簿〉看明清徽州山林經營》〔J〕，江淮論壇，1992（1）。

〔註 98〕張雪慧：《徽州歷史上的木材經營初探》〔J〕，中國史研究，1987（1）。

〔註 99〕上田信的：《山林、宗族與鄉約——從華中山區的事例說起》〔J〕，載木村靖二，上田信：《地域的世界史之卷 10：人與人的地域史》〔M〕，山川出版社，1997。

〔註 100〕涉谷裕子：《安徽省休寧縣龍山鄉浯山嶺村山林經營方式的特徵》〔J〕，史學，2002（4）。

中島樂章《清代徽州的山林經營、紛爭及宗族形成——祁門三四都凌氏文書研究》〔註101〕等文章都是圍繞山林經營和木材貿易方面的民間契約和交易記錄開展的相關研究，有助於我們對清代徽州林業經濟相關問題的理解和認識。姜秀波的《古人與自然和諧共存的樣板——讀解清水江清代林契》〔註102〕羅洪洋和張曉輝的《清代黔東南文斗侗、苗林業契約研究》〔註103〕羅洪洋的《清代黔東南錦屏苗族林業契約的糾紛解決機制》〔註104〕及其《清代黔東南錦屏苗族林業契約之賣契研究》〔註105〕單洪根的《錦屏林業契約文書——清代林業生產關係的活化石》〔註106〕羅康隆的《清代貴州清水江流域林業契約與人工營林業的發展》〔註107〕單洪根和龍澤江的《林業契約與林權改革》〔註108〕羅康隆的《從清水江林地契約看林地利用與生態維護的關係》〔註109〕馬國君和李紅香的《近六十年來清水江林業契約的收集、整理與研究綜述》〔註110〕覃丹妮的《清水江流域人工營林業中契約的分成研究》〔註111〕林芊和楊春華的《清水江文書中的林業生產：側重方法論及林農生產的視角——清至民國西南內地邊疆侗苗地區土地關係研究之一》

〔註101〕中島樂章：《清代徽州的山林經營、紛爭及宗族形成——祁門三四都凌氏文書研究》〔J〕，江海學刊，2003（5）。

〔註102〕姜秀波：《古人與自然和諧共存的樣板——讀解清水江清代林契》〔J〕，當代貴州，2003（05）：44～45。

〔註103〕羅洪洋，張曉輝：《清代黔東南文斗侗、苗林業契約研究》〔J〕，民族研究，2003（03）：93～102＋110。

〔註104〕羅洪洋：《清代黔東南錦屏苗族林業契約的糾紛解決機制》〔J〕，民族研究，2005（01）：88～96＋109～110。

〔註105〕羅洪洋：《清代黔東南錦屏苗族林業契約之賣契研究》〔J〕，民族研究，2007（04）：80～90＋110。

〔註106〕單洪根：《錦屏林業契約文書——清代林業生產關係的活化石》〔J〕，凱里學院學報，2007（05）：37～40。

〔註107〕羅康隆：《清代貴州清水江流域林業契約與人工營林業的發展》〔J〕，中國社會經濟史研究，2010（02）：47～52。

〔註108〕單洪根，龍澤江：《林業契約與林權改革》〔J〕，林業經濟，2010（08）：63～66。

〔註109〕羅康隆：《從清水江林地契約看林地利用與生態維護的關係》〔J〕，林業經濟，2011（02）：12～17。

〔註110〕馬國君，李紅香：《近六十年來清水江林業契約的收集、整理與研究綜述》〔J〕，貴州大學學報（社會科學版），2012，30（04）：74～81。

〔註111〕覃丹妮：《清水江流域人工營林業中契約的分成研究》〔D〕，吉首大學，2016。

〔註112〕、吳才茂的《近五十年來清水江文書的發現與研究》〔註113〕等，主要圍繞黔東南林業經濟及林業契約展開論述，內容涉及契約內容、林業與生態環境、契約分成、林業契約收集與整理的回顧等方面，較為全面地展示了黔東南林業經濟及其契約發展的過程。楊有賡的《清代苗族山林買賣契約反映的苗漢等族間的經濟關係》〔註114〕重點分析了苗族山林土地契約的生效條件和契約雙方的社會關係。程澤時《清代錦屏木材「放洪」糾紛與地役權問題——從加池寨和文斗寨的幾份林契談起》〔註115〕、張陽陽《清代黔東南契約習慣法與國家法的衝突與調適》〔註116〕、鍾一葦《清水江文書中的訴訟及其交易習慣》〔註117〕、張光紅《鳴神與鳴官清代清水江流域民間糾紛多元解決機制試探》〔註118〕、沙苗苗《清代清水江茶山契約的私法秩序初探》〔註119〕等主要圍繞黔東南地區契約糾紛及其解決開展研究，重點分析了清代黔東南契約習慣法與國家法存在的衝突、互動及糾紛解決。朱晉一《清代清水江流域錦屏縣山林買賣契約文書研究》〔註120〕，認為清水江地區的明清林業買賣契約為我們研究當地「習慣法」提供了重要材料。林芊《清水江林業契約文書中「股」之形式及其特徵》〔註121〕，認為清水江林業契約中存在複雜的「股中股」

〔註112〕 林芊，楊春華：《清水江文書中的林業生產：側重方法論及林農生產的視角——清至民國西南內地邊疆侗苗地區土地關係研究之一》〔J〕，貴州大學學報（社會科學版），2017，35（03）：30～40。

〔註113〕 吳才茂：《近五十年來清水江文書的發現與研究》〔J〕，中國史研究動態，2014（01）：39～52。

〔註114〕 楊有賡：《清代苗族山林買賣契約反映的苗漢等族間的經濟關係》〔J〕，貴州民族研究，1990（03）：110～117。

〔註115〕 程澤時：《清代錦屏木材「放洪」糾紛與地役權問題——從加池寨和文斗寨的幾份林契談起》〔J〕，原生態民族文化學刊，2010，2（04）：36～40。

〔註116〕 張陽陽：《清代黔東南契約習慣法與國家法的衝突與調適》〔J〕，原生態民族文化學刊，2017，9（03）：70～75。

〔註117〕 鍾一葦：《清水江文書中的訴訟及其交易習慣》〔J〕，貴州大學學報（社會科學版），2017，35（06）：22～27。

〔註118〕 張光紅：《鳴神與鳴官：清代清水江流域民間糾紛多元解決機制試探》〔J〕，貴州大學學報（社會科學版），2017，35（02）：25～34。

〔註119〕 沙苗苗：《清代清水江茶山契約的私法秩序初探》〔J〕，法制與經濟，2016（06）：87～88

〔註120〕 朱晉一：《清代清水江流域錦屏縣山林買賣契約文書研究》〔D〕，陝西師範大學，2014。

〔註121〕 林芊：《清水江林業契約文書中「股」之形式及其特徵》〔J〕，貴州文史叢刊，2018（03）：43～50。

或「多重股」的現象，是區別於閩北、徽州等地區林業生產的重要特徵之一。瞿見《清水江林業契約中的採伐權：規範及其實踐》〔註122〕，在規範與實踐兩個層面的解析中，形成了一種關於清水江林木經營中「多元股份結構」的新觀點。盤應福《清代清水江下游鄉村社會經濟生活中的「股」研究——基於對帶「股」字樣契約文書的考察》〔註123〕，提出清水江地區林業「股」交易具有複雜性、多樣性和地域性等特徵。林芊、楊春華《清水江林業契約與林農經濟史的量化關係研究》〔註124〕，在對林業生產的體量、林地單位面積、林農收益等量化分析的基礎上，通過林地買賣契內的價格元素可以推導出林地的單位面積，進而釐清林契內一座完整山場的概念，對相關研究具有借鑒價值。張微《日本學者武內房司苗族山林契約文書研究析略》〔註125〕，對武內房司的清水江苗族山林契約文書研究成果加以梳理和評析，以幫助國內苗學研究者開拓研究視野並提升其與日本苗學研究者交流對話的能力。

　　第五，買賣契約與法律、宗族、社會秩序的關係問題研究。近年來，隨著對清代契約研究的不斷深入，學者們開始將契約、習慣和社會秩序相結合，運用歷史學、法學、社會學等方法對其進行立體化、綜合性研究，出現了一批具有廣泛影響的學術成果。如日本學者寺田浩明《關於清代土地法秩序「慣例」的結構》、黃宗智《清代以來民事法律的表達與實踐》、梁治平《清代習慣法社會與國家》等，都是從社會學角度開展了對買賣契約的考察，將其放在當時社會背景下，考慮其與經濟、社會、法律等因素的互動及其對當時社會造成的多方面的影響。鄭振滿《清代臺灣的合股經營》，重點考察了臺灣的合股經營問題，開啟了從社會學角度研究清代臺灣契約的序幕。周翔鶴《清代臺灣宜蘭水利合股契約研究》〔註126〕，聚焦於清代臺灣宜蘭地區的水利合股經營問題，就不同領域合股經營的情況進行了較為詳盡的分析闡釋。韋慶遠

〔註122〕瞿見：《清水江林業契約中的採伐權：規範及其實踐》〔J〕，貴州大學學報（社會科學版），2018，36（03）：49～58。

〔註123〕盤應福：《清代清水江下游鄉村社會經濟生活中的「股」研究——基於對帶「股」字樣契約文書的考察》〔J〕，青海民族研究，2018，29（02）：100～105。

〔註124〕林芊，楊春華：《清水江林業契約與林農經濟史的量化關係研究》〔J〕，原生態民族文化學刊，2017，9（04）：25～35。

〔註125〕張微：《日本學者武內房司苗族山林契約文書研究析略》〔J〕，貴州師範學院學報，2017，33（05）：17～21。

〔註126〕周翔鶴：《清代臺灣宜蘭水利合股契約研究》〔J〕，中國經濟史研究，2000（03）：104～114。

《從族譜、契約文書看清代閩臺間的宗法關係》〔註127〕，利用族譜和契約對清代閩臺之間的宗法關係進行了探討。支平和崢嶸《從契約文書看清代以來福建與臺灣的民間關係》〔註128〕，通過契約研究了清代閩臺之間的民間關係。李力《清代民間契約的中法律——民事習慣法視角下的理論建構》，通過對清代契約中的幾個關鍵概念術語的闡述來構建清代的民事法律體系。賓長初《清代徽州錢會的計量分析——基於〈徽州文書〉第二輯所收會書的考察》〔註129〕，對徽州文書中與錢會相關的某些數據進行分析統計，探討了錢會在當時社會中的作用。張應強《清代契約文書中的家族及村落社會生活——貴州省錦屏縣文斗寨個案初探》〔註130〕，展示了清水江文斗寨家族形成與村落社會生活的大致情況。張本照的《清代鄉村社會契約秩序研究的回顧與展望》〔註131〕對清代契約運行的秩序作了較為詳盡地探討。梁聰《清代清水江下游村寨社會的契約規範與秩序——以文斗苗寨契約文書為中心的研究》〔註132〕，探討了清水江下游地區的契約規範與秩序問題。王振忠《清水江文書所見清、民國時期的風水先生——兼與徽州文書的比較》〔註133〕，通過對清水江與徽州風水先生的比較研究，認為兩地風水先生社會地位的不同反映的是地區文化與經濟發展的差異性。阿風的《中國歷史上的「契約」》〔註134〕分析了中國古代契約形制與語言的變化，說明了這種變化的社會背景。李宇《契約所見清代山西土地價格研究》〔註135〕，通過清代山西契約討論分析了當時土地買賣的原因與土地價格的變化。何石軍和溫方方《習俗與契約治理：清代山

〔註127〕　韋慶遠：《從族譜、契約文書看清代閩臺間的宗法關係》〔J〕，史學集刊，1989（04）：41～51。

〔註128〕　支平，崢嶸：《從契約文書看清代以來福建與臺灣的民間關係》〔J〕，臺灣研究集刊，2000（01）：65～72＋102

〔註129〕　賓長初：《清代徽州錢會的計量分析——基於〈徽州文書〉第二輯所收會書的考察》〔J〕，中國社會經濟史研究，2011（04）：45～54。

〔註130〕　張應強：《清代契約文書中的家族及村落社會生活——貴州省錦屏縣文斗寨個案初探》〔J〕，廣西民族學院學報（哲學社會科學版），2005（05）：65～70。

〔註131〕　張本照：《清代鄉村社會契約秩序研究的回顧與展望》〔J〕，科技信息（科學教研），2008（13）：195＋222。

〔註132〕　梁聰：《清代清水江下游村寨社會的契約規範與秩序》〔D〕，西南政法大學，2007。

〔註133〕　王振忠：《清水江文書所見清、民國時期的風水先生——兼與徽州文書的比較》〔J〕，貴州大學學報（社會科學版），2013，31（06）：55～68。

〔註134〕　阿風：《中國歷史上的「契約」》〔J〕，安徽史學，2015（04）：5～12。

〔註135〕　李宇：《契約所見清代山西土地價格研究》〔D〕，山西大學，2015。

西土地典契定價的量化分析》〔註 136〕，將典契進行了重新定義，對當代金融
領域具有啟示作用。周翔鶴《從契約文書看清代臺灣竹塹社的土著地權問題》
〔註 137〕，重點研究了臺灣地權分化進程及造成的貧富分化問題。陳瑛珣《從
清代臺灣託孤契約文書探討閩臺女性財產權的變與不變》〔註 138〕，利用特定
種類的契約集中探討了閩臺地區女性財產權的問題。吳佩林《清代縣域民事
糾紛與法律秩序考察》〔註 139〕，重點總結了清代州縣在處置民事訴訟中以追
求社會秩序的最大程度恢復的宗旨與思路。

（三）對以往研究的歸納總結

清代買賣契約及其相關問題的研究取得了許多重要成果，主要涉及契約
原始資料的收集與整理、各類財產交易及買賣契約訂立的要件、形式與內容，
以及契約內容所體現出來的與清代農業、林業經濟發展、社會、文化與風俗
以及少數民族地區開發相關的法律法規及其運行狀況等問題。這些研究或通
過民法史類著作予以呈現。如張晉藩先生的《清代民法綜論》設有「買賣契
約」的專門論述，「對清代買賣契約從國家法中的一般規定到民間契約文本的
基本特點作了一些總結性的論述。」〔註 140〕或以專題性研究為切入點，如對
買賣契約涉及的中人、契稅、絕賣與活賣、找價與回贖等所做的專門論述。
這類研究較為細緻，且有一定的深度，對於全面瞭解清代買賣契約及其實踐
大有裨益。或專注於某一特定區域內的買賣契約開展相關研究，如針對清水
江、成都、河南、寧波、安徽、福建、臺灣等地的買賣契約研究都形成了數量
不少的學術成果，對於瞭解清代各地買賣契約的特徵及其所反映的不同地區
經濟與法權關係具有重要的借鑒價值，為清代各地區經濟、社會、文化、法
律的綜合研究提供了方法與途徑。還有將不同地域的買賣契約進行跨時代的
比較研究。如周紹泉《田宅交易中的契尾試探》〔註 141〕一文，對始於元、終

〔註 136〕何石軍，溫方方：《習俗與契約治理：清代山西土地典契定價的量化分析》
　　　　〔J〕，北京大學學報（哲學社會科學版），2018，55（04）：129～139。

〔註 137〕周翔鶴：《從契約文書看清代臺灣竹塹社的土著地權問題》〔J〕，臺灣研究集
　　　　刊，2003（02）：1～9。

〔註 138〕陳瑛珣：《從清代臺灣託孤契約文書探討閩臺女性財產權的變與不變》〔J〕，
　　　　閩都文化研究，2004（02）：1145～1198。

〔註 139〕吳佩林：《清代縣域民事糾紛與法律秩序考察》〔M〕，中華書局，2013。

〔註 140〕張晉藩：《清代民法綜論》〔M〕，北京：中國政法大學出版社，1998：136～
　　　　141。

〔註 141〕周紹泉：《田宅交易中的契尾試探》〔J〕，中國史研究，1987（01）。

於清末行用達六百多年的土地稅契憑證——契尾的研究，其重要意義在於揭示了跨斷代契約研究必要性與價值。楊國楨《明清土地契約文書研究》〔註142〕通過對中國福建、浙江、徽州等地區的土地買賣、租佃契約及其關係發展變化的考察，在跨地域的契約研究方面取得了具有開創性的研究成果。張傳璽《中國歷代契約會編考釋》收錄了各類契約1402件，時間跨度從西周到民國，地區遍及南方與北方，通過分類對不同契約進行論述，彰顯了跨斷代、跨區域契約比較研究的重要價值。美國學者韓森《傳統中國日常生活的協商——中古契約研究》〔註143〕以對吐魯番、敦煌和徽州三地的契約考察為基礎，分析了隋唐到元明時期中國古代社會的歷史變遷。王旭《契紙千年：中國傳統契約的形式與演變》〔註144〕從法史的角度探討了整個紙質契約的發展演變歷史。魯西奇《中國古代買地券研究》〔註145〕考察了中國「買地券」這一特殊契約類型的歷史演變，對跨斷代、跨地域的契約研究具有重要的參考價值。這類研究有助於突破地域和年代限制，將不同地區的契約、習慣和社會秩序運行的實際狀況相結合，綜合運用法學、社會學等方法開展立體研究，學者阿風據此認為「利用古文書學的方法，對於契約展開長時段、跨地域的比較研究，將會是今後中國古代契約研究的方向」〔註146〕。筆者亦認同該觀點，對清代買賣契約開展跨地域、長時段的比較研究，有助於全面瞭解不同地區契約實踐的差異性表現及其形成的複雜原因，對進一步推進中國古代契約研究具有方向性的指導意義，這也是本書選題的出發點和研究宗旨。

三、創新之處

清代買賣契約及其相關問題，前人已作了不少研究，但跨地域對買賣契約開展的比較研究並不多見，且分析比較籠統，深度有限，存在一定的侷限性。本文選取清水江、徽州和浙東地區的買賣契約作為研究對象，著重分析三地買賣契約在契約主體、買賣標的、構成要件及其訂立程序方面所表現

〔註142〕楊國楨：《明清土地契約文書研究》〔M〕，北京：中國人民大學出版社，2009。

〔註143〕〔美〕韓森：《傳統中國日常生活中的協商：中古契約研究》〔M〕，魯西奇譯，江蘇人民出版社，2008。

〔註144〕王旭：《契紙千年——中國傳統契約的形式與演變》〔M〕，北京大學出版社，2013。

〔註145〕魯西奇：《中國古代買地券研究》〔M〕，廈門大學出版社，2014。

〔註146〕阿風：《中國歷史上的「契約」》〔J〕，安徽史學，2015（04）：5～12。

出來的差異性，並從社會、經濟、文化和風俗等方面對造成這種差異性的原因進行挖掘和論證，有助於發現統一的國家法律制度在各地運行的差異，進而瞭解不同地方傳統習慣及風俗與國家法相互影響的不同狀況，對於豐富中國古代契約及民事法律秩序的研究不無裨益。這是本文的創新之一。

奧地利法學家尤根·埃利希認為：「與其說法律規定的效力取決於法學家加之於上的解釋，不如說取決於其他條件，在此問題上，這些其他條件具有更大的重要意義，例如，民族的獨特性格、主流的倫理觀點、用於執行該制定法的權力工具、所適用法律程序的種類等。」[註147] 清代國家法在契約管理與規範方面主要著眼於契稅徵收的最大化、稅糧對象的穩定化和交易糾紛的最少化，對民間買賣契約的內容、形式及其訂立程序都產生了重要的「形塑」作用，但因受到民間交易中自始至終貫穿的交易成本最小化（以避稅行為及其手段的多樣化為突出代表）和交易安全保障最大化（對「上手／老契」的重視、交易第三方的引入以及普遍的、具有濃厚的地方特色的交易「公示制度」）訴求的影響，在法律之外實際生成了維繫民間契約秩序的許多具有地方特色的習慣性做法。本文的另一創新之處就在於將清代正式的契約法律規範與清水江、徽州和浙東地區的民間契約實踐結合起來，綜合考察在國家法和民間契約習慣綜合作用下形成的具有明顯地區差異性的買賣契約及其生成的民事法律秩序，合理詮釋差異的原因所在，這對於當下制定國家法律時瞭解並對地區差異性及慣習給予足夠的關注、採取恰當的處理，從而保證國家法律預期效力具有一定的啟示作用。

本文的第三個創新之處在於從社會學角度出發，恰當分析買賣契約本身對地區社會及其經濟發展產生的影響。買賣契約是地區經濟關係與法權關係的直接體現，記錄著地區社會財富的流動與轉移，與百姓日常生活的方方面面密切聯繫，因而對於維護地區交易秩序、規範人們的經濟行為，乃至推動地區經濟發展、規範社會財富的分配與再分配秩序，以及促進社會變化方面亦有著自身積極的價值與意義。可以說，契約是維繫中國古代社會運行、經濟發展、規範人們日常經濟生活的重要保障機制之一。針對中國古代社會的契約研究可以為我國現代法律制度的建立與完善提供深厚的社會土壤和文化支持。

[註147]〔奧〕尤根·埃利希：《法律社會學基本原理》〔M〕，葉名怡、袁震譯，北京：中國社會科學出版社，2009：285。

第一章　清水江、徽州和浙東地區的經濟社會與買賣契約

第一節　三地經濟社會概略

一、清水江地區

（一）自然地理環境

　　清水江是貴州境內主要的河流之一。清人徐家幹說：「清水江，盤折苗疆，源出都勻馬尾河，經凱里西北，會於重安江，徑施洞口，過清江廳，出遠口而入湖南。清深可通舟，實沅水之上流。」〔註1〕清水江流域係指黔東南州麻江、凱里、黃平、臺江、三穗、劍河、黎平、錦屏、天柱等縣大部分地區，是我國西南地區苗、侗、仡佬族、水族、布依族、土家族、瑤族等民族的重要聚居區之一。該地區多林木，明清時期的林業經濟及貿易較為發達，所產杉木向為貢木。清人愛必達在《黔南識略》中描繪該地區「山多載土，樹宜杉……至清江以下至茅坪二百里，兩岸翼雲承日，無隙土，無漏陰，棟樑宗桷之材，靡不備具。坎坎之聲，鏗訇空谷，商賈絡繹於道，編巨筏放之大江，轉運於江淮間者，產於此也。」〔註2〕

〔註1〕徐家幹：《苗疆聞見錄》〔M〕，吳一文校注，貴陽：貴州人民出版社，1979：143。

〔註2〕愛必達：《黔南識略》〔M〕，杜文鐸點校，貴陽：貴州人民出版社，1992：177。

（二）生界、生苗界、苗疆——清水江地區地理空間稱謂的演化

　　清水江地區到清及民國乃至以後才有漢族及其他民族遷入。明代的《貴州圖經新志》〔註3〕稱黔東南黎平一帶為「苗界」。郭子章的《黔記》也稱「銅仁之苗界在楚黔」。〔註4〕也就是說，明代普遍將今貴州清水江流域內的少數民族生活地區視為「苗界」。隨著明朝中央勢力對該地區的介入，將尚未納入國家管轄範圍的苗侗民族聚居區稱為「生苗」；對那些已經納入到國家行政體系且受到漢文化薰陶並接受了漢文化的地區，則稱之為「熟苗」。其界限的劃分以黔東潕陽河以南、都勻府以東、黎平府西南為一線，生活在潕陽河以北的少數民族是熟苗，而潕陽河以南的是生苗，通常稱之為生苗界。

　　明亡清興，文獻中繼續使用「生苗」來指稱貴州少數民族。雍正七年貴竹南陳家寨人進士包祚永上疏言：「……而全黔上下游沿邊地，界連滇、粵、湖南，半屬生羅生苗……」〔註5〕到雍正乾隆年間，由於「開闢苗疆」和「改土歸流」的推進，生苗界漸次內地化，「苗界」一詞很快為「苗疆」所取代，成為清代頻繁使用的指稱黔東南少數民族地區的專屬名詞。雍正六年至十年間，雲貴總督鄂爾泰《剿撫生苗情形疏》《全定古州苗疆疏》；貴州巡撫張廣泗《議覆苗疆善後事宜疏》《苗疆告竣撤兵疏》；貴州巡撫元展成《苗疆積貯疏》〔註6〕，都用苗疆指稱該地區。同時，苗疆作為自稱也出現在地方文獻中，如乾隆五十五年（1790）修纂的《清江志》就稱：「本地（今劍河縣——引者注）處在苗疆新開的局面中。」〔註7〕此時苗疆所在區域根據《苗疆見聞錄》中記載「苗疆……錯接於鎮遠、黎平、都勻各郡屬境，周環千里……」也就是說清雍正時的「『苗疆』包括了清水江中游東起今凱里、經雷山、臺江、劍河南岸、錦屏和黎平西南古州的清水江流域腹地和都柳江流域一帶地區。」〔註8〕

〔註3〕〔明〕沈庠，趙瓚：《貴州圖經新志》（第1輯）〔M〕，成都：巴蜀書社，2006：76。
〔註4〕〔明〕郭子章：《黔記，貴州府縣志輯》（第2輯）〔M〕，成都：巴蜀書社，2006：50、75。
〔註5〕〔清〕李宗昉：《黔記》〔M〕，貴陽：貴州人民出版社，1992：274～276。
〔註6〕（乾隆）《貴州通志·貴州府縣志輯》（第5輯）〔M〕，成都：巴蜀書社，2006：103，115，118。
〔註7〕（乾隆）《清江志·貴州府縣志輯》（第2輯）〔M〕，成都：巴蜀書社，2006：421。
〔註8〕林芊，《明清時期貴州民族地區社會歷史發展研究——以清水江為中心、歷史地理的視角》〔M〕，北京：知識產權出版社，2012：9。

（三）清水江地區的行政建制

清代實行的是省、府、縣三級行政區劃制度。清代還在少數民族地區進一步實施「裁衛並縣」，即將前明地方上獨立於行政的軍政系統衛所，將其統轄領地歸併於地方行政。「康熙十年（1671）併清平衛入清平縣，隸都勻府。十一年裁撤原都勻衛建制，其地改設為都勻縣。二十二年（1683）改偏橋衛隸屬鎮遠府。二十五年（1686）將原屬平越府的黃平州境地，裁興隆衛併州，州治移駐原衛城。二十六年（1687）裁撤偏橋衛將其地併入施秉縣，遷縣治於衛城，雍正七年（1739）設施秉縣丞，分駐勝秉。雍正三年（1725）以屬湖南之銅鼓衛、五開衛改隸貴州統轄，雍正五年（1727）將銅鼓衛地設錦屏縣，縣治銅鼓；升五開衛為開泰縣，隸屬黎平府。加之原屬湖廣的天柱縣在雍正四年（1726）並劃歸貴州。」〔註9〕「裁衛並縣」改變了原有府縣與衛所不相統屬的二元地方行政管理，合併後建立新縣，基本奠定了貴州清水江地區的東部省境。

清代還在清水江地區推行「改土歸流」，即廢除之前具有地方自治色彩的土司制度，將其管轄的領地設立州、縣（州、廳），進入清代統一的行政體系內，並且由中央王朝直接任命官員進行管理。「清水江流域『改土歸流』的行政改革始於順治，但主要在雍正和乾隆兩朝推行。在黎平府內，順治十七年革曹滴司，康熙二十三年革赤溪湳洞司，二十五年革西山司，乾隆元年（1736）置遠口巡檢司，三年（1738）添設天柱縣丞一員，分駐清江廳柳霽，稱柳霽縣丞。在鎮遠府內，康熙七年（1668）革除副長官職，乾隆四十二年（1777）革除正長官職，雍正十年（1732）則在鎮遠府屬地改設邛水縣丞（今三穗縣），錄鎮遠縣。都勻府內，康熙七年（1668）並清平縣入麻哈州，十年（1671）又復置清平縣，隸都勻府，四十五年（1706）廢凱里長官司。」〔註10〕通過「改土歸流」清代進一步開闢了「苗疆」（即九股苗和裏古州）設立了「苗疆六廳」，分別是八寨廳（今丹寨縣）、丹江廳（今雷山縣）、古州廳（今榕江縣）、清江廳（今劍河縣）、都江廳（今黔南三都縣）、臺拱廳（今臺江縣），史稱「新疆六廳」。雍正十年（1732）置凱里衛，隸丹江廳。

〔註9〕林芊：《明清時期貴州民族地區社會歷史發展研究——以清水江為中心、歷史地理的視角》〔M〕，北京：知識產權出版社，2012：46。

〔註10〕林芊：《明清時期貴州民族地區社會歷史發展研究——以清水江為中心、歷史地理的視角》〔M〕，北京：知識產權出版社，2012：46。

十二年（1734）添設清平縣丞一員分駐凱里。「改土歸流」不僅罷廢了土司，沒收其領地置為州縣，更為重要的是廣闊苗疆地區原來處於「王化之外」的政治面貌被徹底改變，貴州最後一塊「生苗界」——裏古州和九股苗地區由此納入國家的直接管轄之下，成為清王朝在貴州的「新疆」地區。以清水江中游流域一帶為核心建立的「新疆六廳」，標誌著清王朝對清水江地區「苗疆」行政建制的基本完成。

　　清水江地區建制發展所產生的社會影響是多方面的。一是隨著屯田而來的漢族移民不斷增多，原來主要為少數民族聚集地區的單純居民構成趨向於複雜化，由最初「夷多漢少」既而演化成「夷漢雜處」的居民構成。其次是夷漢雜處的民居構成又為清水江社會生活帶來了兩種即還處於原始農村公社時代的農業生產及社會結構與封建社會高度發達的耕作制農業生產的社會組織生產形態並存的二元社會生活。隨著行政建制在流域內推廣而不斷侵蝕和改變著當地原有的原始農村公社的社會生活方式，而且還興起了商業經濟活動。最後就是逐漸形成了各民族間的「你中有我，我中有你」的民族聚合局面。

（四）清水江地區的林木開發

　　清水江地區的林木開發最早始於明代。明武宗正德九年（1514年），「工部以修乾清、坤寧宮，任劉丙為工部侍郎兼右都御史，總督四川、湖廣、貴州等處採取大木，……鄧文璧於貴州，李寅於四川分理之。」〔註11〕民間木商活動最早見於萬曆二十五年（1597年），天柱官府在縣屬甕洞（今鎮遠），有「新建官店數十間，募土著，聚客商，往來魚鹽木貨泊舟於此」〔註12〕的記載，可見其商品貿易的興盛。到雍正時期，清水江流域內的木材交易十分頻繁，形成了茅坪、王寨、卦治三寨輪流「當江」的格局，出現了錦屏等木材交易的中心市場。清朝的採辦皇木遂成定制，故又稱為「額木」。湖南因其境內林木資源匱乏，往往到清水江地區的苗、侗地區採辦。隨著清水江流域內地區木材貿易的興起，杉木種植隨即成為該地區最為重要的經濟活動，與此同時出現了以山林、土地權屬及其利益分配為中心的買賣租佃關係，並

〔註11〕臺灣中央研究院歷史語言研究所：《明實錄·武宗正德實錄》（卷117）〔M〕，上海：上海書店，1982：3798。

〔註12〕鎮遠縣地方志編纂委員會：《乾隆鎮遠府志》（卷2）〔M〕，鄭州：中州古籍出版社，1996。

且留下了大量的各類契約文書。

二、徽州

（一）徽州的自然地理環境

　　徽州位處長江以南，境內多山，河流眾多，氣候溫暖濕潤，各類礦產、動植物以及林木資源豐富，是我國江南史前文明的重要發祥地之一。據史料記載「徽之為郡，在山嶺川谷崎嶇之中，東有大鄣山之固，西有浙嶺之塞，南有江灘之險，北有黃山之厄。即山為城，因溪為隍。百城襟帶，三面距江。地勢斗絕，山川雄深。自睦至歙，皆鳥道縈紆。兩旁峭壁，僅通單車。……水之東入浙江者，三百六十灘，水之西入鄱陽者，亦三百六十灘。……船經危石以止，路向亂山攸行。……以此守固，孰能逾之。」〔註13〕但因其環境相對閉塞，進出的交通十分不便，於是能偏安一隅，每當中原發生戰亂，就有大批移民來此避難，在此安居樂業。在其開發、生產發展過程中，自成體系，又與中原息息相關，形成了獨具特色迥異於中原地區的文化、經濟發展模式。

（二）徽州的經濟

　　徽州因「山為城，溪為隍」〔註14〕，「民鮮田疇」〔註15〕，俗謂「七山一水一分田，一分道路和莊園」，人地矛盾突出，所謂「地狹人稠，耕獲三不瞻一，即豐年亦仰食江楚，十居六七，勿論歲饑也。」〔註16〕北宋宣歙觀察使盧坦對此感慨「宣歙土狹谷少，所仰四方之來者。若價賤，則商船不復來，民益困矣。」〔註17〕南宋以後，人多地少糧缺的矛盾愈益突出，「土少人稠，非經營四方，絕無治生之策矣。」〔註18〕由此徽州的經濟社會發展既倚重於農業生產，又根據其特殊的地理環境而發展有一定規模的林業經濟，通過林業

〔註13〕許承堯：《歙事閒譚》（卷 18）〔M〕，李明回等點校，合肥：黃山書社，2014。

〔註14〕〔清〕丁廷楗、盧詢修：《（道光）徽州府志》（卷一）〔M〕，合肥：黃山書社，2013。

〔註15〕〔清〕丁廷楗、盧詢修：《（康熙）徽州府志》（卷二）〔M〕，合肥：黃山書社，2013。

〔註16〕休寧縣地方志編撰委員會：《休寧縣志》（卷 7）〔M〕，合肥：安徽教育出版社，1990。

〔註17〕〔宋〕羅願：《〈新安志〉整理與研究》〔M〕，蕭建新等審校，合肥：黃山書社，2008。

〔註18〕許承堯：《歙事閒譚》（卷 28）〔M〕，李明回等點校，合肥：黃山書社，2014。

與農作物的互補，用林業產品以彌補本地糧食產品的短缺。林業經濟的興起和明中後期徽商的崛起，以及由此帶來的商業的興起與發展，成為推動徽州經濟社會發展的又一股重要力量，大大推進了徽州社會的發展演變，尤其是在商業方面形成了「鑽天洞庭遍地徽」和「天下之民寄命於農，徽民寄命於商」〔註19〕的情況，更是推動了徽州商品經濟的發展。在商品經濟的推動下，徽州地區圍繞地產、房舍、林木等的買賣、租佃、借貸等形成了較為發達的契約關係，並且留存了大量的契約文書，為徽州經濟社會及法權關係的研究提供了大量的一手資料。

（三）徽州的社會

明清時期，徽州鄉村社會聚族而居，有「士夫巨室多處於鄉，每一村落，聚族而居，不雜他姓。其間，社則有屋，宗則有祠，支派有譜，源流難以混淆。主僕攸分，冠裳不容倒置。此則徽俗之迴異於別郡也」〔註20〕的情況。因此，宗族是徽州山區鄉村社會成員的主要精神依託。圍繞祖先祭祀和一系列經濟、社會與文化活動，也基本上以宗族為中心展開。宗族的族長高居於金字塔巔，擁有對全族經濟、文化和各種糾紛事務的裁判權、處置權與決定權。族長，一些地方亦稱「戶長」「家長」「族正」「宗正」等。族長之下為各房（門）房（門）長，房（門）長一般代表本房，被推選參加協助族長處理重大事務。如休寧商山吳氏宗族就於族規中規定：「祠規雖立，無人統攝，乃虛文也。須會族眾共同推舉制行端方、立心平直者四人——四支內每房推選一人——為宗正、副，經理一族之事。遇有正事議論，首家邀請宗正、副裁酌。如有大故難處之事，會同該族品官、舉監生員、各房房長，虛心明審，以警人心，以肅宗法。」〔註21〕族眾即本宗族有血緣關係的宗族成員，他們是宗族中主體，佔據了宗族中的絕大多數。族眾擁有參加宗族祭祀等活動的權利和遵守族規的義務，享受宗族的賑濟、教育與保護。如祁門善和程氏仁山門宗族的五大房家眾就擁有參加祠祀、享受分胙的權利，該族《寶山公家議》規定：「正居祠堂，東、西二房不時致奠，每歲除夕、正旦，少長畢集，照次敘

〔註19〕〔清〕丁廷楗，盧詢修：(康熙)《徽州府志》（卷二）〔M〕，合肥：黃山書社，2013。

〔註20〕〔清〕帆紀程：《貴州府縣志輯》（第 5 輯）〔M〕，臺北市：廣文書局，1962：4535。

〔註21〕《商山吳氏宗法規條》〔M〕，北京圖書館藏明抄本。

拜，各房為首者各備果酒，奠後相慶。」〔註22〕合族祠：「每歲正旦，合族為首者具酒餅致奠。奠畢，分少長敘拜散餅。」〔註23〕對不守族規家法者，輕則警告懲治，重則削除族籍，所謂「祠立家規，犯者必戒。」〔註24〕乾隆《歙淳方氏柳山真應廟會宗統譜》就明確規定：「倘有不孝不義、行止有虧，及敗倫傷化者，黜而削之。」〔註25〕

　　明清時期的徽州鄉村社會是一個典型的宗族社會，家庭是社會的細胞，它既是鄉村社會經濟與文化生活的基本單位，又是構成宗族的團體單位。「家庭是由夫妻關係與親子女關係結成的最小的社會生產與生活共同體。」〔註26〕明清時期徽州的家庭「是以父系血緣關係為基礎的具有獨立財產權的社會基層組織。」〔註27〕「以同居、同財、同器的親屬為限，傳統徽州的家庭可以分為累世同居的『共祖家庭』『直系家庭』『主幹家庭』和『核心家庭』四種模式。」〔註28〕由於徽州宗族觀念較為濃重，因而，以父母與子女同居共食的主幹型家庭、以父母與未婚子女同居共爨的核心型家庭，以及以祖孫三代或多代同居共爨的聯結型家庭，或稱大家庭，是傳統徽州家庭類型的主要構成。〔註29〕在徽州，由於明清至民國時期，佃僕制一直存在，因此，我們也將佃僕視為徽州家庭成員特別是地主家庭成員中的特殊一員，但是在法律和經濟地位上，他們與家庭中的家長、家眾擁有較強的人身依附關係。明清徽州家庭中的家長對內管理家庭成員的共同生產與生活秩序，維持家庭成員之間和睦相處；對外以家庭名義處理各種日常事務與鄰里家庭之間糾紛，承擔封建國家的賦稅和差役。家屬以及寄養在本家的佃僕等成員，一律在家長的統一管轄下，按尊卑、長幼、男女的等級次序各行其事。正如歙縣《潭渡孝里黃氏族譜》所云：「家長總治一家之務，必須

〔註22〕周紹泉，趙亞光：《竇山公家議校注》（卷三）〔M〕，合肥：黃山出版社，1993：20。

〔註23〕周紹泉，趙亞光：《竇山公家議校注》（卷三）〔M〕，合肥：黃山出版社，1993：21。

〔註24〕張海鵬，王廷元：《明清徽商資料選編》〔M〕，合肥：黃山書社，1985：33。

〔註25〕（乾隆）《歙淳方氏柳山真應廟會宗統譜》（卷一）〔M〕，清乾隆十八年木活字本。

〔註26〕烏丙安：《中國民俗學》〔M〕，瀋陽：遼寧大學出版社，1985：130。

〔註27〕高壽仙：《徽州文化》〔M〕，瀋陽：遼寧教育出版社，1993：35。

〔註28〕唐力行：《明清徽州的家庭與宗族結構》〔J〕，歷史研究，1991（01）：147～159。

〔註29〕唐力行：《明清徽州的家庭與宗族結構》〔J〕，歷史研究，1991（01）：147～159。

謹守禮法，為家人榜樣，不可過剛，不可過柔，但須平恕容忍，視一家如一身。在卑幼固當恭敬，而尊長亦不可挾此自恣，至於攘臂奮袂，恣言穢語，皆足啟後人暴戾，尤宜首戒。若卑幼有過，當反覆告誡，屢誡不悛，則以家法懲之。」〔註30〕

（四）徽州文化

徽州文化是「指發生與存在於歷史上徽州的以及由此發生輻射、影響於外的典型封建文化。」〔註31〕徽州文化主要起源於徽州本土，從東漢末年即開始首創，通過東漢末年開始至南宋初年因中原動亂而造成的三次大移民的過程中形成的，在朱熹所創的新安理學的大力推動下，到明清時期達到高峰，是以幫扶弱小、重視文教、勤儉自律、敦促和睦、互幫互助為鮮明特徵的古代徽州一府六縣物質文明和精神文明的總和。徽州因聚族而居，具有濃厚的鄉土觀念，其相對獨立的地理環境，更是為徽州文化的發展演變提供了得天獨厚的良好場域，成為中國古代社會最為獨具特色的文化類型之一。各類物質或精神文化載體得以大量保留和傳承，其內容涉及徽州社會的經濟、社會、文化風俗等各個方面，具有廣博、深邃、整體、系統等特點，是中國走向世界的三大地方顯學之一。

三、浙東

（一）浙東的地理範圍及自然環境

古以錢塘江為界，將浙江分為「浙西」「浙東」，今杭嘉湖地區古為「浙西」，而寧（甬）紹、溫麗臺、金衢地區均屬「浙東」地區。浙東又可根據其地形地貌分為浙東濱海平原，包括溫州府的平陽、瑞安和玉環；台州府的太平和定海；寧波府的象山和定海；和浙東山區，由會稽山、天姥山、四明山、大盤山等山脈組成，行政區劃主要屬於台州府的仙居、臨海、天台和紹興府的嵊縣、新昌、奉化。浙東山區多山脈，如「臨海縣，雙峰，秀特異常。白岩，孤絕秀異，林木鱗次。」〔註32〕「嵊縣：姥山，林木翡鬱蒼翠。」〔註33〕

〔註30〕（雍正）《潭渡孝里黃氏族譜》（卷四）〔M〕，清雍正九年校補刻本。
〔註31〕劉伯山：《〈徽州文化〉的基本概念及歷史地位》〔J〕，安徽大學學報，2002（06）：28～33。
〔註32〕〔清〕洪若皋：《臨海縣志》（卷一）〔M〕，臺北：成文出版社。
〔註33〕《嵊縣志》（卷二）〔M〕，杭州：浙江人民出版社，1989：43。

「象山縣境內的煉丹山，圓秀交映，蒼翠欲滴。」〔註34〕明清時期屬於寒冷期，正如我國著名科學家竺可禎先生在《中國五千年來氣候變遷的初步研究》一文中所指出的那樣：「明清時期是我國五千年來第四個寒冷期，從公元 1300 到 1900 年。」〔註35〕浙江氣候也大致如此。如「順治十一年（1654）寧波府慈谿縣冬寒江水亦冰經月不通舟揖」。〔註36〕「乾隆二十七年（1762）嘉善縣冬寒甚六十餘年所未有。」〔註37〕「道光二十年富陽縣冬大雪平地積四五尺。」〔註38〕總體來看，清代浙江的氣候比今日更陰冷潮濕一些。〔註39〕

（二）土地資源的開發

清初戰亂，社會經濟凋敝。為了恢復經濟，政府採取了鼓勵墾荒和移民的政策，浙東山區的土地資源得到了一定的開發。如嘉慶年間，「浙江各山邑，舊有外省游民，搭棚開墾，種植包蘆、靛青、番薯等物，以致流民日聚，棚廠滿山相望。」〔註40〕《清實錄》記載，「近聞浙江、江蘇、安徽等省州縣，凡深山窮谷之區，棚民蔓衍殆編，租典山地，墾種山薯，大半皆溫、臺沿海之人。」〔註41〕道光年間，大量流民「盤踞山內，伐木作炭，建蓋棚坐，墾種田畝」。〔註42〕乾隆九年（1744），「臨安、歸安、慈谿、定海、西安等縣，開墾 13036 畝土地。」〔註43〕乾隆四十三年（1778），「慈谿、錢塘、黃岩、西安、樂清等縣開墾 20240 畝土地。」〔註44〕受清代大規模開墾熱潮的影響，浙東山區的荒山丘陵也被進行了前所未有的開墾，耕地面

〔註34〕 鳴梟修，姜炳璋，冒春榮：《象山縣志》（卷二）〔M〕，杭州：浙江人民出版社，1988：476。

〔註35〕 竺可禎：《中國近五千年來氣候變遷的初步研究》〔J〕，考古學報，1972（01）：15～38。

〔註36〕 《慈谿縣志》（卷五十五）〔M〕，杭州：浙江人民出版社，1992：276。

〔註37〕 江峰青：《重修嘉善縣志》（卷三十四）〔M〕，清光緒二十年刊本，167。

〔註38〕 《富陽縣志》（卷十五）〔M〕，杭州：浙江人民出版社，1993：214。

〔註39〕 李伯重：《「天」、「地」、「人」的變化與明清江南的水稻生產》〔J〕，中國經濟史研究，1994（04）：105～123。

〔註40〕 張鑒等：《雷塘庵主弟子記》（卷二）〔M〕，清道光二十一年甘泉羅士琳刻咸豐間儀徵阮氏琅環仙館補刻本（影印版），8。

〔註41〕 《清宣宗實錄》（卷六八）〔M〕，北京：華文出版社，1971。

〔註42〕 《清宣宗聖訓》（卷二八）〔M〕，臺北：文海出版社，2005。

〔註43〕 《清高宗實錄》（卷二四七）〔M〕，北京：華文書局，1982：3572。

〔註44〕 《清高宗實錄》（卷一○八九）〔M〕，北京：華文書局，1982：1605。

積不斷擴大，但也對生態造成了破壞，造成了水土流失、土地退化、河流淤塞等自然災害的頻發。據記載，嘉慶二十五年，嵊縣復遭大水，近山田畝沖壞無數；〔註45〕「咸豐元年，奉化縣遭遇大水，漂沒田畝無算。」〔註46〕而在浙東濱海平原的土地的墾闢，則主要是對海島的開發與對海岸沙灘的開闢。如玉環山位於太平縣與樂清縣之間，是個獨立的海島，到道光二十四年開墾的田地山塘池已達218423畝。〔註47〕乾隆七年開始允許百姓開墾海岸沙灘，「嘉慶十四年海寧報墾沙地1626頃」〔註48〕「嘉慶十九年富陽等六縣墾沙地280.32頃。」〔註49〕

（三）浙東地區的經濟

隨著大量荒地、山地、沙灘地畝的開墾，清代浙東地區的經濟得到了比較迅速的發展。首先是人口大量增長。從乾隆朝開始，浙江人口大幅增長，最高年平均增長率曾達到26.4%；人口數從乾隆十四年的1100餘萬猛增到乾隆六十年的2300多萬，從數量上看翻了近一倍。〔註50〕浙東地區情況也大致相當，尤其是人口密度增加的情況尤為明顯，如乾隆四十一年（1776），「紹興府的人口密度達446.9人／Km^2、寧波府的人口密度是313.5／Km^2。」〔註51〕其次，山區經濟得到了一定的發展。由於棚民的大量湧入，他們對浙東山區進行了大面積的開發，一方面緩解了浙東地區人地緊張、口糧供應不足的矛盾。另一方面，棚民們還通過種植番薯、玉米等糧食作物和桑麻、蘑菇等經濟作物，大大促進了當地農業和手工業的發展，但也造成了生態環境的破壞。第三，清代的浙東是經濟比較發達地區，階層變化日趨頻繁。一方面因土地買賣形成了一定的地權集中的現象；另一方面則囿於小農經濟的侷限，地權集中所有並不穩定，每個家庭與市場發生聯繫的頻次高，導致契約訂立現象的普遍，留存了一定數量的反映地權關係變化的契約文書。

〔註45〕《嵊縣志》（卷十四）〔M〕，杭州：浙江人民出版社，1989：328。

〔註46〕〔清〕李前泮修，張美翊：《奉化縣志》（卷二）〔M〕，臺北：成文出版社，1975：139。

〔註47〕楊紅平：《清代浙江經濟開發與生態環境變遷》〔D〕，西南大學，2007。

〔註48〕《清仁宗實錄》（卷二一一）〔M〕，臺北：華文書局，1982：9。

〔註49〕《清仁宗實錄》（卷二九九）〔M〕，臺北：華文書局，1982：8。

〔註50〕葉建華：《浙江通志》〔M〕，杭州：浙江人民出版社，2005：114。

〔註51〕吳建華：《明清江南人口社會史研究》〔M〕，北京：群言出版社，2005：1。

隨著人口的大量增長，浙東地區人多地少的矛盾更加突出，如康熙四十八年（1709），浙江巡撫黃秉中等上書清廷：「浙省寧波，紹興二府，人稠地窄，連年薄收，米價騰貴。」〔註52〕反映了當時浙東地區因人口增加，當地土地承載量面臨巨大的壓力。再加上清政府在該地區的賦稅名目繁多，諸如田賦、地稅、山稅、苔塗蕩稅、蛤蜅稅、屯田稅、人丁賦、河泊稅、地漕銀、起運銀等等，給當地百姓和地方政府造成了沉重的負擔。普通百姓在繳納賦稅之日，經常出現「錢糧無辦」「乏錢用度」或「乏用」的情況，必須以出賣田產或屋舍的方式來完納賦稅，這在該地區的契約中多有反映。如道光六年毛門岳氏賣田契：「立永賣契毛門岳氏，今因錢糧無辦，情願將夫自置民田壹處……其田情願出賣與坤山為業。……」〔註53〕有時甚至發生「因錢糧激成民變，拒捕毆官」〔註54〕的情況。

第二節　三地買賣契約概述

契約在中國古代一般簡稱「契」或「約」，又稱「券」，是調整契約雙方之間權利義務關係的協議。買賣契約作為重要的一種契約種類出現於西周時期，經過發展，到秦漢時期進一步規範，契約種類有所增加；東晉和南朝時期，書面契約演化出了「質券」和「賣券」，由此開啟了「活賣」和「絕賣」的歷史先河；唐中期以後，隨著均田制的破壞，土地買賣漸趨頻繁，買賣契約形式以單契為主，契約法律進一步豐富與規範；到兩宋時期，商品經濟空前繁盛，買賣契約形式與內容及其相關法律制度臻於成熟；明清時期的買賣契約在繼承宋代以來契約規範化、標準化的基礎之上，對變化、發展了的買賣關係有了更明確、更具體的規定。此外，因受到經濟社會發展與文化風俗等因素的影響，清代買賣契約在不同地區呈現出不同的發展狀態。

一、清水江地區

清水江買賣契約，是指遺存於該地區的各類買賣交易中出現的「契」「約」「書」「字」「據」等具有憑證特徵的文書。清水江買賣契約以土地、林業交

〔註52〕《清實錄·聖祖仁皇帝實錄》（卷二百三十八）〔M〕，北京：中華書局，2008：375。

〔註53〕王萬盈：《清代寧波契約文書輯校》〔M〕，天津：天津古籍出版社，2008：1。

〔註54〕〔清〕段光清：《鏡湖自撰年譜》〔M〕，北京：中華書局，1997：153。

易為大宗，忠實地記錄了當地苗、侗、漢等民族在土地、林木、林場等方面的交易行為，具有數量多、保存完整、時間長、地域廣、價值高等特點。

（一）留存數量多、時間跨度長、保存完整

目前所見最早的清水江買賣契約成書於明成化二年（1466），最晚的成書於二十世紀中葉，時間前後跨度五百餘年，集中反映了該地區土地、林木所有權的流轉、分化、變遷，折射出當地經濟發展和百姓日常生活的變化。買賣契約主要分布於清水江地區的錦屏、黎平、天柱、三穗、劍河、臺江、岑鞏等縣苗族侗族農戶家中。按照傳統，農戶將這些世代相傳的契約文書視為寶貝加以珍藏，只在調解財產糾紛時使用，至今仍是重要的財產權屬證明，在調解苗侗族的財產糾紛中發揮著重要作用。清水江買賣契約數量多且保存完整。自《貴州苗族林業契約文書彙編》（全三卷）〔註55〕正式公開出版始，截至 2017 年 10 月底黔東南苗族侗族自治州已完成編纂《貴州清水江文書》系列叢書共 124 卷、冊，其中經州二審送省編委辦終審待出版 35 卷、冊，2016 年 12 月，由省、州、縣檔案部門合力主編的《貴州清水江文書》叢書黎平卷、三穗卷第一輯共 10 冊出版。《貴州清水江文書》劍河卷第一輯 5 冊、黎平卷、三穗卷第二輯 10 冊共 15 冊目前也已出版發行。據估計，清水江文書目前至少尚有三十至五十萬件遺存於民間。

（二）林業契約占重要比例，契約的家族性特徵明顯

清代的清水江地區，隨著木材採運貿易的興起和持續發展，該地區的木材生產和貿易逐漸發展和繁榮起來，林業在其生產和生活中都佔據著十分重要的地位，其中的杉木種植成為當地社會中最為重要的經濟活動。與此同時，出現了以山林、土地權屬及其利益分配為中心的買賣租佃關係，並且留下了大量的各類契約文書。如錦屏地區的買賣契約就具有明顯的林業特徵，其中反映林業方面的內容約占契約總數的 70％左右，多與林木、山場、林地的權屬買賣與轉讓、造林、山林管護、山林收入分成等相關，內容豐富，格式規範，法權關係明確，反映了較高的立契技術水平。在林業生產方式下，由於林木生長的週期長，需要經過十幾年、二十幾年到幾十年不等，每塊林地的種植還會因樹種不同而導致砍伐的時間及直接帶來的收益的不同，因此常常

〔註55〕唐立，楊有賡：《武內房司，貴州苗族林業契約文書彙編》〔M〕，東京外國語大學，2001。

以「股」的方式在家族內部進行財產和收益的劃分和權屬的確定，因而契約的管理和保存一般是由族長負責。現在遺存下來的契約文書一般都具有明顯的家族性特徵，如錦屏加池姜氏「四合院」文書、姜元澤家藏文書、姜啟貴家藏文書等，反映的往往是一個家族或一個家族中幾個房族地產或林木等財富積累、分化、變遷的過程。天柱地方大族劉昌儒遺存的家族文書亦向我們展示了清水江地區侗族進行地產積累的幾個明顯特徵，即地產積累一般先是繼承，然後採取買進的方式；在地產積累前期，採用家族成員共同出資的形式較為普遍；產業構成以田為主，其次則為山場林地；地產購置的範圍已超出本寨，擴展到其他鄰寨地區；購置地產的經營活動主要是自己耕種或租佃給他人；是研究侗族經濟社會發展、土地轉移等法權關係的原始資料。

（三）地域性和民族性特徵

清水江買賣契約發現地為苗族、侗族等少數民族聚居區，生活著苗、侗、漢等多個民族，加上地處黔湘交界的腹心地帶，互動交流融合頻繁，形成了「你中有我，我中有你」的現象。「清水江地區的文化特質，在元、明、清三朝傾力開發西南地區的歷史脈絡下，實際上包含了文化儒家化、移民在地化與少數民族山地化的地域文化特質。」〔註56〕還為聯通貴州、湖南、安徽至北京的各種社會經濟活動和相互間的交往聯繫的研究提供了可能。學者阿風指出：「清水江文書不僅僅是一種地方史研究史料，同時也是明清及民國契約文書的重要組成部分，所以，研究清水江文書，要有廣闊的視野，要將這些資料放在整個中國歷史的大背景之下，去發現這些文書所具有普遍性與特殊性。」〔註57〕隨著國家政權與相關法律制度的深度介入，契約一方面朝著更為規範化與程式化的方向發展。如採用漢字訂立，契約格式與要件構成採用中原契式；另一方面則在適應當地林業資源分配制度的發展與變化過程中出現了新的書寫格式（如出賣人在契末不署押、中人較少、契約要件簡化等）。隨著契約數量的累積，契約覆蓋範圍的擴大，清水江文書最終成為了繼敦煌文書和徽州文書之後又一蘊藏著豐富契約實物

〔註56〕吳才茂：《超越地域與民族：清水江文書研究再出發》〔J〕，中國史研究動態，2017（05）：42～46。

〔註57〕張新民，朱蔭貴，阿風，馮祖貽：《共同推動古文書學與鄉土文獻學的發展——清水江文書整理與研究四人談》〔J〕，貴州大學學報（社會科學版），2012，30（03）：73～79。

資料的重要文化區域，其中也包含有數量非常可觀的買賣契約。清水江地處偏遠，加之當地百姓對契約文書的珍視（當地民間素有「敬紙惜字」的傳統）等原因，其文書遺存保存完好，且具有系統性和完整性的特點。如《貴州文斗寨苗族契約法律文書彙編——姜元澤家藏契約文書》一書收入姜元澤家藏契約文書 664 份，時間跨度從乾隆五年（1740）到民國三十一年（1942），文書類型包括租佃、買賣、析產合同、借當字、典當字、山場登記簿、山場地圖，其中買賣契約占絕大多數，有 506 份之多，再現了一個苗族大家族及各房族幾代人對山場、山林、土地的佔有、經營及其變化與發展，具有地域性和民族性特徵，是研究苗族經濟發展、地權分化、社會變遷的珍貴史料。各民族之間頻繁的交流，加之契約文書與百姓日常生活及與中央和地方政治制度的密切關係，使其已經突破了民族間那種看似分明的界限，透露了其背後存在著的大一統的中國文化對其產生的深刻地影響。

二、徽州

徽州買賣契約指的是自宋代以來，徽州地域人們在各類交易活動中留存下來的各類原始文字憑據和契紙文約。已發現的徽州買賣契約具有數量多、密度高、跨時長、連續性好、歸戶性強、不可再生性等特點，是徽州文書中重要的一個類別。

（一）內容豐富、形式多樣

徽州的買賣契約其買賣標的涉及田產、房舍、菜園、池塘、墓地、林場、林木、奴婢（或人身）等，內容十分豐富，與當地經濟發展和百姓的日常生活緊密相關；根據買賣的性質可以將契約分為絕賣契、活賣契、典契、找價契等，反映了徽州地權分化的多樣性和財產權屬關係變化的靈活性；根據其是否繳納契稅，可以將買賣契約分為「白契」（未繳納契稅的契約）和「紅契」（繳納了契稅並得到官府的認可的買賣契約），從中可以看出國家政權對民間契約訂立介入與管理；根據地權分化的情況，徽州買賣契約又可以分為「田面權」和「田底權」等形式的轉讓。如歙縣土地買賣契約所轉移的地權類型就有「大買權」「小買權」和「大小買權」三種。所謂「小買權」就是指田面權的交割；「大買權」即田底權的交易；而「大小買權」自然是既包括田底又包含田面的買賣了。同處徽州的黟縣則用「『田並典首』『租並典首』等表述

大小買，用『田租』『田』等表述大買，用『典首』表述小買」〔註58〕，表明徽州地區買賣契約法權關係的複雜和多變，是當地經濟社會發展，尤其是地權演化對契約產生影響的直接反映。

（二）契約體系完備、徵信功能明顯

買賣契約直接反映了徽州人處理財產所有權以及處置相鄰權關係在法律技巧上的成熟，亦是契約體系完備的重要佐證。無論是買賣雙方，或是涉及法律關係的相對當事人（如中人、親鄰等），都已經具有了較強的法律意識，將契約作為財產權屬的重要證明——「恐人無信，故立此契」。為了確保契約的徵信功能，立契人一方面盡力在契約形式和內容上遵守國家法律，以確保契約的法律效力，如使用官頒契紙、注意契約書寫規範與格式的規範性、按照要求排列的契約要件、對契約標的來源作一清晰的描述、交代完糧納稅的情況等；另一方面，則會出於契約訂立雙方的利益訴求，盡量繞開與國家律令的牴觸，減少與官方打交道的機會，如白契的存在、對一些契約要件——交易價格、交易日期、交易對方等的省略；降低因與官方打交道而產生麻煩的幾率，同時又通過權利瑕疵保證，如無重複交易、無親鄰干涉與爭議、買賣標的權屬清晰等，從而確保契約的效力和其應有的徵信功能。此外，徽州也十分注重立契的程序，凡是涉及土地、房舍、林木等重大財產的轉移都會訂立書面契約，而且看重「三面議定」，通過中人或見證人既確保契約在公開場合簽訂，也能讓契約符合國家法及宗法禮制的要求，同時還為契約的履行提供了法律和道德上的雙重保證。

（三）歸戶性強、地方特色突出

梁啟超先生曾說過，要瞭解普通民眾的社會生活，就要搜集民間文書，從買賣契約、賬本、家譜、書信、收據、分家文書等資料中，窺見民間的歷史記憶，復原活生生的、豐富多彩的民間社會生活。徽州買賣契約來自於民間，是普通百姓對自己各類交易的真實記錄，具有很強的歸戶性。如《徽州文書》（第一輯）〔註59〕在其整理編輯過程中，編輯者從收購、典藏到整理，有意識地保存了文書的歸戶性。「伯山書屋」的黟縣文書十戶、祁門博物館

〔註58〕汪柏樹：《大買，小買，大小買——清代徽州土地賣契地權研究》〔J〕，黃山學院學報，2014，16（04）：1～9。

〔註59〕劉伯山：《徽州文書》〔M〕，廣西師範大學出版社，2005。

的祁門文書五戶，都是以一家一戶的形式將文書完整地保存了下來。再比如環砂程氏文書其年代跨度從明朝宣德四年（1429）到中華民國二十年（1931），有 500 年之久，且文書數量達 1300 多份，是研究徽州宗族與村落及其政治與經濟、文化與社會制度不可多得的珍貴史料。

毋庸置疑，任何契約文化現象的產生都有著其特定的人文、社會與文化背景。與其他區域不同，徽州大宗族小家庭的結構、徽商資金的流轉過程以及土地制度及其權屬關係的複雜都離不開契約的約束與規範，即要信守契約中的「白紙黑字」，這些都使得徽州買賣契約呈現出較為明顯的地域性特徵。如重視對於買賣標的來源的說明、為了確保交易安全附上老契（上手／首契）、交代買賣標的時多用官方魚鱗冊中的登記號而省略具體交易土地的四至、丈量田地實際面積時出現的具有徽州地域特色的量詞；為了保證契約效力而留存下來的占比較高的「紅契」等等。徽州自古有「好訟」之說，無論什麼都力求講一個「理」字。而「理」從何來？契約在徽州就是一種最有說服力的證據，它是財產交易過程的證明，是財產權屬的證明，是訴訟程序中的證據，是最有說服力的那個「理」字。

三、浙東

（一）經濟發達，買賣契約訂立頻繁

清代的浙江屬於當時農業經濟相對發達的省份，地權的分化充分，再加上商品經濟的滲透、影響，土地等財產的交易普遍採用訂立契約的方式。乾隆三十八年（1773）浙江布政使司曾有告示云：「民間執業，全以契券為憑。其契載銀數或百十兩，或數千兩，皆與現銀無異。是以民間議價定契時，必一手交銀，始一手交契，從無將契券脫手付與他人收價之事。……蓋有契斯有業，失契即失業也。」〔註60〕十分生動而形象地說明了契約是土地所有權的重要法律憑據。通過契約判斷財產的歸屬是當時普遍遵循的準則，在規範市場交易秩序方面發揮著重要作用。浙東地區的土地交易種類有「活賣」與「絕賣」之分。土地的「活賣」是相對於「絕賣」而言的，指土地交易時並未賣斷，留有回贖，找貼加價等權利的交易行為。因為「活賣」的價格比「絕賣」低，賣主到期不能贖回產業者，就要賣斷，就會產生「找價」行為，以補

〔註60〕《治浙成規》（卷一）〔M〕，清道光間刻本，23。

足「活賣」與「絕賣」之間的差價，結果就是找價契的產生和使用。清代法律對於「找貼」（「找價」）行為是認可的：「賣產立有絕賣文契，並未注有『找貼』字樣者，概不准貼贖。如契未載『絕賣』字樣或注定年限回贖者並聽回贖。若賣主無力回贖，許憑中公估『找貼』一次，另立絕賣契紙。若買主不願『找貼』，聽其別賣，歸還原價。倘已經賣絕，契載確鑿，復行告找，告贖及執產動歸原先盡親鄰之說，藉端措勒，希圖短價者，俱照不應重律治罪。」〔註61〕「絕賣」即賣斷，成交後賣主從此和這塊土地切斷一切關係。從地權性質來看，浙東地區還有「田底權」和「田面權」的分割買賣。浙江因其土地買賣頻繁，有統一印刷版的絕賣文契，另外，民間手寫的契紙因其便利和廉價而在整個買賣契約中居主導地位，但也能得到官府的認可。

（二）中央政府對買賣契約管理和控制嚴密

清代的浙東經濟比較發達，清政府出於稅賦的考慮，早在雍正六年就開始在該地區推行契稅制度，但手續比較簡單，留存的契約上蓋的是「代縣印」。〔註62〕到乾隆年間，浙東地區也施行了契根契尾之法。留存的契約有的附有契尾，乾隆十四年十二月還出現了「一契一尾」的樣式，而且蓋有縣印的契約數量逐漸增多。根據張介人先生編輯的《清代浙東契約文書輯選》一書，其中收錄的蓋有縣印的契約，即繳納了契稅的共有 61 份，占全部收錄契約306 份的近 20%。〔註63〕說明契稅制度在浙東地區的推行力度還是比較大的。另外浙東地區的賦稅負擔在有清一代向來比較沉重，如寧波地區的「分授民田」，每畝徵銀「六分五釐一毫」，「徵米一升二合」。〔註64〕因此普通老百姓經常在繳納賦稅之日出現「錢糧無辦」「乏錢用度」或「乏用」的情況，只得以出賣田產或屋舍的方式來完納賦稅，這在浙東地區的買賣契約中也多有體現。清代中後期，隨著契稅負擔的日益加重，百姓更多地是選擇私下訂立契約，結果是這個時期浙東地區亦出現了大量白契。如寧波地區在土地、房屋權屬變更時採用的絕大多數是白契。這說明清政府單純以契稅確認產權的方式並沒有獲得民間普通百姓的廣泛認可，為規避繳納契稅以降低交易成本，

〔註61〕田濤，鄭秦：《大清律例》〔M〕，北京：法律出版社，1999：199～200。

〔註62〕所謂「代縣印」，張介人先生認為「這種印式是當時官方統一的『契約完稅印』，也可稱『代縣印』」。

〔註63〕張介人：《清代浙東契約文書輯選》〔M〕，杭州：浙江大學出版社，2011：4。

〔註64〕〔清〕李前泮，張美翊：《奉化縣志》（卷七）〔M〕，臺北：成文出版社，1975。

各地在契約實踐中已經形成了自己的習慣做法（如私下訂立契約），以確保契約效力和交易的安全。

（三）「一田二主」的契約訂立現象和「田面權」轉移的現象普遍

「一田二主」是土地所有權本身分割為「田面權」和「田底權」，然後對其分開佔有、轉移所形成。因各地所有權演變的時間先後不同，其表現形式、內容往往具有較為明顯的地域特徵。清代浙東地區的田底權一般稱為「田腳權」，如屬於以出賣田腳為名的契文，均是田底權的轉移，但數量不多。而以田面權轉移的「永賣契」或者「賣契」占絕大多數。清代浙東地區產權交易過程中，即使是標有「永賣」標識的契約也並不一定就是田底權的轉移，大多數恰恰是田面權的轉移，這說明「一田二主」和田面權轉移在浙東地區的普遍存在及租佃關係的發達。依照清代習慣法規定，土地買賣有著不同的層次，因買賣土地的層次不同，在契文訂立中的制度安排就會有異。浙東地區關於土地的買賣就有「永賣」『「允賣」』「找」「準找」「絕賣」等多種方式。而「永賣」僅僅是土地買賣過程中「賣」的初始階段，由於買主買的僅僅是土地使用權而非所有權，即所謂的「田面權」轉移，因此「永賣」中的土地價格往往遠低於實際價格（賣主希望保留回贖權），因此當賣主無法按期回贖之前所賣地產時，接下來就會發生「找價」（「找貼」）行為，然後雙方再訂立「找價契」或「找盡契」，完成產業的「絕賣」。「找價契」或「找盡契」是「永賣」到「絕賣」的最後階段。

第三節　地區經濟社會與買賣契約之間的關係

一、地區經濟發展與買賣契約的關係

從各地區的契約實踐看，首先，地區經濟社會發展水平的高低會直接影響契約的具體內容和訂立行為，是造成不同地區契約差異性的最直接原因之一。

縱向上看，中國古代土地買賣契約的發展和變化是與經濟社會的發展緊密聯繫在一起的。如宋代，隨著以土地為核心內容的財產流轉加快和圍繞著土地交易形成各種法律關係的出現，有關土地買賣的法規和買賣契約的樣式及其內容更加完善；買賣契約的相關制度與訂立程序進一步規範，

反映了宋代商品交換關係的發達。明中葉是土地買賣契約發展的關鍵時期，這個時期買賣契約的內容和形式既上承唐宋，具有明顯的繼承性；又因適應明代經濟發展的需求而增加了許多新的內容（如「各無抑勒」「無債負準」「無重複交易」成為土地買賣的先決條件）和契約形式（分見於萬曆年間刊刻的《四民利觀府錦囊》《新刻天下四民便覽三臺萬用正宗》等的明代賣（買）田契式，共有 13 種〔註65〕），與經濟發展表現出較高的一致性。到了清代，買賣契約的發展也不例外。它一方面繼承了明代買賣契約的主要要素；另一方面，則為了適應當時經濟發展的需要，形成了許多新的契式，增加了新的契約內容。首先，為了適應當時「活賣」與「絕賣」不斷分離的發展趨勢，不僅在法律上明確區分開了活賣與絕賣的權利和義務，規定契約必須標注契約性質（即活賣還是絕賣），而且還大力推廣使用活賣文契和絕賣文契。其次，在活賣和絕賣契之外又產生了「找貼契」「找斷契」等新的契約類型，還形成了「洗」「盡」「撮」「湊」「繳」「休」「杜」等不同的名目，以適應當時土地交易類型的多樣化的發展趨勢。第三，為適應永佃權和一田二主的盛行和發展，「賠約」〔註66〕的使用更加普遍化，在各地又出現了不同的名目，如賣田皮契、賣小苗契、賣稅田契、賣質田契等。與此同時，田底權單獨買賣也盛行起來。由此，完整地權的買賣往往被分割，又在此基礎上出現了田底和田面權的絕賣和活賣。正如張傳璽先生所言，「契約使用情況的發展變化，直接反映了各個時期的社會經濟狀況及其發展變化。」〔註67〕

　　從橫向上看，買賣契約的內容和形式由於受到不同地區經濟發展水平、經濟模式與經濟結構等的影響，又呈現出較為明顯的地方或民族特色。如清水江地區，因地處偏僻，經濟發展水平相對落後，林木、林場及土地等財產的交易相對簡單，更多地是利用當地苗侗民族的風俗慣例來維持當地的交易秩序，結果就是當地白契的數量多，占比高，而繳納了契稅的紅契則較為罕見。因清水江地區多數契約所涉及交易的金額小，如嘉慶四年姜文甫、

〔註65〕楊國楨：《明清土地契約文書研究》〔M〕，北京：中國人民大學出版社，2009：12。

〔註66〕即買賣田面權的契約，它和賣田契式雷同，但立契人收取的是「賠價」（田面價）而不是「田價」，受賠者所管之「業」只是「佃業」（田面）。

〔註67〕張傳璽：《中國歷代契約粹編》（上冊）〔M〕，北京：北京大學出版社，2014：19。

文邱賣木並山契中「當日憑中議定價文銀陸錢整」〔註68〕、嘉慶二十四年姜卓賣木契中「當日憑中議定價銀捌錢整」〔註69〕、道光二十三年姜老惟賣木契中「議定價約穀三十斤」〔註70〕等；由此，契約效力的發揮似乎並不需要國家法特別的保障，依靠當地的風俗慣例就可以保障契約訂立雙方對其責任與義務的履行。再考慮到清代有關契稅繳納的規定：「凡買田地房屋，增用契尾，每兩輸銀三分」。〔註71〕無疑會增加訂立契約的成本，對於經濟本來就十分窘迫的立契人而言，這無疑又是雪上加霜。出於經濟利益的考慮，選擇訂立「白契」恰好是最經濟實用的選擇。清水江地區的林業經濟相對發達，因而沒有形成複雜的地權分化與轉移的情況，鮮見中原地區田宅買賣中的「加價」或「找貼」行為，亦沒有發現專門的「找價契」。與之相對應的則是林業契約的發達，除了數量巨大的林業契約，如「林地買賣契」「林木買賣契」「佃栽山林契」之外，還形成了「主佃分成合同」、賣木「分銀合同」等合同類文書，印證了當地林業經濟的發達及其以契約為代表的各類法權關係的複雜多樣。

徽州買賣契約的交易對象涵蓋田產、房舍、菜園、池塘、墓地、林場、林木、奴婢（或人身）等，種類十分豐富，與當地經濟發展和百姓的日常生活緊密相關；根據買賣的性質可以將契約分為絕賣契、活賣契、典契、找價契等，反映了徽州地權分化的多樣性和財產權屬關係變化的靈活性；根據是否繳納契稅，可以將買賣契約分為白契和紅契，還出現了使用官契紙的買賣契約，從中可以看出國家政權出於徵繳賦稅的需要而對當地契約訂立的介入與管理；基於地權分化基礎上各種田產交易的實際需求，徽州買賣契約還形成了「田面權」「田底權」或「『田面權』＋『田底權』」形式的交易關係。這些交易形式甚至延伸擴展至林業、水利設施等的買賣交易中，形成了更為複雜的民事法律關係。徽州買賣契約所呈現出來的以上特點都是受到徽州當地經濟發展影響的直觀表現。

〔註68〕陳金全，杜萬華：《貴州文斗寨苗族契約法律文書彙編——姜元澤家藏契約文書》〔M〕，北京：人民出版社，2008：60。

〔註69〕陳金全，杜萬華：《貴州文斗寨苗族契約法律文書彙編——姜元澤家藏契約文書》〔M〕，北京：人民出版社，2008：188。

〔註70〕陳金全，杜萬華：《貴州文斗寨苗族契約法律文書彙編——姜元澤家藏契約文書》〔M〕，北京：人民出版社，2008：385。

〔註71〕〔清〕嵇璜，劉墉：《清通典》（卷八）〔M〕，浙江書局，1645。

　　浙江素為農業經濟富庶的省份，在商品經濟的影響下，地權分化普遍，土地的佔有、使用及其轉移上普遍採用契約方式，有「民間執業，全以契券為憑」判斷土地所有權歸屬的慣例；地權轉移頻繁，從買賣契約的種類上看，有「活賣」與「絕賣」之分；從地權性質上看，有「田底權」和「田面權」的分割買賣，並分別使用不同的契式；因「活賣」保留有回贖和找價的權利，因此也留存有大量的「加找契」「找絕契」「找貼契」；在土地出賣後會進行專門的推收過割，留存了形式多樣的推割憑證，如「除票」「推旗」「僉票」等，以此即有助於明確土地所有權權屬，又利於官府確保稅賦的徵繳，反映出當地買賣契約與地區經濟發展高度契合的樣態。

　　其次，契約對地區經濟發展會產生積極影響。契約規範涉及到經濟生活的方方面面，是調整各類經濟關係和人們經濟行為的主要規範形式之一。現在清水江地區留存了大量買賣契約，說明當時的人們正是通過這些契約，不僅明確了不同家庭、家族和村寨的經濟權屬關係，而且有效地調節著人們之間的交易行為，為各項交易的正常進行提供了重要保障，並為當地參與林業經濟生產、經營的家庭、家族和村寨提供穩定的經濟收益預期產生了積極的影響。此外，一旦在林業生產與經營過程中發生糾紛，買賣契約往往又是利益雙方主張自身權益的重要依據。在清水江地區，無論採用理講、鳴神，還是鳴官的糾紛解決方式，其中買賣契約都是重要憑證。因此，買賣契約對於當地經濟發展和交易秩序的維護都具有重要作用。

　　徽州和浙東地區的各類經濟活動與經濟行為在很大程度上也都受到契約的影響和制約，日常生活中各類財產的轉移、經濟權屬與利益的確定與明晰，無不借助契約得以實現；經濟糾紛的解決也有賴於契約效力，契約在很大程度上成了清代區域社會秩序維護機制的重要組成部分，在維護市場交易秩序，進而維持地區經濟發展、社會秩序方面發揮著不可或缺的重要作用。據此，日本學者寺田浩明指出，「如果所謂的『法秩序』指的只是皇帝以官僚為執行機構對民間發生的種種惡行壞事進行懲戒，即所謂『信賞必罰』的過程，而如果把『法秩序』理解為人們不直接依靠暴力而通過語言和交往形成秩序的行為總體，那麼則是由契約構成明清時期的法秩序的實體部分。」〔註72〕也就是說契約是維繫中國古代社會運行、推動經濟發展

〔註72〕〔日〕寺田浩明：《明清時期法秩序中「約」的性質》〔M〕，載滋賀秀三等：《明清時期的民事審判與民間契約》〔M〕，北京：法律出版社，1998：140。

的重要保障機制之一。

二、地區社會發展與買賣契約的關係

　　一方面，地區社會本身會對買賣契約產生一定的影響。地區社會發展需要相應秩序的規範，而秩序的產生往往不是主要依靠規範與規範之間的互動，而是更多倚重於規範與社會諸因素之間的互動。傳統中國社會實行的是君主專制、宗法等級以及小農經濟，其規範力量除了來自國家政權及其頒布的法律規章之外，還存在著適用於民事活動的許多規則與民間慣習，這其中就包含著契約，即所謂「官有政法，民從私契」。從制度的背景與環節上考察，契約規範的確立，關聯因素很多，包括國家法律、民間習俗、稅收政策等方方面面。特別是契約規範作為一個人們處理日常生活關係的「私約」世界，其在具體運作中，更易受到社會結構的影響。尤其是「封建社會後期，隨著人口的劇增，地權分化，農業開始集約化和商品化，貨幣經濟發展到了一個較高的層次，部分地區市場發展快速，民事關係契約化傾向明顯。民間土地買賣空前頻繁，各種借貸方法如典、當、抵、押、合會等均獲極大發展。」〔註73〕以徽州為例，到了清代，隨著社會的演變，商品經濟的發展，徽州地區的社會關係日趨複雜多變，出現了諸如各房輪管、合股合夥等的經營管理形式，「一田二主」，甚至「一田數主」的情況普遍存在，財產流動十分頻繁，財產權屬關係日趨複雜多樣，社會階層分化流動，民間交往的範圍和頻次不斷擴大和提高。在這種情況下，國家制定法、地方風俗慣例及宗族組織很難兼顧日趨多元、複雜變化的利益關係，而側重於利益關係且形式多樣的契約關係，反而形成了對宗族血緣關係、聚居關係的超越和重構，為人們適應當時社會的複雜多變提供了有效路徑與方法。因為契約的訂立與日常生活聯繫密切，相對於當時國家和宗族制度規範所具有的明顯等級性的差序格局，反而具有相對的平等性與靈活性的特徵，其涉獵範圍大到群體利益的整合，小到具體事項的利害，能隨時反映社會的變化及各類群體的利益訴求，因此日趨成為民間各類利益群體協調社會關係最實用、最直接和最普遍的方法之一。清代徽州民間通過合意結成的社會關係無處不在，契約關係得到普遍發展，因買賣、合夥經營等產生的契約更是

〔註73〕梁治平：《清代習慣法：社會與國家》〔M〕，北京：中國政法大學出版社，1996：168。

常見，數量不菲。再加上百姓畏懼官府，即使在交易中發生的糾紛也多在宗族內部通過協調、立約得以解決，契約往往能化矛盾於未萌之中，息糾紛於訴訟之先，其文本內容恰好能體現當時徽州社會關係的發展變化，在其規範下形成的各類關係成了人們日常生活不可或缺的部分，由此構成了徽州區域社會秩序的主體部分。

另一方面，買賣契約及其規範作用也會對地區社會發展產生一定的影響。

首先，買賣契約能反映出經濟發展對地區社會結構的影響。以清水江地區為例，清代乾隆以前，清水江地區尚處於農村公社階段。除了房屋、農具等為私人所有，一般的土地、山林、河流等都是公有。到了乾隆年間，隨著清水江地區木材市場的發展與繁盛，促使大量原來共有的山地、山林、山場開墾闢為經濟林場，在利益驅動下，當地百姓開始通過「化公為私」的方式將大量公共山地據為己有，最終使農村公社走向解體。這在部分買賣契約中是有所體現的。如平鼇寨與扒洞寨瓜分公山合同〔註74〕，記錄的就是乾隆五十年（1785）平鼇寨與扒洞寨將兩寨共有的荒山進行瓜分的經過。本寨眾人賣清河塘約〔註75〕反映的是乾嘉苗民起義期間，官府向清水江流域苗民攤派軍需物資，加池苗寨無銀籌辦，只好將本寨公共池塘出賣與地主姜廷德。隨著森林、荒山、河流、池塘等公共土地資源的私有化，清水江地區的社會結構發生了重大變化。

其次，買賣契約能夠反映出地區社會財富的轉移與再分配，以及地區社會階層的流動與變化。清水江地區隨著林業經濟的發展，買賣契約訂立頻繁，人們通過買賣契約的訂立實現了家庭、家族或村寨財產的轉移，財產流動具有從公到私，即大量公共的山林、林地、河流等被據為私有；從分散到相對集中，即財產流動有向個別人集中的傾向，如姚百萬、李三千等人的出現，並在此基礎上引發了當地社會階層的進一步分化，出現了地主階層及其對土地、山林的兼併行為。以錦屏加池寨的姜佐章，據《清水江文書》相關契約內容的記載看，他在乾隆到嘉慶年間通過 35 宗田契購買了約 75 畝的田產，並從事高利貸經營活動，成為地主階層，反映出當地社會結構在林

〔註74〕徐曉光，龍澤江：《貴州「錦屏文書」的整理與研究》〔J〕，原生態民族文化學刊，2009，1（01）：51～59。

〔註75〕張應強，王宗勳：《清水江文書》，第一輯（第三冊）〔M〕，桂林：廣西師範大學出版社，2007：9。

業商品經濟的衝擊下所發生的變化。另外，在商品經濟的推動下，侗族和苗族社會中也開始出現了自己的商人，掌握有大量的社會財富。

第三，買賣契約還是地區生活方式變遷的直接反映。以清水江地區為例，隨著林業經濟的發展，據記載，「每年來此經商的商賈不下千人，年成交營業總額百萬兩白銀以上；商人們有來自全國各地，而以安徽、江西、陝西等組成的「三幫」和以湖南常德府、德山、河佛、洪江、託口等組成的『五勷』等商幫最為著名；而且還有從山上放木而下的『山客』和以購買水中木材的『水客』之分；緊靠清水江邊侗族聚居的錦屏縣王寨是清政府專設的總木市，這裡終日熙熙攘攘，沸沸揚揚。」〔註76〕當地形成的糧套種方式及林木分成辦法也對各地剩餘勞動力形成了巨大的吸引力，有大量外省移民來清水江地區從事林業生產。從遺存的買賣契約看，買賣雙方大大突破了家族、村寨、省份的界限，極大地擴展了地區社會的活動空間，苗、侗、漢族之間的往來日益頻繁，相互之間在生活方式、文化、婚姻等方面都產生了一定的影響，尤其是中原地區漢族的生活方式對清水江地區當地的苗、侗民族產生了深刻的影響。建立祠堂、祖先祭祀、興辦教育，以詩書禮儀化人等漸為苗、侗民族所借鑒和吸納，對當地社會產生了深遠的影響。

〔註76〕廖耀南：《清水江流域的木材交易，貴州文史資料選輯》（第六輯）〔M〕，貴州人民出版社，1980：4～6。

第二章　契約主體

買賣契約主體是指契約中享有權利和義務的買方和賣方。買賣契約的成立，作為土地買賣當事人的賣主與買主身份必須合法化。清代一方面從維護市場正常交易秩序出發，對一些扮演特殊社會角色的群體（主要是八旗子弟、文武官吏、宗教人士和外國人等）的契約主體資格在法律上做出了明確的限制。另一方面則在遵循「家政統於尊長，家財則係公物」[註1]傳統禮制和維護「同居共財」生活方式的基礎上確認了家族（庭）內部成員基於性別、輩分、親疏程度的不同身份和地位而形成的具有差異性的契約主體資格。也就是說清代買賣契約主體除了和個體的行為能力具有一定關聯外，契約主體資格的獲得更多取決於個體在家族（庭）中的身份和地位。清水江、徽州和浙東地區在清代國家法、男系繼承原則的父權制家族制度及家庭財產共有觀念等的影響和作用下，其買賣契約主體一方面具有一些相同的特點，如以男性為主要的契約主體；女性在特殊情況下可以成為契約主體，但其權利要受到一定的限制；都有家庭成員聯合署名共同處理財產、訂立契約的情況；出現了具有合夥性質的契約主體等；另一方面則因受到當地經濟、社會、文化風俗等因素的影響，契約主體在其種類、信息表述及享有的權利方面都存在著較為明顯的差異，呈現出多樣性、複雜性和靈活性的特徵。

根據主體人數的多少及主體之間的相互關係，可以將清代買賣契約主體

〔註1〕〔清〕沈之奇：《大清律輯注》〔M〕，懷效鋒、李俊點校，北京：法律出版社，2000：217。

分為單獨主體、聯署主體和合夥主體三大類。

第一節　單獨主體

　　所謂單獨主體，就是契約中的訂立雙方都只有一個人。根據契約主體在其家庭或家族中身份地位的不同，清代三地買賣契約的單獨主體主要分為男性契約主體和女性契約主體。

一、男性主體

　　中國古代的禮法，一貫倡導家庭共財。禮制中提倡大功同財，後世之法律將此引申為同居共財，《大清律例》亦明確要求共同居住、生活的家庭實行財產共有制度，禁止家庭成員擁有個人私產。在家庭共財制度及長期形成的家庭共財觀念的規範和影響下，一個家庭中的尊長往往擁有對財產的支配和處置權，這也獲得了國家法令律例的確認。清律規定：「凡同居卑幼，不由尊長，私擅用本家財物者，十兩，笞二十，每十兩加一等，罪止杖一百。」〔註2〕由此，家庭的尊長自然成為契約訂立的首要主體。所謂尊長，於家庭是指父親、兄長、寡母等。於宗族是指族長、房長等。但是由於「中國古代社會的家產承繼從來與祖先祭祀、宗祧繼承聯繫在一起，故家族中承擔祭祀、繼嗣功能的男性成員才是財產的權利主體。」〔註3〕所以男性尊長往往就成為了各地買賣契約的主要主體，這種情況在清水江、徽州和浙東地區的買賣契約中也多有體現，如以下三則契約：

　　　　清水江文斗寨陳什生賣田契：「立斷約人陳什生，為因年歲缺
　　　　少銀用，無從得出，將自己祖田一坵，坐落地名冉鼇，口禾二十把，
　　　　載糧三鼇，情願自己請中問到口房陳具喬承買為業。當日憑中議定
　　　　價銀七兩三錢，銀契兩交，分鼇無欠，情（親）手收回應用。（後
　　　　略）〔註4〕

　　　　乾隆四十四年（一七七九）休寧縣王森庭賣地紅契：立杜賣地
　　　　契王森庭今因急用，自願將　祖遺下地壹號，土名黃圩宅，係良字

〔註2〕田濤，鄭秦：《大清律例》〔M〕，北京：法律出版社，1999：187。
〔註3〕滋賀秀三：《中國家族法原理》〔M〕，北京：法律出版社，2003：95～97、353。
〔註4〕陳金全，杜萬華：《貴州文斗寨苗族契約法律文書彙編——姜元澤家藏契約文書》〔M〕，北京：人民出版社，2008：25。

壹千六伯四十三、三十七號，計地一伯八十四步三分，計稅捌分玖釐。其地先年已賣過西邊一半與庭芳名下，仍存東邊一半，並出路地步盡行央中出賣與

智祀會內為業，當日得受時值價銀壹兩伍錢正。其地來賣之先並無重複；今賣之後，任憑管業開種。倘有來歷不明，盡是賣人理直，不涉受業之事。恐後無憑，立此賣契存照。

其稅在廿七都五圖一甲王承啟，今起割推入智祀戶內辦納。又批。

乾隆四十四年十一月 日

　　　　　立賣契　王森庭（押）

　　　　　憑中又沂（押）　雲五　翰臣（押）〔註5〕

浙東慈谿縣馮秉仁賣田契：「立永遠賣契：馮秉仁，今因缺銀使用，情願將祖父遺下民田乙坵，落下土名灶梁橋，係坐字三百零三號，計民田乙畝陸分四釐乙毫。東至河、西至樓田處、南至馮處田、北至大路為界，四至字號分明，其田出賣於樓處為業。三面議定當受時值價銀壹拾玖兩柒錢正。其田自賣之後，任從買主開割過戶，管業布種無阻；其田亦無重疊典押在外，及諸般違礙等情。俱自（是）兩廂情願，各無番（翻）悔。恐後無憑，立此永遠賣契為照行。

乾隆四十三年三月

　　　　　日立永遠賣契：馮秉仁（畫押）　　契

　　　　　見中　樓允若（畫押）、士成（畫押）」〔註6〕

以上三則契約中的立契人（賣方）應該都是男性（如果是女性訂立的契約，一般都會對其身份作特別的標注，如道光七年姜氏樓真賣田契〔註7〕等）。此外按照尊長才有家庭財產處置權的相關規制，他們應該也是家庭中的尊長，因其對家庭財產有相應的支配權和處置權，所以在這裡才能以賣方的名義訂立契約。後兩則契約的賣方王森庭（徽州地區）和馮秉仁（浙東地

〔註5〕張傳璽：《中國歷代契約粹編》（中冊）〔M〕，北京：北京大學出版社，2014：1177。

〔註6〕張介人：《清代浙東契約文書輯選》〔M〕，浙江：浙江大學出版社，2011：12。

〔註7〕陳金全，杜萬華：《貴州文斗寨苗族契約法律文書彙編——姜元澤家藏契約文書》〔M〕，北京：人民出版社，2008：248。

區）還在契約末尾進行了署押，說明在徽州和浙東地區具有財產支配權和處置權的契約主體（主要是賣方）在契約上署押，是確保契約效力的重要條件之一。

根據筆者對清水江、徽州和浙東地區部分買賣契約〔註8〕的統計看，男性立契人的數量在三地買賣契約中占大多數，比例分別為93.9%、80.6%、93.7%，說明三地男性在家庭財產的支配和處置方面具有絕對的主導權，是當地家庭財產的主要權利主體。

從契約訂立的另一方買方看，也大多由男性承擔，尤其是徽州和浙東地區，鮮見女性買方訂立的契約。

值得注意的是，家庭共有財產的支配和處置權雖歸尊長，但並非尊長個人私有。《大明律集解附例・卑幼私擅用財》纂注云：「蓋同居則共財也。財雖為公共之物，但卑幼得用之，不得而自擅也；尊長得掌之，不得而自私也」〔註9〕。在財產共有制度和觀念的影響下，家長無權把財產隨便轉移給外人或在兒子間對財產做不等額的分配，否則會受到法律的制裁，「若同居尊長，應分家財不均平者，罪亦如之」〔註10〕。所以一個家庭的尊長在處置家庭的田產、房屋等重要財產時，往往會考慮到卑幼的權利，根據卑幼在家庭中的影響力（是否成年或成婚、對家庭的貢獻及其經濟地位等）來確定是否要徵得卑幼的同意，或者直接將契約訂立權賦予卑幼。這在《中國農村慣習調查》中可以看到相關的記錄：「凡出賣產業者，如有父母在堂，須於契後寫『主賣父』或『主賣母』，由父或母簽字，然後雙方議定，於契價之外，買主須出主賣錢數串或十串不等，以業價之大小定之。」〔註11〕這雖然是對民國時期華北農村的調查情況記錄，根據習慣的延續性和傳承性的

〔註8〕這些買賣契約主要選自陳金全，杜萬華主編《貴州文斗寨苗族契約法律文書彙編——姜元澤家藏契約文書》北京：人民出版社，2008；陳金全，梁聰主編《貴州文斗寨苗族契約法律文書彙編——姜啟貴家藏契約文書》；北京：人民出版社，2015；張傳璽主編《中國歷代契約粹編》（中、下冊）北京：北京大學出版社，2014；王萬盈主編《清代寧波契約文書輯校》天津：天津古籍出版社，2008；張介人主編《清代浙東契約文書輯選》杭州：浙江大學出版社，2011。

〔註9〕魏道明：《秩序與情感的衝突——解讀清代的親屬相犯案件》〔M〕，北京：中國社會科學出版社，2013：126。

〔註10〕田濤，鄭秦：《大清律例》〔M〕，北京：法律出版社，1999：187。

〔註11〕前中華民國司法行政部：《中國民事習慣調查報告錄》〔M〕，胡旭晟等點校，北京：中國政法大學出版社，2005：524。

特徵推斷，清代的情況應該有類似的習慣，即家庭中的卑幼可以成為契約訂立主體單獨訂立契約。在沒有男性尊長的情況下，也有卑幼稱奉母之命而作為買賣行為主體的。如乾隆五十二年（1787）休寧縣許配孚賣田紅契：

> 立杜絕賣田契許配孚奉母命，弟兄商議，今因管業不便、情願將己身份授水田一業，坐落霍家阪、計種壹行陸斗、大小二坵……〔註12〕

或者是卑幼以契約訂立主體身份出現，而其母在契約末尾署押，以確保契約效力。如清順治十八年（一六六一）休寧縣鄭日孜兄弟賣地紅契：

> 二十三都圖立賣契人鄭日孜同弟日旦、日休，今因欠少錢糧無措，自願將續置毀字乙千二百二十九號，計地稅肆分玖釐柒毫，土名車水基。……立此賣契為炤（照）。
>
> 　　　　　　　　　　　　　　主盟母　　方氏
> 順治十八年十二月日　　　　　立賣契人　鄭日孜
> 　　　　　　　　　　　　　　同弟　　　日旦
> 　　　　　　　　　　　　　　　　　　　日休
> 　　　　　　　　　　　　　　　……〔註13〕

二、女性主體

一個家庭，除了男性成員之外，還有女性成員。在中國古代社會，通常情況下，女性不是財產的共有主體，因為中國古代社會實行的「實際上是父宗血緣團體共有制，或者說是同居男性成員共有制。」〔註14〕因此女性被排除在共有主體之外。但在某些特殊情形下，如戶絕、未婚、歸宗、夫亡守志等幾種情形，女性也可以成為家庭財產的主體參與契約訂立。這種由女性單獨充任契約主體訂立的買賣契約在清水江、徽州和浙東地區都有發現，如嘉慶三年范氏臥孚賣山契：

> 立斷賣山場杉木約人范氏臥孚，為因缺少糧食，無處得出，自

〔註12〕張傳璽：《中國歷代契約粹編》（中冊）〔M〕，北京：北京大學出版社，2014：1206。

〔註13〕張傳璽：《中國歷代契約粹編》（中冊）〔M〕，北京：北京大學出版社，2014：1008。

〔註14〕魏道明：《中國古代遺囑繼承制度質疑》〔J〕，歷史研究，2000（06）：156～165＋193。

願將到山場坐落地名風聾、污或貳處分為拾兩之山，臥孚名下占七錢五分，今將出賣與本房姜映祥、映輝、紹呂名下承買為業。當日憑中議定價銀三兩八錢，親手收回應用。其山自賣之後，任憑買主永久管業，賣主並房族兄弟日後不得異言。（後略）

　　　　憑中　范獻林

　　　　代筆　侄姜紹牙

　　　　……〔註15〕

乾隆四十九年（一七八四）休寧縣佘方氏賣園紅契：

　　四都二圖立賣契佘方氏，今因正用，願將承遺分受園一業，……

　　　　　　　　　　立賣契　佘方氏（押）

　　　　　　　　　　家族叔　佘魁五

　　　　　　　　　　　　　　佘永錫（押）

　　　　　　　　　　……〔註16〕

浙東慈谿樓童氏賣民官田契：立永遠絕賣文契，樓童氏，今因缺銀使用，情願將故夫遺下民官田一坵，……

　　　　嘉慶三年十二月　　　日立永遠絕賣文契樓童氏（畫○）

　　　　　　……〔註17〕

　　不同的是，三地女性在充任契約主體時所享有的財產處置權的大小是有區別的。清水江地區女性在參與土地等家庭財產交易的過程中，具有與男性類似的權利，而徽州和浙東地區女性作為契約主體的權利要受到一定限制。清水江地區的女性在單獨充任契約主體時享有較為獨立和完整的財產處置權。如之前提到的道光七年姜氏樓真賣田契，姜氏樓真作為單獨的契約主體訂立的契約，無論在格式還是內容上，與男性訂立的契約並無二致（沒有引入更多的中人，也未見夫家親屬的署押），說明她擁有獨立和完整的財產處置權。這種由女性處理財產的情況在清水江地區具有一定的普遍性。清水江地區的 185 件苗族女性買賣土地契約中，「婦女獨立賣產文書

〔註15〕陳金全，梁聰：《貴州錦屏文斗寨苗族契約法律文書彙編——姜啟貴等家藏契約文書》〔M〕，北京：人民出版社，2015：116。

〔註16〕張傳璽：《中國歷代契約粹編》（中冊）〔M〕，北京：北京大學出版社，2014：1195。

〔註17〕張介人：《清代浙東契約文書輯選》〔M〕，杭州：浙江大學出版社，2011：16。

有 58 張，約占總數的 31，3%。〔註18〕另外，清水江地區女性作為立契人並未見如徽州文書具有「婦」字在前標識其身份者，〔註19〕而一般寫作「立賣契（約、字）人某寨某氏某名」，說明苗族女性的經濟社會地位要比內地女性高。

除此而外，在清水江地區，女性還可以成為買主（參見清水江文書所見苗族女性購買契約一覽），如范老喬兄弟賣田契：

> 立斷賣田約人岩灣寨范老喬兄弟三人，為因家下缺少銀用，無處得出，自願將田一坵坐落污晚田，出賣請中問到姜氏福香、范繼堯二人名下承買為業⋯⋯」〔註20〕

姜氏福香是承買方，說明清水江地區的女性在充任契約主體時享有更多的權利。學者吳才茂認為「在清代清水江地區，苗族女性在土地絕賣契中成為買主並非少見。」〔註21〕

表 2-1　清水江文書所見苗族女性購買契約一覽表〔註22〕

序號	時　間	賣　出　者	購　買　者	交　易　物
01	乾隆四十九年	族叔姜國政	侄女姜老妹	杉山一大股
02	嘉慶六年	姜未喬	弟媳樓風、胞妹妹蕃姑媳二人	山場杉木
03	嘉慶十年	范老喬兄弟三人	姜氏福香、范繼堯二人	田一坵
04	嘉慶十七年	姜之謨	姜氏研橋	山場杉木一團
05	嘉慶十八年	姜之堯	姜氏研所	山場杉木一塊

〔註18〕吳才茂：《清水江文書所見清代苗族女性買賣土地契約的形制與特點──兼與徽州文書之比較》〔J〕，安徽師範大學學報（人文社會科學版），2017，45（03）：281～288。

〔註19〕阿風：《明清時代婦女的地位與權利──以明清契約文書、訴訟檔案為中心》〔M〕，北京：社會科學文獻出版社，2009：90。

〔註20〕陳金全，杜萬華：《貴州文斗寨苗族契約法律文書彙編──姜元澤家藏契約文書》〔M〕，北京：人民出版社，2008：82。

〔註21〕吳才茂：《清水江文書所見清代苗族女性買賣土地契約的形制與特點──兼與徽州文書之比較》〔J〕，安徽師範大學學報（人文社會科學版），2017，45（03）：281～288。

〔註22〕吳才茂：《清水江文書所見清代苗族女性買賣土地契約的形制與特點──兼與徽州文書之比較》〔J〕，安徽師範大學學報（人文社會科學版），2017，45（03）：281～288。

06	嘉慶十八年	范紹正	侄女范弘姑、弘妹姊妹二人	杉山一大股
07	道光十年	姜氏風岩、友保母子	本房姜運亨、姜氏絞妹	山場杉木一塊
08	道光十二年	姜啟道等弟兄三人	范氏管香	山場杉木一團
09	道光十五年	姜老孟、老紹弟兄	姜氏儼香同子范炳蔚等四人	田一坵
10	道光二十一年	黃均文等兄弟叔四人	姜恩詔	山杉栽手二股〔註23〕
11	道光三十年	姜吉祥	本家姜氏米風、東盛、東佐三人	山杉栽手一股
12	同治十年	本族王通謨	本族龍氏內女庚桂二嫂	田一坵
13	光緒元年	姜老宗、龍萬宗	姜鍾芳、侄世官、女秋香三人	杉山杉木
14	光緒六年	本房姜克貞	陸氏存弟	山杉栽手二股
15	光緒九年	楊老保	姜氏秋香	山杉栽手三股
16	光緒十二年	堂伯朱本清母子	朱門譚氏現菊	田一坵
17	光緒十四年	姜祖生、根妹、小妹三人	堂媳范氏存嫣	田一坵
18	光緒十六年	王氏見洪	本寨王氏七女	田二坵
19	光緒十七年	姜作梅等四人	姜老實、吉春二人	山場一塊〔註24〕
20	光緒二十七年	姜東相	本家姜氏米風、老交、銀妹三人	山杉栽手一股

資料來源：序號01、02、03、13、15分別參見《貴州文斗寨苗族契約法律文書彙編——姜元澤家藏契約文書》第35、64、82、460、464頁；序號04、05、07、08、09、10、11、17、19、20分別參見《貴州苗族林業契約文書彙編（1736～1950年）》契約編號：A-0083、A-0099、B-0090、B-0099、D-0017、B-0124、B-0160、D-0039、A-0247、

〔註23〕這份契約本身並非女性買契，但契文寫道：「立斷賣栽手杉木字人黃均文……外批：此山薑氏秀蘭私買，代筆姜本望筆批。」參見唐立、楊有賡、武內房司主編：《貴州苗族林業契約文書彙編（1736～1950年）》第二卷，契約編號：B-0124。

〔註24〕這份契約本身並非女性買契，但契文寫道：「立斷賣山場字人姜作梅……自願將到叔母先年得買之山一塊……其山股數，叔母名下所佔多寡，今將出賣與姜老實名下承買為業。」參見唐立、楊有賡、武內房司主編：《貴州苗族林業契約文書彙編（1736～1950年）》（第一卷），契約編號：A-0247。

B-0131；序號 06 參見《貴州文斗寨苗族契約法律文書彙編——姜啟貴家藏契約文書》
第 75 頁；序號 12、14、16、18 分別參見《清水江文書》第 2 輯第 8 冊第 382 頁、第
1 輯第 1 冊第 173 頁、第 2 輯第 5 冊第 182 頁、第 2 輯第 6 冊第 84 頁。

　　這種情況在徽州和浙東地區則十分罕見。據學者阿風的統計，「徽州文
書中只是若干典契或當契之中出現了將田土典、當與女性的文書，而土地
絕買契中出現女性買主十分少見，僅見一例。」〔註 25〕據筆者對浙東地區
買賣契約的統計看，目前還未發現有女性作為買主訂立的契約。表明清水
江地區的女性，較之徽州和浙東地區的女性，在充任契約主體時，擁有更為
獨立的家庭財產處置權，在當地經濟活動中擁有更大的主動權。這與清水
江地區的女性在當地經濟生活中的地位和所起的作用息息相關。首先，婦
女承擔主要的林業或農業生產勞動。如嚴如煜《風俗備覽》所記：「苗耕，
男婦並作，山多於田，宜穀者少。燔榛蕪，墾山坡，種芝麻、粟米、麥、豆、
包穀、高粱、蕎麥諸雜糧。」〔註 26〕清水江地區的女性還積極從事林業生
產，如光緒十九年王氏毛妹斷賣栽手字：

　　　　立斷賣栽手字人本寨王氏毛妹，為因缺少錢用，無處得出。自
　　願將到先年所栽主家之山一塊，地名再番。……當日憑中斷價三百
　　五十文，親手收足。」〔註 27〕

　　契約內容表明王氏毛妹以栽手〔註 28〕的身份通過承栽山場一塊，獲得兩
股股份，後出賣於蔣獻義，獲得價銀三百五十文。有的則經營杉木買賣，如
光緒二十年劉金富賣杉木契：

　　　　立賣嫩杉木字人親房劉金富，今因家下要錢使用，無所出處，
　　自願將到土名岩腳杉木壹圍……請中上門問到弟姪劉門羅氏玉招
　　名下承買。當日憑中言定價錢貳仟捌佰文整……」〔註 29〕

〔註 25〕阿風：《明清時代婦女的地位與權利——以明清契約文書、訴訟檔案為中心》
　　　　〔M〕，北京：社會科學文獻出版社，2009：96～97。
〔註 26〕〔清〕嚴如煜：《苗防備覽》〔M〕，清道光二十三年（1843）重刻本。
〔註 27〕張應強，王宗勳：《清水江文書》（第一輯）〔M〕，桂林：廣西師範大學出版
　　　　社，2007：181。
〔註 28〕吳才茂將栽手定義為在林業生產中，從「佃山」「挖山」「燒山」「種植木苗」
　　　　「林糧間作」一直到杉木長大（至少需要十八年方可成林）可以出售過程中
　　　　的經營者。引自：吳才茂：《清代苗族婦女的勞力貢獻》〔J〕，農業考古，2015
　　　　（03）：90～95。
〔註 29〕張新民：《天柱文書》（第一輯）〔M〕，南京：江蘇人民出版社，2014：136。

此外，女性還從事養殖、紡織、桐油種植等副業生產，為家庭生計提供重要支撐。黃晉明的《貞豐州竹枝詞》有言：「婦去耕山夫種田，謀衣謀食各紛然。」〔註30〕其次，女性有自己的財產。這些財產可能是從娘家繼承來田產、山林、山場或其股份等；也可以是通過自己栽種而形成的「栽手股」；還可以是自己通過買賣獲得的田產、山林、山場或其股份，在財產處理方面享有更大的主動權，也就有了更多的契約訂立權。值的注意的是，清水江地區的未婚女性也有一定的契約訂立權。如陸光潮賣杉木栽手約：

> 立賣杉木栽手約人中仰寨陸光潮。……自願所栽杉木貳股，請
中問到加室寨姜佐興公生女香妹名下承買為業。（後略）〔註31〕

從契約內容看，姜佐興的女兒香妹（從其稱呼看，應該是未婚）是承買人，參與了買賣交易的全過程。乾隆四十九姜國政賣山契：

> 立斷賣杉山約人族叔姜國政，為因荒年銀米不足，……今將我
國政一大股憑中出賣以（與）侄女姜老妹承買為業。（後略）〔註32〕

契約訂立者姜國政將其杉山的一份股份賣給了他的侄女姜老妹（從稱呼上看也應該是未婚女性）。這就明顯有別於徽州和浙東地區女性的財產處置權，顯示了清水江地區女性所擁有的較高的社會地位。

第二節　聯署主體與合夥主體

一、聯署主體

在家庭財產共有觀念的影響下，同居共財的家庭在轉讓其家庭財產時，往往由重要的具有親屬關係的成員共同充任契約訂立人，或聯合署名訂立契約。這種情況在三地買賣契約中都有發現，聯署的親屬關係類型主要有

〔註30〕〔清〕張鍈修，鄒漢勳，朱逢甲纂：《興義府志》（卷四十）〔M〕，載黃家服、段志洪：《中國地方志集成：貴州府縣志輯》〔M〕，成都：巴蜀書社，2006：383。

〔註31〕張應強，王宗勳：《清水江文書》，第一輯（第四冊）〔M〕，桂林：廣西師範大學出版社，2007：16。

〔註32〕陳金全，杜萬華：《貴州文斗寨苗族契約法律文書彙編——姜元澤家藏契約文書》〔M〕，北京：人民出版社，2008：035、64、82、460、464；陳金全，梁聰：《貴州錦屏文斗寨苗族契約法律文書彙編——姜啟貴等家藏契約文書》〔M〕，北京：人民出版社，2015：75。

父子、兄弟、叔侄、母子、祖孫等。如清水江文斗寨姜今保、老年父子賣木
契：

> 立賣杉約人姜今保、老年父子……
>
> 　　賣主　姜今保、老年、香包父子
>
> 　　代表　姜映□
>
> 　　乾隆四十年七月初九日　立」等。〔註33〕

康熙二十八年（一六八九）休寧縣程聖期父子賣山紅契：

> 二十五都圖立賣契人程聖期同男嘉順……
>
> 　　　　立賣契人　程聖期（押）
>
> 　　　　同男　嘉順（押）」等〔註34〕

浙東慈谿縣曹氏大、三房把祀田拼賣給二房契：

> 立值賣拼契：弟朝春、侄景茂，今因……」〔註35〕

乾隆四十六年文斗寨姜今五、今三兄弟賣田契：立斷賣田約人姜今五、
姜今三弟兄二人……等〔註36〕、順治十八年休寧縣鄭日孜兄弟賣地紅契：

> 二十三都四圖立賣契人鄭日孜同弟日旦、旦休，今因……
>
> 　　主盟母　　方氏
>
> 　　立賣契人　鄭日孜

〔註33〕陳金全，杜萬華：《貴州文斗寨苗族契約法律文書彙編——姜元澤家藏契約文書》〔M〕，北京：人民出版社，2008：22、29、51、75、76、84、117、118、135、150、154、155、159、160、186、197、198、202、204、206、207、222、249、254、260、271、314、329、332、333、343、348、349、352、354、361、362、394、395、442、455、456；陳金全，梁聰：《貴州錦屏文斗寨苗族契約法律文書彙編——姜啟貴等家藏契約文書》〔M〕，北京：人民出版社，2015：20、38、89、92、126、130、143、150、164、181、190、210、214、219、230、263、283、284、307、308、333、361。

〔註34〕張傳璽：《中國歷代契約粹編》（中冊）〔M〕，北京：北京大學出版社，2014：1031；張傳璽：《中國歷代契約粹編》（下冊）〔M〕，北京：北京大學出版社，2014：1422。

〔註35〕張介人：《清代浙東契約文書輯選》〔M〕，浙江：浙江大學出版社，2011：37。

〔註36〕陳金全，杜萬華：《貴州文斗寨苗族契約法律文書彙編——姜元澤家藏契約文書》〔M〕，北京：人民出版社，2008：31、38、44、46、52、55、60、76、77、82、91、97、106、107、128、129、143、144、151、164、165、166、169、174、185、191、192、193、195、205、210、229、239、248、259、272、273、278、284、285、286、287、288、294、296、315、319、330、336、350、353、364、372、374、402、403、406、414、452、467、487、490、527、531。

> 　　　同弟　　　日旦
>
> 　　　　　　　日休
>
> 　　中人　鄭君德……等〔註37〕

道光十九年寧波有培同弟向榮賣地基契：

> 　　有培同弟向榮所有祖父遺下分授平屋基地壹間……
>
> 　　同弟　　向榮押……等〔註38〕。

嘉慶二十年清水江地區龍光華、定必叔侄賣木契等〔註 39〕、康熙十九年休寧縣鮑嘉祥賣地紅契等〔註 40〕、道光廿年寧波從富同侄金來賣山契等〔註41〕。

日本學者滋賀秀三認為：「不論怎樣複雜地家族構成的家都可以通過將父子一體的原則和兄弟平等的原則加以多重組合來正確地斷定每個男性家族成員對於家產擁有什麼樣的權利」。〔註 42〕三地契約實踐中還出現了母子、叔嫂、叔嫂侄、嬸侄等女性參與共同作為契約主體訂立契約的情況，實際上都是同居共財家庭在轉移家庭財產時的「家庭財產共有觀念」在實踐中的具體體現。但在多種因素的影響下，三地買賣契約中的聯署主體在其訂立的契約數量、聯署人的親屬關係及其在契約中的地位與作用方面都存在著較為顯著的不同。

〔註37〕張傳璽：《中國歷代契約粹編》（中冊）〔M〕，北京：北京大學出版社，2014：1008、1025、1026、1039、1055、1056、1057、1071、1076、1106、1108、1132、1137、1176、1206、1212。

〔註38〕王萬盈：《清代寧波契約文書輯校》〔M〕，天津：天津古籍出版社，2008：41、55、102、103、104、110、111、11

〔註39〕陳金全，杜萬華：《貴州文斗寨苗族契約法律文書彙編——姜元澤家藏契約文書》〔M〕，北京：人民出版社，2008：149、148、174、180、200、213、228、245、280、320、422、448；陳金全，梁聰：《貴州錦屏文斗寨苗族契約法律文書彙編——姜啟貴等家藏契約文書》〔M〕，北京：人民出版社，2015：25、57、98、138、160、182、184、195、223、245、247、249、257、275、283、310、340、370、399。

〔註40〕張傳璽：《中國歷代契約粹編》（中冊）〔M〕，北京：北京大學出版社，2014：1024、1071、1222。

〔註41〕王萬盈：《清代寧波契約文書輯校》〔M〕，天津：天津古籍出版社，2008：46、152、153、156、171、172、189、193、223、226。

〔註42〕〔日〕滋賀秀三：《中國家族法原理》〔M〕，北京：商務印書館，2014：270、126、127、139、140、142、153、158、168、174、178、192、194、211、224、228。

　　清水江地區由家庭成員聯合訂立契約的情況非常普遍，由家庭成員聯合
訂立的契約數量在該地區買賣契約中佔有較高的比例。以《貴州文斗寨苗族
契約法律文書彙編——姜元澤家藏契約文書》〔註43〕所收錄的買賣契約為例，
據筆者的統計，這種由家庭成員聯合訂立的買賣契約有 189 份，占所有買賣
契約的 48.2%，接近一半。如以下幾則契約：

> 立賣杉木字人姜金九父子，為因要銀使用，自願將到土名培拜
> 芳粟杉木一塊山場，出賣與姜映輝父子名下承買……（嘉慶十九年）
> 〔註44〕

> 立賣田契約人龍士吉、士清兄弟二人，今因家下缺少銀用，無
> 從得出，自己情願將到土名白號山令上田一坵，又將沖田一坵，收
> 禾花五十邊，請中出賣與文斗寨姜應祥、應輝兄弟名下承買。（後
> 略）〔註45〕

> 立斷賣栽手杉木字人李紹璜、子老虎、老生、老岩父子，因家
> 中缺少糧食，無出，自將到先年得買龍老疇兄弟所栽黨加培丁之山
> 共貳塊……所餘紹璜、老虎、老生父子三人之三小股請中出賣與本
> 房姜紹呂、紹熊、紹齊、鍾英叔侄三家名下承買蓄禁為業。（後略）
> 〔註46〕

> 立斷賣山場杉木字人姜氏辰妙、子壽長、孫凌晧弟兄等，為因
> 家下缺少銀用，無出，自願將到祖遺山場一塊……今將三股出賣與
> 下寨姜紹呂、紹熊、鍾英三老家名下承買為業。（後略）〔註47〕

　　從以上契約內容看，以上契約的訂立雙方都是家庭的多名成員，或為父
子，或為兄弟，或為叔侄，或為母子，說明交易的雙方不是個人而是家庭，交
易的財產也應該是家庭共有財產。這是因為清水江地區的人工林業作業週期

〔註43〕陳金全，杜萬華：《貴州文斗寨苗族契約法律文書彙編——姜元澤家藏契約文
　　　　書》〔M〕，北京：人民出版社，2008。
〔註44〕陳金全，杜萬華：《貴州文斗寨苗族契約法律文書彙編——姜元澤家藏契約文
　　　　書》〔M〕，北京：人民出版社，2008：135。
〔註45〕陳金全，杜萬華：《貴州文斗寨苗族契約法律文書彙編——姜元澤家藏契約文
　　　　書》〔M〕，北京：人民出版社，2008：164。
〔註46〕陳金全，杜萬華：《貴州文斗寨苗族契約法律文書彙編——姜元澤家藏契約文
　　　　書》〔M〕，北京：人民出版社，2008：362。
〔註47〕陳金全，杜萬華：《貴州文斗寨苗族契約法律文書彙編——姜元澤家藏契約文
　　　　書》〔M〕，北京：人民出版社，2008：390。

長（植樹三到五年才進入成長期，採伐則需要二三十年之後），對土地、山場等資源的佔用必然形成長週期、非間斷的狀態，而且在林木長成的過程中，還必須防盜、防火、防破壞，為此需要整合整個家族的力量，個體家庭不可能完全脫離大家族而獨立存在，家庭聯合經營的情況非常普遍，反映在契約的具體內容上，一是父子、兄弟聯名共同作為契約主體訂立契約的情況比較普遍；其次就是女性因其在經濟社會生活中的不可或缺而享有較多財產處置權利。

徽州地區也存在家庭成員聯合訂立契約的情況，但訂立的契約在數量上明顯少於清水江地區，所佔比例也要低的多。根據筆者對《中國歷代契約粹編》（中、下冊）〔註48〕收錄的屬於徽州地區的買賣契約的統計看，以兄弟、父子、叔侄和母子等家庭成員聯合署名訂立的契約有28份，占所有收錄買賣契約（124份）的約22.6%，不到四分之一，這與清水江地區存在一定差別。這與徽州地區兼有林業和農業生產，商業經濟也較為發達，以及宗族勢力強大有密切關係。徽州地區以主乾和核心家庭為主，契約主體也以家庭中的男性尊長為主。但因男性外出經營情況比較普遍，其家庭財產處置權往往會讓渡給家中的婦女行使，由婦女訂立契約。但在「父宗血緣團體共有制，或者說是同居男性成員共有制」〔註49〕的制度框架下，女性契約主體的權力會受到其夫家親屬的限制，表現在契約訂立上，就是婦女與其夫家親屬聯合訂立的契約佔有一定比例，且因當地宗族勢力強大及其對家庭財產處置的干涉和影響，聯署主體之間的親屬關係往往較為複雜。

清代浙東地區屬於經濟較發達地區，地權分化現象十分明顯。張佩國先生認為：「近代江南鄉村土地佔有權的總體趨勢是逐漸分散化，小農家庭勞動成為農業經營的主要形態。」〔註50〕另據費孝通對太湖東南岸的開弦弓村的調查看，該村「占總數58%的家庭以一對已婚配偶為核心，再包括幾個依賴於此家的父系親屬。」〔註51〕這雖然說的是江南地區，但浙東地區的情況也比較類似。從契約的訂立主體看，聯合署名訂立契約的親屬關係主要是兄弟（24份）和母子（28份）聯名，其他的親屬關係較為罕見，僅有叔侄（10

〔註48〕張傳璽：《中國歷代契約粹編》（中冊）〔M〕，北京：北京大學出版社，2014。
〔註49〕魏道明：《中國古代遺囑繼承制度質疑》〔J〕，歷史研究，2000（06）：156～165＋193。
〔註50〕張佩國：《近代江南鄉村地權的歷史人類學研究》〔M〕，上海：上海人民出版社，2002：132。
〔註51〕費孝通：《江村經濟》〔M〕，北京：北京大學出版社，2018：30。

份）、祖孫（3份），說明家庭規模小，父母與子女、夫與妻的關係是家庭組織的基本軸心，契約主體也以父家長、婦女、母子為主，親屬聯署的契約數量較少，所佔比例也較低（只有7.9%）。據筆者《清代浙東契約文書輯選》和《清代寧波契約文書輯校》收錄的買賣契約的統計數據看，以家庭成員聯合署名的契約在578份買賣契約中只占7.9%（46份），比例較之清水江和徽州地區更低。

三地買賣契約中聯署主體之間的親屬關係存在著一定差異。清水江地區以父子、兄弟聯合署名的情況最為普遍。以《貴州文斗寨苗族契約法律文書彙編——姜元澤家藏契約文書》所收錄的買賣契約為例，189份家庭成員聯合訂立的買賣契約中，父子和兄弟聯合作為出賣方的有106份，占比56%；有母子聯合署名訂立的契約十餘份〔註52〕；還有幾份叔侄、祖母與孫或叔母與侄聯署的文書〔註53〕，似乎說明該地區的家庭以直系家庭（即以共祖父的成員合為一家，三代同堂，子孫多合籍、同居、共財的家庭）和主幹家庭（即以直系親屬為主幹，其成員包括一對夫妻及其父母、未成年或未婚子女等的家庭）為主，且財產為家庭共有的觀念極為濃厚。此外，從家庭成員署名的情況看，聯合署名都在三代之內，且以父子、兄弟的居多，因此家庭共財的規模有限，一般以三代為限。

徽州地區則不然，從《中國歷代契約粹編》（中、下冊）收錄的124份家庭成員聯合署名訂立的契約看，父子訂立的只有2份，兄弟訂立的有18份，占比16.1%，要比清水江地區低很多，說明清代徽州地區的家庭應該以主幹家庭和核心家庭居多，有家庭財產共有的觀念，但累世同居共財的家庭（如瞿同祖先生所言，「需要強大的經濟實力和高度的道德教化，二者缺一不可」〔註54〕）和直系家庭並不多見。唐力行先生通過研究也認為：「從文獻資料所述及的各類家庭的數量可以判定，明清徽州的家庭構成，以主幹家庭和核心家庭居多數。」〔註55〕此外，徽州地區女性與親屬共同訂立契約的現象比較

〔註52〕陳金全，杜萬華：《貴州文斗寨苗族契約法律文書彙編——姜元澤家藏契約文書》〔M〕，北京：人民出版社，2008：122、140、232、253、264、289、310、311、312、317、334、390、421、536。
〔註53〕陳金全，杜萬華：《貴州文斗寨苗族契約法律文書彙編——姜元澤家藏契約文書》〔M〕，北京：人民出版社，2008：133、134、138、169、175、293、134、153、214、376、515。
〔註54〕瞿同祖：《中國法律與中國社會》〔M〕，北京：中華書局1981：5。
〔註55〕唐力行：《明清徽州的家庭與宗族結構》〔J〕，歷史研究，1991（01）：147～159。

突出，在之前張傳璽先生收錄的 124 份親屬聯合訂立的契約中，女性參與訂立的契約有 24 份，占比 19.3%，其中又以母子（或母子商議、奉母命）共同訂立的最多，有 9 份，占比超過三分之一，也能從另一個側面印證之前的提法，即徽州地區的家庭以主乾和核心家庭為主。因為只有在這樣的主幹或核心家庭，當「夫」不在（主要指夫去世或外出經商、趕考等情況）時，財產處置權才會移交給「妻」，由「妻」或「妻」同其子共同行使。

浙東地區，聯合署名訂立契約的親屬關係主要是兄弟（24 份）和母子（28 份）聯名，其他的親屬關係還有叔侄（10 份）、祖孫（3 份），罕見父子或其他親屬關系聯署訂立契約的情況，說明浙東地區的家庭以主乾和核心家庭為主。另外，由於家庭規模普遍較小，且受到商品經濟的衝擊和影響，小農家庭勞動是當時該地區農業經營的主要形態，由此女性在家庭勞動中佔有一席之地，具有一定的經濟地位，所以當「夫」不在世，「妻」便成了家庭財產處理權的主要獲得者。反映在契約上，就是已婚女性參與訂立的契約佔有一定比例；但因在男系繼承原則的父權制家族制度中，即使近親之間早已財產分立，但女性的財產處置權往往還是要受到夫家的限制，所以經常在親屬的見證下同兒子一起訂立契約。

清水江買賣契約中涉及林木、田產和房屋的交易，不僅賣方由家庭成員聯合署名的情況極為普遍，而且買方也經常由家庭成員聯合署名。如《貴州文斗寨苗族契約法律文書彙編——姜元澤家藏契約文書》，由買方父子聯合署名的契約有 26 份〔註56〕、兄弟聯合署名的有 24 份〔註57〕；叔侄聯合署名的有 36 份〔註58〕，再次印證了該地區的家庭財產共有觀念及與林業經濟發展高

〔註56〕陳金全，杜萬華：《貴州文斗寨苗族契約法律文書彙編——姜元澤家藏契約文書》〔M〕，北京：人民出版社，2008：5、11、13、65、78、135、160、180、186、352、363、367、376、377、382、383、391、392、397、398、399、402、403、406、407、422。

〔註57〕陳金全，杜萬華：《貴州文斗寨苗族契約法律文書彙編——姜元澤家藏契約文書》〔M〕，北京：人民出版社，2008：41、42、76、83、91、95、121、159、164、165、176、178、187、218、219、320、329、350、371、372、441、451、452、455。

〔註58〕陳金全，杜萬華：《貴州文斗寨苗族契約法律文書彙編——姜元澤家藏契約文書》〔M〕，北京：人民出版社，2008：120、167、180、254、265、320、329、333、336、343、357、360、362、363、364、367、372、373、375、376、377、382、383、391、392、397、398、399、402、403、404、405、406、407、422、457。

度適應的財產共有的家庭模式。而徽州和浙東地區的契約買主中罕見親屬聯合署名的現象，買方一般為家庭的某個權威代表，而且為了保護買方的權益，徽州和浙東地區都有省略買方全名的習慣，只用姓或親屬之間的稱謂來描述買方。

值的注意的是在同居共財制度和男性擁有家庭財產絕對處置權的影響下，中國古代社會女性的財產處分權往往具有非獨立性和不完整性的特徵，其表現為女性在處理家庭財產時一般要徵得子輩或夫家親屬的同意，或者與家庭中的男性卑幼共同作為契約主體，或與家庭其他成員聯合署名參與契約訂立活動。但其具體情況在三地買賣契約中亦存在一定差異。

徽州和浙東地區女性與親屬成員聯合訂立契約時，如前所述其聯合的親屬一般都是夫家的親屬（如子、小叔、婆婆、公公等），但清水江地區的女性訂立契約時，還可以突破所在的夫家及其家庭親屬成員的限制，同自己的姐妹、父親、兄弟等共同作為契約主體訂立契約，其範圍較之徽州和浙東地區更大，這種突破夫家限制的財產處置權和由此獲得的契約主體資格是不同於徽州和浙東等漢族傳統社會的，反映了清水江地區女性所具有的較高和經濟地位和較為獨立的經濟權利。這主要緣於苗族婦女在家庭生計中的貢獻力。舉凡家庭瑣事、田地耕種、紡織編布、林業種植等日常生活中出現的各類勞動，均有苗族婦女們忙碌的身影，這就為她們贏得了較高的經濟和社會地位。李伯重先生在對明清時代江南地區的研究中細分了江南農家女參與勞作的情況後指出，「儘管『婦女能撐半邊天』通常只不過是一句並無實際意義的空話，但是我們也不能排除在某些時候和地點，在某種條件之下，婦女確實有可能在社會生產中起到『支撐半邊天』的作用。」〔註59〕清水江地區的女性就為該觀點提供了有力的支持。

二、合夥主體

從清水江、徽州和浙東地區留存的買賣契約看，雖然很多交易都發生在親族內部，但在經濟發展和不同利益訴求的驅動下，有些交易顯然突破了家庭或家族的界限，出現了基於利益而非血緣關係的對某一特定財產的共同佔有關係，如「夥佃」對林場、山林等因共同經營而形成的共同佔有關係、共同

〔註59〕 李伯重：《多視角看江南經濟史（1250～1850）》〔M〕，北京：三聯書店，2003：296。

出資設立的「會」組織的會員對會產的共同佔有關係、家族成員對家族共產的共有關係等。當其中的某個成員或組織財產的掌控者（會首、族長或家長）對共有財產的一部分進行轉讓時，其所獲得的相應的契約主體資格區別於對家庭財產的所有權而獲得的契約主體資格，筆者以為這是三地買賣契約中比較特殊的一類契約主體，它似乎更能反映一個地區的經濟發展進程及其特點。但是該類契約主體的具體類型、形成的原因、權利大小方面在三地存在著一定的差別，這既是三地契約主體差異性的表現，亦是三地經濟、社會和文化差異在契約中的一種直接反映。

清水江地區出現的具有合夥性質的契約主體主要是通過參加「會」組織和「共業」兩種方式形成。通過參見「會」組織形成的契約主體主要建立在雙方自願、互幫互濟的基礎之上，且具有自己的一些特徵，如以下這則契約：

> 姜熙翔賣木契：立賣杉木字人姜熙翔，為因涼亭土地會銀因父
> 借用，今無銀填還，自願將到杉木地租一塊，地名假堵……今將出
> 賣栽手地租杉木與會上眾人為業。（後略）〔註60〕

從契約內容看，立契人姜熙翔的父親借用了「涼亭會」的銀子（表明「涼亭會」有自己可以獨立支配的財產）而無法償還，只好將自己的財產出賣給「涼亭會」（表明「涼亭會」可以作為買主，有權置辦自己名下的財產），以抵償之前的債務。無疑該契約的主體之一便是「涼亭會」。此外，從契約還可以看到「涼亭會」的收入是按其成員所佔「股」的多少來進行分配的，這些「股」（即收益權）還可以轉讓。

清水江地區的「會」組織種類繁多，有燈籠會、合會、涼亭會、祭祀會、清明會等，會銀一般由會眾集資或由地方鄉紳捐贈，可用於組織宗族的祭祀活動，或購買田地、山場、林木等產業，也可用於放貸，如「光緒廿四年正月姜世珍等四人向本家祭祀會銀借貸一百四十九兩八錢九分，四人分別以一塊田地作抵，借銀的利息是『照月加三分利』」〔註61〕，由此會組織是當地參與契約訂立活動主體之一。

〔註60〕陳金全，杜萬華：《貴州文斗寨苗族契約法律文書彙編——姜元澤家藏契約文書》〔M〕，北京：人民出版社，2008：360。

〔註61〕陳金全，杜萬華：《貴州文斗寨苗族契約法律文書彙編——姜元澤家藏契約文書》〔M〕，北京：人民出版社，2008：18。

　　清水江地區的人工造林因週期長，資金需要量大，收益週期長，於是出現了幾家人甚至幾十家人共同投資從事林業經營的情況，我們一般稱之為「夥」制度。如《貴州文斗寨苗族契約法律文書彙編——姜元澤家藏契約文書》收錄有一份「合夥買山記錄文書：計買山內有總契在段雲德屋內，姜素絞得一兩，志年二兩，楚保兩，長保一兩，岩拜一兩。此十兩照單管業。乾隆五年三月十二日計」〔註62〕這種因「共業」而形成的財產關係有別於因親緣關係而形成的財產關係，在契約訂立時就形成了具有非親屬關係的個體（或家庭代表）共同作為契約主體聯合訂立契約的情況。如以下這則契約：

　　　　立賣杉木契人岩灣寨范咸宗、咸秀、維遠、紹培、紹學等，為因缺少銀用，情願得到杉木壹塊，地名舟樓……此木貳股均分，栽手占壹股，地主占壹股。地主之壹股分為四股，文進佔壹股，紹滂占壹股，文祥、咸奉共占壹股，金喬占壹股。金喬之壹股分為貳股，紹祖占壹股，十九家占壹股。今將十九家之壹股憑中出賣於文斗寨姜映輝名下承買為業，議定價銀拾兩零壹錢五分，親收應用。自賣之後，任從買主管業，而賣主弟兄以及外人不得異言……

　　　　外批：十九家花戶人名，開列於後

咸宗	文瀾	正西
咸秀（賣與十九家）	文玉（十九家占半股，紹仁占半股）	文達
德華	咸方	紹源
德聲	文口	紹仁……

　　　　十九家共賣是實，日後發賣，地歸原主。

　　　　內有地主合同一張，紹滂存，姜載渭存栽手一張（後略）〔註63〕

　　該則契約的立契人是因合作關係而形成的「十九家」的聯合體，他們之間應該不是親屬關係，而是由「共業」形成的合作關係，是清水江地區另一種比較常見的具有合夥性質的契約主體類型之一。

　　較之清水江，徽州地區具有合夥性質的契約主體種類有「夥佃」（即幾個人共同租佃一塊土地，從而共同享有對這塊土地的經營權）、山林共業的契約

〔註62〕陳金全，杜萬華：《貴州文斗寨苗族契約法律文書彙編——姜元澤家藏契約文書》〔M〕，北京：人民出版社，2008：548。

〔註63〕陳金全，杜萬華：《貴州文斗寨苗族契約法律文書彙編——姜元澤家藏契約文書》〔M〕，北京：人民出版社，2008：210。

主體、祭祀性產業經營管理主體，如「某某眾祀」「某某堂」（大多是對某個家族中某一支房的稱呼〔註64〕）和經濟性、公益性「會社」等。

順治八年（1651）休寧縣汪國震賣田契

二十一都三圖立賣契人汪國震，今將承祖並續置到白字號，今丈賓字號，土名觀音塘塢，夥佃國貴三工半、國楨二工、添壽二工、國祥二工，今將前項共計九共半，遞年交納工租壹銖九分，共計地步，計稅　　　，憑中三面立契出賣與汪　　名下為業，三面議定時值價銀壹兩整。其銀當日一併收足，其夥佃工一聽買人管業無異……所有稅糧隨之扒入買人戶內輸納無異……

順治八年四月　　日　　　　立賣契人　汪國震

中見人　汪存薦

代書　汪致和〔註65〕

該契約所賣之田是由至少五個人合夥租佃的（夥佃國貴三工半、國楨二工、添壽二工、國祥二工），各佃戶是按份額——「工」交租的，（國貴三工半、國祥二工），每「工」每年交租「壹銖九分」。在這種關係中，「工」是表示權利義務份額的基本單位，並且具有相對獨立性，可以作為轉讓、買賣的對象。當對其進行轉讓和出賣時，就會形成特殊的契約主體。如順治十二年（1655）休寧縣汪君宜賣夥佃契：

立賣契人汪君宜同弟汪原明，今因缺少使用，央用（中）將承祖續置到白字號、土名西山火（夥）佃陸工，住人九龍，進富、遲九；又將土名觀音塘塢火（夥）佃壹工半，住人七十仍；又將字號、土名西坑火（夥）佃三工半、住人天敖、顯付、共三號、計工拾壹工、一併出賣與汪名下為業。三面議取時值紋銀壹兩整，其銀當日一併收足，其業聽從買人管業。倘有內外人言說，盡是賣人之（支）當，不涉買人之事。所有稅糧候冊年於本家戶日起割，推人買人戶內辦納。恐後無憑，立此賣契為炤。

〔註64〕李力：《清代民間契約中關於「夥」的觀念和習慣》〔J〕，法學家，2003（06）：39～49。

〔註65〕張傳璽：《中國歷代契約粹編》（中冊）〔M〕，北京：北京大學出版社，2014：996～997。

前項銀契內價已隨契領足。再批。

順治十二年二月初九日　　　　　　立賣契人　汪君宜、汪厚明

中見　汪秀升」〔註66〕

以上這則契約是「夥佃」或「合業」的最好例證，立契人汪君宜與別人合夥租佃，所以他在契約中轉移的只是自己佔有的那份佃權（合計拾壹工）。這種契約主體資格是因合夥經營而獲得的。

徽州地區也有林業生產，也出現了經營林業時的「共業」，如「立佃約人興永年，自置田皮壹號坐落土名里園塘下計田壹畝捌分田，因急用自情願將其佃與表名為業」〔註67〕。這種林業股份在徽州一般稱之為「主分」或者「力分」，在進行轉移出讓時，立契人契約主體資格的獲得及其擁有的權利有別於處置家庭財產時獲得的契約主體資格和權利。

在聚族而居的徽州傳統社會，祭神祀祖是宗族乃至地方社會統合併組織化的重要前提和基礎。無論個體家庭還是族各房，都存在著從屬不一、形式多樣的祭祀性共同產業，在徽州地方文獻中，祭祀性產業經營管理的主體多稱為「某某眾祀」「某某支祀」「某某公祀」「某某祀會」「某某堂業」「某某祠業」，是徽州社會經濟的重要組成部分。為維持宗族祭祀的長效運作，經營管理的主體往往通過置產生息等方式予以維繫，因而會經常參與到契約訂立活動中，成為徽州地區買賣契約的主體之一，如乾隆四十四年（1779）休寧縣王森庭賣地紅契：

立杜賣地契王森庭，今因急用，自願將　祖遺下地壹號，土名黃圩宅，係良字壹千六佰二一十七四十三、三十七號，計地一伯八十四步三分，計稅捌分玖釐。其地先年已賣過西邊一半與庭芳名下，仍存東邊一半並出路地步盡行央中出賣與智祀會內為業，當日得受時值價艮（銀）壹兩伍錢正。其地未賣之先並無重複；今賣之後，任憑管業開種……

其稅在十七都五圖一甲王承啟，今起割推入智祀戶內辦納。又批。

〔註66〕張傳璽：《中國歷代契約粹編》（中冊）〔M〕，北京：北京大學出版社，2014：1005。

〔註67〕王鈺欣，周紹泉：《徽州千年契約文書》（第二卷）〔M〕，廣州：花山出版社，1994：364。

> 乾隆四十四年十以月　日　　　立賣契　　王森庭（押）
>
> 　　　　　憑中　　又沂（押）　雲五　翰臣（押）〔註68〕

該契約的買主是祭祀性會組織－－智祀會。乾隆四十九年（1784）休寧縣佘方氏賣園紅契中的買主是「敦睦堂記」〔註69〕等。

除了祭祀類會組織，其他種類的以自由、互幫互助和自願為主要原則建立的會社也較為常見，這類會社多具有經濟性或公益性的性質。徽州的會社組織一般都要設立會首，由其對會社所共有的土地、山林、房屋等財產進行經營管理，以確保會社的長期存續、運行及各類活動的正常開展。以經濟性會社組織為例，其運作程序大都是劃分出明確的股份，入會人必須交納一定股金，方能入會，並根據入股股金多寡，享有管理「會」業和獲得一定的收益的權利。「會」組織的「股」是可以繼承並且自行出賣的。如嘉慶十八年休寧縣蔡陽賣文武會契：

> 立絕賣　神會人蔡陽，今將炳文房名下文武會一腳，浼中出賣
> 於族處孟殿房，三面議定，當得價錢四千四百文。自賣之後自，任
> 憑更名入會、每年二月初二日、五月十三日領胙。恐後無憑自，立
> 此存照。
>
> 嘉慶八年正月　立賣會人　蔡陽（押）
>
> 　　　　　代筆　舜臣（押）
>
> 　　　　　見中　雨倉（押）　茂華（押）泰輝（押）〔註70〕

從契約內容看，契約標的是文武會的股份，一旦擁有該會股份就享有按期領胙的權利。

順治九年（1652）休寧縣許元秀賣銀盃會契：

> 廿四都一圖立賣契人許元秀，今自情願央中將承父遺下銀盃
> 會半股並在會田產等項，盡行立契出賣與族伯　　名下為業。當
> 日三面議作時值價銀玖錢整。其銀隨手收足，其會聽從買主管業，
> 輪流做會為定。如有內外人攔占及重複一切不明等情，盡是賣人

〔註68〕張傳璽：《中國歷代契約粹編》（中冊）〔M〕，北京：北京大學出版社，2014：1177。

〔註69〕張傳璽：《中國歷代契約粹編》（中冊）〔M〕，北京：北京大學出版社，2014：1195。

〔註70〕張傳璽：《中國歷代契約粹編》（下冊）〔M〕，北京：北京大學出版社，2014：1286。

之（支）當，不涉買人之事。恐後無憑，立此存照。

　　順治九年四月　日　　　　　立賣銀盃會　許元秀

　　　　　　　　　　　　　　　中見人　許仰春」〔註71〕

　　以上這則契約的買賣標的是「承父遺下銀盃會半股」，可見該會的股可以繼承與轉讓，獲得該會「股份」就享有了輪流做會的管理權。

　　嘉慶十八年休寧縣蔡陽賣文武會契：

　　　　立絕賣　神會人蔡陽，今將炳文房名下文武會一腳，浼中出賣於族處孟殿房，三面議定，當得價錢四千四百文。自賣之後自，任憑更名入會、每年二月初二日、五月十三日領胙。恐後無憑自，立此存照。

　　　嘉慶八年正月　立賣會人　蔡陽（押）

　　　　　　　　　代筆　舜臣（押）

　　　　　　　　　見中　雨倉（押）茂華（押）泰輝（押）〔註72〕

　　該契約的買賣標的亦是會股，獲得股份就能獲得相應收益，即每年二月初二日、五月十三日領胙。

　　以上三則契約主體資格的獲得是因為立契人擁有會社的相應股份，而有別於對土地、房屋、林場等其他財產的所有權。

　　與清水江和徽州地區相比，浙東地區在近代土地佔有權的總體發展趨勢是逐漸分散化，小農家庭勞動是當時農業經營的主要形態。由於人地矛盾突出，再加上諸子均產制條件下的家產分割，眾多個體小農的農地經營規模狹小且十分分散，因此浙東地區直接「共業」的情況比較少，一般都通過民間的各類「會」組織實現合作、互濟、參與契約訂立活動。如乾隆四十八年八月樓士勇直賣田給「財神會」契：

　　　　立直賣契樓士勇，今因缺銀使用，情願將祖父遺下民田乙坵，坐落土名張家橋，係坐字三百零貳號，計民田捌分；東至世英房、西至世美房、南至士華房、北至成文房田為界。四至字號分明，其田出賣於財神會為業。三面議定當受時值價錢拾千文正，其錢當日

〔註71〕張傳璽：《中國歷代契約粹編》（中冊）〔M〕，北京：北京大學出版社，2014：1002。

〔註72〕張傳璽：《中國歷代契約粹編》（下冊）〔M〕，北京：北京大學出版社，2014：1286。

收足歸家用度。自賣之後，任原買主開割過戶，輸糧管業，布種無阻；其田並無各房兄弟子侄爭執及諸般違礙等情。俱是兩相情願，各無番（翻）悔。恐後無憑，立此直賣文契為照行。

再批：其田不拘年限，原價聽費（收息）取贖並照行。

乾隆四十八年捌月　　　　　　　日立直賣文契樓士勇（畫押）

　　　　　　　　　　　　　　　　　　士朋（畫押）

　　　　　　　　　　　中見士芹（畫押）士乾（畫O）

　　　　　　　　　　　代字世光（畫押）〔註73〕。

從該契約的內容看，「財神會」這個會組織是契約主體之一的買方。

浙東地區存在的各類「會」組織因其有維繫自身運轉的經濟基礎（會田、會產等）和社會關係（有會員和一定的社會地位），因此在凝聚鄉里、協調關係、扶貧濟困、維持秩序、經濟發展等方面發揮著一定的積極作用，各種「會」組織財產的流轉在浙東地區的契約等文書中多有發現，如咸豐七年慈谿縣九都外四圖曹家的曹佐朝妻葉氏立分家書中專列「神會」項：

正月十六發財神會乙股、正月十五賜福財神會一股

分次房屋宇田地山場神會開後：

朝北樓屋乙統間，後道地與長房合柱心直出為界廳西首鳳翼乙

間……〔註74〕

文書具體羅列了曹家擁有「賜福財神會」等「會」組織財產權的具體情況。此外，曹家還保存有從乾隆五十九年（1794）到光緒十三年（1887）與「賜福財神會」經濟往來的契約九份，包括賣田契、賣山契、借票、賣田找絕契、轉讓「賜福財神會」會股契等，其中參與契約訂立的既有普通農戶，還有寺院僧侶，可見這個會組織在當地經濟活動中的活躍度及其介入領域的廣泛性。從曹家所持相關契約的內容看，該財神會就存在了九十三年（還不包括該會組織建立和解散的時間無法得知），顯示了該財神會組織在當地經濟活動中所具有的持久影響力。

浙東地區各類「會」組織的財產和股份都可以進行交易。如以下契約：

〔註73〕張介人：《清代浙東契約文書輯選》〔M〕，杭州：浙江大學出版社，2011：14。

〔註74〕張介人：《清代浙東契約文書輯選》〔M〕，杭州：浙江大學出版社，2011：29。

生林賣田契：立永賣契生林同弟位英同侄先鳳今因乏用，情願
將祖父遺下冬至會更田壹處，土坐楊家地，計田壹坵，糧計壹畝零，
其四址：東至大路，南至登旺更田，西至遠德更田，北至大路為界，
具立四址分明。其田四年內得一年情願盡賣與坤山為業，三面議開，
田價錢三千七百文正，其錢當日隨契收足，自賣之後，任從出錢人
管業輪流收花，中間並無房親爭執等事，此係兩想（相）情願，各
無異言，恐後無憑，立此賣契為照。

再批：其糧日後升科行糧並照。

道光拾肆年正月　　　日立永賣契生林押。

同弟　位英押。

同侄　閏來押。

同　　鳳來押。

見兄　位全押。

代字　有佩押。〔註75〕

　　該契約的交易標的直接是「冬至會更田」。「會」股也可以交易，如浙
東奉化縣光緒五年楊咸堯賣會田契〔註76〕、光緒十四年韓世道賣義會田契
〔註77〕、光緒二十二年友闌推聚新會契〔註78〕等，這些契約的買賣標的都
是「會」股。

　　雖然同為合作性的契約主體，但不同地區的契約主體所擁有的權利及
其收益方面存在著一定的差別。徽州宗族勢力強大，田地與山場是宗族的
主要收入來源，是村莊和宗族賴以維繫的經濟基礎，因此管理非常嚴格，明
確規定族內公產不得買賣、濫用、侵佔、流失，當值的管理者務必要嚴格看
守、細心管理，確保財產安全。立會置產之後，一般都是輪流管理，生息經
營，較少出現直接出賣會產的情況，因此契約主體所能轉讓的一般都是會
股和按照「股份」獲得收益的權利。如前文提到的嘉慶十八年休寧縣蔡陽賣
文武會契〔註79〕等，立契人轉讓的都是會股及其收益的權利。

〔註75〕王萬盈：《清代寧波契約文書輯校》〔M〕，天津：天津古籍出版社，2008：15。
〔註76〕張介人：《清代浙東契約文書輯選》〔M〕，杭州：浙江大學出版社，2011：133。
〔註77〕張介人：《清代浙東契約文書輯選》〔M〕，杭州：浙江大學出版社，2011：141。
〔註78〕張介人：《清代浙東契約文書輯選》〔M〕，杭州：浙江大學出版社，2011：146。
〔註79〕張傳璽：《中國歷代契約粹編》（下冊）〔M〕，北京：北京大學出版社，2014：
　　　　1286。

　　浙東地區的契約主體擁有更多的權利，除了轉讓各類會股外，還可以直接轉讓、出售會組織的田產。如吳立等賣田契〔註80〕中的買賣標的直接就是關聖會更民田，從契約署押人員中有會友（同會友　王忠國士位押……同會　安產榮喧押）的情況看，此田產應該是會產，其轉讓是要得到會友的同意的。在「生林賣田契」〔註81〕中，買賣標的是冬至會更田，因契約中除了立契人及其弟、侄之外，並無其他會眾參與，說明所出售田產實質上已經屬於生林及其弟侄所有，是可以自由轉讓的。也就是說會產變成了家庭所有，其轉讓並不需要得到會眾的同意，在這個意義上，契約主體獲得了更大的財產處置權。

　　值得注意的是，在浙東多有將祀田作為標的的買賣契約〔註82〕發現。如以下這則契約：

　　　　立永賣契　歧鳴今因之用，情願將公祖祀田壹處，土坐上麻車，計田三址，量（糧）計貳畝零。其四址東至大路，西至西峰寺地並山，南至四洲堂並大路，北至秉均田。又壹處，土坐寺田下漕，計田壹址，量（糧）計六分零，其四址東至奎照田，南至廷奎更田，西至月明燙田，北至禮祥更田。又田壹址，量（糧）計六分零，其四址東至奎照田，南至履祥更田，誆至月明更田，北至施恩田。又田貳坵，糧計壹畝零，其四址東至奎照田，南至路，西至牙五公田，北至安照田為界，具立以上四址分明。其田六股得一，情願將得分（份）名下出賣與坤山為業，三面議明，田價錢念（廿）七千三百卅文，其錢當日隨契收足，自賣之店任從出錢人照號開割過戶輸糧管業布種收花，中間並無爭執等事，立此賣契為照。

　　　　再批：公祖祀火出業人自行承值並照。

　　　　道光拾六年六月　　　日立永賣契大房歧鳴押。

〔註80〕王萬盈：《清代寧波契約文書輯校》〔M〕，天津：天津古籍出版社，2008：151。
〔註81〕王萬盈：《清代寧波契約文書輯校》〔M〕，天津：天津古籍出版社，2008：15。
〔註82〕以祀田作為買賣標的的契約可參見王萬盈：《清代寧波契約文書輯校》〔M〕，天津：天津古籍出版社，2008：6、7、8、9、11、12、19、21、25、26、27、28、29、30、31、32、35、38、39、40、47、48、49、52、54、56、59、60、61、80、81、83、89、99、100、102、108、109、112、113、114、115、116、126、127、130、132、141、146、148、158、159、162、163、165、166、167、171、172、181、184、186、188、189、190、191、192、193、194、212、213、223、224、228、234。

見弟啟明押。

見弟令聞押。

見弟　克標押。

昌增押。

代筆　萬清押。〔註83〕

　　從契約內容看，立契人佔有祀田六股中的一股，由此可見，該祀田是共有財產；契約署押人中有三位是立契人的弟弟，說明該祀田的交易獲得了親族的同意；立契人對該祀田的處置權受到了親族的限制。

　　另外一則契約：

　　　　立永賣契弟春和今因乏用，情願將祖父遺下短硎太祖祀田一代，其土名坵段畝分四址散闊，知明不具，情願將父名下盡出賣與兄榮評為業，三面言明，祀田價錢七千三百文正，其錢當日隨契收足，自賣以後，任從出錢兄照股輪流佈種收花，中間並無爭執等事，其錢糧不過戶，不拘年遠，照依年頭原價取贖，其清明祀火俱以出業弟錄值，不涉得業兄之事，內有當頭田不賣在內，此係兩願，各無異言，恐後無憑，立此永賣契為照。

　　　　道光拾貳年二月日立永賣契春和押。

　　　　見中　奎照押。

　　　　代筆　聖恩押。〔註84〕

　　該契約的中人只有一位，雖然與立契人的關係無從得知，但至少說明立契人具有較為獨立的財產處置權，當交易行為發生時實際受到親族勢力的干涉較少，且契約格式也與其他一般田產的買賣契約沒有顯著區別，似乎表明契約主體可以自由處置祀田類家族共有財產。在這點上與徽州存在較大差別。

　　清水江地區會股轉讓的對象首先應該是會友，之後才能考慮其他買主，如之前提到的姜熙翱賣木契〔註85〕，從契約內容看，立契人姜熙翱為償還其父所欠涼亭會的債務，所以將其所有的栽手杉木出賣與會上眾人為業，由此

〔註83〕王萬盈：《清代寧波契約文書輯校》〔M〕，天津：天津古籍出版社，2008：25～26。

〔註84〕王萬盈：《清代寧波契約文書輯校》〔M〕，天津：天津古籍出版社，2008：52。

〔註85〕陳金全，杜萬華：《貴州文斗寨苗族契約法律文書彙編——姜元澤家藏契約文書》〔M〕，北京：人民出版社，2008：360。

可見姜熙翱作為契約主體的權利受到了會眾的限制。清水江地區的祭祀會銀屬該族共同所有，稱為「眾業」，只能增加，不能減少，即使出賣，則需要獲得家族全體的同意，會首在一般情況下無權直接轉讓會產。

三地經濟發展水平和側重點不盡相同，因此具有合作性質的契約主體形成的原因自然各不相同。

清水江地區主要是緣於林業經濟發展的需要，在大量資金和勞動力需求的驅動下，幾家人或者幾十家人共同投資經營林業生產的情況比較普遍，由此形成共業關係。當共業的財產需要分割或轉移時，就會在契約中就出現非親屬關係的因共業關係而形成聯合性的契約主體，這應該是清水江地區出現具有合作性質的契約主體的主要動因之一。此外祭祀、經濟互助等也是導致另一種具有合作性質的契約主體——「會」組織出現的重要因素。「鄉村社會中的人們通過對不同群體的劃分，建立了特定空間範圍內的關係格局，通過遠近與親疏的劃分，確立不同的關係網絡，進而分別加以對待。」〔註86〕

徽州兼有農業和林業經濟，且宗族勢力發達，宗族置產情況普遍存在，具有合作性質的契約主體不僅有農業經營中出現的「夥佃」，還有共同經營山林時形成的共業關係，更為常見的契約主體還有因祭祀需要而成立的各類祭祀類「會」組織，以及出於經濟互助、救濟和社會規範而形成的各類經濟類和公益類「會」組織，這些「會」組織成員所佔有的股份在社會上頻繁流轉，成為買賣契約的重要標的之一，並催生出了一定數量具有合作性質的契約主體。

浙東地區由於其地權分化的特點與進程，使得該地區以「核心家庭」（即家庭成員包括一對夫妻及其未成年或未婚的子女，也可能還沒有生育子女，僅是一對夫婦）為主，各個家庭所佔有的田產規模狹小，具有合作性契約主體的產生主要緣於經濟互助的需要，而較少緣於生產合作的需要。

第三節　主體信息描述

賣方和買方是構成買賣契約的要件之一。就三地契約關於買方和買方信息記述來看，買賣雙方信息表述存在著一定的不對稱性，而且這種不對稱性

〔註86〕朱晴晴：《清代清水江下游的「會」與地方社會結構》〔J〕，開放時代，2011（07）：54～65。

在不同地區的程度又不相同。

　　三地買賣契約對立契人（出賣方）的信息表述相對完整，一般包括姓名，所屬區域或「房」等。如乾隆五十一年（1786）休寧縣孫廷爵賣田契：「十七都七圖立杜賣契人孫廷爵……」〔註87〕如果賣方是多個人，他們的姓名一般都會羅列在契約之中，如乾隆五十八年（1793）休寧縣許質先叔侄賣房紅契：「二十一都二圖立賣契人許質先同侄必煥，」〔註88〕；乾隆六十四年姜老所叔侄、老岩賣山契：「立斷賣山場場字人姜老所叔侄、老岩（後略）」〔註89〕。清水江地區的買賣交易較為頻繁，尤其是以林木作為標的的交易非常常見，且交易金額小，不同與田產和房屋的買賣，因此出賣行為不存在傷及家庭或個人的體面問題，為了保證交易的順利進行和明確雙方的責任，在訂立契約時，雙方的信息表述都比較完整和清晰。如姜老霞、侄昌榮賣山場杉木契：「立賣斷杉木山場字人姜老霞、侄昌榮，為因要銀使用，自願將到……今將二處之山場杉木出賣與姜鍾英、鍾華弟兄名下承買為業（後略）」〔註90〕買方是多人的契約也會將買方羅列清楚，如嘉慶六年姜廷望賣山並木契：「立斷賣山場杉木約人六房姜廷望……請中問到姜映祥、映輝、紹禮叔侄三人名下承買為業……」〔註91〕

　　徽州和浙東地區的買賣契約在這方面就與清水江地區有所區別，不僅對賣方信息有所省略，而且對買方的信息表述更為簡略，許多契約中的買主只列姓，如康熙五年（1666）休寧縣吳明伯賣墳地契「立賣契人吳明伯同孀吳阿程，……盡行出賣與本都本圖畢　　名下為業……」等〔註92〕、乾隆十一年馮日照賣田契：「立賣契：馮日照……出賣於樓處為業……」〔註93〕據

〔註87〕張傳璽：《中國歷代契約粹編》（中冊）〔M〕，北京：北京大學出版社，2014：1203～1204。

〔註88〕張傳璽：《中國歷代契約粹編》（中冊）〔M〕，北京：北京大學出版社，2014：1222。

〔註89〕陳金全，梁聰：《貴州錦屏文斗寨苗族契約法律文書彙編——姜啟貴等家藏契約文書》〔M〕，北京：人民出版社，2015：25。

〔註90〕陳金全，梁聰：《貴州錦屏文斗寨苗族契約法律文書彙編——姜啟貴等家藏契約文書》〔M〕，北京：人民出版社，2015：257。

〔註91〕陳金全，梁聰：《貴州錦屏文斗寨苗族契約法律文書彙編——姜啟貴等家藏契約文書》〔M〕，北京：人民出版社，2015：37。

〔註92〕張傳璽：《中國歷代契約粹編》（中冊）〔M〕，北京：北京大學出版社，2014：1009。

〔註93〕張介人：《清代浙東契約文書輯選》〔M〕，浙江：浙江大學出版社，2011：9。

調查，「皖省習慣，於賣契內所列之買主多略名而書姓，歷來如此」。〔註94〕
有的只有親屬稱謂，如清康熙十年（1671）休寧縣王子受賣基地紅契：二十
七都五圖立賣契人王子受……今憑中立契盡行出賣與族侄　　名下為
業……〔註95〕；乾隆三十七年樓蔡氏賣田契：立永遠賣契，嫂樓蔡氏同子
國運，今因缺銀使用，情願將……其田出賣與叔處為業……」〔註96〕等。
有的甚至直接將買方省略，如葉成才賣屋契：

> 立契：胞弟成才，今因乏食正用，情願挽中將父遺下分授樓屋
> 半間，坐落東箱（廂）屋。其屋東至公弄、南至任處屋、西至二胞
> 兄屋、北至思榮弟處，屋四至分明。憑中三面言定時值價錢三拾文
> 正。其屋上連椽瓦，下連基地，門窗戶壁俱全。自賣之後，任從管
> 業居住無阻，其屋並不重行典之事。俱以（係）兩相情願，各不番
> （翻）悔。恐後無據，立此賣契為照行。
>
> 再批：其屋不致（注）年月，錢便贖無阻並照行。
>
> 嘉慶拾三年拾月　　　　　　　日立賣契胞弟成才（畫押）　契
> 　　　見中胞弟成相（畫字）、叔茂松（畫十）、兄有義（畫中）
> 　　　依口代字親屬屬廷模（畫押）葉成才賣屋契」〔註97〕

以上這種契約主體信息表述具有明顯不同，反映的是三地經濟發展水
平、中央政府管轄力度大小和地區文化上的差異。三個地區中，徽州和浙東
地區屬於經濟較發達地區，中央政府出於稅收的考慮，對其稅賦收入關注
度較高，當地民間出於規避契稅及減少與官府打交道的需要，契約訂立雙
方在契約訂立時採取了一些諸如對買方、契約訂立日期、契約對價缺省等
的利益保護措施。劉高勇先生認為「買賣契約中買主姓名以及交易日期的
缺省都可以看作是對買主利益的一種保護性反映，也可以說是買賣雙方針
對國家法律的『合謀』的結果。」〔註98〕而清水江地區93%以上是白契（即

〔註94〕前中華民國司法行政部：《中國民事習慣調查報告錄》〔M〕，胡旭晟等點校，
　　　　北京：中國政法大學出版社，2005：524。
〔註95〕張傳璽：《中國歷代契約粹編》（中冊）〔M〕，北京：北京大學出版社，2014：
　　　　1014。
〔註96〕張介人：《清代浙東契約文書輯選》〔M〕，浙江：浙江大學出版社，2011：11。
〔註97〕張介人：《清代浙東契約文書輯選》〔M〕，浙江：浙江大學出版社，2011：72。
〔註98〕劉高勇：《功能決定形式——對清代買賣契約內容特點的解讀》〔J〕，韓山師
　　　　範學院學報，2008（04）：17～22。

沒有繳納契稅的契約）的現象反映了中央政府對該地區買賣交易介入極少的現實情況，因此契約訂立雙方在契約中詳細記述雙方的信息反而有利於保護各自的利益（如減少糾紛、確保雙方履行責任等），因此在契約中極少見契約主體信息缺失設置的情況。此外，正如之前提到的，該地區以木材為交易標的的買賣契約往往交易金額小、交易頻繁，所以不存在傷及家庭體面的問題，賣方亦不會刻意規避自己的名諱和身份，在契約中都有較為詳細的記述。

此外，清代田宅買賣契約採取的是「單契」的方式。張傳璽先生認為，「這種在買賣、贈送、賠償等死契關係中，由於為片面義務制，所以行用單契，由義務的一方出具，歸權利的一方收執。」〔註99〕使得賣方個人信息出現在契約文本中的意義要比買受人大得多。另外，「清代的田宅買賣都是即時交易，如果用法律語言來表述，就是說，買賣不借助債的工具，而直接通過標的物與價金的交換而完成，買賣並不產生債的效果，無論買受人還是出賣人都不受面對將來的交付標的物和支付價金的義務的約束。」〔註100〕因而，在清代的田宅買賣交易中，從結付的角度來說，只要出賣人交付了標的物，並且獲得買受人對標的物的有效支付，其權利就已經得到實現，但因其還要承擔標的物的瑕疵擔保責任，這在一定程度上也影響了契約訂立雙方信息的實際表述。

總之，清水江、徽州和浙東地區的契約主體具有多元化、複雜性、靈活性等特徵。著名製度經濟學家諾思認為，「從最原始的社會到最發達的社會中，正式制度也只是起著部分的約束作用，在社會結構的各個領域中，控制結構差不多主要是由行為規範、行為準則和習慣來確定的。」〔註101〕我國的傳統法文化，國家法律與民間自發形成的規範之間的相互影響和滲透始終是傳統社會法秩序不可或缺的部分。清水江、徽州和浙東地區因其風俗習慣各異，所以在具體的買賣契約主體實踐中表現出具有地方差異性的發展態勢，從而極大地豐富了清代買賣契約實踐。分析和挖掘其中的價值，對於當代契約關係的建立具有一定的借鑒價值。

〔註99〕 張傳璽：《中國歷代契約會編考釋》〔M〕，北京大學出版社，1995：27。

〔註100〕 劉家安：《買賣的法律結構——以所有權移轉問題為中心》〔M〕，北京：中國政法大學出版社，2003：13。

〔註101〕 〔美〕諾思：《制度、制度變遷與經濟績效》〔M〕，劉守英譯，上海：三聯書店，1994：49～50。

第三章　契約標的

　　買賣契約標的是指當事人雙方權利與義務所指向的對象，即買賣雙方交易的物品。隨著手工業和商業的發展，清代的產品交易非常活躍，買賣契約的標的種類亦十分豐富。清水江、徽州和浙東三地買賣契約標的都涉及農業類、林業類、房宅類和其他標的物等主要類型。但是由於受到三地自然地理環境與條件、地區經濟結構和各自地方風俗慣例等因素的影響，不同類型契約標的所佔比重、對標的物的信息描述、標的來源等方面存在一定差異，顯示出三地經濟社會發展與演進的不同及各自所具有的地域特徵。

第一節　與農業相關的買賣標的

　　中國古代社會以農業立國，與農業生產關係最為密切的就是土地、水源（或水利設施）、牲畜等，其中又以田地最為重要，因此清水江、徽州和浙東地區都發現有大量以田地為買賣標的的契約，但具體到其所佔契約總數的比例、標的的信息描述、標的來源等方面，因受到當地經濟、社會和文化等因素的影響，實際上是存在一定差別的。

一、標的種類

　　與農業相關的標的是清水江地區買賣契約中比較常見的一種類型，其中最多的是土地類交易標的。如「乾隆三十八年姜紋三賣田契、道光六年姜相林、七星兄弟賣田契」[註1]等。除了能耕種的水田、旱田外，還有地園、荒

〔註1〕陳金全，杜萬華：《貴州文斗寨苗族契約法律文書彙編——姜元澤家藏契約文書》〔M〕，北京：人民出版社，2008：19、242。

地、荒坪等，如以下契約：

龍廷采、光顯、光林父子賣地園契

　　立賣地元（園）約人龍廷采、子龍光顯、光林父子，為因缺少銀用，無出，自願將到土名皆蟲翁，界限上憑墳墓，下憑次田塊，左憑紹呂之園，右憑嶺以元各為界，四到分明，請中問到姜連合弟兄二人名下承賣為業。當日憑中議定價銀五兩整，親手收回應用。任憑買主管業，賣主不得異言。恐有不清，俱在賣主一力（方）前當。恐後無憑，立此賣約存照。

憑中、代筆　潘紹祥

嘉慶廿二年八月廿八日　　　立〔註2〕

姜本伸賣荒地契

　　立賣荒地字人姜本伸，今因要銀用度，自願將到祖遺荒坪二塊，荒田一坵，地名坐落黨廟，出賣與姜紹略名下承買為業，憑中證定價銀五錢正，親收應用。其坪任從買主開田管業，賣主房族俻記下得異言。如有不清，俱在賣主理落，不與買主何干。今欲有憑，立此斷賣字為據是實，永遠存照。

姜本伸　親筆

憑中　　姜朝良

道光五年八月廿日　　立〔註3〕

　　清水江地區能見到的與農業相關的買賣標的還有「魚塘（見道光九年姜士模賣魚塘契）、倉庫／宇（見道光廿四年姜光典賣倉坪契、光緒三十四年姜世臣賣倉宇並地基契）」〔註4〕等。與徽州和浙東地區明顯不同的是清水江地區的農業類買賣標的的契約只占總契約數量的 30%〔註5〕，居於次要地位，

〔註2〕陳金全，杜萬華：《貴州文斗寨苗族契約法律文書彙編——姜元澤家藏契約文書》〔M〕，北京：人民出版社，2008：159。

〔註3〕陳金全，杜萬華：《貴州文斗寨苗族契約法律文書彙編——姜元澤家藏契約文書》〔M〕，北京：人民出版社，2008：238、259、396、504、442、466。

〔註4〕陳金全，杜萬華：《貴州文斗寨苗族契約法律文書彙編——姜元澤家藏契約文書》〔M〕，北京：人民出版社，2008：259。

〔註5〕劉亞男，吳才茂：《從契約文書看清代清水江下游地區的倫理經濟》〔J〕，原生態民族文化學刊，2012，4（02）：36～45。

而林業類買賣標的的契約數量則占比 70%〔註6〕以上，表明清水江地區林業
經濟的相對發達。

　　徽州兼有農業和林業經濟，所以契約買賣標的涉及田地、山場、林木、
牲畜等。以《徽州文書》（五輯）為例，其中共收錄有買賣契約 4357 件，涉
及的交易標的物中以田地、山場、林木和屋舍為多。就徽州的土地買賣看，
一方面呈現出「小土地所有者的分化加劇，地權日益向地主集中」〔註7〕的趨
勢；另一方面隨著永佃權和「一田二主」的發展，徽州地區的田產買賣更多
的是田面權，田底權並不會發生轉移，賣主還有機會贖回自己的土地。《徽州
文書》中涉及田皮（田面）、田骨（田底）買賣的契約統計情況如表 3-1。

表 3-1　徽州地區田皮、田骨買賣統計表

時　　期	田皮買賣契約的數量	田骨買賣契約的數量
順治	1	0
雍正	1	1
乾隆	25	1
嘉慶	23	2
道光	60	11
咸豐	13	1
同治	9	0
光緒	31	0
宣統	3	0

　　隨著永佃權和「一田二主」的發展，徽州還出現了專門的「田租」買賣。
如順治八年（1651）休寧縣許阿吳賣田租契：

　　　　廿四都一圖立賣契婦許阿吳，今自情願將承租鬮分田乙號，
　　　土名廿畝，係敢字乙千乙百四十三號，新丈　字　　號，計租八秤
　　　零式十，計稅乙畝乙分六釐……今將前項四至內田租，盡行立契
　　　出賣與許　　名下為業……其田今從出賣之後、一聽買人自行管業
　　　收留受稅為定……其稅奉例即行起推無異。今恐無憑、立此賣契

〔註6〕劉亞男，吳才茂：《從契約文書看清代清水江下游地區的倫理經濟》〔J〕，原生
　　　態民族文化學刊，2012，4（02）：36～45。
〔註7〕章有義：《明清徽州土地關係研究》〔M〕，北京：中國社會科學出版社，1984：
　　　16。

存炤（照）。

順治八年七月　　　日　　　立賣契人許阿吳　　係得保嫂

代書人　許爾煌

中人　　許於時

許仲樂

稅收　　貴戶原三甲許二老戶推。

前項契內銀兩當成契日隨手一併收足。　　同年月日。　　再批。

號　　　。〔註8〕

徽州地區因水碓、水磨等工具的使用較為廣泛，因此專門有將水碓、水磨作為交易對象的具有地域特色的與農業相關的買賣標的類型。如乾隆三十一年九月江文光立出賣水磨約：

立出賣人江文光，今有自己水磨一付，出賣與王周號名下，

（後略）〔註9〕

就筆者掌握的契約資料看，浙東地區的買賣標的物主要是田產。光緒十一年《奉化縣志》記載康熙三十八年奉化縣的不動產類型可分為：「隅湖民田，隅湖竈田，軍里田，各鄉民田，各鄉竈田，軍地，各鄉民地，各鄉竈地，在城蓋地，塗地，山，蕩，原本縣民人帶種屯田，本城街市房基等」〔註10〕，呈現出與農業生產緊密聯繫的顯著特徵。

首先，作為主要標的物的土地，因其用途和來源的多樣性，所以名稱繁多。在當地的買賣契約中有自置「民田」「墾田」，有開墾「祀田」，有由官田、官山轉化而來的「官民田」「官民山」，有國家分配給民戶和民戶析戶繼承而來的「分授民田」「分授民山」，也有百姓自己購買的「自置新田」「自置民山」「自置官山」，更有因繼承關係而得來的「民田」「民山」「祀田」「新祖田」等等。〔註11〕反映了浙東地區土地制度發展演變的複雜，尤其能反映「官田民田化」的發展軌跡。

〔註8〕張傳璽：《中國歷代契約粹編》（中冊）〔M〕，北京：北京大學出版社，2014：998。

〔註9〕劉伯山：《徽州文書》，第四輯（第一卷）〔M〕，南寧：廣西師範大學出版社，2005：327。

〔註10〕錢聞震，陳文焯：（光緒）《奉化縣志》（卷十）〔M〕，清光緒十一年刊本，328。

〔註11〕王萬盈：《產權交易下的清代浙東契約文書述論》〔J〕，西北師大學報（社會科學版），2008（03）：68～73。

其次，浙東地區田產所有權分化現象十分普遍。以田產為買賣標的的契約通常分為「田底權」買賣契約和「田面權」買賣契約兩種。如以下兩則契約就分別是「田底權」買賣契約和「田面權」買賣契約。

〔契約1〕馮熙林賣田腳契

　　立永賣田腳契。馮熙林今因乏錢用度，情願將祖父遺下分授田腳壹坵，量計貳畝正，坐落土名橫丬門前板，東至小丬，南至小墳地，西至壹畝三分為界，北至壹畝四為界。情願挽中出賣與聖壽會為業，三面言明，計永賣田腳價大錢拾捌千文，其錢當日收足歸家並用。自賣之後，任憑布種收花，無得阻執……

　　計開其進水溝壹畝三分併出業八分進水無阻並照。

　　光緒六年八月　　　日立永賣田腳契馮熙林 x 押。

　　見中叔世彬×。

　　世槐×。

　　世木×。

　　代字　　顏鏡泉押。〔註12〕

〔契約2〕榮和賣田契

　　立永賣契：榮和等今因錢糧無辦，情願將界嶺太祖祀田壹代壹處，土坐白石。又壹處，土坐獨松樹外三角。又壹處，西坑，又壹處，毛坑，又壹處土坐方下畈，又壹處，獨山腳，又壹處文昌閣下橫路頭。共田八處，其四址散闊知明不具。情願將自己名下出賣與坤山為業……自賣之後，任從出錢人輪流佈種收花，（後略）〔註13〕

〔契約1〕是以出賣「田腳」為名的契約，買賣標的物就是田底權（俗稱田腳、田骨、大業、大買、主田等，其所有人享有收租的權利和繳納賦稅的義務），這種類型的買賣契約在格式上與土地所有權未分離的田產買賣契約並沒有什麼特別的區分，但數量比較少。〔契約2〕則是對田面權（俗稱「田皮」「客田」「小業」「小買」等，其所有者就是「佃主」，擁有耕種權和交地租的義務）的轉移。因為清代的浙江省內「一田二主」盛行，所以，以

〔註12〕王萬盈：《清代寧波契約文書輯校》〔M〕，天津：天津古籍出版社，2008：4～5。

〔註13〕王萬盈：《清代寧波契約文書輯校》〔M〕，天津：天津古籍出版社，2008：21。

「田面權」轉移為主要內容的標有「永賣契」字樣的買賣契約在數量上具有絕對性的優勢。

浙東地區還經常採用「推契」的形式實現「田面權」的轉移，實際上就是「活賣」之後的「找價契」。如周良福立推找契：

> 周良福今因之乏用，前所賣之田富竹嶺後門山頭址，計田一帶（代），共拾阪坵，內有荒田基貳坵，現耕種七坵，亦賣在內，其四址畝分載明前契，為因業重價輕，邀同原中公議找得毛坤山田價錢三拾五千文，其錢當日隨找收足，自找之後，任憑出錢人管業布種收花，絕無再找等情。恐後無憑，立此找契為照。
>
> 道光念（廿）六年十一月　　日立推找契周良福押。
>
> 見中金泉押。
>
> 毛湘江押。
>
> 西章押。
>
> 李敬地押。
>
> 代筆　周大有押〔註14〕

以上這則契約的「買賣標的」是之前已經「活賣」了的「田面權」之後因「找價」而訂立的「找價」契，「田面權」的轉移在這裡也許就結束了，也許還會再次發生「找價」行為，因為按照慣例，「永賣」只是土地買賣過程中「賣」的初始階段，買主買的僅僅是土地使用權而非所有權，因此「永賣」契中的交易價格往往遠低於標的物的實際價格，當原出賣人無力回贖時，就會出現找價行為，訂立「找價契」（這種行為也許會發生若干次），最終形成土地的「絕賣」，賣主從此和這塊土地斬斷關係。

第三，浙東地區留存有相當數量的祀田買賣契約。以孝悌治天下是中國古代社會的重要原則之一，祭祀無疑就是各個家族活動中最為重要的大事。清代浙東地區也不例外，祭拜先祖是宗族大事，因此要設立宗祠，以供定期祭拜之用；還要專立祀田，以供祭祀之需。但是困於生計艱難、無法維繫生存的家庭往往也只能通過出賣祀田的方式來解燃眉之急。如以下這則契約：

> 立永賣契：弟春和今因乏用，情願將祖父遺下短埔太祖祀田一代，其土名坵段畝分四址散闊，知明不具，情願將父名下盡出賣與兄榮評為業，三面言明，祀田價錢七千三百文正……自賣以後，任

〔註14〕王萬盈：《清代寧波契約文書輯校》〔M〕，天津：天津古籍出版社，2008：77。

從出錢兄照股輪流佈種收花……其錢糧不過戶，不拘年遠，照依年
頭原價取贖，其清明祀火俱以出業弟承值，不涉得業兄之事，內有
當頭田不賣在內，此係兩願，各無異言，恐後無憑，立此永賣契為
照。

　　道光拾貳年二月　　　日立永賣契春和押。

　　見中　奎照押。

　　代筆　聖恩押。〔註15〕

　　從契約內容看，祀田買賣與一般民田買賣契約並無二致，賣方也可以與
買方約定回贖事宜；契約中「任從出錢兄照股輪流佈種收花」這一內容則反
映了所有者出賣的是祀田的「田面權」，還是其中的股份，因此也不見稅糧過
割事宜。這種以對「祀田」的佔有股份為買賣標的的情況在以下這則契約中
表述的更為清晰。

立永賣契：林福等今因乏用，情願將增（曾）祖祀田壹處，土
坐上麻車。又壹處，寺前下漕。其四址圻叚畝分式照前伯歧鳴，知
明不具。其田父名下卅股得一，情願將得分（份）名下盡賣與坤山
為業，三面議開，田價錢四千九百文正，其錢當日隨契收足，自賣
以後，任從出錢人照號照股開割過戶輸糧管業布種收花……

　　再批增（曾）祖祀火不涉得業人之事並照。

　　道光念（廿）壹年十二月　　　日立永賣契林福押。

　　同弟　聖福押。

　　同　　紹福押。

　　見叔　克鑒押。

　　代筆　森山押。〔註16〕

二、信息描述

　　清水江、徽州和浙東地區買賣契約中對與農業相關標的的信息描述存在
一定差異，帶有較為明顯的地域特點或民族特色。

（一）標的指向信息

　　明清以來的田地買賣契約中，在標的指向信息的描述方面，有採取「開

〔註15〕王萬盈：《清代寧波契約文書輯校》〔M〕，天津：天津古籍出版社，2008：52。

〔註16〕王萬盈：《清代寧波契約文書輯校》〔M〕，天津：天津古籍出版社，2008：50。

立四至」的表述方式，也有以官方統一登記號為標的物指代的，還有採用「照依清冊」予以說明的表述方式，各不相同。至於採用那種方式，清水江、徽州和浙東地區不盡相同。乾隆八年休寧縣程永乾活賣田紅契〔註17〕和乾隆三十七年樓蔡氏賣田契〔註18〕採取的是「開立四至」，標的物的四至一般表述為「東至　　，西至　　，南至　　，北至　　」。浙東在明清兩代亦是和里甲制相配合的黃冊制度和魚鱗圖冊制度管理最嚴謹而有效的地區，因而每塊田地的交易必然注明其在官方的魚鱗冊中的登記號。如乾隆三十六年慈谿縣叔（樓）士坤賣田契：「……情願將祖父遺下民田乙坵，坐落土名門前，係坐字五百十八號，計民田三分八釐。」〔註19〕「徽州地區自南宋時期即開始進行土地丈量和魚鱗圖冊的攢造，其後接連不斷，至明清時這一制度更為成熟，田地皆登記在冊，故在買賣契約中一般四至只寫『照依魚鱗經冊』『照依魚鱗圖冊』，以及『畝步四至自有經理可照』等寫法，而多有省略。」〔註20〕如康熙十八年休寧縣許元聲賣地紅契：「四至照依清冊，憑中立契出賣與本祠名下為業。」〔註21〕有的直接空白，如順治十二年休寧縣許敬齋賣地契中「其地東至　　，西至　　，南至　　，北至　　。」〔註22〕這一方面緣於浙東和徽州都有較為嚴格的土地登記管理制度，交易標的在注明了官方的登記號以後，其指向一般就較為明確了。另一方面則是因為「清代的田宅買賣交易一般都是在同族、同村等具有血緣或地緣特徵的狹小的『土地的村級市場』」〔註23〕的範圍內進行的，契約訂立雙方對彼此的土地、財產等一般都比較熟悉，因此，即便契約對所交易標的的描述並不清晰，甚或直接缺失，但契約訂立雙方還是會對標的的確切位置心知肚明的，在轉移的過程中，一般情況下是不會出錯的。

〔註17〕張傳璽：《中國歷代契約粹編》（下冊）〔M〕，北京：北京大學出版社，2014：1109。

〔註18〕張介人：《清代浙東契約文書輯選》〔M〕，杭州：浙江大學出版社，2011：11。

〔註19〕張介人：《清代浙東契約文書輯選》〔M〕，杭州：浙江大學出版社，2011：10。

〔註20〕欒成顯：《清水江土地文書考述——與徽州文書之比較》〔J〕，中國史研究，2015（03）：169～186。

〔註21〕張傳璽：《中國歷代契約粹編》（下冊）〔M〕，北京：北京大學出版社，2014：1021。

〔註22〕張傳璽：《中國歷代契約粹編》（中冊）〔M〕，北京：北京大學出版社，2014：1006。

〔註23〕趙曉力：《中國近代農村土地交易中的契約、習慣與國家法》〔J〕，北大法律評論，1998（02）：427～504。

　　清水江地區的土地賣契中一般沒有「交易標的」的官方登記號，只開列所賣田地的名稱、坐落、段數以及四至。再加上清水江地區「山頭地角，高下田邱、方圓大小闊狹形式，悉依地而成，不能以丈量計畝」，所以「苗民置產，惟計田幾邱，收禾若干把，或計收穫若干斤，以登券據」。〔註24〕買賣標的物一般用「上、下、左、右」表示，如嘉慶二十年龍飛池賣木契：「其山上憑頂，下憑溪左憑姜老安破嶺為界，右憑姜載渭老木以沖為界，四至分明。」〔註25〕而且「四抵（或四至）」的敘述還都比較具體，一般不予以省略，是契約重要的構成要件之一。如王德隆父子賣田契：

　　　　立賣田契約人黃悶寨王德隆父子，為因家下缺少糧食，難度，
　　於家商議，自己情願將到坐落土名白好山粟姓屋腳田一坵，上抵勾
　　（溝），下抵渡子田，左抵草坡，右抵荒坡為界；又沖腳田一塊，上
　　抵渡子田，下抵荒沖，左右抵山為界，收禾花五把，要銀出賣。先
　　問房族人等，無人承買。請中上門問到龍在德、仕吉、仕清兄弟三
　　人名下承買……今欲有憑，立此賣契存照。

　　　　　　　　　　　　憑中　王清才、楊昌福、李惟重
　　　　　　　　　　　　代筆　王仕口
　　　　　　　　　　　　嘉慶十二年二月廿日　　　立〔註26〕

　　對標的指向信息描述的這種差異反映了清代對三地田產及其稅賦管控程度的不同。

（二）田地名稱、面積和產量

　　清水江、徽州和浙東結合所在地區地形、地勢及「買賣標的」具體情況的不同而形成了各異的田地名稱、面積大小、產量的記述方式。

　　清水江地區所交易田地的名稱有「坡田」「水田」「旱田」「俱田」「大田」「小田」「荒坪」等；田地面積多以「坵」和通用面積量詞「畝」「分」「釐」計量土地面積；田地的產量多以「把」「手」「掃」「籽」表示。此外還有「籮」「挑」等計量單位。一般四「剪」為一「手」，十「手」為一「把」；又，六

〔註24〕林溥：《古州雜記，西南稀見叢書文獻》（第十四卷）〔M〕，蘭州：蘭州大學
　　　　出版社，2003：341。
〔註25〕陳金全，杜萬華：《貴州文斗寨苗族契約法律文書彙編──姜元澤家藏契約文
　　　　書》〔M〕，北京：人民出版社，2008：145。
〔註26〕陳金全，杜萬華：《貴州文斗寨苗族契約法律文書彙編──姜元澤家藏契約文
　　　　書》〔M〕，北京：人民出版社，2008：84。

「手」或四「手」為一「穗」等多種計量方法。《光緒十三年龍虞臣鈔錄乾隆九年奉札清查事文》中記載有：天柱縣之居仁里「每牖六籽」，或「每牖四籽」；由義里「一編六手，一十八斤」，或「每牖四籽，重一十四斤」；循禮里「每牖四籽」，或「每牖四手」。〔註27〕也就是說每牖就有12斤，或者14斤，或者15斤，或者18斤四種不同的計量方法。具體採用那種計量標準和換算單位，不同地區也存在較大的不同，十分複雜。如官方計重用的「牖」字，在民間則被稱為「編」，或「邊」或「扁」，甚至「遍」，可謂五花八門。清水江地區還以「手」「把」「籽」「牖」等作為糯禾稻田的計量單位，因為清水江地區多山，田地高下不等，無法用畝計量，所以「苗民置產，惟計田幾坦，收禾若干把，或計收穀若干斤，以登券據。」〔註28〕此外還有「『把』『邊』『卡』是清水江流域地區特有的田糧計量單位」〔註29〕，由於貴州是山區，所種田地往往不規整，因而沒有「畝」的概念。田契中關於田地的面積，多以收禾多少把或多少邊來計量。

徽州契約中交易的「田」一般是指種植稻穀等作物的水田，經常表述為「民水田」「水稻田」；用來種植豆類、包穀、蔬菜等作物的「地」和「坦」則表述為「菜地」「荒地」「熟地」「豆坦」「平坦」「坦業」等。賣田契則分為賣田皮契、賣田骨契和賣田皮田骨契等。田地面積的計量單位為畝、步、分、釐、毫、忽等。還出現了特有的量詞——「秤」（在徽州又稱「砠」），在契約中使用的頻次還比較高。如《至正六年胡德玄等賣田赤契》（至正陸年八月初三）：「計租三十陸秤。」《宣德二年休寧汪汝初賣田赤契》（宣德二年三月）：「每年硬上秈租穀壹拾肆秤。」清代俞正燮對「秤」這一詞的使用曾有論述：「今黟（縣）稱租則以二十斤為一秤」；又云：「今黟（縣）之砠、秤二十斤。」〔註30〕，所以「秤」是徽州特有的計量單位。

浙東境內多山，浙東地區田地名稱獨特，以寧波為例，田地名稱繁多，有「更田」「更地」「更山」「更民山」「科生更田」「天田」「地田」「坑田」「墾

〔註27〕貴州省天柱縣檔案館藏：《光緒十三年龍虞臣鈔錄乾隆九年奉札清查事文》〔M〕，見張新民：《天柱文書補遺》（第四卷）〔M〕，貴州大學內部複印本。
〔註28〕〔清〕林溥：《古州雜記》〔M〕，中國國家圖書館藏嘉慶六年刻本，8。
〔註29〕龍澤江，譚洪沛，吳小平：《清水江文書所見清代貴州苗侗地區的田糧計量單位考》〔J〕，農業考古，2012（04）：13～17。
〔註30〕俞正燮：《癸巳存稿》（卷10）〔M〕，于石，馬君驊，諸傳奇點校，黃山書社，2005。

田」「溪內田」「泉田」「新擔田」「新祖田」以及「官民田」「官民山」等。「這
些名稱除了更田屬於更民田的簡稱，官民田、官民山屬於官田民化之外，
其他土地形態都與寧波地區獨特的地理環境和田地交易地區的地貌特徵密切
相關。」〔註31〕山地多平原少的特點使得寧波地區田地分布極為分散，契約
中交易的田地罕見以「畝」為單位，而基本上都是以「分」為單位。浙東地區
則常用「坵」「代」「爿」等作為計量田地面積的單位，具有本地區鮮明的地方
特色。

（三）租額與賦稅

清水江地區以林業經濟為主，因此佃種田地經營農業的情況（但經營林
業的情況卻十分常見）並不多見，所以從現存的賣契上看不到在契約上開
列田地租額的情況。至於賦稅，清水江地區的買賣契約中只是簡單提及，一
般表述為「『其田之糧照冊上納』或『錢糧每年十六文』、或『其田糧每年買
主幫銀三分』」〔註32〕，以說明賦稅繳納的義務由出賣人轉移至買方。其中
的原因，陳洪波等人通過對天柱縣留存的魚鱗冊的分析認為，「侗族地區雖
然山多田少，山林卻不交稅。侗族魚鱗冊只登記水田，而山土和林地不在清
查範圍之內。只有當山土改造成水田之後，才需要交納賦稅。」〔註33〕所
以在清水江買賣契約中對田地賦稅的約定較為簡單和隨意，較之中原地區
有較大的自由度。徽州和浙東地區以農業經濟為主，土地相對較為集中，地
權分化充分，已經出現了「永佃權」以及「一田兩主」等所有權分化的現象，
租佃關係發達，在土地交易中交代土地租額是必不可少的內容，如清嘉慶
元年休寧縣程隆起賣田紅契「計田稅壹畝柒釐伍毛，計租柒租」。〔註34〕道
光二十一年位英賣田契「共田六處，量（糧）計照冊」〔註35〕都是對田地
租額或稅賦的說明。徽州和浙東地區的買賣契約還十分重視所交易田地稅

〔註31〕王萬盈：《產權交易下的清代浙東契約文書述論》〔J〕，西北師大學報（社會
　　　　科學版），2008（03）：68～73。

〔註32〕陳金全，杜萬華：《貴州文斗寨苗族契約法律文書彙編——姜元澤家藏契約文
　　　　書》〔M〕，北京：人民出版社，2008：295、315、332。

〔註33〕陳洪波，龍澤江：《新發現貴州清水江侗族魚鱗冊評介》〔J〕，雲南民族大學
　　　　學報（哲學社會科學版），2014，31（04）：103～108。

〔註34〕張傳璽：《中國歷代契約粹編》（下冊）〔M〕，北京：北京大學出版社，2014：
　　　　1231。

〔註35〕王萬盈：《清代寧波契約文書輯校》〔M〕，天津：天津古籍出版社，2008：
　　　　47。

賦的過戶及收租等權利的轉移，一般在契約中會有「其糧照號開割過戶輸糧並照」〔註36〕「其田即交買人管業收租辦賦」〔註37〕「恁憑銀主管業，收戶辦糧」〔註38〕「其稅遵例隨在邵雲祥戶內起割，推入買人汪詒裕戶內辦納完糧」〔註39〕等類似的約定，說明稅賦及其租額的相關約定是該地區田地買賣契約非常重要的內容之一，亦表明清代政府對徽州和浙東地區稅賦的重視和控制的嚴密。

（四）地方俗語的應用

清水江、徽州和浙東地區對於買賣契約標的的信息描述因受到當地文化、風俗習慣及經濟發展等因素的影響，經常使用特定的具有明顯地域特色的單位量詞、名詞、俗字等對契約標的進行描述。如之前提到的清水江買賣契約對田地產量的計量單位多以「手」「把」「籽」「編」「碗」「卡」等表示。田地、山林／場等標的物的四至稱為「四抵」，方位用上、下、左、右表示，如王德隆父子賣田契：「……田一坵，上抵勾（溝），下抵渡子田，左抵草坡，右抵荒坡為界……」〔註40〕，契約用語中還出現了一些俗字、生造字、俗語等（見表3-1），反映了清水江地區買賣契約書寫中苗、侗、漢民族聚居、交流和融合而形成的多元化的語言文化生態現象，顯示了苗族買賣契約所具有的地域特點和民族特色的顯著特徵。

徽州的買賣契約中也有一些具有明顯地域特點的用於描述契約要件的計量單位和俗字、別字、俗語等（見表3-1），契約中的記載留存了徽州歷史上特有的漢語方言俗語詞彙，具有不同於其他地區的特徵。

浙東買賣契約中除了有特殊的描述契約要件的計量單位和俗語、別字之外（見表 3-1），契約內容中最為特殊的是關於用「水」權利的界定及其轉讓。

〔註36〕王萬盈：《清代寧波契約文書輯校》〔M〕，天津：天津古籍出版社，2008：65。

〔註37〕張傳璽：《中國歷代契約粹編》（下冊）〔M〕，北京：北京大學出版社，2014：1268。

〔註38〕張傳璽：《中國歷代契約粹編》（下冊）〔M〕，北京：北京大學出版社，2014：1444。

〔註39〕張傳璽：《中國歷代契約粹編》（下冊）〔M〕，北京：北京大學出版社，2014：1450。

〔註40〕陳金全，杜萬華：《貴州文斗寨苗族契約法律文書彙編——姜元澤家藏契約文書》〔M〕，北京：人民出版社，2008：84。

道光二十四年葉鍾秀賣田契

……自賣之後，田腳水面、車基水路一應買進在內；任憑業主開割過戶，輸糧管業，開掘塍造，推田布種無阻……

再批：其田水路施家潭兩坵，從南首河口官車頭進水無阻，並照行。（後略）〔註41〕

該契約專門提到了水面、水路等關於用「水」的權利，對其進行了特別的限定和說明，反映了浙東地區特殊的自然環境及農業中「水」管理的重要性。恰如費孝通先生在研究江村經濟時指出的那樣，「水的管理是農業中的一件主要任務，它支配農田的地形。……兩種田埂相互交叉，把農田分成小塊，稱作小塊田或『爿』。」〔註42〕這個特殊的用於描述田地形狀。

表3-1 三地買賣契約標的信息描述中出現的地方用語統計表

地區 表示方法	清水江	徽州	浙東
計量單位	「手」「把」「籽」「㙟」	「秤」「毫」「釐」「分」「畝」	「坵」「忽」「爿」「代」
四至	上、下、左、右	東、西、南、北	東、西、南、北
標的指向	地名、位置	地名、地號、位置、魚鱗圖冊	地名、地號、位置、
山林／場股份、水面／路	大股、小股	「股」或「分籍」	田腳水面、車基水路
俗字、生造字、別字等	㒷 作 舁 扱（据）…	「地」「壞」「㪺」（舉）……	番（翻）悔、兩想（廂）情願、堪（同坎）、量（同糧）、分（同份）、則（同塊）……
俗語	二比（雙方）、理落（處理）、除貼、扣水、血伥、本房等。	之當（支當）、曾前（從前）、念（廿））、毛（毫）、田派（田破）等。	更田、天田、坑田、僧田、泉田

進而成為計量單位的「爿」字在浙東買賣契約中也頗為常見，如道光三十八年陳兆林賣地契：立直賣契，陳兆林，今因缺錢正用，情願將自己民地

〔註41〕張介人：《清代浙東契約文書輯選》〔M〕，杭州：浙江大學出版社，2011：34～35。

〔註42〕費孝通：《江村經濟》〔M〕，北京：北京大學出版社，2018：142～143。

一爿，坐落廿五都外四圖，土名塾豆地……〔註43〕似乎也能印證浙東地區對於農業中用水權利的重視與管理。

第二節　與林業相關的買賣標的

　　清水江、徽州和浙東地區的買賣契約中都出現了與林業相關的交易標的，如林場、林木、山地、山場等，但在具體標的物的種類、名稱、契約內容方面都存在著較大差異。

一、標的種類

　　清水江地區重巒迭嶂，氣候濕熱，山多田少，出產優質楠、杉、柏等大木，亦稱為「苗木」，至今仍為我國的重點林區。因此，清水江地區的買賣契約中標的最多的一個類型就是與林業經濟密切相關的林木、林地、林場或栽手（指承佃人在佃種他人土地之後所獲得的林木股份）。清水江地區以林木等為交易對象的買賣契約大致可以分為「賣木又賣地」契、「賣木不賣地」契和「賣栽手」契三大類。

　　「賣木又賣地」類契約通常以「立斷賣杉木山場」或「立斷賣山場杉木」開頭，一般在契約中會注明山場股份分配情況。如朱老連賣木並山契：

　　　　立賣杉木帶地山場約人上寨朱老連（後略）」〔註44〕；姜通聖
　　賣山場杉木契：「立斷賣山場杉木約人姜通聖，為因家下欠缺銀使用
　　無出，自願將到山場杉木一塊，地名污晚溪，分為四股，地租（主）
　　占二股，栽手占二股，其山……〔註45〕

　　「賣木不賣地」類契約多以「立斷賣杉木字人……」開頭，與「賣木又賣地」類契約最大的差異在於其買賣標的物只有林木，但不包括土地本身。

〔註43〕以「爿」作為計量單位描述買賣標的的契約可參見張介人：《清代浙東契約文書輯選》〔M〕，杭州：浙江大學出版社，2011：37、38、46、49、50、54、55、91、92、93；王萬盈：《清代寧波契約文書輯校》〔M〕，天津：天津古籍出版社，2008：16、24、25、50、51、58、59、66、67、70、88、95、120、131、132、164、168。

〔註44〕陳金全，杜萬華：《貴州文斗寨苗族契約法律文書彙編——姜元澤家藏契約文書》〔M〕，北京：人民出版社，2008：24。

〔註45〕陳金全，梁聰：《貴州文斗寨苗族契約法律文書彙編——姜啟貴等家藏契約文書》〔M〕，北京：人民出版社，2015：78。

如范紹鄉賣木契：

> 立賣杉木約人岩灣寨范紹鄉，為因無銀使用，自願將到杉木一
> 地名坐落從修……此木分為六股，本名占一股，憑中出賣與文斗寨
> 姜映輝承買為業……
>
> 外批：日後坎（砍）下發賣，地歸原主。
>
> 　　　　　　　　　　　憑中　范繼堯
>
> 　　　　　　　　　　　紹鄉　親筆

嘉慶二十二年七月初八日立〔註46〕

　　「所謂『栽手』原來是指承佃他人山場之人。後來栽手的含義逐漸具
有了經濟意義，它是指承佃人在佃種他人土地之後所獲得的林木股份。」
〔註47〕賣「栽手」契中通常以「立賣栽手杉木字人」或「立斷賣栽手約人」
作為開頭，還會在契約中注明出賣人所佔林木的份額以及林場四至。如以
下這則契約：

> 立賣杉木契人姜文進，因為缺少家用，情願將自己親手所栽杉
> 木一塊，地名坐落口口，其木連地租（主）共九根，文進名下占六
> 根，地租（主）占三根，憑中出賣與姜富宇名下為業。當日接受價
> 銀一錢五分，自賣之後，任憑富宇蓄養管業，文進日後無得異言。
> 立賣杉契存炤（照）。
>
> 外批上有刀口為戒（界），下平（憑）富宇的田為戒（界）。
>
> 　　　　　　　　　　　憑中人　宗保老
>
> 　　　　　　　　　　　代筆人　胡青文口

乾隆三拾伍年三月初三日　　　　　　　　　　姜文進〔註48〕

　　這則契約的買賣標的是立契人自己佃種的「栽手」股份。

　　徽州的地理環境是山多地少，所以林業經濟也較為發達，出現了相當數
量的以山地、林木為交易對象的買賣契約。如順治十一年休寧縣許實章賣山

〔註46〕陳金全，杜萬華：《貴州文斗寨苗族契約法律文書彙編——姜元澤家藏契約文
　　　　書》〔M〕，北京：人民出版社，2008：157。

〔註47〕朱晉一：《清代清水江流域錦屏縣山林買賣契約文書研究》〔D〕，陝西師範大
　　　　學，2014。

〔註48〕陳金全，梁聰：《貴州文斗寨苗族契約法律文書彙編——姜啟貴等家藏契約文
　　　　書》〔M〕，北京：人民出版社，2015：9。

契〔註49〕、康熙十九年（1680）歙縣鄭元瑞賣山官契〔註50〕、康熙二十八年休寧縣程聖期父子賣山紅契〔註51〕、雍正十一年休寧縣王阿鄭等賣山紅契〔註52〕等。

　　徽州地區與林業相關的買賣契約還有單純的買賣林木契約。如「趙維憲、趙連升、趙杜福等人……願將己業坐落溪塝上大樟樹一棵、小樟樹一棵、櫟樹二棵，憑中出賣與許祠名下……特立此契約為據。」〔註53〕「立賣契人方玉功同姪存義等，今有承祖五都上名下坑塢口汪王廟下所大路外樟樹一根，錢糧無措，自願託中出賣與鄭姓名下管業蓄養永遠保存下所，（後略）」〔註54〕

　　徽州還有數量較多的賣竹園契，如雍正六年（1728）休寧縣王谷臣賣竹園契〔註55〕、道光十九年汪廷壽立斷骨出賣竹園契〔註56〕等。隨著商品經濟的發展，徽州地區的茶葉、木材交易興盛，這在徽州買賣契約中也多有體現。如徽州以茶蒳（茶蒳地，或者說「茶柯」「茶窠」「茶科地」，指的都是徽州種植茶樹、存有茶株的土地）為標的物的買賣契約在清中後期逐漸增加，表明茶葉買賣在徽州地區的興盛。如光緒二千二年五月陳宗枝立賣茶蒳契〔註57〕。

　　徽州林業經濟較為發達，除林木交易外，還有林地交易。如以下契約：

〔註49〕張傳璽：《中國歷代契約粹編》（中冊）〔M〕，北京：北京大學出版社，2014：1004。

〔註50〕張傳璽：《中國歷代契約粹編》（中冊）〔M〕，北京：北京大學出版社，2014：1025。

〔註51〕張傳璽：《中國歷代契約粹編》（中冊）〔M〕，北京：北京大學出版社，2014：1031。

〔註52〕張傳璽：《中國歷代契約粹編》（中冊）〔M〕，北京：北京大學出版社，2014：1087。

〔註53〕安徽省博物館：《明清徽州社會經濟資料叢編》（第二輯）〔M〕，中國社會科學出版社，1990：506。

〔註54〕劉伯山：《徽州文書》，第四輯（第四卷）〔M〕，南寧：廣西師範大學出版社，2005：190。

〔註55〕張傳璽：《中國歷代契約粹編》（中冊）〔M〕，北京：北京大學出版社，2014：1073。

〔註56〕劉伯山：《徽州文書》，第五輯（第十卷）〔M〕，南寧：廣西師範大學出版社，2005：366。

〔註57〕劉伯山：《徽州文書》，第四輯（第五卷）〔M〕，南寧：廣西師範大學出版社，2005：463。

訂立賣契的人金可嘉，今因無錢供自己生活，「情願將承自買得三保土地名符園下塘田兩面地角梓木在內，立契盡數出賣與成順族公名下為業」〔註58〕。這一種契約比上述第一類單純買賣林木的契約多了一些內容，即在賣地的過程中兼賣林木，這類契約買賣雙方完成交易之後，山地的所有權以及上面栽種的林木的所有權一起都會轉移給出賣人。

　　浙東地區也有林業經濟，因此也會訂立相應的山場買賣契約。如以下兩則契約：

道光十五年二月朱鄭氏賣山契

　　立永遠絕賣文契：朱鄭氏，今夫紹本病故身亡，缺少銀錢使用，情願央宗親議論將先夫遺下民山一坵，土名金盆山，係戎字八十八號，計民山貳畝八分貳釐一毛；東至賣主山，南至行路下堪腳、西至朱永朝山北至山崗，四至字號分明為界。今出賣與堂伯朱紹舜為永業。三面議定當受價銀拾兩足，其銀當日一併收足歸家料理正用。自賣之後，任並（憑）買主開割過戶，輸糧管業改造無阻；其山並無重押在外，亦無房親叔伯子侄爭執，倘有諸般違礙等情，賣主自應理值（直），不涉買主之事。此係俱是兩相情願，各無翻悔。恐後無據，立此永遠絕賣文契存照行。

　　再批：契內添「文契」兩字並照。又批：山腳祖墳一穴，界址分明並照行。

道光十五年二月初一　　　日立永遠絕賣文契朱鄭氏（畫○）　契
　　見中叔紹元（畫○），侄維英（畫○）貴發（畫十），宗達（畫○）
　　　　　親張茂林（畫押）、王協宏（畫○）徐成才（畫○）
　　　　　　　　　　　代字　陳學本（畫押）〔註59〕

　　立永賣契：百令等今因乏用，情願將祖父遺下竹山壹坵，土坐中華峃竹溫坑。量（糧）計八畝零，其四址：上至崗，下至水坑，裏至登旺山大灣直上小倒針埋石，外至慶秀山小灣直上理石為界，具立四址分明，情願出賣與坤山為業，三面言明，山價錢四拾千文，

〔註58〕劉伯山：《徽州文書》，第四輯（第五卷）〔M〕，南寧：廣西師範大學出版社，2005：520。

〔註59〕張介人：《清代浙東契約文書輯選》〔M〕，浙江：浙江大學出版社，2011：51。

其錢當日隨契收足……〔註60〕

從兩則契約內容看，浙東對林場的數量單位採用「垃」「爿」或「處」（如四有賣山契〔註61〕）等，因山林多用作營造墳塋，會特別對墳塋的相關問題進行約定，有的時候也會立找契。如之前的「百令賣山契」在訂立了兩個月後又訂立了「找契」：

立找契：百齡等今因乏用，情願將竹溫坑大竹山壹爿，其畝分四址俱以前契載明，將此山盡賣與坤山為業，三面言明，山找價錢三拾千文，其錢當日隨契收足，日成之後，任憑出錢人林養收花。決無再找等情。此係兩願，各無異言，恐後無憑，立此永賣契為照。

再批照號開割過戶輸糧並照。

道光念（廿）八年十二月　　日立永找契百令押。

同弟　九令押。

見兄　慶秀押。

鴻選筆。〔註62〕

以上這則契約說明浙東地區的山場買賣契約參照了田產買賣契約的格式和內容，亦有「活賣」與「絕賣」之分，通過「找契」的訂立，可以完成了山場所有權的最終轉讓。但就筆者掌握的浙東買賣契約資料看，沒有發現單獨買賣林木的契約，這點顯然與清水江和徽州有一定區別。

二、信息描述

三地對於與林業類標的的信息描述的區別首先是標的種類的不同。清水江地區以杉木、油木、林場、林地為其主要交易標的，徽州地區的林木類交易標的則有樟木、木梓樹、櫃子樹、棗樹、椿木、柿樹、棍樹、竹子等，還兼有山場、山林、竹林、竹園等的交易；浙東地區則多以山場為交易對象，沒有專門的林木類交易。

其次是林業股份表述方式的不同。對於持有的山林股份，徽州稱為「主分」或者「力分」，清水江地區稱之為「山主股」或「栽手股」。浙東地區則沒有林場進行股份劃分的習慣，而多以「垃」「爿」，或「處」等計量單位予以表

〔註60〕王萬盈：《清代寧波契約文書輯校》〔M〕，天津：天津古籍出版社，2008：95。
〔註61〕王萬盈：《清代寧波契約文書輯校》〔M〕，天津：天津古籍出版社，2008：204。
〔註62〕王萬盈：《清代寧波契約文書輯校》〔M〕，天津：天津古籍出版社，2008：95。

示。清水江地區的林業買賣契約裏對其持有股份一般用「大股」與「小股」表示，如王德才賣嫩杉木契：

> 立斷賣嫩杉木人黃口寨王德才，為因欠到雷寨歐陽肇倫銀捌兩……歸還，自願將己親手所栽杉木一塊，坐落地名白號山，其山貳大股分，文堵（斗）眾上佔地租壹股，王德才占栽手壹股，栽手壹股分為柒小股，肇倫得買德才陸股，姜老三名下占壹小股，其山界限：大小三嶺左右憑沖，上憑黃悶山，下憑姜老肥山，四至開清……一賣一了，不得翻（反）悔。今欲有憑，立斷字存照。
>
> 外批：此山先議王德才種理三年以後，此山肇倫修六年，老三修一年，木砍盡地歸山主。
>
> 　　　　　　　　憑中　姜應科、王德隆
> 　　　　　　　　代筆　姜文啟
> 　嘉慶元年八月二十九日　賣主王德才　立
> 　　　　　　　　白號栽手契〔註63〕

另外一種對股的表示方式就是具體的金額。如「此井東之山分為貳十一兩，上房占七兩，下房占十四兩。……姜映輝三家占貳兩貳錢五分。……」〔註64〕徽州地區的林業契約中對於股份的表示不同於清水江地區，它一般是精確地注明各家該得的分籍，如以下這份契約：

> 十三都康天生兄弟，同十五都汪必晟弟侄，共有山乙號，坐落七保土名，新立四至，四至內山，二家因各買契重複，今憑中驗明，寫立清白合同，不以各家買契為定，悉照此清白合文為準。其各人名下該得畝步分籍，開栽於後，自立之後，各宜永遠遵守」〔註65〕

契約中以「該得畝步分籍」為準對各家所佔山地的股份進行了區分，有別於清水江地區用金額或股份份數劃分山林的方式。就筆者掌握的買賣契約資料看，浙東地區並沒有對林業進行股份的劃分，似乎表明該地區林業經濟的不發達。

〔註63〕陳金全，梁聰：《貴州文斗寨苗族契約法律文書彙編——姜啟貴等家藏契約文書》〔M〕，北京：人民出版社，2015：28。

〔註64〕陳金全，杜萬華：《貴州文斗寨苗族契約法律文書彙編——姜元澤家藏契約文書》〔M〕，北京：人民出版社，2008：403、402、566。

〔註65〕王鈺欣，周紹泉：《徽州千年契約文書》（第三卷）〔M〕，廣州：花山出版社，1994：328。

第三節　房屋類及其他買賣標的

一、標的種類

　　清水江地區所見買賣標的除與林業和農業相關的交易標的外，還有房屋，如「同治元年姜戴長、姜光和父子賣屋契、光緒貳拾柒年姜老德賣地基並屋契」〔註66〕等；地基，如「乾隆四十五年姜九毛、老生父子賣屋基契、姜玉興父子等賣地基契、同治三年臺老九賣地基契、光緒十二年姜老德賣地基契、光緒十三年姜喬生、來生賣地基契、光緒貳拾二年姜世清賣地基契」〔註67〕等；較之徽州和浙東地區，此類交易標的的種類相對較為單一。此外，清水江地區會組織的會股也是買賣契約的標的類型之一。

　　徽州買賣契約中的房屋類交易標的種類繁多，有「房屋」「樓屋」「廂房」「住屋」「屋廳」等；還有「地基」「房基地」「屋基地」「屋基坦」「莊基地」「棚基」等地基類買賣標的；以及與房屋密切相關的「廁所」「毛廁地」「糞窖」「廚房」「廚屋」「廚灶」「灶屋」等買賣標的。因水碓、水磨等工具的廣泛使用，徽州地區還有將水碓、水磨作為交易對象而訂立的契約，是該地區具有一定地域特色的買賣標的類型。如乾隆三十一年九月江文光立出賣水磨約：「立出賣人江文光，今有自己水磨一付，出賣與王周號名下，三面言定價錢三千七百文整。（後略）」〔註68〕徽州還有一些以大型生產工具為交易對象的買賣契約。如「道光十八年吳觀林同弟媳周氏立賣油榨屋契〔註69〕、光緒二十八年歙縣潘景山立杜賣磚窯契〔註70〕」等，具有明顯的地域特徵。

　　會社是徽州社會中的一種重要民間組織形式，其股份可以自由買賣，所以經常會作為買賣標的出現在契約當中，如順治九年（1652）休寧縣許元秀

〔註66〕陳金全，杜萬華：《貴州文斗寨苗族契約法律文書彙編——姜元澤家藏契約文書》〔M〕，北京：人民出版社，2008：442、494。

〔註67〕陳金全，杜萬華：《貴州文斗寨苗族契約法律文書彙編——姜元澤家藏契約文書》〔M〕，北京：人民出版社，2008：29、425、453、466、467、484。

〔註68〕劉伯山：《徽州文書》，第四輯（第一卷）〔M〕，南寧：廣西師範大學出版社，2005：327。

〔註69〕劉伯山：《徽州文書》，第四輯（第八卷）〔M〕，南寧：廣西師範大學出版社，2005：382。

〔註70〕劉伯山：《徽州文書》，第五輯（第六卷）〔M〕，南寧：廣西師範大學出版社，2005：285。

賣銀盃會契〔註71〕、道光二十六年歙縣洪開錠立賣觀音神會股契〔註72〕、咸豐十年二月陳允鎮、陳允恭立賣關帝會股〔註73〕、宣統蘭年祁門金義文立賣會契〔註74〕等。

　　浙東地區買賣契約中的房屋類及其他標的物有地基（包括房／屋基地、廁地基、路地基、水永田基等）、房屋（包括平屋、樓屋、牆體）等。如以下契約：

乾隆二十二年樓寧周賣屋地基契

　　立永遠文契：叔寧周，今因缺銀使用，情願將祖父遺下基地半間，坐落土名小屋基、係坐字號五百八十八號，計民地五釐。東至元科房劈棟柱為界、西至明堂各半為界、北至買主為界、南至道三房合柱心為界。周圍牆壁、階砌石塊俱全，四至字號分明，出賣與侄處管業。今三面議定時值價銀陸兩壹錢正，當日收足。自賣之後，任從起造居住無阻。俱是兩相情願，各無番（翻）悔。恐後無憑，立此永遠文契永遠存照行。

乾隆貳拾二年六月　　　　　　　日立永遠文契樓寧周（畫押）契
　　　　　　　　　　　　　中侄元福（畫押）、元魁（畫押）
永遠存照行　　　　　　　　　　　　　代字　元盛（畫押）〔註75〕

同治十二年柴乾忠賣屋契

　　立永遠賣屋契，柴乾忠，情願挽中出於堂兄柴乾德。其屋以北地方後進頭，坐西朝東後屋半間；四圍門扇壁俱全，上連磚瓦，中連閣柵閣板，下連基地，浮沉石器一應俱全。計屋價大錢拾路千文，其錢當即收家中乏用。其屋並無兄弟子侄房親叔伯亂言有分，恐有諸般違礙等情，向得錢人自直，不與出錢者之故。恐有異言，立此

〔註71〕張傳璽：《中國歷代契約粹編》（中冊）〔M〕，北京：北京大學出版社，2014：1002。
〔註72〕劉伯山：《徽州文書》，第四輯（第九卷）〔M〕，南寧：廣西師範大學出版社，2005：30。
〔註73〕劉伯山：《徽州文書》，第五輯（第二卷）〔M〕，南寧：廣西師範大學出版社，2005：305。
〔註74〕劉伯山：《徽州文書》，第一輯（第十卷）〔M〕，南寧：廣西師範大學出版社，2005：562。
〔註75〕張介人：《清代浙東契約文書輯選》〔M〕，浙江：浙江大學出版社，2011：10。

為憑。

計開：東至得業合柱、南至乾德弟牆腳、西至後進頭、北至自租堂。

同治拾貳年七月　　　　　　永遠賣屋契柴乾忠（畫十）押〔註76〕

見中柴乾雲（畫十）押、乾英押

乾高（點墨）押、慶生（點墨）押

邦高（畫十）押

代筆柯坤仁（畫押）〔註77〕

從兩則契約內容看，作為交易標的的房屋和地基的劃分較多，標的指嚮明確，信息描述詳細，反映出當地房屋類財產交易的頻繁。

浙東地區會組織的發達，會組織的「會股」亦是重要的買賣標的。如以下兩則契約：

咸豐四年朱紹元轉讓賜福財神會會股契

立頂會契：朱紹元，今因缺錢正用，情願將自己名下賜福財神會十股內得乙股，今挽中出頂於曹景祥名下為業。今三面議定頂會價錢念柒千文，其錢當日收足歸家正用。自出頂之後，任從業主拜會，輪流佈種當辦無阻，不與出頂人之事。俱是兩廂情願，各無異言。恐後無憑，立此頂契存照行。

咸豐四年十一月　　　　　　日立頂會契朱紹元（畫○）

見中朝隆（畫○）

代字朝炳（畫押）〔註78〕

張日房推會契

光緒元年十二月外，張日房大子正心即則一，二子正夫即義尚。

收推會契乙支，計九四錢六千文。

見中叔

批：古盆會拾貳腳得半腳，人頭帳目一應具（俱）以（已）在內。會期每十一月廿八日，會酒貳桌，人十二個吃。〔註79〕

〔註76〕王萬盈：《清代寧波契約文書輯校》〔M〕，天津：天津古籍出版社，2008：51。
〔註77〕張介人：《清代浙東契約文書輯選》〔M〕，浙江：浙江大學出版社，2011：99。
〔註78〕王萬盈：《清代浙東契約文書輯選》〔M〕，浙江：浙江大學出版社，2011：45。
〔註79〕張介人：《清代浙東契約文書輯選》〔M〕，浙江：浙江大學出版社，2011：127。

二、信息描述

　　從對房屋類交易標的的信息描述看，清水江地區較為簡略，如姜戴長、姜光和父子賣屋契：

　　　　立賣房屋壹間地□□□內字人姜戴長、姜光和父子，家中缺少錢用，無處得出，自願請中上門問到本房□□玖名下承買為業。當日憑中議定價銀……仟玖文，當日憑中親手領足，分文不少。今恐無憑，立此賣字為據。

　　　　分界憑屋，左憑賣主，右憑光□，上憑鍾泰采（菜）園，下憑□坤之屋，四至分明。

　　　　外邊走路架樓溪（梯），討大門壹路走。（後略）〔註80〕

　　從該契約看，主要交代了房屋的四至，並對房屋部分設施（通道）進行了說明。

　　徽州地區以房屋為標的的買賣契約一般會將房屋四至和房屋內外設施、對象都一一寫明在賣契中，信息描述十分詳細，以避免買賣雙方發生糾紛。如《休寧二十六都四圖迪溪洪氏文書》中《清道光十六年十一月二十五都四圖洪乾華同侄男洪履衡、履端等立杜賣屋赤契附道光十八年二月契尾》：

　　　　二十五都四圖立杜賣契人洪乾華同侄男洪履衡、履端、耀山、復三，今因錢糧無辦，自願公同央中將承祖遺下平樓屋一所上中下三重共房十二眼，坐落主名霞莊，係新丈鞠字四千二百十六號，計地稅一分八釐零王絲，其屋地東至大路、西至巷路、南至洪宣地、北至路。今將前項四至內屋並地盡行立契出賣與本都王圖一甲洪錦千名下為業，當日憑中王面議定時值價九五龜足光元銀五十四兩整。其銀當成契日乙並隨手收足，其屋自出賣之後，任憑買人管業居住，其稅即行起推過戶辦納糧差，其房屋倘有內外人攔阻及一切不明等情盡是出賣人承值，不涉買人之事，所有上首來腳赤契四張、歸戶票兩張當即繳付買人收執。今欲有憑，立此賣契存照。（押）

　　　　其平擺屋並樣瓦木石口窗戶肩裝摺四圍牆角磚石一併即交受買人管業居住，並任從改造起豎。日後永遠不得生枝異說，並契內加「杜」字一個又批。（押）

〔註80〕陳金全，杜萬華：《貴州文斗寨苗族契約法律文書彙編——姜元澤家藏契約文書》〔M〕，北京：人民出版社，2008：442。

　　　　道光十六年十一月日立賣契人洪乾華（押）侄洪履衡（押）（後
略）」〔註81〕

　　從以上這則契約內容看，對房屋及其設施的描述十分詳盡，而且還專門
提到了房屋稅賦的過割問題（其稅即行起推過戶辦納糧差），表明該地區房屋
買賣交易亦納入了清代官府賦稅管理體系，契約訂立程序較為規範。

　　浙東地區房屋類買賣契約的特別之處在於演化出了房屋股份交易，且房
屋買賣也納入了政府的賦稅徵繳體系。如榮循賣屋契：

　　　　榮循等今因乏用，情願將祖父遺下更平地樓壹間，土坐老薑門
後。其四址：上至得業人地，下至永倫柱大，裏至得業人牆腳並衖
衖，外至大路，具立四址分明，椽瓦基地門扇壁絡一應在內，情願
將三股得一安房名下盡賣與坤山為業，三面言明，屋價錢拾貳千文，
其錢當日隨契收足，自賣之後，任從出錢人管業房住，此係兩願，
各無異（言），恐後無憑，立此永賣契為照。

　　　　再批：其糧照號照股開割過戶輸糧並照。

　　　　道光念（廿）捌年五月　　　　日立永賣契榮循押。

　　　　囷弟　榮炎押

　　　　榮晏。

　　　　侄　仁本、仁恕、仁敬。

　　　　見兄　榮俅。

　　　　見代筆　榮價。〔註82〕

　　從該契約的內容看，除交代了房屋的四至及其設施外，立契人還對其交
易的標的進行了進一步的交代，即此次交易標的是房屋股份三股中的一股，
並按官方要求明確了房屋稅賦的推割。

　　浙東地區以房屋為標的的買賣交易也有活賣與絕賣之分，且有找價行
為。如乾隆二十一年（柴）振原賣屋契〔註83〕中有對回贖的約定：「其屋不
拘年月，原價取贖無阻並照行。」還出現了賣屋找絕契，如道光十八年（柴）
邦有賣屋找絕契：

〔註81〕劉伯山：《徽州文書》，第五輯（第十卷）〔M〕，桂林：廣西師範大學出版社，
2005：226。

〔註82〕王萬盈：《清代寧波契約文書輯校》〔M〕，天津：天津古籍出版社，2008：51。

〔註83〕張介人：《清代浙東契約文書輯選》〔M〕，浙江：浙江大學出版社，2011：97。

　　立永遠杜絕找契：侄邦友，今因缺銀正用，情願挽中將前賣伯

繼先處岡字　號民屋壹間，計屋四架。茲仍挽中找得時值價銀陸兩

五錢正，其銀當日一頓收足。土名、四至在正契載明，自找絕之後，

並無再找異議。恐後無憑，立此永遠杜絕找契存照行。

　　道光十八年十月　　　日立永遠杜找契侄邦友（畫十）　找

　　　　　　　　　　見中伯世賢（畫十）、世豪（畫〇）

　　　　　　　　　　　代字殿揚（畫押）〔註84〕

　　從三地買賣契約的標的來看，其種類與當地的經濟發展模式、自然環境及社會風俗密切相關。徽州地區買賣契約的交易標的物兼有林業和農業經濟特徵，還有一些標的物與徽州所處的特殊的地理環境及具有地方特色的經濟模式（如大型生產工具、茶荊、廚房、灶屋等）有關，從而有別於清水江和浙東地區，具有明顯的地域特徵。清水江地區的買賣標的主要圍繞著林業經濟展開，以林木、林地、林場、栽手為買賣標的的契約數量占主導地位，表明清水江地區林業經濟的相對發達。浙東地區由於其農業經濟占主導地位，因此圍繞著與田產相關的交易標的種類多，且產權演變較為複雜，田底、田面交易頻繁，找價與回贖較為普遍，具有顯著的農業經濟特徵。

第四節　標的來源

　　在契約中交代買賣標的來源，是中國傳統契約的特色之一，如「祖父遺下分授自己民下民地壹方」「先夫自置民地壹方」「先年得買××之田」等，也是清代法律規定的契約要件之一。《大清律例》規定：「……若子孫將公共祖墳山地朦朧投獻王府及內外官豪勢要之家，私捏文契典賣者，投獻之人問發邊遠充軍，田地給朦朧應得之人。其受投獻家長，並管莊人參究治罪。……」〔註85〕這一要件的設定也是對出賣標的的來源方面權利瑕疵的保證，有助於保證交易安全。從清代留存下來的契約資料看，標的來源主要分為：承祖、標分和自置三大類。清水江、徽州和浙東地區買賣契約中對標的來源的表述也大致可以分為以上三大類，但在其具體表述、三類來源所佔比例及其反映的當地經濟發展狀況是存在一定差異的，呈現出一定的地方特色。

〔註84〕張介人：《清代浙東契約文書輯選》〔M〕，浙江：浙江大學出版社，2011：99。
〔註85〕田濤，鄭秦點校：《大清律例》〔M〕，北京：法律出版社，1999：195。

一、不同種類的標的來源

清水江買賣契約交易標的來源可以分為承祖、標分和自置三大類。對承祖類標的的表述多為「祖遺之田」「祖父遺田」「祖田」「遺下祖業」「祖遺山場」「祖遺山」「祖遺杉山」等；對標分類交易標的的標注多為「分下」「分落名下」「名下受分」「分內」「本名分落」等；對自置類交易標的多描述為「生年得買」「先年的買」「親手得栽」等，隨著人工造林的深入和林木交易的頻繁，再加上山林的成材週期長，林農之間互相租佃山林的並訂立山林佃契的情況不斷增多，轉讓「栽手」的情況亦趨增多，由此買賣契約中就出現了「先年所栽」「先年佃到」「先年佃栽」或稱「親手得栽」等交易標的來源的說明與界定。這種交易標的及其來源的說明顯然是適應清水江地區林業經濟發展需要的結果。值得注意的是，清水江地區買賣契約中經常有「自願將到承栽地名黨加培景山」「自己將到山場杉林一塊」「自願將到所栽之木」「自願將到油山並杉木一塊」「自己請中將到田大小三坵」「自願將到先年得栽薑舉周之山一塊」「自願將到本名所栽油樹杉木一塊」等類似的描述，筆者以為這是由於林木成長週期長，同一批林木在其生長週期內會被交易換手，所以人們會用「將」這個字來表達交易標的的屬性，即標的需要假以時日才能獲得較大的收益，亦反映出林農對被迫出賣所栽未成材林木的無奈心情。為了確保所購得標的的來歷，以確保其所有權無爭議，出賣方往往還需要對上手契或老契的處理作出說明，如「外有典當字未退，日後查出係是故紙」「其有老契約未拔，日後查出，以為故紙」「凡有稅契，老約未扒（拔）」「田老契共一張，多處相連，未拔，日後查出為故紙」「老契已失，日後查出為故紙」。如姜光興、木香賣田契：

> 立斷賣田約人文斗上寨、平敎寨姜光興、木香二人，為因使用
> 無從得出，自願將到南鳩大田一坵，出賣於下文斗寨姜映輝名下承
> 買為業……
>
> 　外批：老契已失，日後查出為故紙。每年幫糧五分。
>
> 　　　　　　光興親筆
>
> 　　　　　　嘉慶拾捌年柒月十二日　　立〔註86〕

這些標明老契去向的契約數量雖然不多，但也足以說明清水江地區訂立

〔註86〕陳金全，杜萬華：《貴州文斗寨苗族契約法律文書彙編——姜元澤家藏契約文書》〔M〕，北京：人民出版社，2008：128。

契約時對標的來源的重視。

　　徽州地區買賣契約中關於標的來源的說明也有自己的特徵。對祖遺標的的表述多為「承祖」「承父」「承祖及續置」「承祖遺地」「祖遺」「祖父分受」等；對標準分配而得的交易標的多注明為「承祖鬮分」「承父鬮分」「承父分授」「承祖分受」「故夫親置遺下「承夫遺下」等；自己置買的多描述為「續置」「自己續置」「承父續置」「自置」「承祖並新置」「自買己業」「己買」「己置」等，在措辭上不同於清水江和浙東地區。為了確保交易安全，徽州買賣契約除了說明「買賣標的」的來源外，有的還會附上老契（又稱為上手契或首契），如清順治三年（1646）休寧縣許在中賣園地契〔註87〕中有「其上首來腳契三道繳付買人收執」的標注，說明賣方將老契交給了買方，從而確保交易的安全。如果不能附上老契，則會特別說明老契的去處，如康熙四十八年（1709）休寧縣余有善賣房地紅契〔註88〕中有「共有上首來腳赤契壹張，口分扒典親弟有理共業，不便繳付」的標注。再比如順治十二年（1655）休寧縣吳允和賣山契〔註89〕，有「此原契順治十四年冒口往泰州後口回家被火焚。此山於康熙五十年秋間君往、繩式立契出於草市孫宅」的字樣，詳細地說明了買賣標的的來源和老契後來的去向，以證明買賣標的法權關係的清晰和無爭議。根據《中國歷代契約粹編》所收錄契約，直到清光緒二年（1876），休寧縣黃躍天杜賣山業紅契〔註90〕仍標注有上手契交付買主的說明——「當日繳付分僉據壹張，以作來腳付受者收執作據。」這一習慣與清政府在道光年間的官紙契上直接省略買賣標的來源的做法有著明顯的區別，說明民間遵循著自己的交易習慣。

　　浙東買賣契約中交易標的的來源也大致分為祖遺、標分和自置三種。為了說明標的所有權的合法性，對祖遺田產或房屋，多以「祖父遺下」「父遺下」「繼父遺下」進行描述，有的直接將標的寫成「太祖祀田」「公祖祀田」「太祖更田」「祖遺公山」，從名稱看此類交易標的應是祖遺財產；對標分交

〔註87〕張傳璽：《中國歷代契約粹編》（中冊）〔M〕，北京：北京大學出版社，2014：991。

〔註88〕張傳璽：《中國歷代契約粹編》（中冊）〔M〕，北京：北京大學出版社，2014：1049。

〔註89〕張傳璽：《中國歷代契約粹編》（下冊）〔M〕，北京：北京大學出版社，2014：1005。

〔註90〕張傳璽：《中國歷代契約粹編》（下冊）〔M〕，北京：北京大學出版社，2014：1492。

易標的則常常描述為「分受山」「分授民山」「自己分授民田」「故夫遺下」「先夫遺下」「分受自己民田」「分受民田」等，以表明自己對交易標的的財產所有權及處置權的合法性；有的還表述成「祖父遺下分授民田」「祖父遺下分受民地」「父遺下分授自己名下民地」「父遺下分授六椽樓房壹間」等，進一步明確標的所有權的合法性（既是祖遺又是標分）與無爭議；對自置財產往往表述為「自造平屋」「祖父遺下分授平屋」「先夫自置民地」「自墾田分授新田」「自己民地」「新置田」「自置民田」「父手合買民田」「自置新田」等話語加以說明。但是少見對老契去向的說明。根據筆者對《清代浙東契約文書輯選》中一百餘份浙東賣田（不包括便田和賣地）契約的統計看，其中提到老契的契約僅有三件，分別是「咸豐三年十二月曹氏大、三房把祀田拼賣給二房契、同治七年四月屬通有賣屋契、同治四年四月韓如淵賣屋契」〔註 91〕。浙東地區為了避免與官府打交道而帶來不必要的麻煩，有時即使發生了新的土地交易也不訂立新的契約，而是在原買賣契加上批註，如咸豐八年十二月韓佐等 14 人同賣田契〔註 92〕，標注有「咸豐十一年二月初二，贖回作廢」的字樣，似乎進一步說明對標的來源說明與契約訂立程序的日趨簡化。

二、不同標的來源的比例

對於交易標的來源的說明，能確保產權的無爭議；不同標的來源所佔比例還能反映各地的交易水平與經濟發展程度。以清水江地區為例，據筆者對《貴州文斗寨苗族契約法律文書彙編——姜元澤家藏契約文書》392 份買賣契約的統計，標注為祖遺的 77 份，占比約 19.6%；標分的 21 份，占比約 5.36%；自置的（包括購買和佃栽）132 份，占比約 33.7%；沒有標注或無法確定標的來源的 162 份，占比約為 41.3%。據《中國古代歷代契約粹編》中收錄的 150 份清代徽州買賣契約，其中標的來源為祖遺的 82 份，占比約 54.7%；標分的 16 份，占比約 10.7%；自置的 22 份，占比約 14.7%；沒有標注或標的來源無法確定的 30 份，占比約 20%。據張介人先生的《清代浙東契約文書輯選》和王萬盈先生的《清代寧波契約文書輯校》收錄的 578 份買

〔註91〕張介人：《清代浙東契約文書輯選》〔M〕，杭州：浙江大學出版社，2011：37、76、92。

〔註92〕張介人：《清代浙東契約文書輯選》〔M〕，杭州：浙江大學出版社，2011：90。

賣契約，其標的來源為祖遺的共 383 份，占比約 66.3%；標分的共 106 份，占比約 18.3%；自置的共 67 份，占比約 11.6%；沒有標注或標的來源無法確定的 22 份，占比約 3.8%。

表 3-2　三地交易標的來源所佔比例統計表

地區＼標的來源	祖遺（占比）	標分（占比）	自置（占比）	其他（占比）
清水江地區	19.6%	36%	33.7%	41.3%
徽州地區	54.7%	10.7%	14.7%	20%
浙東地區	66.3%	18.3%	11.6%	3.8%

從三地買賣契約交易標的不同來源的占比看，我們可以獲得以下信息：

首先，清水江地區自置標的所佔比例最高，說明其與林業相關標的（如山林、林場、林木）交易的頻繁，當地林農互相佃栽林木的普遍。由於山林的成材時間長，山林佃契多是分兩步訂立的。首先是訂立佃契（如上），租佃者開始人工造林，並可林糧間作（這個期間內收穫的糧食歸佃種林者所有），約定五年成幼林，若五年內不能成林，則地主有權另招別人栽種。若五年成林，則可延續，在成林之後再簽訂分成合同。如范紹奇、姜老點主佃分成合同：

> 立分合同約人文斗寨姜老點，為因先年佃種范紹奇之山坐落土名倍拜，上憑大直之地，下憑小溪，左憑大直，右憑德音，四字（至）為界。日後木植長大，貳股均分，范紹奇地主占壹股，姜老點栽手占壹股，二比各存壹張契。立此分合同為據。
>
> 內圖（塗）壹字。
>
> 立分合同為據【半書】
>
> 外批此約姜老點收左契。
>
> 代書姜述望
>
> 嘉慶十四年十一月初五日　　　立分〔註93〕

先立佃契，待木長成後再立分成合同，是清水江租佃契約與土地租佃契約最顯著的不同，且租佃栽種的林木可以作為交易標的進行買賣，因而具有

〔註93〕陳金全，杜萬華：《貴州文斗寨苗族契約法律文書彙編——姜元澤家藏契約文書》〔M〕，北京：人民出版社，2008：105。

區別於中原地區的地域特點。

其次，清水江地區有一定比例的標的來源無法納入祖遺、標分或自置的範圍之內，其表述方式具有較為明顯的地域特色。如姜福生、陸生兄弟賣田契：「立斷賣田約人平鼇寨姜福生、陸生弟兄……自願將到地名南塢田貳坵……」〔註94〕從契約對買賣標的的描述看，是無法判斷其來源的。採用這種類似表述的如「將到田一坵」「將到地名××之山場杉木一塊」「將到坐落土名××田大小×坵」「將到土名××杉木一塊」「將到杉木一塊」等的契約還比較多，應該是當地在林業經濟發展過程中，民間為適應契約訂立需要而對中原固有契約原則所做的一些變通，反映的是許多在售的林木實際上仍處於長大成材的過程之中。

第三，徽州和浙東地區祖遺類交易標的比例超過一半以上，說明當地財產的來源主要是祖上傳下來的；而通過購買等自置途徑獲得的財產比例僅占 15%左右，從一個側面反映了當時土地與房屋的交易並不十分頻繁。中國古代社會傳統小農經濟佔據主導地位，生產力水平並不高，佔地規模有限的農戶維持簡單再生產已屬不易，積累資金購置土地更是困難，即使發生交易行為，也多為生活所迫，而不是追逐利益。這種情況從南京國民政府中央政治學院地政學院學員 20 世紀 30 年代對江蘇省宜興縣和浙江省平湖縣的調查數據中也可以得到印證。「在宜興縣的宋莊鄉所調查的 190 戶農家中，佔有土地 5～50 畝的農家有 179 戶，由祖遺所得均超過 90%；佔有土地 50～100 畝的農家有 7 戶，由祖遺所得占 72.5%，購入佔據 27.5%；100～200 畝土地的農家有 3 戶，由祖遺所得占 46.8%，購入占 53.2%；超過 200 畝的只有一家，祖遺所得佔據 22.7%，而購入則占 77.3%。」〔註95〕在「浙江平湖縣椿前、衙前、虹墅、司福四個鄉，耕地總面積為 59926.34 畝，其中由祖遺所得者為 53768.52 畝，占 89.7%，購入者僅為 6337.82 畝，佔有 10.3%。」〔註96〕也就是說，從某一個小家庭看，在某一特定的時間內，土地佔有規模是相對穩定的，由「祖遺」方式獲得財產的情況占多數。正如寺

〔註94〕陳金全，杜萬華：《貴州文斗寨苗族契約法律文書彙編——姜元澤家藏契約文書》〔M〕，北京：人民出版社，2008：55。

〔註95〕徐洪奎：《宜興縣鄉村信用之概況及其地權異動之關係——載民國二十年代中國大陸土地問題資料》〔M〕：46502～46504。

〔註96〕朱宵龍：《平湖田制改革研究——載民國二十年代中國大陸土地問題資料：38198》〔M〕，臺北：成文出版社，民國66。

田浩明所言,「在舊中國,圍繞以土地經營為代表的種種生業,確實相對穩定地存在並展開著買賣和所有的社會空間,且這種空間構成了以小家為單位的『私人所有權』秩序的基礎。」〔註97〕 在徽州和浙東地區這種小農經濟及其財產所有權的變更具有一定的代表性。

綜上,由於三地經濟社會發展演進步伐的不一致,即使在國家相同的法律規制下,三地買賣契約的標的雖然在主要類型上,如都涉及田產、林場或林木、房屋等的買賣,具有很高的相似性,但具體到買賣標的的其他類型、標的所有權、對買賣標的信息描述等方面還是存在著諸多差異,形成了一些具有地域特點的標的類型及交易規則與習慣。這些差異形成的原因有三:

其一,三地所處的迥異的自然地理環境對買賣契約的標的物產生了直接的影響。不同的自然地理環境首先造就了三地不同種類的物產。清水江地區因適宜林木的生長,林業經濟相對發達,再加上商品經濟的介入,因而買賣契約多以與林業密切相關的林木、林場、林地為標的物,與徽州和浙東地區存在明顯差異。徽州和浙東地區屬於傳統的農業經濟區,雖然兼或也有林業經濟,但在當地的整個經濟發展中所佔比例明顯比清水江地區要低得多,反而是以田地為標的物的買賣契約佔據絕對的重要地位,因而三地在主要的標的類型所佔契約比例上存著顯著的差別,也就是說買賣契約的主要標的物是不同的,而這種不同的原因與三地迥異的自然地理環境密切相關。不同的自然地理環境還對採用何種生計方式起到了決定的影響作用。任何一種生計方式的經濟文化,首先取決於該生計方式所處的自然地理環境,自然地理環境往往決定著該生計方式發展的方向。清水江地區鄉民主要的生計方式依賴於林木的種植、養護、出賣,其買賣契約的內容自然也會圍繞著這種生計方式所依賴的林木、林場、林地等展開,將林木、林場、林地作為其主要的交易對象自然是理所當然。相比之下,徽州和浙東地區農業經濟發展歷史悠久且相對發達,地權分化程度深且分布的地域廣,因而出現了更多形式的以田地產權為買賣標的的不同類型的契約,如「加找契」「活賣契」「絕賣契」「田面權交易契」「找絕契」等。徽州地區還有相當比例的林業經濟,林業在徽州鄉民生計中亦佔有一定的地位,所以圍繞著山林、山地、山地特產等的種植、生

〔註97〕〔日〕寺田浩明:《權利與冤抑——清代聽訟和民眾的民事法秩序》,〔日〕滋賀秀三、寺田浩明等:《明清時期的民事審判與民間契約》,王亞新、梁治平編譯〔M〕,北京:法律出版社,1998:211。

產和交易，出現了不少數量的以山林、山場、山地等為標的物的買賣契約。這些無疑都與當地自然地理環境所決定的生計方式及當地的經濟發展水平密切相關。

其二，地區經濟發展模式與結構的差異。不同的自然地理環境塑造了清水江、徽州和浙東三地不同的生產方式、經濟發展模式及經濟結構。據乾隆《清江志》載：「黔山多童，先年之苗不習松杉等利，山中之樹聽其長養，竟多不知其名者。今則種松栽杉，森森鬱鬱，劇有繁昌象。而地又近河，每年伐木紮排，順流而下，售於洪江、常德等處，而生民之日用舒矣。」〔註98〕從中可以看出隨著林業經濟的發展，清水江地區原有的經濟結構與鄉民生計方式都發生了改變。尤其是隨著其林業商品經濟的不斷發展，圍繞著林木的種植、運輸、交易形成了一個巨大的商業貿易網絡，無論對該地區原有的生產方式還是生活方式都造成了巨大的衝擊，並誘發其發生了較為顯著的變化。與林業經濟密切相關的林木、林場以及人們佔有的「股」等自然成為當地買賣契約最為主要的標的物之一。徽州地處山區，受制於可耕種土地的限制，徽州當地經濟社會發展還必須有賴於林業經濟的有效補充。實際上，徽州整個經濟總量中，山林經濟佔有不小的比重，在改善徽州百姓生計、推進當地社會發展方面起著非常重要的作用。尤其是在徽商崛起以後，徽州的林業產品進一步商品化，以田地、林木、林場、房屋、山地特產等作為標的物的買賣契約的訂立頻繁，顯示了徽州地區買賣契約與當地經濟發展高度的契合，或者說買賣契約中標的物的類型就是徽州地區經濟發展模式與鄉民生計變化的直接表徵。浙東地區則因其地處清代中國南方經濟最為發達的區域之內，且以農業經濟為主，地權分化明顯且轉換十分頻繁，契約關係普遍盛行，圍繞著地權轉移的不同形態形成了類型多樣的買賣契約，這既是浙東地區相對發達的經濟發展的直接結果，亦顯現出浙東地區實際生活中地權轉移情況的複雜性特徵。

其三，地方風俗習慣與文化的作用。王士性在其撰寫的《廣志繹》中，有兩段文字專論浙江風俗、百姓性格與自然地理環境的關係，十分精闢。在他看來，浙江全省十一個府，可分作三大區域，浙西的杭、嘉、湖為平原水鄉，「為澤國之民」；其他地區就是所謂的浙東，可以一分為二。一是金、衢、嚴、處，所謂「丘陵險阻，是為山谷之民」；二是寧、紹、臺、溫，「連山大海，

〔註98〕〔清〕胡章：（乾隆）《清江志》（卷一）〔M〕，清乾隆五十五年修抄本。

是為海濱之民」。這三個區域中的鄉民各自為俗：澤國之民，「舟楫為居，百貨所聚，閭閻易於富貴，俗尚奢侈」；山谷之民，「石氣所鍾，猛烈鷙愎，輕犯刑法，喜習儉素」；海濱之民，「餐風宿水，百死一生，以有海利為生，不甚窮，以不通商販不甚富」。〔註99〕這些都是環境差異所營造的不同的風俗與迥異的鄉民性格，表現在契約訂立上就是對交易具體細節處理上的不同。如徽州地區因長期受儒家思想薰陶，「孝」觀念與意識濃厚，影響深遠，所以契約中罕見「墳地」的轉讓契約，表明了當地「敬祖重宗」觀念的濃厚及對人們行為的影響與規範。清水江地區因當地苗侗等民族的民風淳樸，重承諾，講信用，買賣契約的標的物往往一次性就完成轉移，而罕見找價行為。浙東地區則因祭祀活動頻繁，人們常常被迫出賣田產，反而經常把「祀田」作為買賣標的進行出賣，以滿足祭祀之需。

〔註99〕〔明〕王士性：《廣志繹——卷四江南諸省》〔M〕，北京：中華書局，1981：68。

第四章 其他契約要件

　　中國傳統買賣契約經歷了三千多年的發展，契約的內容一方面逐漸要件化，即契約所包含的內容中，哪些內容需要寫或者不需要寫，哪些內容先寫，哪些內容後寫都逐漸固定化，如清代買賣契約一般由契約性質標識、賣方（立契人）和買方、成契理由、標的來源、買賣標的、交易價格、交付、權利瑕疵擔保、立契時間、契末署押等相對固定的要件構成；這些內容的書寫格式、排列順序也趨於固定和統一，基本上按照契約性質標識→賣方（立契人）→成契理由→買賣標的→買方→交易價格→交付→權利瑕疵擔保→立契時間→契末署押的順序排列，逐漸形成了一套完整的、規範化的較為統一的制度。另一方面，由於買賣契約是為了各類交易而設計的，因此必須滿足不同交易的各種需要，因而與其所在地區的經濟發展、家計生活、文化風俗有著密切的關係。在不同地區，契約要件既具有趨同化發展的趨勢，又因為要適應當地交易多樣化的需求而形成了許多地域特點或民族特色。本章將就清水江、徽州和浙東三地買賣契約中的主體和交易標的之外的其他契約要件，按照它們在契約中一般的排列順序，對其地區差異性做如下分析。

第一節　契約性質標識、成契理由與立契時間

一、契約性質標識

　　契約中交代契約性質是必須的，契約性質標識是契約構成要件之一，是

對契約訂立雙方權利義務關係的約定。為了確定契約訂立雙方的權利與義務，防止糾紛的發生，關於契約性質的描述應該是定性的。中國傳統社會中的土地或房屋交易，廣泛存在著「典」「活賣」「絕賣」三種交易形式。其中「典」類似於今天的抵押借貸性質〔註1〕，而「活賣」則是允許賣主在規定期限內贖回所賣地的不完全交易形態，即「賣主以比正常出賣（絕賣）價格稍低的價格將田宅的佔有、使用和收益的權利讓渡給買受人，但保留在約定的期限屆滿後回贖標的權利。」〔註2〕清代在這方面亦有明確的要求，《大清律例·戶律·典賣田宅》乾隆十八年定例規定：「嗣後民間置賣產業，如係典契，務於契內注明回贖字樣；如係賣契，亦於契內注明絕賣永不回贖字樣。其自乾隆十八年定例以前，典賣契載未明，（追溯同年）如在三十年以內，契無絕賣字樣者，聽其照例分別找贖。如遠在三十年以外，契內雖無絕賣字樣，但未注明回贖者，即以絕賣論，概不許找贖。如有混行告爭（要求找價回贖）者，均照不應重律治罪。」〔註3〕乾隆三十五年，進一步規定「嗣後旗人、民人典當田房，契載年分，統以三五年以至十年為率，仍遵舊例，概免稅契，十年後聽原業取贖。如原業力不能贖，聽典主執業，或行轉典，悉從民便。倘立定年限以後，仍有不遵定例，於典契內分載年分者，一經發覺，追交稅銀，並照例治罪，以做刁風。凡從前典契載有二三十年至四五十年者，統限於三年內，令各現在典主，在旗則首報佐領，在民則首報地方官，即令改典為賣，一體上稅，免其治罪。」〔註4〕由此可以看出，自乾隆十八年以後，法律規定田宅交易雙方在訂立契約時，必須嚴格區分典和賣，出典的回贖年限也做出了明確的限定，即可以防止民間以「典」之名行「賣」之實的方式逃避契稅，又利於減少因此而生的「告找告贖」糾紛。但在清水江、徽州和浙東地區具體的實踐中，在是否標注契約性質標識，以及標識是否具有真實含義和具備實際功能方面還是存在較大差異的。

〔註1〕 「典」的主要含義有兩種，一是和「當」連用時表示「一般財產為標的抵押關係」，另一是「和田宅等產交易有著密切關係的一種交易形式」，在「多數情況下和『賣』存在一定的關係」。

〔註2〕 劉高勇：〈論清代田宅「活賣」契約的性質——與「典」契的比較〉〔J〕，比較法研究，2008（06）：22～32。

〔註3〕 〔清〕阿桂等：《大清律例·戶律》（卷十五）〔M〕，北京：中華書局，2015：403。

〔註4〕 〔清〕吳壇：《大清律例通考·戶律》〔M〕，清光緒十二年吳重憙刻本。

　　清水江地區的買賣契約實際上是沒有活賣與絕賣之分的。田產、房屋和林木、林場的交易基本上都是一次性完成的，所以契約中無論以「斷賣」還是「賣」字開頭的契約最終的結果其實都是絕賣，交易結束後一般不會發生與中原地區類似的「找贖」行為，因其契約性質標識也就不具有劃分「活賣」和「絕賣」的功能。清水江地區現存的買賣契約中也有以田產作抵借款的，如姜世美父子借當契：

　　　　立借銀字人下寨姜世美父子，為因缺少銀用，無處得出，自願
　　將到祖遺之禾田壹坵，地名保中抱……今將抵與上寨潘繼宗名下之
　　新實銀陸兩四錢正，親手收足應用。其銀照月加三行利，限本年十
　　二月內歸還，不得有誤。如有誤者，田作典字管業分化，房族弟兄
　　不得異言。空口說無憑，立此抵字為據是實。

　　　　外添七字。

　　　　憑中　姜憑發（後略）〔註5〕

　　這頗類似於典契，但典與活賣畢竟還有一定的區別〔註6〕，筆者亦認為不能將典視作活賣。清水江地區並沒有刻意地對契約性質加以區分和標識，亦「沒有發現內地契約中找價、增洗之類的風俗」〔註7〕。這主要取決於交易本身的特點。一方面清水江地區大多數的買賣交易都是發生在一個較為狹小的區域之內，即所謂「村級市場」，「在村級市場中，交易者本身處於複雜的人

〔註5〕陳金全，杜萬華：《貴州錦屏文斗寨苗族契約法律文書彙編——姜元澤家藏契約文書》〔M〕，北京：人民出版社，2008：507。

〔註6〕楊國楨認為「典」是「活賣」的一種形式。（楊國楨：《明清土地契約文書研究》〔M〕，北京：人民出版社，1988）；李力將活賣契則直接歸類為典（李力：《清代民間土地契約對於典的表達及其意義，載金陵法律評論》〔M〕，2006年春季卷）；但吳秉坤和劉高勇均認為「活賣」應歸為「賣」的範疇，龍登高也持相似觀點，並認為「活賣」與「典」的不同之處在於其「發生了產權的最終轉移」。（劉高勇：《論清代田宅「活賣」契約的性質——與「典」契的比較》〔J〕，比較法研究，2008（06）：22～32；吳秉坤：《再論「活賣」與「典」的關係》〔J〕，黃山學院學報，2012，14（01）：9～12；龍登高：《清代地權交易形式的多樣化發展》〔J〕，清史研究，2008（03）：44～58）

〔註7〕制度的存在，使得出典人對土地保有回贖的權利，如果不能或不願回贖，則可將不動產賣斷，而民間出典土地的價格要比絕賣少很多，這時候就產生典賣與絕賣之間差價的補足問題，是謂找貼，也叫找價、拔價、增找、加找，增洗、加價、加典等。民間習俗，在回贖之前，也可進行找價，其次數沒有一定的限制，學者們多認為找價與回贖制度有著內在的聯繫。

際關係中，家族、互惠、禮品、道德等因素都起著重要的作用。」〔註8〕苗侗民族本身就有質樸和重信守諾的傳統，在道德倫理的約束下，就可以使契約生效。另一方面則與清水江地區林木買賣契約交易價格低有關聯。龍澤江先生對清水江 1000 餘件林地買賣契的林地價格進行的統計結果顯示，「從各件林地買賣契價格看，一般林農出售林地價格普遍在『價銀』數錢與 1 兩之間。」〔註9〕林芊先生在《清水江林業契約與林農經濟史的量化關係研究》一文中所引的 6000 件文書中的林地買賣契，「其單件所列價格也大至如此。」〔註10〕由此我們可以判斷，因清水江地區買賣契約交易的林木價格較低，與土地相比，於一個家庭的生計並不具有決定性作用，所以選擇交易一次性完成反而成了比較合理的選擇。當然，清水江地區的田產和房屋交易也未見「找贖」，在這一點上與該地區的倫理道德和風俗習慣有一定的關係。學者劉亞男和吳才茂認為清水江地區「由於血緣、地緣與神靈相結合而衍生的鄉約與道德規範，使倫理觀念始終伴隨在清代清水江下游地區的社會經濟發展之中。」〔註11〕重承諾，守信用在該地區的各類交易中得到了普遍遵循，在某種程度上恰好杜絕了交易之後「找贖」行為的發生。

　　徽州地區在其契約性質標識上普遍將買賣分為活賣和絕賣。從留存契約的情況來看，有相當數量的買賣契約有「杜賣」「絕賣」「賣」「活賣」等的標識，以便於在性質上對買賣交易加以區分。如乾隆五年（1740）休寧縣金若濤活賣地紅契：

> 二十七都五圖立賣契金若濤，今因急用，……其地議定準在來年
>
> 八月內任憑原價取贖；如過八月，永遠絕賣，不得取贖。再批。
>
> （押）……〔註12〕

〔註8〕　趙曉力：《中國近代農村土地交易中的契約、習慣與國家法》〔J〕，北大法律評論，1998（02）：427～504。

〔註9〕　龍澤江：國家社科規劃課題《清水江文書的價值與保護利用研究》結題報告書內的「附錄一：文斗寨姜元澤家族清代土地買賣契約數據表」「附錄二：加池苗寨姜紹卿家族清代土地買賣契約數據表」「柳寨土地契約基礎數據整理表」。

〔註10〕　林芊，楊春華：《清水江林業契約與林農經濟史的量化關係研究》〔J〕，原生態民族文化學刊，2017，9（04）：25～35。

〔註11〕　劉亞男，吳才茂：《從契約文書看清代清水江下游地區的倫理經濟》〔J〕，原生態民族文化學刊，2012，4（02）：36～45。

〔註12〕　類似的活賣契可參見張傳璽：《中國歷代契約粹編》（中冊）〔M〕，北京：北京大學出版社，2014：1105、1109、1135、1146；下冊：1255。

從契約內容看，雙方對回贖進行了特別明確的約定，因此契約的交易就是活賣。而標注有「杜賣」或「絕賣」的契約，從其內容上看，因沒有對回贖問題進行專門的約定，交易應該是一次性完成的，如同治三年休寧縣邵金氏母子杜賣荒山官契：

> 立杜賣契一都一圖五甲邵金氏同子大晉……一併杜賣與八都
> 五圖五甲　汪名下為業……其稅遵例隨在邵雲祥戶內起割，推入
> 買人汪詒裕戶內辦納完糧……恐口無憑，立此杜賣契永遠存
> 照……」〔註13〕

由此，徽州地區部分買賣契約的性質標識也就有了區分活賣與絕賣的實際意義。

浙東地區的買賣契約在其性質標識上也有「絕賣契」「直賣契」「永賣契」「找契」「找絕契」之分。標注為活賣性質的契約，其內容一般有對回贖相關問題的約定。如嘉慶十年慈谿縣（葉）大觀賣地契：

> 立賣契：叔祖大觀，今因正用，情願挽中將分授丁地捌分
> ……再批：其地限至捌年內，照契內原價取贖無阻並照行。（後略）
> 〔註14〕

屬於絕賣的交易在契約中也有較為明確的約定，如道光二十六年山陰縣楊漢賣田官契〔註15〕不僅使用了絕賣文契的官契紙，還通過「再批：自賣之後，恁憑銀主過戶管業收花，永不再找，永不回贖，永遠杜絕」對絕賣的交易性質進行了再確認。

但在具體的契約實踐中，因活賣與絕賣界限並不十分清晰，經過初次交易、找價之後再轉移財產所有權的現象十分普遍，實際上使得徽州和浙東地區許多買賣契約的性質標識失去了實際的意義。徽州地區許多標識為「杜賣」或「絕賣」的契約在其交易結束後，賣方仍向買方提出找價要求。如乾隆十六年陶聲華立重複加添字據：

> 立重複加添字人陶聲華等因上年將薛家巷倉房一所杜賣與陳，

〔註13〕類似的杜賣或絕賣契可參見張傳璽：《中國歷代契約粹編》（中冊）〔M〕，北京：北京大學出版社，2014：1150；下冊：1230、1450、1492。

〔註14〕張介人：《清代浙東契約文書輯選》〔M〕，杭州：浙江大學出版社，2011：72。

〔註15〕張傳璽：《中國歷代契約粹編》（下冊）〔M〕，北京：北京大學出版社，2014：1399。

已經杜加添過。今因手中不足，凂中捴勸重複加到陳名下大錢九千。

自重複之後，永斬葛藤，立此重複字為據。（後略）〔註16〕

浙東地區也存在這種情況，如道光二十五年葉鍾秀在訂立賣田找絕契〔註17〕之前曾在道光二十四年訂立過賣田契〔註18〕，顯然田產轉移的最終完成是經過初次交易和找價之後發生的，契約實踐中的「活賣」與「絕賣」的界限並不清晰。很多情況下即使契約的性質標識是「絕賣」契，但之後還是會發生找價行為，如以下這則契約：

立永遠杜絕賣契：陳粹卿，今因乏銀正用，情願挽中將分受稅地壹則，量計地戴畝五分正，坐落土名屬姓三塘上。其四址：東至大路河、南至屬姓地、西至屬姓地、北至屬姓地為界。其地憑中絕賣與葉賢明兄為永業。三面言定時價銀鑫拾無兩正，其銀當日一併收足歸身正用。自賣之後，任從受主開割過戶，入冊輸糧，管屋布種主造無阻。其地並不重行典押在外，又無應分人等爭執。倘若諸般違礙等情，賣主自行理直，不涉受主之事。此俱係兩願，各無翻悔，恐後無據，立此杜絕賣永遠存照行。

光緒廿七年正月　　　　　　　　日立永遠杜絕賣契陳粹卿（畫押）
絕賣

見賣壽臣（畫押）、弟雪村
中陳梯青（畫押）、陳雪君（畫押）、陳小莊（畫押）
永遠賣契大吉行　　　　　　　　代字陳康哉筆〔註19〕

該則契約以「立永遠杜絕賣契」開頭，從所用詞彙上看訂立的應該是「絕賣」契，結尾處也用「立此杜絕賣永遠存照行」和「絕賣」等話語再次強調了契約的性質，但是立契人在該契約訂立兩個月後，仍然向買方找價，並且簽訂了找絕契：

立永遠杜絕找契：陳粹卿，今將前月間所絕賣己地壹則，量計地戴畝五分正，坐落土名屬姓三塘上，其四址載明正契。前價不足，

〔註16〕王鈺欣，周紹泉：《徽州千年契約文書》（第二卷）〔M〕，廣州：花山出版社，1994：104。
〔註17〕張介人：《清代浙東契約文書輯選》〔M〕，杭州：浙江大學出版社，2011：35。
〔註18〕張介人：《清代浙東契約文書輯選》〔M〕，杭州：浙江大學出版社，2011：34～35。
〔註19〕張介人：《清代浙東契約文書輯選》〔M〕，杭州：浙江大學出版社，2011：81。

仍挽原中向葉賢明兄處找得時值價銀肆拾兩正，其銀當日一併收足
歸身正用。自找之後，價足產絕，決無異言，永不再找。恐後無據，
立此找絕契永世為照行。

光緒廿七年二月　　　　　　　日立永遠杜絕找契陳粹卿（畫押）
絕找

　　　　　　　　　　　　見找伍壽臣（畫押）、弟雪村
　　　　　中陳梯青（畫押）、陳雪君（畫押）、陳小莊（畫押）
永遠賣契大吉行　　　　　　　　代字陳康哉草〔註20〕

　　從這份找絕契的內容看，立契人也承認之前所訂契約是「絕賣」契（今
將前月間所絕賣己地壹則），但仍以「前價不足」為由「挽原中」進行了找
價，實際上把絕賣變成了活賣，契約性質標識失去了實際意義。再比如道光
二十一年（1841）山陰縣張永濂活賣田官契〔註21〕雖然使用的是官頒絕賣
文契訂立的契約，按照該契紙上的計開條款例的規定，「凡用此契者，竟作
絕賣」，但訂立雙方仍在契約內進行了明確的回贖約定，「三面議定五年之
內不准回贖。五年之外，照契原價回贖，聽還中酒、稅契，契錢九九六串。」
〔註22〕契約的性質標識實際上就失去了劃分絕賣與活賣的功能。更有甚者，
道光二十六年（1846）山陰縣張葉氏等活賣田官契：

　　　　山陰縣十七都七圖絕賣田契人張葉氏（仝男永濂），今將自己戶
　　內淡字號田三木壹分零，凂中情願出賣與本縣大成會名下為業……
　　自賣之後，不准回贖，亦無重找，恁憑銀主管業收戶辦糧……立絕
　　賣契人　張葉氏　仝男永濂（押）（後略）」〔註23〕

　　該契約使用的是官頒絕賣文契，從契約性質上歸類的話應該是絕賣，但
其兩個月之後又進行了找價，見道光二十六年（1846）山陰縣張葉氏等出找
絕契：

　　　　立出找絕契人張葉氏仝男永濂，緣有淡字壹千零七號田三畝壹

〔註20〕張介人：《清代浙東契約文書輯選》〔M〕，杭州：浙江大學出版社，2011：81。
〔註21〕張傳璽：《中國歷代契約粹編》（下冊）〔M〕，北京：北京大學出版社，2014：
　　　　1643。
〔註22〕張傳璽：《中國歷代契約粹編》（下冊）〔M〕，北京：北京大學出版社，2014：
　　　　1645～1646。
〔註23〕張傳璽：《中國歷代契約粹編》（下冊）〔M〕，北京：北京大學出版社，2014：
　　　　1653。

分陸釐五毫，出賣與　大成會為業，得過契價銀陸拾兩。今因時價
不足，三面議定，找的錢柒拾弍千文。自找之後，永不再找，永不
回贖，永遠杜絕。（後略）〔註24〕

　　實際上使本該屬於絕賣的交易變成了活賣。使用有絕賣標識的官頒文
契也可以訂立活賣文契，說明清代官方對活賣與絕賣的區分也不是十分嚴
格。正如岸本美緒所說，「清代對『絕賣』『活賣』概念本身的認識是模糊不
清的。儘管政府也努力明確區分活賣與絕賣的界線，但這種含混的狀態一
直持續整個清朝時期。」〔註25〕的確如此，由於契約性質標識的模糊，徽
州和浙東地區契約實踐中對活賣與絕賣的劃分就失去了實際的意義，並在
一定程度上促成了當時找價風氣的盛行。

二、成契理由

　　在傳統中國的標準契約樣式中，成契理由是必備要件之一。因為「在以
商為末的歷史條件下，正當理由，是交易行為合法化的必要前提，特別是土
地房宅交易尤為明顯，這當然也構成了農業經濟下相對穩定的社會現實。」
〔註26〕但因清水江、徽州和浙東地區社會進程並不同步，成契理由的種類及
其真實性存在著一定差異。

　　把徽州買賣契約的成契理由與《清水江文書》第一輯前七卷 1387 份買
賣契約中的成契理由進行對比，我們會發現兩地買賣契約的成契理由的種
類存在一定的差異。徽州買賣契約中的「急用、正用」是出現頻率最高的成
契理由，據筆者對《徽州文書》〔註27〕的 5628 份買賣契約的統計數據看，
其中標明成契理由為「急用」「缺用」「正用」的有 3844 份，占總數的 68.3%。
這種成契理由具有明顯的形式化的特點，隱藏了賣主真實的生活境況與出
賣田產的真正原因。為此，就有必要梳理一下說明了具體賣產原因的買賣契
約。《徽州文書》中寫明具體賣產原因的契約有 1191 份，其成契理由可以分

〔註24〕張傳璽：《中國歷代契約粹編》（下冊）〔M〕，北京：北京大學出版社，2014：
　　　　1655。
〔註25〕〔日〕岸本美緒：《明清時代的「找價回贖」問題》，載楊一凡，寺田浩明：
　　　　《日本學者中國法制史論著選》〔M〕，北京：中華書局，2016：350～380。
〔註26〕李祝環：《中國傳統民事契約成立的要件》〔J〕，政法論壇，1997（06）：116
　　　　～122。
〔註27〕劉伯山：《徽州文書》〔M〕，桂林：廣西師範大學出版社，2015。

為「錢糧無辦」「賦稅所逼」「婚喪嫁娶」「讀書」「管業不便」「經商」等幾大類，其中又以「錢糧無辦」「賦稅所逼」所佔比例最大，為 41.39%〔註28〕，從側面說明了徽州地區賦稅的繁重。以「婚喪嫁娶」為由的買賣契約占比 16.29%，體現了徽州對「禮」的重視和濃鬱的孝文化氛圍及其對徽州社會產生的影響。因「管業不便」為由的占 10.5%，一方面緣於宗族發展、衍化，宗族關係及宗族事物變得複雜而引發的財產所有權的變化；另一方面，體現了清代徽州地區域內和域外遷居現象的日趨頻繁。因經商的需要（如籌集資本、資金周轉）而變賣財產的契約也佔有一定比例，約 5%，反映了徽州社會經商風氣的興盛，印證了徽商的崛起及其發展。而其經商資本的籌措方式或變賣家產，如康熙五十六年金起贊立賣屋契是因「貿易乏用」〔註29〕、道光十二年陳有繡立賣田契是因為「生意艱難，無錢轉手」〔註30〕等；「或通過宗族集資，『貸本經商』，或『挾妻奩以服賈』」〔註31〕，如婺源《三田李氏統宗譜》中有「與祖妣商，覓轉輸之資，彷徨四顧，狼狽無措。回思只遺臥室一間，不得已，出鬻於族人，僅得十金」〔註32〕的記載。值得注意的是，徽州還有以讀書為成契理由的買賣契約，如乾隆二月邱關帝會內玉麟等為學院之事而賣田〔註33〕、道光二十九年亨公秩下孫超祿、廷點等立斷賣田契因「無錢學俸錢曹」賣田〔註34〕。這是因為徽州乃朱子故里，有重文興教的濃厚風氣，可以為讀書之事變賣田產。總之，徽州買賣契約中的成契理由的種類繁多，涉及百姓生活的方方面面；賣產多緣於生活的困難罕見純粹出於逐利的賣產原因；在表述上也盡可能還原自己所處的真實困境，以獲得買方、親鄰倫理與道德上的支持；多以經濟窘迫和生計困難而賣產的行為也間接促成了徽州地區找價行為的形成與普及，由此形成了清代民

〔註28〕 洪虹：《明以來徽州賣契中賣產原因研究》〔D〕，安徽大學，2017。
〔註29〕 劉伯山：《徽州文書》，第五輯（第九卷）〔M〕，桂林：廣西師範大學出版社，2015：204。
〔註30〕 劉伯山：《徽州文書》，第五輯（第二卷）〔M〕，桂林：廣西師範大學出版社，2015：236。
〔註31〕 〔清〕吳鄂修，江正元：《婺源縣志》（卷三十四）〔M〕，清光緒九年刻本。
〔註32〕 《明清徽商資料選編·婺源》〔M〕，合肥：黃山書社，1985：185。
〔註33〕 劉伯山：《徽州文書》，第一輯（第六卷）〔M〕，桂林：廣西師範大學出版社，2009：521。
〔註34〕 劉伯山：《徽州文書》，第四輯（第二卷）〔M〕，桂林：廣西師範大學出版社，2011：33。

事法律領域中的一大特色。

《清水江文書》中買賣契約中最多的成契理由表述為「缺少銀用」「要銀使用」或「無銀用度」，表達的更多的是賣者對貨幣的需求。其次還有「缺少糧食」「婚喪嫁娶」「債務經商」等。值的注意的是這一千多份買賣契約中竟沒有一份的成契理由是「賦役所逼」，似乎說明清水江地區賦稅徵繳較為鬆弛，這點也能從清水江地區白契比例高達 93%的情況中得以印證。徐曉光先生認為這是因為，「在偏遠的清水江地區，國家治理力所難及，民間對經濟交往的調控主要依靠契約進行，這反映出清水江下游社會內部存在著傳統『徵信體系』並發揮著重要作用。」〔註35〕筆者十分認同該觀點，清代中央政府在清水江地區不僅進一步推進「裁衛並縣」，即將原來獨立於地方行政的軍政系統——「衛所」統轄的領地歸併於地方行政；而且大力推行「改土歸流」，將之前具有「地方自治」色彩的土司制度予以廢除，建立州、縣（州、廳）統歸於國家行政體系之中，由國家直接任命官員，以加強國家對其的管轄力度。由此，國家也逐漸介入苗族契約訂立的管理和規範過程之中，最明顯的就是「紅契」的出現及其在清代中後期數量上的逐漸增多。當然，「國家制度的逐漸推行，固有的風俗顯然也會受到衝擊乃至改變，尤其是關乎地方穩定的糾紛，其解決途徑當然會逐漸地制度化，更何況國家制度也會因地制宜地吸納地方風俗。」〔註36〕如乾隆五年編撰的《大清律例》中就有「苗例」二十四條。所以清水江苗族地區在契約訂立過程中是國家法與習慣法相互為用，共同維繫著苗族契約秩序的正常運行。但較之徽州地區，中央政府對於該地區的管轄力度還是相對較弱，由此賦稅徵收也沒有徽州地區來得緊迫，賣產理由中自然就鮮見為「賦役所迫」。隨著國家制度的不斷推進，中原傳統文化對清水江地區產生了持續而有力的影響，表現在成契理由上就是禮文化逐漸為苗侗民族所接受，因「婚喪嫁娶之需」的契約逐漸出現，雖然在《清水江文書》中只有 10 份，占比僅為 0.72%，與重禮儀的徽州（以「婚喪嫁娶之需」為成契理由的契約占總契約的 16.29%）還有一定差距，但亦顯示出中原傳統儒家文化對該地區的影響。另外，《清水江文書》第一輯中

〔註35〕徐曉光，謝暉：《「約法」社會——清代民國清水江流域契約社會環境中的民族法秩序》〔M〕，北京：中國社會科學出版社，2018：166。
〔註36〕吳才茂：《民間文書與清水江地區的社會變遷》〔M〕，北京：民族出版社，2016：82。

因「生意缺少用度」的買賣契約也只有 2 份，似乎說明清水江地區遠不像徽州地區的經商活動那樣具有廣泛性和典型性。

浙東地區買賣契約對成契理由的表述相對集中統一，一般表述為「缺銀正／使／乏用」「乏／缺銀正／使用」「乏用」等，據筆者對張介人先生所編《清代浙東契約文書輯選》166 份買賣契約成契理由的統計看，其中表述為「缺銀正／使／乏用」或「乏／缺銀正／使用」的 135 份，除去沒有說明成契理由的契約 3 份，占標注成契理由契約總數的 83.8%。偶然表述為「『因家口食闊，缺糧度日』『起造祖堂乏用』『涉訟在案』『合房公用』『乏屋居住』」〔註37〕；因「喪葬」〔註38〕而賣產也佔有一定比例，約為 5.5%。《清代寧波契約文書輯校》411 份買賣契約中，除去 16 份沒有標注成契理由的契約，成契理由為「乏用」的 297 份，占比 72%；成契理由為「錢糧無辦」的 36 份，占比約 8.8%；「喪葬」的 19 份，占比 4.6%。其他的成契理由還有「起造祖堂」「糧祀無辦」「管業不便」「開業生利」「祀事之用」等。其中值得關注的是以「起造祖堂」「糧祀無辦」「祀事之用」作為成契理由的契約，恰好印證了清代浙東地區非常重視祖先祭祀的風俗習慣。據文獻記載，清明時節，浙東地區的家家戶戶都在本族內設立的祖堂裏祭拜先祖，舉行祭祀先人的儀式。除此而外，各家族還根據節令另外設置固定的祭拜祖先的活動，需要耗費許多錢財，當一些家庭無力承擔時只能變賣田地以維持這方面的各項開支。從道光廿一年毛榮枝賣田契的成契理由是糧祀無抵、道光廿八年榮循賣田契的成契理由是因喪用乏錢、咸豐七年仁宇同侄松泉賣田契中的「情願將懋錫太祖祀田一處……」〔註39〕也能反映出浙東地區的這一風俗。而同屬浙東地區的山陰縣的買賣契約中的成契理由缺失現象較為明顯，據筆者對張傳璽編撰的《中國歷代契約粹編》（中下冊）收錄的山陰縣的 36 份買賣契約看，沒有成契理由的契約 29 份，占比 80.5%，且多使用官契，可見在清代官頒契紙中成契理由並不必然地成為契約構成要件；

〔註37〕張介人：《清代浙東契約文書輯選》〔M〕，杭州：浙江大學出版社，2011：40、37、52、94、36、39、90、100。

〔註38〕參見張介人：《清代浙東契約文書輯選》〔M〕，杭州：浙江大學出版社，2011：51、119、133、136、142、144、145、147。

〔註39〕王萬盈：《清代寧波契約文書輯校》〔M〕，天津：天津古籍出版社，2008：54、89、171。

其他成契理由一般表述為「缺用」「缺銀正用」「糧米緊急」〔註40〕，足見成契理由形式化趨勢之明顯。

圖4-1　三地成契理由比較圖表

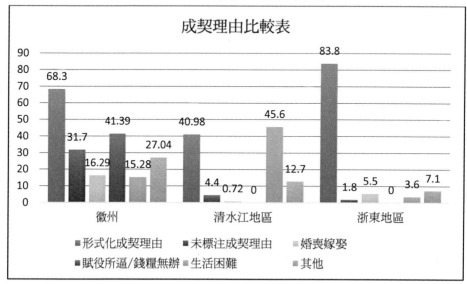

此外，三地成契理由與賣方處境的關聯度也表現出一定的差異。

清水江地區買賣契約的部分成契理由與賣方的真實處境有一定的關聯度。如道光八年李紹璜父子賣山契：

> 立賣山場杉木字人本房李紹璜父子四人，為因缺少糧食，自將
> 到杉木共貳處，……。面議穀一百九十斤，親手收回。
>
> 內添二字，添四字。
>
> 道光八年二月十三日」〔註41〕

從這份契約的表述中我們能看出立契人的境況的確如其契約內所說「缺少糧食」，因為契約的對價直接是稻穀，而且契約沒有中人，大概是因為出賣人根本負擔不起，因為按照當時的慣例，中人一般都有一定的報酬，如姜善宇、銀花兄弟賣木契〔註42〕的中人報酬是銀伍分。高其才教授曾談

〔註40〕張傳璽：《中國歷代契約粹編》（中、下冊）〔M〕，北京：北京大學出版社，
　　　　2014：1181、1340、1369、1373、1317、1335、1366～1367。

〔註41〕陳金全，杜萬華：《貴州錦屏文斗寨苗族契約法律文書彙編——姜元澤家藏契
　　　　約文書》〔M〕，北京：人民出版社，2008：249。

〔註42〕陳金全，杜萬華：《貴州錦屏文斗寨苗族契約法律文書彙編——姜元澤家藏契
　　　　約文書》〔M〕，北京：人民出版社，2008：3。

到，「在壯、苗、藏、彝、土、侗各族中都保存有宴飲的儀式，以此作為買賣成交、錢貨兩迄的公示儀式，特別是苗族社會中有『吃中』和『親房穀』之俗。」〔註43〕依照清水江地區的慣例，買賣交易成立之後，買方會出面宴請買賣雙方的親族、中人及寨上的頭面人物，這也算是契約成立的一個公示過程，賣方房族兄弟人等接受邀請赴宴，就明確了他們對賣產的態度，這就大大減少了以後因財產權屬不清而發生糾紛的概率。在這則契約中，由於出賣方的經濟困窘，以上這些程序只好省略。到了道光二十一年四月、六月、李紹璜父子再次賣木〔註44〕，分別賣得一兩五錢和一兩八錢，這些都還無法解決他們生活的困窘，到道光廿四年該父子再次賣山〔註45〕，價銀因契約字跡不清而無從得知。但是在當時的錦屏文斗，無論山場還是林木都是人們賴以生存的根本，若非這父子陷入經濟窘境，斷然是不能一而再、再而三地將自己所擁有的林木山場逐一賣出的。該契約的成契理由就給我們傳達了賣方真實處境的相關信息。類似的以「缺少糧食」為成契理由的契約還有范獻璠賣地契等〔註46〕，由此可以判斷清水江地區買賣契約成契理由與賣方的真實處境有一定的關聯度。據筆者對《貴州錦屏文斗寨苗族契約法律文書彙編——姜元澤家藏契約文書》道光年間 193 份買賣契約的統計看，其中買賣交易價格在一兩以下的契約有 38 份，從八分、一錢五分一直到九錢不等，另外還有直接以穀作為對價的契約 3 份，占所有契約總數的 21.2%，超過五分之一。其中交易價最低的一份契約是道光廿四年的姜相廷賣木契，「……為因要銀使用，……應議定價銀八分」〔註47〕。當時八分銀的購買力如何呢？我們恰好能從該書收錄的一張「請中花銷單」中窺其端倪。

〔註43〕高其才：《中國習慣法論》〔M〕，長沙：湖南出版社，1995：331～332。
〔註44〕陳金全，杜萬華：《貴州錦屏文斗寨苗族契約法律文書彙編——姜元澤家藏契約文書》〔M〕，北京：人民出版社，2008：361～362。
〔註45〕陳金全，杜萬華：《貴州錦屏文斗寨苗族契約法律文書彙編——姜元澤家藏契約文書》〔M〕，北京：人民出版社，2008：395。
〔註46〕類似的以缺少糧食為成契理由的契約可參見，陳金全，杜萬華：《貴州錦屏文斗寨苗族契約法律文書彙編——姜元澤家藏契約文書》〔M〕，北京：人民出版社，2008：300、378、379、396、407、408、410、420、422、463、466、493。
〔註47〕陳金全，杜萬華：《貴州錦屏文斗寨苗族契約法律文書彙編——姜元澤家藏契約文書》〔M〕，北京：人民出版社，2008：394。

> 光緒二十五年……
>
> 付買豬肉四斤，去錢貳錢五十六文。
>
> 又付買豆腐六件，去錢十六文。
>
> 又付買鹽四兩，去錢十二文……
>
> 付買米八件，去錢一兩四文。
>
> ……
>
> 付牛肉三斤，去錢一兩廿文……」

　　根據張研所著《清代經濟簡史》，「道光十八年銀一兩合制錢數 1600 文」〔註48〕，8 分銀按照當時的銀錢比價約等於 128 文制錢，根據以上「請中花銷單」中物價的水平，8 分銀也就可以購買 1.4 斤豬肉、5 件豆腐、2.67 斤鹽巴，但不夠買一件米，從該交易大致可以推斷場出當時出賣人經濟狀況的窘迫，可見清水江地區買賣契約的成契理由與賣方的真實處境是有一定關聯度的。

　　徽州部分買賣契約中的成契理由與賣方的真實境況也有一定的關聯度，如乾隆二十四年休寧縣余阿吳同男余有相因「缺少日食，無處出辦」而賣田〔註49〕、乾隆五十三王宗日「因水患窘迫措急」而賣田皮〔註50〕、嘉慶十一年吳汪氏立賣倉廳契是因「完糧正用」〔註51〕、咸豐十一年餘阿吳氏同子元積等因「兩兵大反，日食無度」而賣山〔註52〕、光緒二十七年祁門吳光弟因「無錢買米」而出賣茶蔣與山骨〔註53〕等。但這種能反映賣方真實處境的契約並不多見，尤其是清代中後期，徽州買賣契約的成契理由隨著交易限制的解除，商品交易種類和管理方式的不斷增多，成契理由作為傳統契約彈性約束機制的作用逐漸弱化，再加上民間指導性用書和官版契紙（清朝末期的官

〔註48〕張研：《清代經濟簡史》〔M〕，鄭州：中州古籍出版社，1998；316。

〔註49〕劉伯山：《徽州文書》，第三輯（第五卷）〔M〕，桂林：廣西師範大學出版社，2009：366。

〔註50〕劉伯山：《徽州文書》，第四輯（第一卷）〔M〕，桂林：廣西師範大學出版社，2011：449。

〔註51〕劉伯山：《徽州文書》，第四輯（第八卷）〔M〕，桂林：廣西師範大學出版社，2011：303。

〔註52〕劉伯山：《徽州文書》，第三輯（第五卷）〔M〕，桂林：廣西師範大學出版社，2009：448。

〔註53〕劉伯山：《徽州文書》，第二輯（第二卷）〔M〕，桂林：廣西師範大學出版社，2006：164。

印契式中成契理由甚至出現了缺失現象〔註54〕）的影響，成契理由漸趨形式化和同一化，「今因正用」「今因乏用」「正用」「乏用」等形式化的成契理由逐漸增多，有的契約還直接省略成契理由，康熙十九年休寧程臺級等賣田赤契〔註55〕，通篇未見成契理由。《徽州文書》中未注明成契理由的契約數量更是高達 31.7%。形式化或同一化成契理由及無成契理由的契約自然與賣方真實處境的關聯程度低，從中我們是無法判斷賣方的真實處境的。

　　浙東買賣契約中的成契理由與賣方真實處境關聯程度也較低，如前所述，慈谿縣有 83.8%的買賣契約的成契理由為「缺／乏銀／錢正用」；寧波地區有 75%的買賣契約的成契理由為「乏用」；山陰縣則有 80.5%的買賣契約的成契理由缺失，足見浙東地區成契理由呈現出明顯的形式化發展趨勢，在這種情況下，成契理由與賣方真實處境的關聯度並不高，往往不能反映賣方的真實處境。

三、立契時間

　　契約訂立時間是契約成立的要件之一，亦是提起訴訟的重要憑證，對於判斷契約的真偽、契約主體資格是否合法以及是否能得到訴訟支持進而維護契約主體的利益都至關重要。清代對於寫明契約訂立時間的重要性也有相關的要求，如「告爭家財田產，但係五年之上並雖未及五年，驗有親族寫立分書，已定出賣文約是實者，斷令照舊管業，不許重分再贖，告詞立案不行。」〔註56〕其中的判斷依據與契約的訂立時間密切相關。在具體的司法實踐中，契約訂立時間也有重要的參考價值。如對於一物兩賣的情況，一般也都是以時間先後作為判斷交易有效性的標準，即第一個買賣契約為有效，而無論其是紅契還是白契，第二個買受人只能獲得出賣人返還已經支付的價金的救濟。如雍正年的一起父子重典私賣案〔註57〕，王越萬將其七斗農田先典給了周兼兩，後來找齊差價後賣給了周兼兩，不料其子王澤雅又將

〔註54〕王旭：《契紙千年——中國傳統契約的形式與演變》〔M〕，北京：北京大學出版社。

〔註55〕王鈺欣，周紹泉：《徽州千年契約文書》（第一卷）〔M〕，廣州：花山出版社，1994：87。

〔註56〕田濤，鄭秦：《大清律例》〔M〕，北京：法律出版社，1999：199。

〔註57〕陳全侖：《徐公讞詞——清代明吏徐士林判案手記》〔M〕，濟南：齊魯書社，2002：156～159。

該田賣給了汪見武，汪見武還去辦理了契稅的手續，後來事發造成了激烈的糾紛。但該案最後的審理結果是「田歸兼兩，照契管業。汪見武買契，發現塗銷」。這種以時間先後判斷契約有效性的標準，同樣適用於兩份契約均為「紅契」的情況。如《訊秦榜魁一案》〔註58〕中，「緣敖朝遠有田地一分，先與光緒二十六年冬月初十日賣與秦榜魁，於十二日投稅，黏連司紙八百九十四號；復於冬月二十二日，又買與袁清暉，二十七日黏連司紙九百七十八號」，兩份買賣契約都是繳納了契稅的紅契，應該具有同等法律效力，但實際上對契約有效性的重要判斷依據是契約簽署日期，最終此案判定「秦榜魁約據發還，袁清暉約據注銷」。

此外，清代契稅的繳納與契約訂立時間也是密切相關的。乾隆五十四年規定：「買賣契約訂立後一年內投納契稅」〔註59〕；嘉慶時期，根據「川省契稅章程」，投稅時間在當時的四川是半年〔註60〕。宣統時則將之前的二十日的、一個月的、兩個月的等各種報稅的期限設定統一為了「半年報稅」〔註61〕。從這些規定看，契約的訂立時間會直接影響契約所具有的訴訟證據、權屬證明、財產證明等功能。清代重要的買賣類型之一的典賣，其中業主的權利主張更是與契約訂立時間有著緊密的聯繫。乾隆十八年制定的律條規定：「嗣後民間置賣產業，如係典契，務於契內注明回贖字樣，如係賣契，亦於契內注明絕賣永不回贖字樣，其自乾隆十八年定例以前，典賣契載未明，追溯同年如在三十年以內，契無絕賣字樣者，聽其照例分別找贖。如遠在三十年以外，契內雖無絕賣字樣，但未注明回贖者，即以絕賣論，概不許找贖如有混行告爭要求找價回贖者，均照不應重律治罪。」〔註62〕清律還規定：「其所典田宅、園林、碾磨等物，年限已滿，業主備價取贖。若典主託故不肯贖者，笞四十。限外遷年所得多餘 花利，追徵給主。仍聽依原價取贖。其年限雖滿，業主無力取贖者，不拘此律。」〔註63〕

〔註58〕〔清〕熊賓：《三邑治略》卷四《訊秦榜魁一案》，載楊一凡、徐立志、俞鹿年、李琳、高旭晨：《歷代判例判牘》（第十二冊）〔M〕，北京：中國社會科學出版社，2005：18。

〔註59〕〔清〕劉錦藻：《皇朝續文獻通考》（卷四）〔M〕，光緒三十一年，188。

〔註60〕劉高勇：《清代買賣契約研究——基於法制史角度的解讀》〔M〕，北京：中國社會科學出版社，2016：46。

〔註61〕《大清新法令》（點校本）〔M〕，宣統二年刻本，北京：商務印書館，2010：31。

〔註62〕《大清律例·戶律·典賣田宅》〔M〕，乾隆十八年定例。

〔註63〕田濤，鄭秦：《大清律例》〔M〕，北京：法律出版社，1999：198。

　　清水江、徽州和浙東地區在對待契約訂立時間上的做法在實踐中有一定差別。

　　徽州和浙東地區出於避稅的需要，有將買賣契約訂立時間，尤其是具體的日期進行缺省設置的習慣。如金玉書賣山契：

> 　　廿七都三圖立賣契人金玉書，今因錢糧正用，自情願央中將……
>
> 　　乾隆三年十二月　日　立賣契人　金玉書（押）（後略）〔註64〕

吳子文立賣屋紅契：

> 　　立賣屋文契吳子文，緣因缺欠食用，情願浼中，將朝南小平屋兩間、屋前基地兩間、屋後菜地壹林（領），出賣與叔處管業居住，憑中面議時價銀壹拾貳兩伍錢正（整），其銀當日收用。是賣之後，恁憑管業改造，永無異言。兩邊情願，各無反悔。欲後有據，立此賣屋文契為照者。
>
> 　　雍正拾壹年正月　　日立賣屋文契吳子文　押（後略）〔註65〕

　　學者劉高勇認為「契約訂立日期的缺省是買賣雙方為規避國家稅收，使雙方尤其是買方在面臨來自官方責難時佔據有利地位的一種『合謀』的結果。」〔註66〕筆者比較認同該觀點。徽州和浙東兩地的稅賦負擔都十分繁重，為了合理避稅，在契約訂立時間上就有缺省設置的動機，以方便契約訂立雙方在應對契稅繳納時獲得主動權。這種避稅的需要還表現在之前對買主信息的缺省設置、通過訂立正、加、找契完成標的物轉移等方面。而清水江地區，由於繳納契稅的買賣契約數量不多（白契比例高達93%〔註67〕），且典賣契約也較少，無論土地、房屋還是林木、林場的交易一般都會一次性完成，由此對於避稅並沒有特別的需求，因此一般情況下都不會刻意地對契約訂立時間進行缺省設置，清水江地區絕大多數買賣契約的立契時間標注都十分完整清晰。如姜登保賣山契：

〔註64〕張傳璽：《中國歷代契約彙編考釋》（中冊）〔M〕，北京：北京大學出版社，2014：1101～1102。

〔註65〕沈炳堯：《清代山陰、會稽、諸暨縣房地產契約文書輯存》〔J〕，中國經濟史研究，1998（03）：153～159。

〔註66〕劉高勇：《從格式固定化到內容形式化：中國傳統契約的發展軌跡——以清代田宅買賣契約為中心的考察》〔J〕，雲南社會科學，2008（04）：123～127。

〔註67〕劉亞男，吳才茂：《從契約文書看清代清水江下游地區的倫理經濟》〔J〕，原生態民族文化學刊，2012，4（02）：36～45。

　　　　立賣山場杉木字人姜登保，今因家中缺少銀用，無處尋出，自
願請中將到祖遺之山……

　　　　　　憑中　姜永絞

　　　　　　代筆　姜周隆

　　　　　　乾隆五十一年十二月初四日　　立〔註68〕

　　立契時間在三地買賣契約中的位置也明顯不同。清水江地區買賣契約的
「立契時間」一般放在契約的最左側，與「中人」和「代書人」的排列順序
從右到左依次是「中人」→「代書人」→「立契時間」〔註69〕，其格式如圖
4-2。

　　徽州與浙東地區的契約「立契時間」則在「中人」和「代書人」之前，
一般與立契人並列一行〔註70〕，其格式如圖4-3和4-4。

〔註68〕陳金全，梁聰：《貴州文斗寨苗族契約法律文書彙編——姜啟貴等家藏契約文
　　　　書》〔M〕，北京：人民出版社，2015：14。

〔註69〕將立契時間放在最左側的買賣契約還可參見唐立等《貴州苗族林業契約文書
　　　　彙編（1736～1950年）第1～3卷》（東京外大AA言語文化研究所，2001）；
　　　　張應強、王宗勳：《清水江文書》（第1～3輯）（廣西師範大學出版社，2007、
　　　　2009、2011）；陳金全，杜萬華：《貴州錦屏文斗寨苗族契約法律文書彙編—
　　　　—姜元澤家藏契約文書》（人民出版社，2008）；張新民：《天柱文書》第1輯
　　　　（江蘇人民出版社，2014）；陳金全，梁聰：《貴州文斗寨苗族契約法律文書
　　　　彙編——姜啟貴等家藏契約文書》（人民出版社，2015）。

〔註70〕契約要件按照這種順序排列的契約還可參見劉伯山：《徽州文書》（第一、二、
　　　　三輯）桂林：廣西師範大學出版社，2005、2006、2009；張傳璽：《中國歷代
　　　　契約彙編考釋》（中、下冊），北京：北京大學出版社，2014；張介人：《清代
　　　　浙東契約文書輯選》，浙江：浙江大學出版社，2011；王萬盈：《清代寧波契
　　　　約文書輯校》，天津：天津古籍出版社，2008。

圖 4-2　姜相周、老領父子賣木契〔註71〕

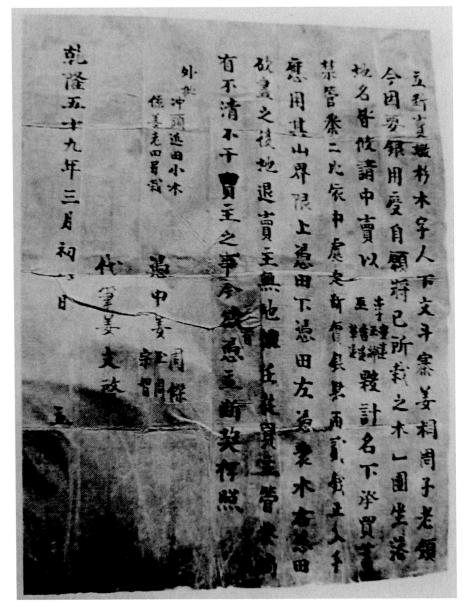

〔註71〕陳金全，杜萬華：《貴州錦屏文斗寨苗族契約法律文書彙編－姜元澤家藏契約文書》〔M〕，北京：人民出版社，2008：51。

圖 4-3　乾隆五十九年顧廷祐賣田給賜福財神會契〔註72〕

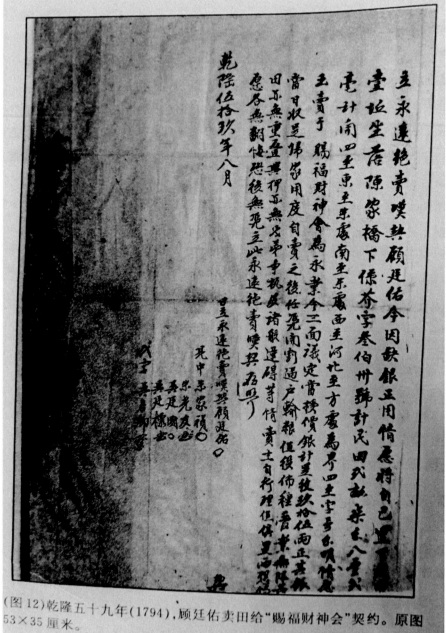

（图12）乾隆五十九年（1794），顾廷佑卖田给"赐福财神会"契约。原图
53×35厘米。

〔註72〕張介人：《清代浙東契約文書輯選》〔M〕，杭州：浙江大學出版社，2011：42。

圖 4-4　雍正汪氏老契薄卷六 0000007〔註73〕

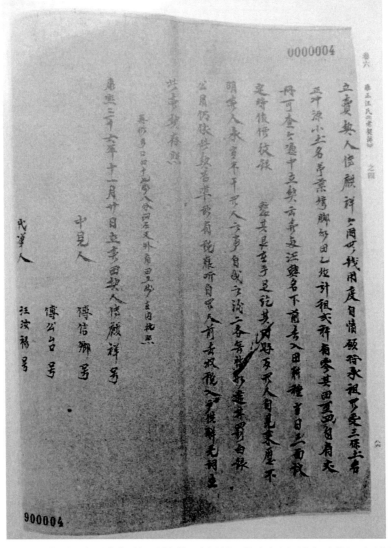

徽州和浙東地區買賣契約要件的這種排列順序是明清時期日用類書中有
關契約式樣最為常見的書寫順序，福建、浙江等地頒行的官方的賣契式的格
式也是如此。〔註74〕而清水江地區立契時間在契約中的位置明顯區別與徽州
和浙東。

〔註73〕王鈺欣，周紹泉：《徽州千年契約文書》（第一卷）〔M〕，廣州：花山出版社，
　　　　1994：87。
〔註74〕楊國楨：《明清土地契約文書研究》〔M〕，北京：中國人民大學出版社，2009：
　　　　22、202。

　　筆者以為造成這種差異的原因主要是三地對待契約署押重視程度的不同使然。徽州和浙東等中原地區一向重視契約中的署押（尤其是有財產處分權尊長的親筆簽字），早在宋代就有「若無牙保寫契人親書押字，而不曾經官司投印者，並作違法，不許執用」〔註75〕的法律規定。清代繼承和保留了宋代契約的大部分要素，也十分重視契末署押，不僅要求立契人親自署押，而且會在立契時間的左側為中人、代書人等的署押留下一定的空間，確保立契人、中人、代書人都按照規定進行署押，從而確保契約的效力。

　　此外在司法實踐中，署押的痕跡還經常作為官府判案、解決糾紛的重要依據。在清水江的苗侗族村落，因其地處偏僻，他們對待契約中的署押——這在中原地區認為必不可少的手續並不十分重視，其最為突出的表現就是「立契人沒有署押的現象很常見。」〔註76〕此外，中人和代筆人也只是在契約上署名而已，並沒有特別地畫押，這樣似乎就沒有必要為署押在契約中留下過多的空間了。此外，這種情況，也從另一個角度印證了清水江地區在借鑒中原買賣契約構成要素的同時，隨著契約應用領域的推廣與使用技術的漸趨嫻熟，苗侗少數民族在契約中加入了自己的地域或民族元素，使其呈現出與內地契約不同的面貌和特徵。

第二節　中人

　　清代訂立買賣契約，除了雙方當事人以外，還有中人、代書人等第三方的參與。其中「將中人引入到契約關係中來可以說已經成為一種根深蒂固的習慣」〔註77〕，實際上在契約訂立中形成了「無中不成契」的特殊現象，是中華法系特有的特徵之一。據此梁治平先生認為，「就清代而言，中人在整個社會經濟生活中扮演的角色極其重要，而且在習慣法上，他們的活動也已經充分的制度化，以至於我們無法設想一種沒有中人的社會、經濟秩序。」〔註78〕

〔註75〕徐松：《宋會要輯稿》，《食貨六——之66》〔M〕，北京：中華書局，1957。
〔註76〕阿風：《宋代以來中國土地買賣文書書寫格式的變遷與地域差異》，載探索清水江文明的蹤跡——清水江文書與中國地方生活國際學術研討會論文集》〔C〕，成都：巴蜀書社，2014：961。
〔註77〕〔英〕S，斯普林克爾：《清代法制導論》〔M〕，張守東譯，北京：中國政法大學出版社，2000：134。
〔註78〕梁治平：《清代習慣法：社會與國家》〔M〕，北京：中國政法大學出版社，1996：121。

為了確保交易的安全性、穩定性，從交易啟動開始，無論是賣方意思的傳達、買主的選擇，還是交易價格的商定、擔保內容的確定，乃至於訂立完成之後契約糾紛的調解都能看到中人的參與。由此，絕大多數清代買賣契約中都有「三面議定」「請中」「憑中」〔註 79〕等的字樣，在契約末尾一般都有中人的署押。「中人」成了買賣契約成立的必備「要件」之一。「在日常生活頻繁的契約締結行為中，當事者雙方的合意及合同的成立，多多少少總要依靠第三者的居中『說合』已成為一種具有普遍意義的結構。如果萬一在利益分配上出現爭執，最早出面進行調解的人也往往是中人。或者不如說，正是考慮或預期到萬一出現爭執的情況下才事先請求中人參加契約締結過程的」〔註 80〕。「雇傭中人或保人，在每一個地方的中國人中，對幾乎一切重要一點的交易，都是標準慣例。」〔註 81〕但因受到不同地區具體經濟社會發展狀況等因素的影響，清水江、徽州和浙東地區買賣契約中的中人在其稱謂、數量、身份、功能等方面存在著一定的差異，茲分析如下：

一、稱謂、數量與身份

清水江買賣契約一般把中人稱為「憑中」，偶有「憑度中」（兆鯉賣田契〔註 82〕）、「憑中人」「平中」（姜仕周賣木契）、「中」（姜宗揆賣木契）、「憑中理明」（姜文進再賣木契）、「度中」（姜保藐賣山契）〔註 83〕等稱謂出現。有的契約也把代書人與中人合二為一，如道光三年姜元賣木契〔註 84〕等，尤其是在本房內訂立的契約這種省略中人的情況更為普遍。

徽州買賣契約對中人的稱謂有「中、中人、中見、見中人、包中人、中

〔註 79〕可參見張傳璽：《中國歷代契約粹編》（中、下冊）〔M〕，北京：北京大學出版社，2014。

〔註 80〕〔日〕寺田浩明：《權利與冤抑——清代聽訟和民眾的民事法秩序》〔日〕滋賀秀三，寺田浩明等：《明清時期的民事審判與民間契約》，王亞新，梁治平編譯〔M〕，北京：法律出版社，1998：191～265。

〔註 81〕〔英〕S·斯普林克爾：《清代法制導論》〔M〕，張守東譯，北京：中國政法大學出版社，2000：134。

〔註 82〕陳金全，杜萬華：《貴州文斗寨苗族契約法律文書彙編——姜元澤家藏契約文書》〔M〕，北京：人民出版社，2008：401。

〔註 83〕陳金全，梁聰：《貴州文斗寨苗族契約法律文書彙編——姜啟貴等家藏契約文書》〔M〕，北京：人民出版社，2015：83、80、7、5。

〔註 84〕陳金全，杜萬華：《貴州錦屏文斗寨苗族契約法律文書彙編——姜元澤家藏契約文書》〔M〕，北京：人民出版社，2008：229。

見保、憑、憑中見、中見憑、憑族、憑族中、憑中人、託中、託中人、憑親
託中人、見議、經見、經手、居間、央中、憑見包中、憑證同見、憑媒、證、
憑證、憑證人、憑媒中人」〔註85〕等，這種「請中立契」的習慣一直持續到
清後期，甚至更久遠，如光緒二年休寧縣黃躍天杜賣山業紅契〔註86〕仍有
黃金爵等 7 位中人。

　　浙東地區對中人的稱謂與徽州和清水江地區稍有不同，有「中」「見中」
（是常見的稱謂）、「中見」「見」「見押」（道光元年樓尚勤押祀田契）「見
賣」（嘉慶舊件曹士昌賣山契」〔註87〕）、「憑中」等。在找絕契中一般稱為
「見找」，如「乾隆五十八年樓世容等賣田找絕契、道光二十六年王世瑞賣
地找絕契」〔註88〕等。也有不設立中人要件的買賣契約，如光緒十八年應
鼎琅賣、除祀田契〔註89〕，但數量較少，是民間契約訂立習慣的一種變通
做法。

　　一般情況下，清水江買賣契約的中人數量都比較少，一般為 1～2 人，
只有在與非本寨人進行交易時，才會選擇較多中人，如道光四年姜世璉賣
田契〔註90〕，該契約有錦屏文斗寨和加池寨中人各兩位，共四位中人。參
與契約訂立的中人人數少反映的是清水江地區契約訂立時親族勢力較少的
介入和進行買賣交易時較高的自由度。清水江買賣契約的中人一般只是署
名，較少見到畫押的情況。也有把中人省略的契約，如「姜懷德賣山契、李
開弟、如蘭、如蓮父子賣山契」〔註91〕等。清水江地區這種省略中人的做
法到了清代中後期，尤其嘉慶以後，更為普遍，一些買賣契約甚至把「代書
人」和「中人」一塊省略，形成了所謂的「無中人」現象。《清水江文書》

〔註85〕郭睿君：《徽州契約文書所見「中人」稱謂》〔J〕，淮北師範大學學報（哲學
　　　　社會科學版），2017，38（01）：47～50。

〔註86〕張傳璽：《中國歷代契約粹編》（下冊）〔M〕，北京：北京大學出版社，2014：
　　　　1492。

〔註87〕張介人：《清代浙東契約文書輯選》〔M〕，杭州：浙江大學出版社，2011：18、
　　　　32。

〔註88〕張介人：《清代浙東契約文書輯選》〔M〕，杭州：浙江大學出版社，2011：15、
　　　　36。

〔註89〕張介人：《清代浙東契約文書輯選》〔M〕，杭州：浙江大學出版社，2011：145。

〔註90〕陳金全，杜萬華：《貴州錦屏文斗寨苗族契約法律文書彙編——姜元澤家藏契
　　　　約文書》〔M〕，北京：人民出版社，2008：235。

〔註91〕陳金全，杜萬華：《貴州錦屏文斗寨苗族契約法律文書彙編——姜元澤家藏契
　　　　約文書》〔M〕，北京：人民出版社，2008：277、349。

「7344 件斷賣契約中，有 889 件無中人參與」〔註 92〕。其數量還呈現出較為明顯的增長趨勢，越是到清後期，沒有中人參與訂立的契約數量越多，說明清水江地區買賣契約訂立「從『當日三面議定價銀』到『當日二比議定斷價』」〔註 93〕的變化，這種情況與徽州和浙東地區的「無中不成契」形成了鮮明對比。

　　徽州買賣契約亦遵循「無中不成契」慣例。順治三年休寧縣汪學朱母子賣房地紅契〔註 94〕中參與署押的中人達 32 人之多，其中畫了押的有 28 人。郭睿君通過研究認為，徽州地區買賣契約的中人人數還和交易金額有一定的關聯（見表 4-5），「交易金額在 10 兩以內的大多數以單個中人為主，10～20 兩之間中人以兩個及兩個以上的中人群體出現，而 20 兩以上大多是由四位及以上的中人形成的中人群體。」〔註 95〕可見徽州非常看重中人在交易關係中所發揮的擔保功能。

表 4-5　交易金額與中人人數的關係表

交易金額	0～10 兩（不含 10 兩）				10～20 兩（不含 20 兩）				≧20 兩			
中人個數	1	2	3	≧4	1	2	3	≧4	1	2	3	≧4
份　　數	13	10	4	1	4	8	6	5	4	10	4	12

說明：材料出自《徽州文書》第一輯 1～5 卷《邱氏文書》。

　　浙東地區的中人數量一般在 3 人左右。因浙東地區的「一田二主」現象普遍存在，因此中人的重要功能之一就是在「加找契」中充當見證人，而且還會在加找契訂立之前在買賣雙方之間進行斡旋。如以下兩則契約：

〔註 92〕吳才茂：《民間文書與清水江地區的社會變遷》〔M〕，北京：民族出版社，2016：38。

〔註 93〕民國十四年《龍興桃洞頭蝦蟆形地撥換契》表述為「二比商妥」，民國二十年《楊昌枝大路坎下池斷賣契》表述為「對面言定」。分別參見高聰，譚洪沛主編：《貴州清水江流域明清土司契約文書》（九南篇），北京：民族出版社，2013：381、415、429。

〔註 94〕張傳璽：《中國歷代契約粹編》（下冊）〔M〕，北京：北京大學出版社，2014：993～994。

〔註 95〕郭睿君：《清代徽州契約文書所見「中人」研究》〔D〕，安徽師範大學碩士論文，2015：26。

〔契約1〕同治九年正月柯滿升賣地契

立直賣絕地文契：柯滿升，今因缺錢正用，情願挽中將上祖遺民地壹坵，坐落二十一都二圖，繫及字號，土名黃家山腳，計民地柒釐零。其地東至堪下顧姓田、西至上堪、南至買主上祖墳、北至又自上祖墳為界。今四至分明，時直（值）作價足色紋銀壹兩捌錢正，其錢當日一併收歸正用，其地出賣於童阿開為業。自賣之後，任從業主開割過戶，輸糧布種，管業無阻。其田並無上下伯叔兄弟侄爭執，亦無諸般違礙等情。俱係兩相情願，各無異言。恐後無憑，立此直賣絕地文契存照行。

同治九年正月　　　日立直賣絕地文柯滿升（畫十）　　　契

見中　柯東福（畫押）

立直賣絕文契存照行　　　代字　柯東林（畫押）〔註96〕

〔契約2〕同治九年正月柯滿升賣地找絕契

立永遠歎找絕文契：柯滿升，今因乏錢正用，情願挽中將自己民地壹坵，坐落二十一都二圖，係及字號，土名黃家山腳，計民地柒釐零芸東至堪下顧姓田、西至上堪、南至買主祖墳、北至又自上祖墳為界，今四至字號分明。時直（值）作價找絕足色紋銀壹兩貳錢正，其錢當日一併收歸正用，其地出賣於童阿開為業。自賣之後，任從業主開割過戶，納糧布種，塋造管業。俱係兩相情願，各無翻悔。恐後無憑，立此歎找絕文契存照行。

同治九年正月　　　日立直賣絕地文柯滿升（畫十）　　　契

見中　柯東福（畫押）

立歎找絕文契存照行　　　代字　柯東林（畫押）

　　〔契約1〕和〔契約2〕為一組賣、找契，賣主柯滿升因乏錢正用，所以請中先將其祖遺民地一塊直賣給了童阿開，之後又再次請中將該土地絕賣給了童阿開。無論第一次的直賣，還是第二次的絕賣，中人都是同一個人，由此可以看出中人無論在直賣契或找價契中都發揮著重要作用，找價行為的發生與中人的說和作用密不可分。

　　清水江中人的身份一般有兩類：一是親族，如嘉慶六年姜貴鳳賣杉木契

〔註96〕張介人：《清代浙東契約文書輯選》〔M〕，杭州：浙江大學出版社，2011：19。

〔註97〕的憑中是「堂侄友長」；嘉慶七年姜老寵賣山契〔註98〕的憑中是「堂弟姜光前」等。二是村寨中有一定社會地位和權威的人。如寨老、保長、團甲總理等。還有一些契約並沒有直接注明中人的身份，如姜玉興、述昌賣山並木契〔註99〕。這種情況在《貴州文斗寨苗族契約法律文書彙編——姜元澤家藏契約文書》中還十分普遍，392份買賣契約中僅有24份注明了中人與出賣人的關係〔註100〕，從而有別於徽州和浙東地區。雖然我們不知道這類契約的中人與立契人或買方的具體關係，但依常理，他們至少是雙方都能接受的人。

清水江買賣契約中的中人從姓氏上看一般都與賣方同姓〔註101〕，據筆者對《貴州文斗寨苗族契約法律文書彙編——姜元澤家藏契約文書》中392份買賣契約的統計看，立契人與中人同姓的有260份，占比66.3%。按照聚族而居的傳統，賣方與中人存在親屬關係的可能性極大。如龍光林賣田契的中人——龍光顯就是出賣人龍光林的胞兄。但是就文斗寨的買賣契約看，數量不多，清水江買賣契約中也有女性充任中人的情況，如以下這則契約：

> 立賣荒山柏木契人李氏會將，今因家下要錢使用無從得出……
>
> 　　　　　中　　吳賀氏……〔註102〕

徽州契約的中人身份呈現複雜、多樣性的特徵。大致可以分為以下幾種情況：

一是具有一定社會地位的人，如保長、族長等。如《休寧金阿汪的賣契》

〔註97〕陳金全，梁聰主編：《貴州文斗寨苗族契約法律文書彙編——姜啟貴等家藏契約文書》〔M〕，北京：人民出版社，2015：35。

〔註98〕陳金全，梁聰主編：《貴州文斗寨苗族契約法律文書彙編——姜啟貴等家藏契約文書》〔M〕，北京：人民出版社，2015：39。

〔註99〕陳金全，梁聰主編：《貴州文斗寨苗族契約法律文書彙編——姜啟貴等家藏契約文書》〔M〕，北京：人民出版社，2015：131。

〔註100〕標明立契人與中人有親屬關係的契約參見陳金全，杜萬華：《貴州文斗寨苗族契約法律文書彙編——姜元澤家藏契約文書》（北京：人民出版社，2008）第12、50、54、55、88、92、152、153、201、203、232、259、274、289、295、299、300、310、316、339、340、382、383、459頁。

〔註101〕據筆者對陳金全，杜萬華的《貴州文斗寨苗族契約法律文書彙編——姜元澤家藏契約文書》392份買賣契約，立契人與中人同姓的有260份，占比66，3%。

〔註102〕吳才茂：《從契約文書看清代以來清水江下游苗、侗族婦女的權利地位》〔J〕，西南大學學報（社會科學版），2013，39（04）：155～161＋176。

中的保長，因其身份特殊所以在契約中被稱為「官人」，如以下這則契約：

> 二十四都二圖三甲立契婦金阿任，全男金千壽，今因急用，恃
> 先年阿夫金六生手當過山五號，今內取山三號……出賣與黃×名下
> 為業，今恐無憑，立此存照。

雍正九年七月×日　　立賣契：金阿任

全　　男：金千壽

憑中：巴祐微　官人（東溝人，任保

長，名加壽）

程春雷

依口代書：程景虞〔註103〕

　　二是立契人的族中親屬，這在徽州買賣契約中比較常見。如「順治九年
（1652）休寧縣蔣孟起賣田契的中人就是出賣方的堂叔（中見堂叔　蔣文
寬押）；康熙五十八年（1719）休寧縣王阿朱賣園地紅契的中人是王阿朱（出
賣人）的親姪（作中親姪　王滄州押　王遴選押　王深如押）；雍正五年
（1727）休寧縣王紹周等賣基地紅契的中人是出賣人的叔和兄以及弟（中見
叔　王中美押　兄王勝先押　弟王位成押　王若臨押　王倫表押）；雍正六
年（1728）休寧縣王阿朱賣地契的中人是出賣人王阿朱的伯和姪子（憑中
伯王天署押　姪王位成）」〔註104〕等。

　　三是女性。如休寧胡阿朱賣契的一位中人是蔡臘嫂，從稱呼上看應該是
位女性，從另外一份康熙貳十六年胡興旺（他是前契胡阿朱的孫子）的賣契
中我們的猜測得到了證實，蔡臘嫂是胡家的「經管僕婦」。〔註105〕《徽州文
書》中收錄的光緒二十七年金觀元立杜斷賣田契〔註106〕，其中的中人也有一
位女性——金胡氏。但是由女性充任中人的徽州契約並不多見。

　　第四種則是由親鄰和族人共同出任中人。如咸豐四年主盟母江汪氏等立

〔註103〕王鈺欣，周紹泉：《徽州千年契約文書》（第十卷）〔M〕，廣州：花山出版社，
　　　　1994：100。

〔註104〕張傳璽：《中國歷代契約粹編》（中冊）〔M〕，北京：北京大學出版社，2014：
　　　　1000、1059、1071、1073。

〔註105〕王鈺欣，周紹泉：《徽州千年契約文書》（第七卷）〔M〕，廣州：花山出版社，
　　　　1994：48～49。

〔註106〕劉伯山：《徽州文書》，第一輯（第四卷）〔M〕，桂林：廣西師範大學出版社，
　　　　2005（4）：284。

杜斷賣田契〔註107〕的中人是侄孫成章、天鑫、侄西華、謝廣豐、胡毓山、光榮、王長慶、張金法、張金都等。

　　就《徽州文書》中的邱氏、胡氏、江氏、汪氏、程氏、查氏、金氏、吳氏、江氏、余氏十家歸戶契約看，每一戶中標明「兄」「弟」「叔」「嬸」「嫂」「姻親」「族親」等身份的中人，其出現的頻率和所佔比例都大於「族長」「保長」等有一定社會地位的人，在這種情況下，筆者認為以親屬身份出現的中人在古代社會的買賣契約中更多的是社會道德秩序的一種象徵，由於血緣關係恰好能對出賣方的行為形成一種有效的約束，而且也通過充任中人而確認了對「親鄰先買權」的放棄，有助於確保契約效力的正常發揮。這一點在女性充任中人的買賣契約中也能得到印證，因為女性中人一般都是立契人的族中長輩或者是家庭內部的成員，如道光十四年項景雲立杜斷賣田赤契的憑中人是項景雲的嬸子項汪氏、胡程氏；咸豐項朝言立杜斷典田約的中見人是項朝言的族嫂孫氏，這與徽州部分男性外出經商而無法參與契約訂立也有一定的關係。當然由女性充任中人的現象並非普遍現象。

　　浙東地區買賣契約中人的身份也大多與立契人有親屬關係，如「乾隆二十二年慈谿縣樓元興賣地契的中人是立契人的侄子（中見 侄世英）、乾隆三十七年嫂樓蔡氏賣田契的中人是立契人的伯和侄（中見伯元魁、侄世昌）、道光元年秉乾賣地契的中人是立契人的胞兄」〔註108〕，嘉慶六年（1801）山陰縣高兆原兄弟賣田官契的中人分別是立契人的兄和叔〔註109〕。寧波地區的買賣契約的中人也多與立契人有親屬關係，且一般在契約中會予以注明，如「道光廿四年如懷賣田契的中人是立契人的叔（見叔 世玉押）、宗備賣山契的中人是立契人的兄（見兄 宗高）、周良福賣田契的中人是立契人的兄（見兄 金泉）」〔註110〕等。也有地保等有身份的人充任中人，如道光二十八年慈谿縣曹氏立永遠並地契的中人就有「見中 地保葉松林」。〔註111〕

〔註107〕劉伯山：《徽州文書》，第一輯（第三卷）〔M〕，桂林：廣西師範大學出版社，2005（4）：200。

〔註108〕張介人：《清代浙東契約文書輯選》〔M〕，杭州：浙江大學出版社，2011：10、11、33。

〔註109〕張傳璽：《中國歷代契約粹編》（中冊）〔M〕，北京：北京大學出版社，2014：1249。

〔註110〕王萬盈：《清代寧波契約文書輯校》〔M〕，天津：天津古籍出版社，2008：64、67、77。

〔註111〕張介人：《清代浙東契約文書輯選》〔M〕，杭州：浙江大學出版社，2011：37。

二、具體功能

李祝環認為「中人在古代契約中起著見證締約過程、平衡契約關係以及調解契約糾紛等重要功能。」〔註112〕通過分析，筆者以為對應著契約訂立全過程中不同的環節，在契約簽訂前，中人主要發揮著說合和查驗的功能；在契約簽訂中，則是見證和擔保；契約簽訂後則是證明與調解。根據這樣一個大致的流程，我們發現清水江、徽州和浙東地區買賣契約的中人在其實際功能的發揮方面還是存在一定差別的。

（一）說合與查驗

徽州和浙東地區在契約訂立過程中，都有請中說和和查驗標的物的慣例。乾隆二十三年（1758）徽州張堯玉等賣地契中，有「界內截出分授己名下熟地、荒地、樹木大小片數不計，憑中踏看明白，並無遺留。立契出賣與江名下在上興種畜樹管業」〔註113〕的話語；還有書寫「水程字」，如道光七年劉家駒立水程字〔註114〕；或草擬契約底稿，如《清代寧波契約文書輯校》中收錄的買賣契約均有正契和存底契，兩份契約內容基本一致，但在一些表述上有差異，說明該地區訂立契約時有擬草約的習慣；或先自行書寫契約底稿，然後謄寫到官頒契紙，如乾隆元年山陰縣潘禹安絕賣田民契和潘禹安絕賣田官契〔註115〕。按照中人一般都是由賣方請出和確定的邏輯，買方也應該至少是基於對中人的信任，才願意參與契約訂立。由此，只有中人站在中立和公正的立場，才可能發揮其在契約訂立過程中的說合與查驗功能。

清水江地區中人的說合、查驗功能則相對弱化，因為清水江地區存在一定數量沒有中人參與的契約（約占 20%〔註116〕），在這些省略中人的買賣契

〔註112〕 李祝環：《中國傳統民事契約中的中人現象》〔J〕，法學研究，1997（06）：136～141。

〔註113〕 張傳璽：《中國歷代契約粹編》（中冊）〔M〕，北京：北京大學出版社，2014：1132。

〔註114〕 劉道勝：《民間習俗與傳統契約信用的維繫——以明清徽州為中心》〔J〕，安徽師範大學學報（人文社會科學版），2017，45（02）：173～178。

〔註115〕 張傳璽：《中國歷代契約粹編》（中冊）〔M〕，北京：北京大學出版社，2014：1099。

〔註116〕 根據筆者對陳金全和杜萬華主編的《貴州文斗寨苗族契約法律文書彙編——姜元澤家藏契約文書》392 份買賣契約的統計，沒有中人的契約有 36 份，將中人和代筆人合二為一的契約有 44 份，既沒有中人也無代筆的契約 2 份，占比約 20，9%。

約，中人所謂的說合和查驗功能是不存在的，因此較之徽州和浙東地區所遵循的「無中不成契」的契約訂立原則是有一定差異的。

（二）證明與擔保

中人所謂的證明與擔保功能，據筆者看來，主要是通過參與契約訂立，並在契末署名的方式來體現的。無論在清水江，還是徽州和浙東地區的買賣契約中我們都能看到「三面言／議定」或「憑中」等類似的話語，無疑這「三面」應該就是指賣方、買方和以中人為代表的第三方，他們共同就買賣標的的價格進行了商定，並最終達成了協議。在這個過程中，中人還應該充任了擔保人的角色，至少向買方擔保賣方對所出賣財產所有權的無瑕疵，否則交易就很難達成。此外，在契約末尾我們一般都能見到中人等第三方的署名或畫押，這個環節的存在，筆者以為是進一步強化了中人的擔保功能，尤其是在清水江地區，因立契人一般不在契末署押，那麼，契約擔保的責任自然就主要落在了中人，甚或還有代書人的身上。由此可見，至少從契約內容中的「三面言定」和「契末署押」，我們可以確定中人參與到了契約的訂立過程中，且發揮著見證與擔保功能。

值得一提的是，因為清水江地區存在一定數量的「無中人」買賣契約，所以中人的見證與擔保功能在清水江地區也是被打了折扣的。

（三）調解功能

無論清水江，還是徽州和浙東地區買賣契約的中人都有調處和解決糾結的功能，即訂立的契約一旦發生爭執或糾紛，中人可以以見證人、擔保人的身份參與到調節和解決糾紛的過程中來，並發揮重要的調處功能。首先來看清水江地區，如以下這則「勸合息字」

> 范合生等勸合息字……等二比爭爭詞來城。我等到勸合，二比
> 不得異言，各自回家。姜大明等當時不得翻悔。若再有翻悔，任中
> 等稟報□□府主。恐口無憑，立此合息□□為據。
>
> 　憑中　范合生、劉成美、姜廷榮、姚洪順、朱大先
>
> 　光緒十七年二月廿一日先筆立〔註117〕

文書內容是中人范合生等勸和有爭議並訴訟到縣城府衙的雙方，要求一

〔註117〕張應強，王宗勳：《清水江文書》，第一輯（第八冊）〔M〕，桂林：廣西師範大學出版社，2007：259。

方姜大明不得翻悔，若否則就要稟官處理，並訂立了該合息字文書，解決了雙方的糾紛。以下這份「清白字」文書也是類似情況。

> 蕭廷采、范三保木材權清白字：立清白字人蕭廷采、范三保，為因道光七年內所買到文堵（斗）寨姜紹略姜戰渭二家之山杉木一塊砍伐下河生理，遭到姜廣口興控經天柱縣主。案下廷采所用口費，二比開館面理，蒙中等於內排解，姜紹略戰渭家出銀六兩充公，上下南嶽廟，二比自願息和，中等並無強壓，立此清白字為據。

> 憑中　客長　黎平向文清、江西張德明、福建李林通、湖南吳廷謀、開泰米陶廷　湖南楊□孝、黎平楊通林

> 紳士　姜榮、姜春發、姜本清、姜鈞渭、姜濟恭、姜朝乾

> 寨長　姜通聖、姜宗智、姜廷貴、姜通義、姜朝旺

> 代書　李萬年

> 清白人　蕭廷采　立

> 道光十一年十一月拾七日立〔註118〕

該文書的內容是通過中人調解，雙方商定了各自承擔的訴訟費用比例，從而化解了糾紛。但其特別之處在於該糾紛是通過官府經理之後再被回批到民間，然後通過中人調解（即民間慣例）予以解決的案例。因糾紛牽涉人員眾多且複雜，所以中人的人數也較多且人員構成複雜，有來自黎平、江西、湖南、福建各個地方的，由此簽約儀式亦非常隆重，有紳士、寨長等身份地位的人員出現並署押，從而確保了文書的效力。

清水江地區還有「戒約字」類文書，其簽訂也有中人的擔保、調解和參與。如姜正高立戒約字：

> 立戒約字人上寨姜正高居心不良，屢行盜砍木，今又盜砍下寨姜世龍、世清、登泮、登熙、登科、登文、元標等叔任弟兄之山，地名臥天杉木三拾一根，被山主查知拿獲，贓真證確，自知情虧理曲（屈），再三哀求寬宥，以免報款送官。今憑團首姜卓賢、熙毫、正才、保長姜寅鄧，自願將盜砍之木退還失主，照依款上條規，罰錢壹仟三佰文。已（以）後痛改前非，不敢妄為，如有再犯，任憑執字報款議罰，送官究治，罪所應得。口說無憑，立此戒約字為據。

〔註118〕張應強，王宗勳：《清水江文書》，第一輯（第十二冊）〔M〕，桂林：廣西師範大學出版社，2007：75。

　　　憑中　姜熙亳　姜正才　姜寅鄧

　　　卓賢　筆

　　　姜正高左手大指押

　　　宣統貳年十二月廿一日　　　　立〔註119〕

　　從內容上看也是請中調解、判定後訂立了這份「戒約字」文書，中人對雙方矛盾起到了調解作用，並對立約人之後的行為具有見證和監督作用。

姜顯祖錯賣荒坪並山契

　　　立錯賣荒坪代（帶）山場字人上寨姜顯祖，情因文斗我四房公地坐落地名烏堵溪，與淒洞盤路為界，分落下寨二房所佔，其山之內由一副（幅）荒坪並墾界之山，我父親於嘉慶十年十月內錯將下寨二房之荒坪並山發賣與中仰陸正禮。今請中理講，自知禮（理）虧，此荒坪係我下二房琯業，我顯祖並無係分。恐口無憑，立此錯賣〔字〕是實。（後略）〔註120〕

　　從契約內容看，也是通過「請中理講」解決的糾紛。

　　通過以上分析，我們看到清水江的中人在錯砍林木、失火、盜竊、買賣糾紛、地界不清、財產權屬關係判定等糾紛中都發揮著重要的調節功能，且在訂立「清白字」「認錯字」這類文書中亦起著見證、保證作用，中人在清水江地區的民事糾紛的解決中起著非常重要的作用。

　　徽州買賣契約的中人也有調解和證明的功能，所以在留存的大量徽州文書中，有許多民事糾紛借助「託中驗契」「託中理論」「憑中處明」「憑中說合」「憑中議定」「憑中言明」等予以調處和解決。如乾隆四十八年汪敬茂、凌鳳鳴立議合同：

　　　立議合同人汪敬茂、凌鳳鳴。……蒙中兌契，二家俱有契據，因股份多寡不一。以致蒙中勘理，將山分為裏外二截。……汪得三股，凌得二股。日後成材之日，照（股）相分，毋得生端異說，自立合文二紙各收一紙永遠存照（後略）〔註121〕

〔註119〕陳金全，梁聰：《貴州文斗寨苗族契約法律文書彙編——姜啟貴等家藏契約文書》〔M〕，北京：人民出版社，2015：450。

〔註120〕陳金全，梁聰：《貴州文斗寨苗族契約法律文書彙編——姜啟貴等家藏契約文書》〔M〕，北京：人民出版社，2015：49。

〔註121〕王鈺欣，周紹泉：《徽州千年契約文書》（第十一卷）〔M〕，廣州：花山出版社，1994：234。

　　從該合同內容看，兩家的矛盾主要是通過「蒙中兌契」和「蒙中勸理」的方式予以化解的，其最終結果是通過中人將山分為裏外二截，由兩家按股份佔用，並訂立了合同。實際上「在民間流動不居的關係網絡中，中證者參與和證信是契約關係成立的必要前提，是支撐契約關係之一重要力點。」〔註122〕中人參與到契約訂立過程中來，彌補了清代國家權力在維持民事關係與民事活動中的不足與缺位，他們將社會生活中的價值觀念、風俗習慣、倫理道德、交易秩序集於一身，在「中介、見證、保證、調解」的過程中發揮著維護民事關係和社會秩序的重要功能，對於社會的穩定與和諧具有重要的平衡作用。

　　浙東地區的中人在契約訂立及其效力發揮的過程中，也具有重要的證明和調節功能。尤其是該地區找價風氣盛行，在眾多的找價契、找絕契中也能見到中人的參與，而且往往是賣、找、絕契都是請相同的中人參與，如道光十七年寧波仁英賣山契與之後訂立的仁英立找契的中人都是禮恭（見中 禮恭押）。〔註123〕由此可見，中人在賣契及其找契或找絕契都發揮著重要作用。「如果說契約本身代表了一種秩序，那麼中人就是這種秩序的維護機制；它既屬於書面契約的文本化內容，又具有契約所不具有的書面之外的約束力；它既扎根於民間習慣法之中，又獲得了官方的認可，尤其是中人所具有的公開性的特徵足以使它成為不成文的成文法，不強制的強制力。」〔註124〕所以，「立契有中」是契約訂立者普遍的選擇和契約訂立遵循的普遍原則。

　　傳統中國社會中，由於受到血緣與地緣的影響，中人調解的依據往往是「情」「禮」，而往往忽略「法」。這雖然是中國古代社會結構以及籍此而形成的根深蒂固的倫理觀念對當時的人們所產生的影響的直觀反映，但也給契約的履行及其效力帶來了一定的消極影響，埋下了引發糾紛的隱患。按照《大清律例·典買田宅·條例》規定：「賣產立有絕賣文契，並未注有『找

〔註122〕劉道勝：《民間習俗與傳統契約信用的維繫——以明清徽州為中心》〔J〕，安徽師範大學學報（人文社會科學版），2017，45（02）：173～178。

〔註123〕賣契與找契／絕賣契的中人相同的浙東地區的契約可參見王萬盈：《清代寧波契約文書輯校》〔M〕，天津：天津古籍出版社，2008：24、36、60、66、70、74、77、78、81、87、95、110、133、189、194、198、203、213、223、224、225、232；張介人：《清代浙東契約文書輯選》〔M〕，杭州：浙江大學出版社，2011：15、36、78、81。

〔註124〕吳欣：《明清時期的「中人」及其法律作用與意義——以明清徽州地方契約為例》〔J〕，南京大學法律評論，2004（01）：166～180。

貼』字樣者，概不准貼贖。如契未載『絕賣』字樣，或注定年限回贖者，並聽回贖……」〔註125〕。從光緒廿七年陳粹卿所訂立的賣田契〔註126〕來看，契約性質標識是「永遠杜絕賣契」，契約內容也多處出現「杜絕賣」和「絕賣」的字眼，可以判斷陳粹卿訂立的應該是絕賣契，按照清律的規定，是不應該再向買受人主張找價或回贖的。但實際情況卻是兩個月後，賣方仍然向買方找價，而且是在相同的見證人——侄壽臣和弟雪村以及相同的中人——陳梯青、陳雪君、陳小莊的見證下簽訂了找絕契。〔註127〕我們無法知道這份找絕契是在怎樣的情況下訂立的，但可以推斷，在這個過程中中人應該起到了重要的作用，通過他們的從中斡旋，最終促成了契約的訂立。從這兩份契約訂立的情況看，我們能肯定的一點是，中人們的調解並未按照國家法律進行，更多依據的是浙東地區傳統的風俗（找價風氣盛行）、情理（買受人與出賣人是兄弟關係，兄弟遇到難事，互相幫忙是情理之中的事情）、情面（從中人的姓氏看，他們與出賣人有親屬關係的概率很大，既然是親戚，互相幫忙也是應該的；而且三個人的面子在中國傳統的「熟人」社會裏面還是不能不考慮的）作為其調解的準則。實際上，恰恰是這種不以「法」為準則的調解，讓找價行為頻發，使得中國古代社會的田產、房屋等財產交易經常處於「賣而不斷」「斷而不死」的狀態，對契約效力造成了嚴重的侵蝕，阻礙了中國古代契約關係的發展與進步。

　　清水江地區因為有相當數量的契約存在「無中人」的現象。如嘉慶十三年姜廷映賣山場杉木契：

> 立賣山場杉木約人姜廷映，自己方便將到祖移（遺）山場，地名皆也大加，上憑田，下憑水溝，左憑嶺缺口放水為界，右憑路與沖下為界，四至分明，當面出賣與姜賓周兄承買為業，議定價銀三兩五錢正（整），親手取回任用。自賣之後，任憑買主栽杉修理管業，我等不得異言。今恐無憑，立此賣字為據。內添五字。

> 　　　　　　　　　　　　嘉慶十三年三月初八日

> 　　　　廷映親　筆　　立〔註128〕

〔註125〕田濤，鄭秦：《大清律例》〔M〕，北京：法律出版社，1999：199。
〔註126〕張介人：《清代浙東契約文書輯選》〔M〕，浙江：浙江大學出版社，2011：81。
〔註127〕張介人：《清代浙東契約文書輯選》〔M〕，浙江：浙江大學出版社，2011：81。
〔註128〕陳金全，杜萬華：《貴州文斗寨苗族契約法律文書彙編——姜元澤家藏契約文書》〔M〕，北京：人民出版社，2008：277。

　　從契約內容可以判定該契約的訂立是立契人自己問到買家，雙方面議之後確定的交易價格，然後訂立契約，整個過程都沒有中人參與。這種「無中人」的現象在清水江買賣契約中並非個別，根據學者吳才茂對張應強和王宗勛編輯出版的《清水江文書》〔註129〕前七卷的統計看，「7344 件斷賣契約中，有 889 件無中人參與。」〔註130〕說明清水江買賣契約訂立在是否「憑中」方面的相對自由與靈活。

第三節　擔保責任

一、權利瑕疵擔保

　　為了確保買賣契約的效力，清代買賣契約的賣方要承擔買賣標的物的權利瑕疵擔保責任。權利瑕疵擔保即賣主對自己出賣的標的物享有完全的所有權和處分權，出賣後，其負有保證第三人不得向買主主張任何權利的義務。清水江、徽州和浙東地區的買賣契約中，絕大多數賣主會對所出賣物進行權利瑕疵擔保，為契約責任履行提供重要保障，如以下三則契約：

〔契約1〕姜本巨賣山場杉木並地契

　　立斷賣山場杉木並地字人下房姜本巨，為因要銀度用，無從得出，自願將到父親得買姜朝貴、姜老地之山，地名補兩臥奢，界趾（至）：上憑路，下憑地坎與天福山木〔為界〕，左憑買主之山，右憑路，四至分明，此山自願出賣與上房姜鍾英、任世俊名下承買為也。當面議價銀五錢，親手領回應用。其山場杉木自賣之後，任憑買主修理管業，我賣主房族兄弟不得異言。如有此情，俱在賣主向前理落，不干買主之事。今欲有憑，立此斷賣字為據。

　　外批：此山場杉木分落本巨一人名下獨佔，栽手、地主俱賣在內。

〔註129〕張應強，王宗勛：《清水江文書》〔M〕，共 3 輯 33 冊，由桂林廣西師範大學出版社分別於 2007、2009、2011 年出版發行，收錄了自清代以來清水江地區契約文書、族譜、訴訟詞稿、山場清冊（坐簿）、帳簿、官府文告、書信、宗教科儀書、唱本、謄抄碑文等等，計有契約文書 14987 件，其中斷賣契約 7344 件。

〔註130〕吳才茂：《民間文書與清水江地區的社會變遷》〔M〕，北京：民族出版社，2016：38。

憑中　姜朝偉

代筆　姜春發

道光卅年三月初三日　　立

下房本巨補兩臥奢木契〔註131〕

〔契約2〕康熙五十年（1711）休寧縣查嗣典賣山紅契

　　立賣契查嗣典，今將自置新丈良字一千五百三拾號，土名陳村任後山，全稅共陸分，其四至自有保薄開載明白，不在（再）行寫，與內收取山稅三分，憑中立契出賣與王鳴和名下為業……其業未賣之先，並無重複交易及內外人爭執。倘有此情，盡是賣人承當，不涉買主之事。其山任憑買主收稅永遠管業，並無異說。恐後無憑，立此賣契存照。（後略）〔註132〕

〔契約3〕嘉慶九年曹士昌賣山契

　　立永遠絕賣文契，曹士昌，今因缺銀正用，情願將祖父遺下民山壹塊，土名大石頭，係戎字一百三十五號，計山壹畝五分。東至王大章山、南至曹明綱山、西至流水、北至買主，四至字號分明，情願出賣與曹明海為業。今三面議定當時值價銀五兩肆錢正足紋，其銀當日一併收足歸家正用。自賣之後，任憑業主開割過戶管業無阻；其山並無重疊典當在外，亦無各叔伯兄弟子侄爭執。自賣之後，任憑買主堊造無阻，輸糧管業無阻，及諸般違礙等情，賣主自行理直。俱是兩廂情願，各無番（翻）悔。恐後無憑，立此永遠絕賣文契照行。

　　嘉慶九年正月　　　　　　日立永遠絕賣文契曹士昌（畫押）

　　　　　　見賣兄士進（畫押）、士奇（畫押）、侄聚源（畫押）

　　　　　　叔有才（畫〇）明綱（畫〇）曹廷甫（畫押）承天

　　　　　　　　代字王紹明（畫押）〔註133〕

〔註131〕陳金全，梁聰：《貴州文斗寨苗族契約法律文書彙編——姜啟貴等家藏契約文書》〔M〕，北京：人民出版社，2015：332。

〔註132〕張傳璽：《中國歷代契約粹編》（中冊）〔M〕，北京：北京大學出版社，2014：1051。

〔註133〕張介人：《清代浙東契約文書輯選》〔M〕，杭州：浙江大學出版社，2011：32。

從〔契約1〕、〔契約2〕、〔契約3〕的內容看，三份契約的賣方都對所賣標的物的所有權權屬進行了保證，申明自己對其擁有完全的所有權，且承諾如果權利上存在瑕疵，則由自己承擔全部責任。〔契約1〕中有「如有來歷不明，賣主理落，不干買主之事」和「其田任憑買主耕種管業，賣主房族弟兄並外人不得異言」條款，即是由賣方確認財產權屬清晰，與房族內親屬無瓜葛，並承諾日後發生糾紛由賣方承擔所有責任。〔契約2〕主要對「無重複交易及內外人爭執」進行了擔保。〔契約3〕主要對標的「其山並無重疊典當在外，無各叔伯兄弟子侄爭執」以及交易是建立在合意的基礎之上的，即「俱是兩廂情願，各無番（翻）悔」進行了擔保。

對買賣標的進行瑕疵擔保既是民間履行契約責任的重要保障，也是清代國家法的要求。清律規定：「凡盜他人田宅賣，將己不堪田宅換易，及冒認他人田宅作自己者，若虛寫價錢實立文契典賣，及侵佔他人田宅者，田一畝、屋一間以下，笞五十。每田五畝、屋三間，加一等，罪止杖八十、徒二年。」〔註134〕還進一步規定：「若將互爭不明及他人田產，妄作己業，朦朧投獻官豪勢要之人，與者、受者，各杖一百、徒三年。盜賣與投獻等項田產及盜賣過田價，並各項田產中遞年所的花利，各應還官者還官，應給主者，給主。」〔註135〕以此杜絕權屬不明標的物的交易。清律條例還進一步規定：「軍民人等將爭競不明並賣過及民間起科，僧道將寺觀各田地，若子孫將公共祖墳山地朦朧投獻王府及內外官豪勢要之家，私捏文契典賣者，投獻之人問發邊土，田地給還應得之人。其受投獻家長，並管莊人參究治罪。」〔註136〕清代還禁止強買強賣，規定在交易中要把「各無抑勒、無負債準折、無重複買賣」作為基本原則，在合意的基礎上進行買賣交易。這些在清水江、徽州和浙東買賣契約訂立的過程中都得到了很好的遵循，並且通過擔保機制予以了強化，為契約效力的發揮提供了重要保障。

但是由於清水江、徽州和浙東地區經濟社會發展水平的不同，三地買賣契約中的權利瑕疵擔保的形式及側重點是有區別的。

首先，擔保責任表現形式的不同。清水江地區的擔保形式單一，絕大多數為中人擔保，沒有勞役或人身擔保。究其原因，筆者以為，清水江地區的

〔註134〕田濤，鄭秦：《大清律例》〔M〕，北京：法律出版社，1999，195～196。
〔註135〕田濤，鄭秦：《大清律例》〔M〕，北京：法律出版社，1999，196。
〔註136〕田濤，鄭秦：《大清律例》〔M〕，北京：法律出版社，1999，196。

買賣交易多為山林、山場或林木交易，交易額不大，且都是一手交錢，一手交貨，如契約中一般有「當日憑中議定時價銀××，親手領回應用」，表明交付的完成，因此擔保的必要性並不大。所以清水江地區買賣契約中的擔保條款多屬於權利擔保（或稱追奪擔保），即要求出賣人對所交易標的享有完全權利（其他人的權利要排除在外），以確保交易的安全性，保證契約效力。這種擔保形式的形成主要受到古代熟人社會特徵、交易地域狹小、交易額度較小等因素的影響。徽州和浙東地區則形成了相對完善的擔保體系，不僅有權利瑕疵擔保形式，還有專門的保人擔保責任，同時通過引入較多第三方群體的方法，盡可能把契約擔保責任建立在更多人身上，通過古代社會所重視的人際關係發揮效力，以確保契約的履行。此外還設立了官方的擔保制度，即官牙制度。《大清律例戶律・市廛・私充牙行埠頭》規定：「凡城市鄉村諸色牙行，及船之埠頭，並選有抵業人戶充應，官給印信文簿。」官牙主要通過領售官契紙和充當中人參與契約管理。光緒二十二年薊州喬順賣房官契〔註137〕中有「官牙領出司印官紙，遇民間買用不准，該牙紀勒指不發，例外多索，犯者審實，照多索之數加百倍罰。會牙紀交出充公，免於治罪，仍予斥革。如罰款不清，暫行監禁」的相關規程。通過官牙官方對民間田宅買賣契約進行規制。《中國歷代契約粹編》和《徽州文書》中都有一定數量徽州和浙東地區由官牙做保的買賣契約。康熙十四年至康熙十七年曾任浙江嘉興府知府的盧崇興曾說，「田房交易，此賣彼售，必憑中保官牙，照時值低昂，公評定價，一姓得銀，一姓受業，俱係情願。」〔註138〕可見清代是有意讓官牙參與契約訂立，並期望通過官牙以加強國家權力對契約的有效管理。

　　其次，擔保責任的側重點不盡相同。清水江地區的買賣交易大多數是一次性完成轉移的，鮮見典賣和找價行為，所以對標的物的權利瑕疵擔保，一是側重於標的物的權屬關係的無爭議，即已經排除了賣主房族弟兄等親屬或族人，並外人（主要指同村或同寨的人）對標的物的主張權利。如姜氏領等賣山場杉木契中有「自賣之後，其山場杉木憑從買主管業，房族弟兄不得異言爭論」〔註139〕；嘉慶九年范學琦賣田契中的「賣主子孫並房族人等不得異

〔註137〕張傳璽：《中國歷代契約粹編》（下冊）〔M〕，北京：北京大學出版社，2014：1546～1548。

〔註138〕〔清〕盧崇興：《守禾日記》（卷三）〔M〕，北京：中國社會科學出版社，2005。

〔註139〕陳金全，梁聰：《貴州文斗寨苗族契約法律文書彙編——姜啟貴等家藏契約文書》〔M〕，北京：人民出版社，2015：12

言」〔註140〕。二是側重釐清標的物的來源無爭議。如姜映朝賣山場杉木契中的「倘有來歷不清，俱在賣主尚（上）錢理落，不干買主之事」〔註141〕；乾隆三十二年姜興宇賣田契中的「如有來歷不明不於，俱在賣主上前理落」〔註142〕等的話語描述，都是對財產來源不存在爭議的承諾與保證。除此而外，有的契約還會注明「老契」的去處，如道光拾玖年姜天祥、天瑞兄弟賣木契中的外批：「老契在內」；道光貳拾壹年姜壬午、壬坤兄弟賣木契中的「凡有稅契，老約未扒」〔註143〕等，以進一步確定財產所有權關係的明晰，排除了盜賣等非法行為的可能，以防止爭議或糾紛的發生。三是側重權屬關係發生爭議後的處理，即明確約定由賣主承擔全部責任，如道光十五年姜連合、老喬賣杉木山場契中有「自賣之後任從買主管業，賣主房族弟兄不得異言。如有來路不清，俱在賣主理落，不干買主之事。恐後無憑，立此賣字為據」〔註144〕；乾隆三十八年姜紋三賣田契的「倘有爭論，俱在賣主理落」〔註145〕等，明確了買賣雙方所應承擔的相應責任。最後，清水江地區有「謝中」（付給中人一定的報酬）的風俗習慣。中人在交易中既有說和、見證的功能，還要在發生糾紛時進行調解，因此一般都能獲得一定的報酬，一般為成交價銀的5%左右。有的契約會注明「中人某某受銀幾分」，如姜應保賣田契明確標注「憑中　姜三藹銀貳分　憑中　姜文采吃梱銀貳分」〔註146〕，但一般不會在契約上寫明金額。「謝中」實際上類似於現代的「公示」制度，能起到一定的權利擔保作用。賣方親族通過參加宴飲，一方面表明放棄其「先買權」，另一方面則發揮著對標的物權屬無爭議的證明作用和對契約生效的擔保功能。

〔註140〕 陳金全，杜萬華：《貴州文斗寨苗族契約法律文書彙編——姜元澤家藏契約文書》〔M〕，北京：人民出版社，2008：78。

〔註141〕 陳金全，梁聰：《貴州文斗寨苗族契約法律文書彙編——姜啟貴等家藏契約文書》〔M〕，北京：人民出版社，2015：18。

〔註142〕 陳金全，杜萬華：《貴州文斗寨苗族契約法律文書彙編——姜元澤家藏契約文書》〔M〕，北京：人民出版社，2008：11。

〔註143〕 陳金全，杜萬華：《貴州文斗寨苗族契約法律文書彙編——姜元澤家藏契約文書》〔M〕，北京：人民出版社，2008：350、374。

〔註144〕 陳金全，梁聰：《貴州文斗寨苗族契約法律文書彙編——姜啟貴等家藏契約文書》〔M〕，北京：人民出版社，2015：47。

〔註145〕 陳金全，杜萬華：《貴州文斗寨苗族契約法律文書彙編——姜元澤家藏契約文書》〔M〕，北京：人民出版社，2008：19。

〔註146〕 陳金全，杜萬華：《貴州文斗寨苗族契約法律文書彙編——姜元澤家藏契約文書》〔M〕，北京：人民出版社，2008：11。

綜合買賣契約內容看，徽州地區在權利瑕疵擔保方面的側重點之一是強調契約的訂立是在「各無抑勒、無負債準折、無重複買賣」的情況下進行的，如康熙四十八年（1709）休寧縣余有理賣房地紅契中的「其銀契比即兩相交訖，並無逼勒準折等情」〔註 147〕；乾隆二十三年（1785）徽州張堯玉等賣地契的「此係情願，並無逼勒等情」〔註 148〕等，強調了契約訂立是在兩廂情願的情況下發生的，以確保契約效力。側重點之二是對「起推過割」事宜進行特別的約定。如康熙十六年（1677）休寧縣吳雨生賣地契中的「其稅於七甲下午戩谷戶內起推割，推入五圖四甲畢洪濱戶下解納。」〔註 149〕乾隆二十三年（1758）休寧縣汪爾徵賣地紅契的「其稅隨即過割如買戶支解」〔註 150〕等，說明徽州地區會遵循國家法的相關規定進行「起推過割」，從而確保國家稅賦的徵收，也說明國家政權對該地區統轄與管理的規範。三是注重對無「重複交易」的承諾和擔保，如「乾隆二十二年（1757）休寧縣汪阿鄭賣田契中的『未賣之先，並無重複交易以及來歷不明、內外人等生情異說』、乾隆三十二年（1768）休寧縣孫廷秀賣田契中的『未賣之先，並無典當交易以及不明等情』」〔註 151〕等，印證了徽州地區存在大量典賣行為的實際情況，為避免重複典賣，民間已經形成了在契約內進行該項內容的瑕疵擔保慣例。四是習慣通過「上手／老／來腳契」的繳付或其去向說明，進一步確保標的物的權屬關係。如「康熙四十八年（1709）休寧縣余有善賣房地紅契中的『共有上手來腳赤契壹張，口扒典親弟有理共業，不便繳付』；乾隆元年（1736）休寧縣佘宜壽賣屋白契中的『所有原買契文紙壹張，當即繳付買主收訖』；乾隆八年（1743）休寧縣程永乾活賣田紅契中的『其上首來腳赤契被毀無存，未有繳付。再批』」〔註 152〕。有清一代，徽州買賣契約都非常注重對「上手／老／來

〔註 147〕 張傳璽：《中國歷代契約粹編》（中冊）〔M〕，北京：北京大學出版社，2014：1050。

〔註 148〕 張傳璽：《中國歷代契約粹編》（中冊）〔M〕，北京：北京大學出版社，2014：1132。

〔註 149〕 張傳璽：《中國歷代契約粹編》（中冊）〔M〕，北京：北京大學出版社，2014：1020。

〔註 150〕 張傳璽：《中國歷代契約粹編》（中冊）〔M〕，北京：北京大學出版社，2014：1133。

〔註 151〕 張傳璽：《中國歷代契約粹編》（中冊）〔M〕，北京：北京大學出版社，2014：1128、1143。

〔註 152〕 張傳璽：《中國歷代契約粹編》（中冊）〔M〕，北京：北京大學出版社，2014：1049、1128、1109。

腳契」的標注，以此確定所有權關係，防止因買賣標的來源不清而引發的糾紛，這一點與浙東地區和清水江地區存在較大差別，清水江地區有的契約會對老契的繳付或去向進行說明，但數量不多；浙東地區很少見到契約中與老契有關的內容。五是賣方承擔所有因權利瑕疵而引發問題或糾紛的全部責任。如乾隆六年（1741）休寧縣王敬直等賣田紅契中的「如有一切不明等情及內外人等占攔，盡是賣人理直，不涉買人之事」〔註153〕；乾隆六年（1741）休寧縣金魁岸賣地紅契中的「倘有來歷不明，賣業人理直，不涉得業者之事」〔註154〕等，這點與清水江和浙東地區相同，賣方在契約中承擔的責任和義務要遠遠多於買方，買賣雙方的權利義務具有明顯的不對等性，這與清代買賣契約大多是單契有關，而且買方為了逃避一些責任和不必要的麻煩，還會將自己的名字、契約訂立時間、買賣標的物的四至，甚至是交易價格都進行缺省設置。根據劉高勇先生的統計，「以契約文本統計的買主姓名、交易日期以及交易金額的填寫情況以及民間交易習慣來說，在區域分布上，農業經濟更為發達的南方比北方在習慣事項的填寫缺省表現得更為突出。」〔註155〕徽州地區在清代屬於經濟較發達地區，面對嚴格的法律規範，民間出於自身利益的考慮，會刻意地將買方的姓名、契約訂立時間，甚至交易價格進行缺省設置，在契約實踐中逐漸形成了一套既能有效保證交易安全，又能有效降低交易成本的習慣做法，有助於維護本地區交易秩序的穩定運行。

　　浙東地區買賣契約對於標的物權利瑕疵的擔保，首先側重於對「無重複買賣」的承諾。如道光十七年山陰縣張永泉賣田官契中的「並無重疊交關」〔註156〕；咸豐六年慈谿縣任聯奎賣山契中的「其山並無重行典押在外，亦無利債準折（爭執）」〔註157〕等，恰好印證了浙東地區「出典」情況的普遍，為防止爭議與糾紛，民間已經形成了把「無重複典賣」作為重要權利瑕疵擔保

〔註153〕張傳璽：《中國歷代契約粹編》（中冊）〔M〕，北京：北京大學出版社，2014：1106～1107。

〔註154〕張傳璽：《中國歷代契約粹編》（中冊）〔M〕，北京：北京大學出版社，2014：1107。

〔註155〕劉高勇：《功能決定形式——對清代買賣契約內容特點的解讀》〔J〕，韓山師範學院學報，2008（04）：17～22。

〔註156〕張傳璽：《中國歷代契約粹編》（下冊）〔M〕，北京：北京大學出版社，2014：1342。

〔註157〕張介人：《清代浙東契約文書輯選》〔M〕，杭州：浙江大學出版社，2011：54。

寫在契約中的習慣，因為重複典賣／種確實容易引發糾紛，如嘉慶二十三年浙江諸暨縣民樓可久因與無服族弟樓玘美爭租地被毆傷身死案〔註158〕，係當事人樓可久與樓可豐租種余思田田地，余思田卻將田地租與樓玘美佃種。樓可久與樓可豐無奈向樓玘美轉租，因樓玘美不允，發生爭執。後在同赴祠投族理論的路上發生毆鬥，樓可久遠被毆致死。從涉案人的敘述中能看出當地轉租風氣的盛行，期間不可避免會因重複典賣／種而發生糾紛。清代的司法實踐中也對「無重複典賣／種標的物」的交易予以支持。在上述案件中，對余思田的行為給予了斥責。其次，側重於對「回贖權利」的約定和承諾。如寧波地區道光十二年有林賣田契中的「『其田日後照依年月原價取贖並照』；道光十五年毛大敬賣田契中的『再批：其田有四股亦賣在內，照依年月日後原價取贖並照』」〔註159〕等；慈谿縣乾隆四十二年樓成奇賣田契中有「『再批：其田不拘年限聽費（收息）取贖無阻行』的約定、光緒三十一年王門姜氏賣地契中有『再批：倘如嗣後回贖之日，仍備原價並及聽中用、開印費等一拼取贖無阻照行』的約定」。〔註160〕這說明浙東地區的「活賣」現象在清代非常普遍，由此契約就非常注重對「回贖權利」的約定和承諾。由於田地、山林／場、房屋是百姓賴以生存的生產、生活資料，即使是在被迫情況下出賣、轉讓，賣主也還心繫一線希望，希望有朝一日能贖回所售出和轉移的財產，所以往往採用「活賣」的方式（浙東地區的「直／永賣契」居多，標誌著交易完成的「絕賣契」往往是經過「加找」之後訂立的），在契約中會特別約定回贖的權利。在這一點上與清水江地區的買賣契約有著明顯的區別。清水江地區的買賣契約基本上都是絕賣契，反映了兩地經濟社會發展步調的不一致。第三，浙東買賣契約也通過「無房親伯叔兄弟子姪爭執」〔註161〕「中見並無房親伯叔爭執等事」〔註162〕等話語明確標的物的所有權，防止因「親鄰先買權」而可能引發的糾紛。第四，浙東買賣契約也強調「俱是兩相情願，各無番（翻）悔」的契約訂立原則和賣方對責任的承諾。如道光拾三年寧波鄞明

〔註158〕　杜家驥：《清嘉慶朝刑科題本社會史料輯刊》（第一冊）〔M〕，天津：天津古籍出版社，2008：373～374。

〔註159〕　王萬盈：《清代寧波契約文書輯校》〔M〕，天津：天津古籍出版社，2008：7、53。

〔註160〕　張介人：《清代浙東契約文書輯選》〔M〕，杭州：浙江大學出版社，2011：12、41。

〔註161〕　張介人：《清代浙東契約文書輯選》〔M〕，杭州：浙江大學出版社，2011：35。

〔註162〕　王萬盈：《清代寧波契約文書輯校》〔M〕，天津：天津古籍出版社，2008：9。

賣田契中的「此係兩廂情願，各無異言」〔註163〕等表明契約訂立是在雙方「合意」的基礎上訂立的，以確保契約以後效力及約束作用的正常發揮。而嘉慶七年慈谿縣曹士進等賣地契中的「諸般違礙等情，賣主自行理直」〔註164〕、光緒十八年慈谿縣葉賢堂賣屋契中的「倘有諸般違礙等情，賣主自行理直，不涉受主之事」〔註165〕等，則說明的賣主需要承擔因標的物存在權利瑕疵而引發的所有問題或後果的全部責任。在這點上與徽州和清水江地區並無二致。

綜合以上分析我們可以得出以下結論：

首先，權利瑕疵擔保是清代三地買賣契約構成的不可或缺的一部分，它有助於明確權責、減少糾紛，確保契約效力的正常發揮。

第二，由於清水江、徽州和浙東地區經濟社會發展步調的不一致，且存在較大差異，在買賣契約權利瑕疵擔保的具體內容和側重點上也就存在著不同，直接影響著三地買賣契約在內容上的表述，並通過長期的契約實踐，實際上在三地形成了有助於維護本地交易秩序的一些習慣做法，與清代國家法共同維持著本地市場交易的正常和有效進行與運轉。

第三，契約中的權利瑕疵擔保有助於強化契約的證據功能。從文化功能的角度來考量中國古代的買賣契約，它首先是財產交易過程的證明；其次是財產權屬的證明；第三則是訴訟程序中的重要證據。三地契約中毫無例外地都有「恐後無憑，立此××契存照」等類似的申明，再加上契約內容中賣方對權利瑕疵的擔保，無疑進一步強化了契約的證據功能，在發生糾紛時能提供有效的證明，因為無論清代國家法還是司法實踐中是非常注重契約的這種證據功能的，清律有「凡民人告爭墳山，近年者以印契為憑」〔註166〕的明確規定。在百姓看來，官方所頒給的契據自然可以成為自己管業的有力憑證，而其中的權利瑕疵擔保因其能確保契約內容的合法性無疑又增強了這一功能。

二、中人的擔保責任

清代遺留下來的民間買賣契約，幾乎都有中人做保，幾乎每一份契約中都會提到其契約的訂立是建立在「憑中」「三面言定」的基礎之上的，並且契

〔註163〕王萬盈：《清代寧波契約文書輯校》〔M〕，天津：天津古籍出版社，2008：13。
〔註164〕張介人：《清代浙東契約文書輯選》〔M〕，杭州：浙江大學出版社，2011：32。
〔註165〕張介人：《清代浙東契約文書輯選》〔M〕，杭州：浙江大學出版社，2011：79。
〔註166〕田濤，鄭秦：《大清律例》〔M〕，北京：法律出版社，1999：195。

約末尾一般都會有中人的署押。從這個意義上來說，中人在中國古代社會的契約訂立及其責任履行方面起著非常重要的擔保作用。但由於三地經濟社會發展水平及文化的差異，中人的擔保責任及其效力在三地買賣契約中是存在一定差異的。

首先，中人在三地買賣契約中所起的擔保作用的大小有別。徽州和浙東地區的買賣契約以田產交易為主，由於田產於百姓的重要性是不言而喻的，為了確保交易的安全，中國古代社會傳統的「立契有中」的交易規則在徽州和浙東地區得到了很好的繼承和遵循，絕大多數契約有「憑中」「請中」「浼中」和「三面言定」的字樣，表明交易雙方更願意在中人參與、提供擔保的情況下完成交易。參與契約訂立的中人「積極撮合買賣雙方達成合意，為當事人提供交易信息和媒介，參與契約價格的議定；較為充分地審核當事人雙方的資歷考察權利是否存在瑕疵，保證了交易的正當性；中人還審慎地核實交易標的真實性和客觀性，審查當事人意思的形式自治，保證了交易的可靠性；充分動員宗族勢力，彌補交易雙方的『信用落差』，為契約關係的相對平等提供平衡的支點；解決契約糾紛，調處契約當事人的關係，從而使契約秩序得到穩定。」〔註167〕但這種情況在清水江地區卻有例外，有相當數量的契約存在「無中人」的現象。如道光十一年姜懷德賣山契：

> 立賣山場杉木約人上寨姜懷德，為因要銀使用，無出，自願將
> 到杉木一塊，土名坐落子鳩，上憑大路，下憑水溝，左憑沖，右憑
> 田嘴，今將出賣與下寨姜紹熊名下為業。當日憑中議定價銀四錢三
> 分，親手收用……
>
> 外批：此山先年與廷峰得買。
>
> 　　　　道光十一年七月十二日　　　姜開榜筆　　立〔註168〕

契約中雖然有「憑中議定」的話語，但實際上最後的契末署押中並無「中人」、代書人等第三群體的蹤跡，幾乎可以判定該契約的訂立就是買賣雙方商定的結果，沒有中人的參與和介入。有的契約則更明白無誤的印證了這一點，如乾隆五十二年姜老岩賣木契：

〔註167〕陳勝強：《中人在清代土地絕賣契約中的功能——以中國傳統交易規則的影響為視角》〔J〕，北方法學，2012，6（04）：140～145。

〔註168〕陳金全，杜萬華：《貴州文斗寨苗族契約法律文書彙編——姜元澤家藏契約文書》〔M〕，北京：人民出版社，2008：277。

立賣山場杉木字人姜老岩，為因家中缺少銀用，自己親身問到
本族姜佐周承買為業。當日議定價五錢。其山場杉木四股均分，老
岩占一股，今將一股出賣，坐落地□皮的善……

賣主　　姜老岩

筆　　　姜□□

乾隆五十二年四月初九日　　立〔註169〕

從契約內容看，立契人是自己問到買家，雙方面議之後確定的交易價格，然後訂立契約，整個過程都沒有中人參與。這種「無中人」的現象在清水江買賣契約中並非個例，根據筆者對《貴州文斗寨苗族契約法律文書彙編——姜元澤家藏契約文書》所收錄的 392 份買賣契約的統計看，沒有中人的契約有 36 份，將中人和代筆人合二為一的契約有 44 份，既沒有中人也無代筆的契約 2 份，占比 20.9%。這與徽州和浙東地區「無中不成契」的現象存在一定差異，也使得中人的擔保作用受到了一定的限制。究其原因，筆者以為這和三地交易標的種類迥異的情況密切相關。清水江地區相當數量買賣契約的交易標的是林木或林場股份，交易價格較低，如之前的契約中分別為銀四錢三分和五錢，較之徽州和浙東地區交易的田產於一個家庭的重要性顯然有較大差別，再考慮到一般情況下都要支付給中人以一定的報酬，所以交易雙方就選擇了忽略中人直接交易的方法，表現了清水江地區契約訂立的自由與靈活。

其次，中人擔保責任發揮作用的基礎不同。在中國古代社會血緣與地域高度重合的社會架構下，土地交易往往受到宗族優先權的限制，「清代的中人制度是在宗法社會背景下，以宗族或村社的控制力作為其發揮作用的基礎，構建了一個對以業為中心的民事權利體現的保障系統。」〔註170〕中人通過其對契約的說和、查驗、證明、擔保等活動在這個既定的「關係」網絡中造成一定的社會輿論，並通過社會輿論迫使契約雙方履行責任與義務，保證契約的公正性及其功能的發揮，成為解決糾紛和確保契約效力發揮的主要途徑。此外，具有權威的中人（部分清代契約的中人身份注明為「族人」「宗族長」「保

〔註169〕陳金全，梁聰：《貴州文斗寨苗族契約法律文書彙編——姜啟貴等家藏契約文書》〔M〕，北京：人民出版社，2015：15。

〔註170〕趙曉耕：《身份與契約：中國傳統民事法律形態》〔M〕，北京：中國人民大學出版社，2012：569。

長」「里、甲長」「社首」等〔註171〕）更是可以通過其所具有的特殊地位和威信為契約雙方充分、及時履行契約權利義務提供重要保障。中人在契約關係中調解作用的發揮既符合清代國家對「無訟」理想境界的追求，亦在一定程度上強化了對民事糾紛二元解決途徑的價值取向，為中人在民事糾紛中的調解功能中提供了有利的支持，進一步增強了清代社會「立契有中」的觀念與行為。由於徽州和浙東地區都屬於典型的宗法社會，血緣與地緣高度重合，中人擔保功能的發揮無疑主要有賴於宗族或村社的控制力。在這一機製作用下，違約者不僅在內心受到基於習慣和習慣法而產生的倫理道德的譴責；而且在外部社會關係的層面上也會受到被宗族或家族處罰或排斥的威脅，使得中人這一擔保制度的實施與運作比官方法律的強制機制更為有效，成為維繫契約關係實現的主要途徑。而清水江地區則不然，其契約關係的維繫及其經濟秩序的規範更多倚重於倫理道德的信用體系。「清水江地區實質上是一個以『血緣』和『地緣』為基礎形成的村落自治共同體。」〔註172〕在這樣的村落當中，正如費孝通先生所言：「村子裏幾百年來老是這幾個姓，我從墓碑上去重構每家的家譜，清清楚楚的，一直到現在還是那些人。鄉村裏的人口似乎是附著在土上的，一代一代的下去，不太有變動。」〔註173〕因而維繫當地秩序的實際上是複雜的人際關係、家族倫理、互惠和道德等因素。

第四節　契末署押

　　契末署押在清代的絕大多數地區被認為是保證契約效力的構成要件之一。清水江、徽州和浙東地區在參與契末署押的群體及其人數、署押的形式方面存在著較大差別。

一、署押群體

　　一般來說，契約訂立的參與者（包括立契人、中人、代表人）都要在契末署押，為契約效力的有效發揮提供相應的保證。

〔註171〕 李祝環：《中國傳統民事契約中的中人現象》〔J〕，法學研究，1997（06）：
　　　　　136～141。
〔註172〕 劉亞男，吳才茂：《從契約文書看清代清水江下游地區的倫理經濟》〔J〕，原
　　　　　生態民族文化學刊，2012，4（02）：36～45。
〔註173〕 費孝通：《鄉土中國》〔M〕，上海：上海人民出版社，2006：6。

（一）立契人的署押

徽州和浙東地區的買賣契約中，立契人在契末署押是契約能夠生效的重要保證之一，因此絕大多數契約的立契人都會在契末署押。如浙東地區乾隆四十三年馮秉仁賣田契（「慈谿縣印」三處）有「日立永遠賣契：馮秉仁（畫押）」〔註174〕。如果立契人不止一個，往往都需要在契末署押，如乾隆四十四年休寧縣王震萬兄弟賣基地紅契，契末不僅有「立杜賣基地文契王震萬（押）」，還有「同弟　王森庭（押）」〔註175〕的署押。女性作為立契人訂立的契約，也需要署押，徽州地區女性契末署押多採取畫一個「○」的形式，以區別於男子所畫的「十」字。諸如此類，無不說明立契人（出賣方）署押的重要性和必要性。

但是在清水江地區，立契人在契末署押卻非常罕見。如乾隆三十八年清水江文斗寨姜紋三賣田契：

> 「立斷字田字人文堵下寨姜紋三……憑中、代書　　姜保
> 三……」〔註176〕

立契人姜紋三在該契約的末尾並沒有署押。即使是多人共同立契也不在契末署押，如嘉慶八年姜世生、龍生兄弟賣田、杉木、油山並荒坪契〔註177〕。女性訂立的契約也不署押，如高門龍氏、高顯榮母子賣田契〔註178〕等。立契人在契末不署押的現象在清水江地區相當普遍，相反，在契末署押的情況倒成了特例，比較少見。以《貴州文斗寨苗族契約法律文書彙編──姜元澤家藏契約文書》為例，其出現立契人在契末署押的買賣契約有姜鳳章賣山契〔註179〕等少數幾份，而且集中在乾隆年間，最後一份標注有賣主的買賣

〔註174〕張介人：《清代浙東契約文書輯選》〔M〕，杭州：浙江大學出版社，2011：12。

〔註175〕張傳璽：《中國歷代契約粹編》（下冊）〔M〕，北京：北京大學出版社，2014：1176～1177。

〔註176〕陳金全，杜萬華：《貴州文斗寨苗族契約法律文書彙編──姜元澤家藏契約文書》〔M〕，北京：人民出版社，2008：19。

〔註177〕陳金全，梁聰：《貴州文斗寨苗族契約法律文書彙編──姜啟貴等家藏契約文書》〔M〕，北京：人民出版社，2015：41。

〔註178〕陳金全，杜萬華：《貴州文斗寨苗族契約法律文書彙編──姜元澤家藏契約文書》〔M〕，北京：人民出版社，2008：140。

〔註179〕陳金全，杜萬華：《貴州文斗寨苗族契約法律文書彙編──姜元澤家藏契約文書》〔M〕，北京：人民出版社，2008：4。

契約是在乾隆五十六年的姜老令、老路賣山契〔註180〕，之後收錄的買賣契約基本上就很難再見到立契人在契末署押的情況了。在《貴州文斗寨苗族契約法律文書彙編——姜啟貴等家藏契約文書》中的情況也十分類似，標明有賣主在契末署押的買賣契約僅有 9 份。其他地區發現有一些蓋了私章的契約，可以看作是另外一種署押形式，但也並不常見。

（二）中人的署押

之前我們已經提到過，徽州和浙東都有「請中立契」的慣制，可以說「中人是傳統社會秩序維護與鄉村自我運行機制的有力保障，它是傳統社會秩序的遵守者與維護者」〔註181〕。清代絕大多數地區買賣契約的中人一般都會在契末署押〔註182〕，以便為契約的生效和雙方的履責提供重要保障，徽州和浙東地區亦然。如以下兩則契約：

雍正十二年（1734）休寧縣陳立山賣地紅契

二十七都圖立賣契人陳立山，今因錢糧緊急、無處措辦。自情願央中將承祖遺地壹號，坐落土名七門住基，係效字貳千八百九十七號，計地　　，計稅　　。今將號內該身份數內取地壹拾捌步自，計稅玖釐。東至本家屋地、西至大街，南至買人地，北至王家墩外……

雍正十二年四月　日　　　　立賣契人　　陳立山（押）

　　　　　　　　憑中房侄　　陳良甫（押）　　族兄陳正夫（押）

　　　　　　　　　　代　書　　王若徵（押）〔註183〕

嘉慶六年曹世鳳賣田契（有「慈谿縣印」兩處）

立永遠杜絕文契：曹世鳳，今因缺銀正用，情願將祖父遺下民

〔註180〕陳金全，杜萬華：《貴州文斗寨苗族契約法律文書彙編——姜元澤家藏契約文書》〔M〕，北京：人民出版社，2008：46。

〔註181〕郭睿君：《清代徽州契約文書所見「中人」身份探討》〔J〕，檔案學通訊，2017（04）：58～63。

〔註182〕有中人署押的契約可參見劉伯山：《徽州文書》（第1～3輯），廣西師範大學出版社，2005、2006、2009；張傳璽：《中國歷代契約彙編考釋》（中、下冊），北京大學出版社，1995；張介人：《清代浙東契約文書輯選》，浙江大學出版社，2011；王萬盈：《清代寧波契約文書輯校》，天津古籍出版社，2008。

〔註183〕張傳璽：《中國歷代契約粹編》（中冊）〔M〕，北京：北京大學出版社，2014：1091。

田柒分，土名大溪沿，連堪下地壹塊，姜字口口口；東至曹處、南至大溪、西至曹處、北至葉處為界，四至字號分明，挽中出賣叔處為永業。今三面議定面計足紋念陸兩五錢正。自賣之後，任憑開割過戶，輸糧值役管業無阻。其銀當日一併收足歸家用度。其田並無重疊典押在外，亦無各房叔伯兄弟子侄爭執，及諸般違礙等情，賣主自行理直，不涉買主之事。俱是兩相情願，各無番（翻）悔。恐後無憑，立此永遠杜絕文契照行。

再批：其田姜字五百八十八號並照行。

嘉慶六年　　　日立永遠杜絕文契曹世鳳（畫押）　　　　　　　　契

世昌（畫押）、世海（畫押）

伯思敬（畫○）、叔思倫（畫○）、明剛（畫○）

兄承天（畫押）、承文（畫○）、承周（畫○）

永遠杜絕文契大吉行　　　　代字伯思明（畫押）〔註184〕

以上兩份契約，中人都進行了署押，成為契約重要的組成部分。

清水江地區的買賣契約有中人不署押的情況。如姜宏章叔侄賣杉木山場契：

立賣杉木山場約人姜宏章、宏達、侄老喬……自願將到祖遺杉山一塊……自將名下小股出賣與姜映祥、映飛、紹呂三人名下承買為業。當日憑中議定……

姜宏達　　筆

嘉慶拾四年四月初八日　　　立」〔註185〕

從以上這則契約的內容看，該契約的中人沒有在契末署押。有的契約則把代書人與中人合二為一，如乾隆三十五年朱崇山賣地契：

立賣地元（園）約人朱崇山，為因生年得買下寨姜老福地元（園）一塊，崇山出賣與姜富宗為業。當日二面議定價銀一兩五錢正，清（親）手收回應用。乙（以）後如有不清，居（俱）在賣主理落，不與買主之事，賣主不得異言。恐後難憑，立賣地元（園）

〔註184〕張介人：《清代浙東契約文書輯選》〔M〕，杭州：浙江大學出版社，2011：31。

〔註185〕陳金全，梁聰：《貴州文斗寨苗族契約法律文書彙編——姜啟貴等家藏契約文書》〔M〕，北京：人民出版社，2015：57。

存照。

筆、中姜夢熊

乾隆三十五年閏五月初五日立等〔註186〕

姜老令、老路賣山契：

立斷賣山場杉木契人姜老令、老路……自己將到杉木上下二
處，土名鳩至，出賣與本族姜佐周名下承買為業。當日面議價銀上
塊作六錢，下塊作五錢……

代書　姜宗仁

賣主　姜老路、老令……」〔註187〕

從契約內容看，完全沒有中人參與的痕跡。清水江地區以上這種情況與
徽州和浙東地區十分重視中人，並注重發揮中人在契約中的徵信、調節等功
能的習慣做法存在著較為明顯的不同。清水江地區這種省略中人的做法到了
清代中後期，尤其嘉慶以後，還有增多的趨勢。根據《清水江文書》中所收錄
的889件無中人參與的買賣契約的時代分布看，「乾隆年間有18件、嘉慶41
件、道光104件、咸豐16件、同治23件、光緒108件、宣統39件、民國504
件」。〔註188〕這就將中國古代社會契約訂立中的「三面言定」原則變成了「雙
方商定」，中人的作用被大大弱化，契約訂立雙方擺脫了更多來自家族或鄉族
的限制與羈絆，為契約爭取到了更多自由與平等的空間。

（三）其他參與者的署押

契約訂立的過程中，除了立契人、中人的參與外，還有買方、代書人及

〔註186〕陳金全，杜萬華：《貴州錦屏文斗寨苗族契約法律文書彙編——姜元澤家
　　　藏契約文書》（北京：人民出版社，2008）一書中所收錄的買賣契約，將
　　　中人與代書人合二為一的契約可參見第 8、18、19、60、64、65、78、133、
　　　136、138、147、156、159、162、174、198、200、202、207、208、218、
　　　220、229、251、258、260、278、288、294、302、307、352、356、357、
　　　359、361、379、385、410、420、437、464、487 頁。
〔註187〕陳金全，杜萬華：《貴州錦屏文斗寨苗族契約法律文書彙編——姜元澤家藏契
　　　約文書》（北京：人民出版社，2008）一書中所收錄的買賣契約，屬於無中人
　　　參與訂立的契約可參見第 4、9、20、22、46、73、85、112、123、127、128、
　　　155、158、176、187、190、193、199、205、222、229、236、240、242、249、
　　　250、256、275、277、283、298、349、367、380、402 頁。
〔註188〕吳才茂：《民間文書與清水江地區的社會變遷》〔M〕，北京：民族出版社，
　　　2016：38。

－161－

與交易標的相關的親鄰參與。為了確保契約的效力，這些群體中有的參與者也需要在契末署押的，但具體到三地的買賣契約，他們參與署押的情況是不盡相同的。

首先，參與契約訂立的買方無論在清水江、徽州還是浙東地區基本上都不進行署押。這是因為清代買賣契約均採取「單契」，買方個人信息出現在契約文本中的意義並不大，因此也無需在契末署押。

其次，代書人一般會在契末署押。如道光二十四年王良海賣山契：「……代字陳學本（畫押）」〔註189〕、乾隆二十九年姜保藐賣山契：「代書人　文炯」〔註190〕、順治八年休寧縣汪國震賣田契：「代書　汪致和」〔註191〕等。如果是立契人自己書寫，一般會在契末予以注明，如乾隆三十三年姜文彬賣田契：「……文彬　親筆　應（印）」〔註192〕、道光廿四年秉均賣田契〔註193〕、雍正八年休寧縣呂漢章賣地紅契：「立賣契人……親筆」〔註194〕。但是徽州地區部分契約往往只有立契人和中人的署押，但也沒有注明契約是立契人親自書寫，如康熙九年休寧縣吳一化賣地紅契：

二十一都圖八甲立賣契人吳一化，今因缺少使用……

康熙九年十二月初六日　　　立賣契人　　吳一化

主盟母　　吳阿鄭

憑中　　許公頌　許六吉　吳君祥　程社明〔註195〕

第三，為確保契約效力，與立契人相關的親鄰往往也參與契約訂立過程，並在契末署押。因受到宗族和鄉鄰力量的制約與影響，這種情況在徽

〔註189〕張介人：《清代浙東契約文書輯選》〔M〕，杭州：浙江大學出版社，2011：35。

〔註190〕陳金全，梁聰：《貴州文斗寨苗族契約法律文書彙編——姜啟貴等家藏契約文書》〔M〕，北京：人民出版社，2015：5。

〔註191〕張傳璽：《中國歷代契約粹編》（中冊）〔M〕，北京：北京大學出版社，2014：997。

〔註192〕陳金全，杜萬華：《貴州文斗寨苗族契約法律文書彙編——姜元澤家藏契約文書》〔M〕，北京：人民出版社，2008：13。

〔註193〕王萬盈：《清代寧波契約文書輯校》〔M〕，天津：天津古籍出版社，2008：61～62。

〔註194〕張傳璽：《中國歷代契約粹編》（中冊）〔M〕，北京：北京大學出版社，2014：1081。

〔註195〕張傳璽：《中國歷代契約粹編》（中冊）〔M〕，北京：北京大學出版社，2014：1013～1014。

州和浙東地區更為普遍。如順治三年休寧縣許九老賣地房白契〔註196〕的契末署押除了許九老之外，還有其子「許松壽、嘉壽、潤壽、勝壽」，以及與立契人同姓的「中見人，許朋石、許獻可、許際可」，考慮到中國古代社會經常是聚族而居，同姓之人一般都具有或親或疏的親屬關係，契約中的許九老與中見人許朋石、許獻可和許際可有親屬關係的可能性很大，表明親鄰對田房財產交易具有一定的參與權。雍正十二年休寧縣陳立山賣地紅契〔註197〕的憑中是立契人的房侄和族兄，並在契末進行了署押，亦表明親鄰對該交易的介入。這種情況在浙東地區也較為常見，如道光廿五年寧波皆治賣地契〔註198〕不僅有立契人的兄弟皆平、廣土和廣文的署押，還有中人永寧和榮教，以及代筆宏興的署押，從而確保該交易標的所有權的無爭議，防止因財產所有權不清而引發的糾紛。清水江地區的買賣交易受到鄉族力量的影響與制約相對要小的多，因為在具體契約訂立過程中，中人的人數往往較少，而且多為自己的親屬，並不刻意地再另外請親屬之外的其他人參與契約的訂立，程序較為簡單，反映了該地區遵守承諾的良好民風。

二、署押形式

　　清水江、徽州和浙東地區契末署押的形式存在較為明顯的區別。清水江一般都是參與者簽名即可，這種情況在《貴州錦屏文斗寨苗族契約法律文書彙編──姜元澤家藏契約文書》和《貴州錦屏文斗寨苗族契約法律文書彙編──姜啟貴等家藏契約文書》中所收錄的買賣契約中表現比較突出，其形式（如圖4-6）。

　　有的契約專門標注了畫押的情況，如乾隆三十年潘獻魁賣油樹契：

　　　　立賣油樹契人潘獻魁。今因家下要銀用度……

　　　　　　　　　憑中：吳廷舉（畫押）

　　　　　　　　　代筆：潘獻雲（畫押）

〔註196〕張傳璽：《中國歷代契約粹編》（中冊）〔M〕，北京：北京大學出版社，2014：994～995。

〔註197〕張傳璽：《中國歷代契約粹編》（中冊）〔M〕，北京：北京大學出版社，2014：1091。

〔註198〕王萬盈：《清代寧波契約文書輯校》〔M〕，天津：天津古籍出版社，2008：70。

乾隆三十四年四月初一日立」〔註199〕

有的契約則出現了專門的「畫字人」履行「畫字」程序，以便證實當事人親自履行畫押手續，如嘉慶二十三年龍之用沖得獻茶山斷賣契：

立斷賣茶山杉木核桃約人龍之用。為因缺少費用，無處出息……

憑　　證：族叔明章（畫押）

畫字人：大權（畫押）

代　　書：族叔大學（畫押）

嘉慶貳拾三年五月初五日立〔註200〕

圖 4-6　嘉慶十五年姜宗禮賣荒坪杉木契〔註201〕

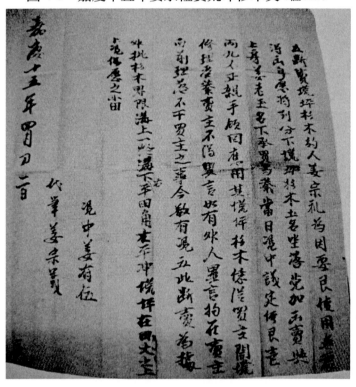

〔註199〕吳才茂：《民間文書與清水江地區的社會變遷》〔M〕，北京：民族出版社，2016：184。

〔註200〕出現畫字的契約可參見高聰，譚洪沛主編：《貴州清水江流域明清土司契約文書》（九南篇）（北京：民族出版社）2013：11、13、15、17、29、41、110、112、114、115、119、120、121、122、125、126、127、140、168、211、338、343、345、349、355。

〔註201〕陳金全，梁聰：《貴州文斗寨苗族契約法律文書彙編——姜啟貴等家藏契約文書》〔M〕，北京：人民出版社，2015：65。

　　清水江地區專門畫押和出現「畫字人」的契約並不多見，應該可以看做是特例，而不是普遍現象。另外，清水江地區女性簽署的買賣契約同男性契約主體一樣一般不在契末署押，即使署押（根據學者吳才茂的統計，目前僅見四例〔註202〕），其形式也與男性訂立的契約並無二致，似乎說明清水江地區女性進行財產交易時具有與男性同等的權利和地位。

　　徽州和浙東地區除了要求立契人、中人、代書人在契末署名之外，一般情況下還要求他們畫押，但兩地畫押的形式存在一定的差別。清代徽州契末署押的形式有畫「十」字、或畫「〇」、或署名等幾種形式。女性訂立的契約，畫押的形式一般為畫「〇」，以區別於男性的畫「十」。浙東地區契末署押的形式比較多，有畫「十」、畫「〇」、點墨、署名、畫押等多種形式（如圖4-7），且可以在同一張契約中使用不同的畫押形式，如咸豐五年葉增有賣屋契中並列了「見賣阿毛（畫〇）」和「中彩廷（畫押）、廷芬（畫押）、武昌（畫十）」〔註203〕三種畫押形式。道光四年沈允科賣田給賜福財神會找絕契的中人葉雨言的署押方式是「點墨」〔註204〕。女性訂立契約的署押形式亦比較多變，有在契末署名的（如咸豐六年寧波毛門盛氏賣屋契〔註205〕）、有畫「〇」的（如道光十五年慈谿縣曹黃氏賣屋契〔註206〕），也有畫「十」的（如宣統二年慈谿縣葉陳氏賣屋契〔註207〕），還有點墨（如乾隆三十七年慈谿縣嫂樓蔡氏賣田契〔註208〕）和畫叉的（如咸豐五年慈谿縣韓岑氏同男鵬華賣地契〔註209〕）。

〔註202〕吳才茂：《清水江文書所見清代苗族女性買賣土地契約的形制與特點——兼與徽州文書之比較》〔J〕，安徽師範大學學報（人文社會科學版），2017，45（03）：281～288。

〔註203〕張介人：《清代浙東契約文書輯選》〔M〕，杭州：浙江大學出版社，2011：76。

〔註204〕張介人：《清代浙東契約文書輯選》〔M〕，杭州：浙江大學出版社，2011：44。

〔註205〕王萬盈：《清代寧波契約文書輯校》〔M〕，天津：天津古籍出版社，2008：160、34、36、168、229、231。

〔註206〕張介人：《清代浙東契約文書輯選》〔M〕，浙江：浙江大學出版社，2011：34、39、51、82、91、93。

〔註207〕張介人：《清代浙東契約文書輯選》〔M〕，浙江：浙江大學出版社，2011：83、41、84。

〔註208〕張介人：《清代浙東契約文書輯選》〔M〕，浙江：浙江大學出版社，2011：11。

〔註209〕張介人：《清代浙東契約文書輯選》〔M〕，浙江：浙江大學出版社，2011：89。

　　三地在契約要件設置及其內容表述上存在著較為明顯差異的原因，一是受到所在地區契約實踐需求多樣化的影響。三地買賣契約訂立雙方基於自身的利益訴求，往往對一些官方規則做出某些有益於維護雙方利益的變通。如引入中人、對契約訂立時間、金額的缺省設置、自己書寫契約、訂立白契等等，既可以有效促成交易的完成，又可以盡可能避免國家權力的介入，在最大程度上保全雙方的利益。徽州和浙東地區稅賦負擔沉重，所以徽州買賣契約中的成契理由以「錢糧無辦」「賦稅所逼」所佔比例最大。顧炎武曾言：「（徽州）嘉靖以來，又益以不時之派，一歲之中，徵求亟至，其弊孔開之，由一二大賈積資在外，有殷富名，致使部曹監司議賦視他郡往往為重。其實商賈，雖餘貲多不置田業，田業乃在農民，賦煩役重，商人有稅糧者，尚能支之，農民騷苦矣。」〔註210〕浙東也有以「錢糧無辦」〔註211〕作為成契理由的買賣契約，如「道光十八年連效賣田契、咸豐四年送金賣田契」〔註212〕等，亦是對賦稅沉冗的一種原始記錄和直接反映。為了減輕契稅負擔和減少官府胥吏衙役的盤剝，徽州和浙東地區在契約實踐中形成了許多旨在避稅的習慣性做法，如在契約訂立之後，再重新抄寫一份交易金額較少的契約，作為投稅的憑證，以便少交稅金；或將一份契約分寫為若干份，投稅時只拿出其中一份；或者在契約上直接將交易金額做缺省設置，在必須投稅時由買主自行填寫交易額；或者是不寫交易時間，防止官府發現因拖延沒及時交納契稅而受到懲罰。清代對於繳納契稅的時間是有法律規定的，一般為一年左右，「宣統元年則統一規定期限為半年報稅」〔註213〕。

　　清水江地區則因契稅制度的鬆弛，所訂契約絕大多數為白契，亦鮮見將「賦役所逼」作為理由的契約，似乎也沒有必要因為避稅的需要而對個別契約要件進行缺省設置，反而是在林業經濟的驅動下，圍繞著林地、林場和林木的權屬買賣十分頻繁，契約具有明顯的林業特徵。再加上官方所倡導「田土細事」糾紛的非訴訟解決，也為民間契約秩序的「自我提供」形成了良好的外部環境。「日本法學家寺田浩明在對明清時期中國傳統契約研究後認為當

〔註210〕（嘉靖）《徽州府志》卷八《食貨志》。

〔註211〕王萬盈：《清代寧波契約文書輯校》〔M〕，天津：天津古籍出版社，2008：108。

〔註212〕王萬盈：《清代寧波契約文書輯校》〔M〕，天津：天津古籍出版社，2008：39、146。

〔註213〕《大清宣統新法令》，商務印書館，宣統二年刻本，31。

時在『法的領域』之外，還存在著一個『契約的領域』。」〔註214〕他指出：「總之，同其他文明的法文化一樣，明清時期的中國法中契約和法律本身同等重要，它構成了法秩序另一個不可或缺的側面。」〔註215〕此外，民間日用雜書刊載的各種契約格式，因其具有更高的靈活性和變通性，種類又較之官頒契紙來得多，能更好地滿足某個地區契約實踐的現實需要，利於在更大範圍內的傳播，由此也成為塑造不同地區契約要件差異化的重要力量之一。

圖4-7 乾隆五十九年顧廷祐賣田給賜福財神會契〔註216〕

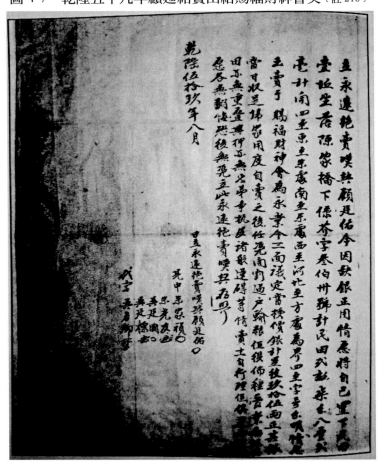

〔註214〕 張陽陽：《清代黔東南契約習慣法與國家法的衝突與調適》〔J〕，原生態民族文化學刊，2017，9（03）：70～75。

〔註215〕 寺田浩明：《明清時期法秩序中「約」的性質》〔M〕，載滋賀秀三等，《明清時期的民事審判與民間契約》，北京：法律出版社，1998：140～141。

〔註216〕 張介人：《清代浙東契約文書輯選》〔M〕，杭州：浙江大學出版社，2011：42。

　　造成三地買賣契約要件差異化的另一個重要原因就是緣於民間習慣法的迥異。古代中國中央政府對地方的控制一般「至縣而止」，這就為基層自治提供了可能和空間。事實證明，清代各個地區的確留存了大量的「於鄉民生產、生活和交易具指導及一定約束作用的規範，如佃田須交押租錢，借錢須以田房作抵，土地交易中原業主有脫業錢等。」〔註217〕我們常常稱之為「鄉規」或「俗例」，因其產生於民間百姓長期的生活實踐，所以其形式和內容也並不固定和統一，往往因地而異，隨時而變，但其功能卻非常實用，能夠有效地約束所在地區人們的行為，對於契約實踐中參與者的行為也不例外，是契約訂立者的行為準則之一。實際上「各朝代的實定法偏重於刑事法，而關於民事法的成分甚少，大率委於民間習慣。」〔註218〕汪輝祖的《佐治藥言》專列「體俗情篇」，提出「為幕之學，尚讀律。其應用之妙，尤山體人情之所在。蓋各處風俗往往不同，必須虛心體問，就其俗尚所宜，隨時調劑，然後傅以律令，則上下相協，官聲得著，幕望自隆。」〔註219〕清末《大清民律草案》開篇第一條闡明：「本律所未規定者，依習慣法；無習慣法者，依條理」，體現了對民間習慣法的認可和尊重。清水江、徽州和浙東地區的風俗習慣各異，對各地買賣契約產生了較大影響。

　　以清水江地區為例，習慣法是苗侗民族重要的行為準則，發揮著維持當地社會秩序的重要作用，在一定程度上起著法律的規範作用。在諸如林場、林地、房屋等的交易活動中，誠信守諾、公平交易、救濟幫扶老弱等原則發揮著規範交易行為，維護市場秩序的重要功能，反映到契約實踐中，就是民間白契的數量占絕對優勢；即使無中人或立契人不署押，也能促成契約的訂立及其效力的發揮；一旦訂立契約，買賣標的物就會一次性完成轉移，罕見回贖或找價行為等等。這些都和清水江地區的「鄉規」或「俗例」（習慣法）在契約實踐中所發揮的作用不無關係。

　　在「鄉規」「俗例」的規範下，清水江地區的買賣契約在契約要件的構成、排列順序、對要件的描述等方面也都呈現出與徽州和浙東買賣契約不同的面貌而具有明顯的地域特點和民族特色。正如梁治平先生所指出的那

〔註217〕梁治平：《清代習慣法》〔M〕，桂林：廣西師範大學出版社，2015：38。

〔註218〕張應強，王宗勳：《清水江文書》，第一輯（第三冊）〔M〕，桂林：廣西師範大學出版社，2007：284。

〔註219〕汪輝祖：《佐治藥言》〔M〕，李敖精編，天津古籍出版社，2017：425。

樣,「習慣法就像是風景,從南到北,自東洎西,習慣隨風景變換。」〔註220〕
由此推彼,徽州和浙東地區因其自然環境、經濟社會發展和風俗習慣與清
水江地區的不同,自然也會有「鄉規」「俗例」對買賣交易及契約訂立產生
影響。如徽州地區有不動產的轉讓必須交付上手契的習慣做法,因此徽州
地區的買賣契約中的「再批」內容之一就是側重於對「上手契」的說明,以
保證買賣標的物的可靠來源,維護買方的權益。小農經濟條件下,土地不僅
具有經濟價值,是農戶生計的主要來源,還具有對農家生活提供安全保障
的社會意義。在農業經濟占主體地位的浙東地區,無論從土地收入的經濟
價值或從對土地的情感、觀念等非經濟價值出發,不到迫不得已是絕不肯
輕易出賣土地的。即使出賣,也寄希望於有朝一日能通過回贖再次獲得對
土地的佔有權,因此契約批註內容往往與回贖約定密切相關。如同治四年
四月韓如淵賣屋契〔註221〕中不僅有「添加『界』字一個並照行,內發票紙
一紙並照行」的字樣,還有「再批:不拘年月,在後見契照(找)為原價取
贖,利息是為長年貳分起息並照行」等字樣來約定贖買的內容。道光三十八
年陳兆林賣地契(「慈谿縣印」兩處,官方契尾)〔註222〕中也有「再批:日
後贖者每兩作錢壹千並聽費(收息)取贖並照行」的字樣,並且得到了官方
認可。這種對回贖通過批註方式加以限定的情況在浙東地區比較常見。

總之,在利益分配關係中所形成的各地不同的「鄉規」「俗例」已成為鄉
民日常生活中所共同認可的規範,所以在他們心目中,習慣法就是一種生活
規則,也是一種無形的制度資源。體現在契約實踐中,就是國家法之外的習
慣性契約訂立原則,由此亦造成了不同地區契約要件實際構成及其內容表述
的差異。

〔註220〕梁治平:《清代習慣法》〔M〕,桂林:廣西師範大學出版社,2015:54。
〔註221〕張介人:《清代浙東契約文書輯選》〔M〕,杭州:浙江大學出版社,2011:
92。
〔註222〕張介人:《清代浙東契約文書輯選》〔M〕,杭州:浙江大學出版社,2011:
37。

第五章　契約訂立程序

契約的訂立程序是指訂立買賣契約必須經過的環節與步驟，由於田地、房屋、林木或林場等的買賣與國家利益以及優先購買權人的利益密切相關，所以法律規定其交易必須履行一定的程序才算是合法有效的。學者周遠廉和謝肇華通過研究後提出，在清代前期，「買賣田產的手續，……一般是從業主請託中人，先問親房原業，然後尋找買主，三方當面議價，書立賣地文契，交納田價，付給畫字銀、喜禮銀、脫業錢，丈量地畝，並依照法則，報官投稅，更寫檔冊，過割銀糧，這樣算是進行了買地的第一個階段。嗣後，還要經過找價、回贖、絕賣，才徹底完成了這塊土地的買賣。」〔註1〕實際上，不僅是在清代前期，整個有清一代，乃至到民國時期，各地的田地、房屋、林木、林場的買賣都在上述環節與步驟中進行著，清水江、徽州和浙東地區亦然，只是由於三地經濟和社會結構存在一定差別，即使是相同的契約程序安排在實際的操作中也表現出明顯的不同。

第一節　先買權

現代民法中，「先買權」主要存在於不動產買賣交易中。就清代的田宅買賣而言，「先買權是指田宅在出典、出賣時，一定範圍內的主體在同等條件下，根據不同情況對該田宅享有優先購買或回贖的權利。」〔註2〕宋以後的國家法

〔註1〕周遠廉，謝肇華：《清代租佃制研究》〔M〕，瀋陽：遼寧人民出版社，1986：34。
〔註2〕呂志興：《中國古代不動產優先購買權制度研究》〔J〕，現代法學，2000（01）：124～128。

律都有「先買權」的相關條例。宋律規定，「田宅出典、出賣時，出讓人的房親、鄰人、承租人、典權人對該田宅根據不同情況，分別享有優先購買權；還就行使該『先買權』的條件、順序、形式及時效期間等作了詳細的規定。」〔註3〕元代繼承了宋代關於「先買權」的相關規定。到明清時期，在國家正式法律條文中，對「先買權」並沒有十分明確的規定，相反，為了減少因「先買權」而引發的田宅糾紛，清代規定，如果有人「執產動歸原先盡親鄰之說，藉端掯勒，希圖短價者，俱照不應重律治罪」。〔註4〕雍正以後，還頒布了幾道法令以消除「先買權」在田宅交易中的影響。乾隆九年，出臺了「各省業主之田，出資財而任買」〔註5〕的規定，對「先買權」實際上採取了否定的態度。但是由於「先買權」與古代中國社會特有的地緣、血緣緊密相關，具有一定的合理性，因此就不可能因為朝廷的一紙法令而終止或消失。在清代相當數量的買賣契約中，我們都能看到「先問房親，次問四鄰，著價不買」「賣主子孫房族人等不得異言」等類似的表達，說明民間契約訂立習慣中對「先買權」的認可與保留。從清代土地交易的統計結果看，「親族承買的土地，約占五分之一至三分之一。」〔註6〕但因受到經濟社會發展不均衡等因素的影響，清水江、徽州和浙東地區對於「先買權」的態度和處理方式還是有一定差別的。

一、先買權的不同表述方式

　　楊國楨先生認為：「到清代，先盡房親、地鄰的習俗依然保存下來，但在文契上的限制有所鬆弛，可以不必用文字在契內標明。」〔註7〕這種情況在三地買賣契約中都有所體現，但在具體表述方式上不盡相同。如：

　　　　立永賣契：滿湊同弟贈湊今因乏用，情願將太祖祀田一處，坐落土名車盤，計田一坵，糧計二分零，其田址知明不具，情願將自己並故兄大治名下共十貳股得一盡賣與坤山為業，三面議開……自賣之後，任從出錢人管業輪流佈種收花，恐後無憑，立此永賣契

〔註3〕呂志興：《中國古代不動產優先購買權制度研究》〔J〕，現代法學，2000（01）：124～128。

〔註4〕〔清〕《大清會典事例》（卷七五五）〔M〕，趙雲田點校，中國藏學出版社，2006。

〔註5〕〔清〕《高宗實錄》（卷一七五）〔M〕，北京：華文書局，1982。

〔註6〕張晉藩：《清代民法綜論》〔M〕，北京：中國政法大學出版社，1998：142。

〔註7〕楊國楨：《明清土地契約文書研究》〔M〕，北京：中國人民大學出版社，2009：188。

為照〔註8〕

　　該契約內容表明財產是在買賣雙方之間轉移，沒有與親鄰相關的語句表述，至少在契約內容上看不到對「先買權」的表述。

　　順治十二年休寧縣許敬齋賣地契也有類似情況，契約中對於「先買權」沒有明確的表述，只是用「倘（有）重複交易不明等事，盡是賣人之（支）當，不涉賣人之事」〔註9〕，而且契末只有中人黃善號（與許敬齋應該沒有親屬關係）署名，表明在文字上對「先買權」的表述趨於簡略化。

　　清水江地區嘉慶十二年王德隆父子賣田契中用「其田付與買主耕種管業，日後不得異言。」〔註10〕從語義上理解，似乎並未涉及到親鄰的「先買權」。

　　三地還有些契約則在語句表述上非常簡略地、含糊不清地涉及到「先買權」，如與滿湊賣田契約年代非常接近的另一份契約——道光十五年貴壽賣田契是這樣表述的：

　　　　立永賣契：貴壽今因乏用，情願將祐佐太祖祀田壹處，土坐車盤，計田壹坵，糧計六分零，其四址知明不具，情願將此田拾貳股得一自己名下盡出賣與坤山為業⋯⋯自賣之後，任從出錢人管業收花，此係兩願，各無異言，恐後無憑，立此永賣契為照⋯⋯

　　　　道光十五年八月　　　日立永賣契貴壽押

　　　　同弟　　貴興押

　　　　同弟　　國慶押

　　　　同侄　　海雲押

　　　　同侄　　徐貴押

　　　　貴壽筆。〔註11〕

　　該契約中的「各無異言」是對「先買權」比較含糊的表述，趨於簡單化，但是因為契末有立契人的弟、侄的署名，表明「先買權」實際上是存在的。

　　　　順治七年休寧縣吳啟祐賣地契：二十五都圖立賣契人吳啟祐，

〔註8〕王萬盈：《清代寧波契約文書輯校》〔M〕，天津：天津古籍出版社，2008：10。

〔註9〕張傳璽：《中國歷代契約粹編》（中冊）〔M〕，北京：北京大學出版社，2014：1006。

〔註10〕陳金全，杜萬華：《貴州文斗寨苗族契約法律文書彙編——姜元澤家藏契約文書》〔M〕，北京，人民出版社，2008：84。

〔註11〕王萬盈：《清代寧波契約文書輯校》〔M〕，天津：天津古籍出版社，2008：11。

今將續置到彼字三千三四十五土名汪祈山，該身地稅乙分六釐六毛，計租一斗六升。其地東至　　，西至　　，南至　　，北至　　。今將前項四至內地盡行出賣與　畢　名下為業，當的價紋銀壹兩五錢正。再不另立領約。未賣之先，不曾與他人重複交易，賣後聽從買主挑造收稅管業。倘內外異說，賣人之（支）當，不涉買人之事。今恐無憑，立此 賣契存炤。

　　順治七年　月　日　　　　　立賣契人　吳啟祐

　　　　居間〔註12〕

清水江嘉慶十年姜紹牙賣木契用「如有不清，俱在賣主上前理落，不干買主之事」〔註13〕含糊地涉及到了親鄰的「先買權」。

美國法學家博登海默曾指出：「與一個社會的正當觀念或實際要求相牴觸的法律，很可能會因為人們對它們的消極牴觸以及在對它們進行長期監督和約束方面所具有的困難而喪失其效力。」〔註14〕「親鄰先買權」之所以「無視」清代國家法的規定，有如此頑強的生命力，筆者以為原因有四：

首先，這種習慣是和中國社會特有的血緣、地緣緊緊聯繫在一起的。楊國禎先生認為「先買權產生的根源是鄉族共同體或豪強的暴力的結果，是來自血緣共同體關係殘留下來的限制。」〔註15〕筆者以為的確如此，家族聚居是中國古代社會的一般形態，「作為親屬組織的宗族或家族不僅是古代社會重要的政治、經濟單元，也是流佈最普遍的社會組織和最重要的社會關係網。」〔註16〕親密的血緣關係限制著若干社會活動，社會成員彼此之間的依賴程度非常高。費孝通先生亦認為，中國古代社會「是一個『熟悉』的社會，沒有陌生人的社會」〔註17〕。傳統農業社會生產方式對田地所特有的倚重，直接造就了「親即是鄰，鄰即是親」、血緣與地緣高度重合的社會結構關係，

〔註12〕張傳璽：《中國歷代契約粹編》（中冊）〔M〕，北京：北京大學出版社，2014：996。

〔註13〕陳金全，杜萬華：《貴州文斗寨苗族契約法律文書彙編——姜元澤家藏契約文書》〔M〕，北京，人民出版社，2008：80。

〔註14〕E．博登海默著，鄧正來譯：《法理學法律哲學與法律方法》〔M〕，北京：中國政法大學出版社，2004：403～404。

〔註15〕楊國禎：《明清土地契約文書研究》〔M〕，北京：人民出版社，1988。

〔註16〕魏道明：《秩序與情感的衝突——解讀清代的親屬相犯案件》〔M〕，北京：中國社會科學出版社，2013：107。

〔註17〕費孝通：《鄉土中國·生育制度》〔M〕，北京：北京大學出版社，1998：6。

再加上「安土重遷」的傳統習慣，社會和個人在這裡變得渾然一體，田地的變遷自然成為親鄰共同關注的頭等大事。由此在契約實踐中形成和一以貫之的「先買權」無疑具有重要的社會意義，「它有助於規範人們的行為並處理好親鄰關係，因此也為每個個體或家庭在地緣與血緣高度重合的社會結構中贏得必要的生存空間，隨即成為一種生活的需要，在契約實踐中得以普遍認可和遵循。」〔註18〕

其次，「先買權」還承載著非常實用的經濟功能，即和賦稅徵收密切相關。早在順治五年，清政府就大力推行里甲制度，其具體內容是：「凡里百有十戶，推丁多者十人為長，餘百戶為十甲。歲除里長一，管攝一里事。城中曰坊，近城曰廂，鄉里曰里。里長十人，輪流應徵，催辦錢糧，勾攝公事，十年一周，以丁數多寡為次，令催納各戶錢糧，不以差瑤纍之。編審之法，核實天下丁口，具載版籍。年六十以上開除，十六以上填注，丁增而賦隨之。〔註19〕可見賦稅的徵收是以「甲」為單位進行的，即本「甲」內的稅糧或稅銀都同在一個甲內，如果「甲」內的某姓族內有戶絕，其所應繳納的稅糧或稅銀則由絕戶最近的親族完納；若近的親族亦戶絕時，則由較遠的親族完納；如近遠皆絕，則由某姓同「甲」之內的其他姓氏的戶口完納稅糧或稅銀，因此有「甲倒累甲、戶倒累戶」之說，同「甲」內的丁戶實際上有著非常緊密的經濟聯繫，利益密切相關。從乾隆四十七年休寧縣里長程文明等代業戶賣空地契我們可以窺其端倪。該契約內容如下：

> 三都六圖立杜賣契一甲程文明戶、三甲閔永盛戶、四甲吳應兆戶、五甲任良德戶、六甲汪九章戶、七甲吳尚賢戶、八甲金文禮戶、九甲朱文翰戶、十甲陳天寵戶，緣因本圖二甲吳一坤戶丁遠年在外，杳無音信。所有甲內錢糧及里排貼費無從措辦。曾於乾隆弍十七年，查出一坤戶內由空地一片，坐落土名長汀，係新丈暑字七百卅四號，於康熙年間，被同甲余憲章零星出當於人作厝風水，而憲章又已故歿，僅存蟆蛉一子，乳名孫仍，屢年誤公，遺累身等。是以公同具呈在前任　胡縣主臺前控理，蒙批差押取贖還公，奈孫仍貧乏無銀，向取其甲內錢糧並各貼費，延損不管，遞年累及身等各甲賠貼。是以公同酌議，似此賠貼無償，情理不

〔註18〕葉顯恩：《明清徽州農村社會與僕佃制》〔M〕，安徽人民出版社，1983：54。
〔註19〕《清史稿》（卷一二一）〔M〕，北京：中華書局，1997。

甘。於廿九年將號內余姓原典與吳柏處厝基地一段，央中關說各甲，立契杜賣與吳柏處永久存墳。卅三年、四十年，因公無辦，又湊稅兩契。其契價銀兩，除還各甲賠項及代一坤戶修理祖塋外，仍餘銀存十甲陳景山處生息，代辦二甲公事用。不料景山客死於外，其銀無從追出，來年又值二甲總催，無人辦理，兼令費用無處措辦，是以集各甲嘀議，管理既無人承認，公舉費用又無出辦，仍舊公派，賠累無休，將來勢必誤公。今凂中再次向吳柏處說和，將原賣過暑字七伯卅四號厝地外，仍有左右空地及前餘姓當與朱、汪名下菜園厝地，繪圖劃定步則四至，眼同釘（訂）界，計步壹佰式十八步三釐七毛五絲，計中則地稅五分一釐式毛壹絲五忽，憑中立契杜賣與

吳柏戶處為業，保護風水及厝作風水。當成契日，得受契價九五色銀五拾兩整。其銀身等領去，公同酌議，代二甲立一急公會，各甲遵守久遠辦公。倘日後吳一坤戶丁回家，及有一切內外人等生情異說者，身等自有公論，決不干涉受業之事。其餘姓出當與朱姓、汪姓當契，面同用價取出，並本號挖取新僉票共四紙，一併繳付守業人收執。其稅糧隨即在二甲吳一坤戶內起割，推入買人三都五圖吳柏戶內辦納糧差。今欲有憑，公同立此杜賣契文久遠存照。

乾隆四十七年拾貳月　日立杜賣契文一甲　程文明　任程兆成
　　　　　　　　　　　　　　　　三甲　閔永盛　閔貽谷
　　　　　　　　　　　　　　　　四甲　吳應兆　吳譽章
　　　　　　　　　　　　　　　　五甲　任良德　任敬榮
　　　　　　　　　　　　　　　　六甲　汪九章　汪　起
　　　　　　　　　　　　　　　　七甲　吳尚賢　吳文遠
　　　　　　　　　　　　　　　　八甲　金文禮　金獻廷
　　　　　　　　　　　　　　　　九甲　朱文翰　朱宗琯
　　　　　　　　　　　　　　　　十甲　陳天寵　陳興仁
　　　　　　　　　　　　　憑冊里　陳騰□　陳師濂
　　　　　　　　　　　　　憑圖正　陳晉山
　　憑中　陳敷五　朱宗海　吳　予　朱君輔　吳右□　黃雲山

　　　　朱光遠　　汪璧友　　金士松（押）　　吳秀文

　　　　吳永兆（押）　吳士英」

　　代筆　朱昆香〔註20〕

　　該契約給我們傳遞的重要信息有二：一是印證了清代的以甲為單位的
賦稅徵收方式，如果甲內如有丁戶無法完納錢糧，則要由各甲墊付，即契約
中所說的「向取其甲內錢糧並各貼費，延損不管，遞年累及身等各甲賠貼」。
二是該契的立契理由恰恰是各甲不願再繼續墊付二甲吳一坤所應繳納的賦
稅了，所以一起商定將其「賣過署字七伯卅四號厝地的左右空地」和「菜園
厝地」賣掉，以填補之前他所虧欠的費用，可見甲內各丁戶的利益是緊密聯
繫在一起的。這就使得土地買賣中的「親鄰先買權」具有了非常重要的經濟
功能，只要保有甲內的土地，就能順利完成賦稅的繳納，否則就會受到牽連
而損失自身的利益，這應該是「先買權」慣習持久存在的最直接的動因了。
由此，日本學者岸本美緒亦認為「先買權是當時人們對認為是過分了的土
地流失採取的一種防衛性反應。」〔註21〕

　　第三，與小農經濟的生產方式密切相關。小農經濟是以家庭為生產單
位，開展的小土地分散式經營。因受生產力水平的限制，其生產方式下的土
地經營規模十分有限，再加上古代社會諸子均分家產的慣習、人口急劇地
增長以及生產力水平不斷提升等因素的影響，到了清代，土地的分散式經
營達到了其發展的頂峰。在這種土地分散式經營模式下，土地於一個家庭
生計就具有了非凡的意義和重要性，買賣土地往往是不得已才為之，而且
多在同族或同村內進行。章有義先生認為，「因為土地本身所具有的多重意
義，使得業主不會輕易出賣土地，即使是在萬不得已的情形下，也是將土地
分割成小塊，而在買主一方，一般多是中小業主，往往要積蓄多年才有能力
購買一小片土地，大量買進土地是財力所不允許的。」〔註22〕趙岡先生亦
認為，「正是這種土地零細化和小額化的特徵，使得買主在購買土地時不能
離自己的居住地太遠，否則不利於耕作和管理，即使是把土地租給佃戶耕
種也不現實，使得土地交易不能在一個廣闊的、遠距離的地域內發展。」

〔註20〕張傳璽：《中國歷代契約粹編》（中冊）〔M〕，北京：北京大學出版社，2014：
　　　　1189～1190。

〔註21〕〔日〕岸本美緒：《明清契約文書載明清時期的民事審判與民間契約》〔M〕，
　　　　北京：法律出版社，1998。

〔註22〕章有義：《明清徽州土地關係》〔M〕，北京中國社會科學出版社，1984：24。

〔註 23〕在這種情況下，宗族內部的土地與房產交易較為普遍。而共業者擁有的先買權，其「合理性」是顯而易見的，這在現代法律中也有幾乎相同的規定。對於合夥共有的山場、田產和房屋，出賣人即使是出賣自己的股數，也需事先徵詢其他共有人的意見，如果買受人承買共有財產而未經其他共有人同意，或其他共有人不知情，買受人難以順利取得其受讓的共有份額。

第四，與三地宗族的特點息息相關。宗族是一個以父系血緣為紐帶的親屬共同體，聚居在一個或臨近幾個村落，內部有明晰的昭穆次序和結構層次，以區分尊卑長幼和親疏遠近，具體表現為族譜中的世系和房支。為了增強宗族的凝聚力，一般會利用祠堂、祭祀田和義田等宗族公共財產，舉行祖先祭祀、撫恤孤貧老弱、開辦教育、制定家法宗規等活動，是中國古代村落社會生活的基礎。呂思勉先生在其《中國通史·族制》中談到，「族制的變遷，實以生活為其背景，而生活的變遷，則以經濟為其最重要的原因。」〔註 24〕不同地區宗族的發展與當地的經濟發展程度密切關聯。黃宗智先生根據滿鐵和他本人的口述歷史調查證明，「由於生態環境、村社歷史、居住形態的差異，華北平原和長江三角洲的村社形成了各自不同的一些特點。在華北平原，村莊首先由多個同族集團組成，然後在各個同族集團的基礎上，形成地緣性的超族村莊。而在長江三角洲，同族集團相對較強，地緣性的村莊則相對較弱或付之闕如。」〔註 25〕朱勇也認為，「南北宗族力量的強弱不同，影響人們宗法觀念的形成。南方社會普遍流行重血緣、明宗統的宗法意識。而在北方社會，宗法觀念不及南方流行，五方雜處，同族散居，人們的血緣、宗統意識較為淡薄。」〔註 26〕徽州和浙東屬於南方，經濟相對發達，宗族組織發展完備，勢力相對強大，絕大多數買賣契約都遵循了「先問親鄰」的習俗，親鄰先買權在契約中多有體現。清水江地區的生產方式相對落後，多倚重於「刀耕火種」，並輔之以漁獵採集，土地承載能力非常有限，一旦出現過多人口，就需要另覓安身之地，否則在當時的生產力水平之下，多餘人口的生計就無法得到保障。因此在清水江地區就很難形成規模和勢力強大的宗族，

〔註 23〕趙岡：《中國經濟制度史》〔M〕，北京中國經濟出版社，1991：1～2。
〔註 24〕呂思勉：《呂著中國通史》〔M〕，上海，華東師範大學出版社，2004：36。
〔註 25〕黃宗智：《長江三角洲的小農家庭和鄉村發展》〔M〕，中華書局，1992：148～155。
〔註 26〕朱勇：《中國法律的艱辛歷程》〔M〕，黑龍江人民出版社，2002：158～161。

而是因地制宜，形成了與當地經濟社會發展相適應的「房族」。「房族」以核心家庭為基礎，整個支系聚居一處，由能力強、明事理的人共同搭理房內事務。「房族」在清水江地區的村落社會中發揮著類似與徽州地區宗族的作用，這在買賣契約中的「要行出賣先問或作『盡』房族，後問或作『盡』鄉鄰」及「賣主房族兄弟不得異言」的字樣也可窺一斑。

　　總之，先買權在當時清代社會的語境下，其存在不僅必要，而且十分重要；如果說「契約本身標誌著一種特定的社會關係和秩序」〔註27〕那麼，「從秩序的角度而言，先買權的存在為土地的買賣提供了一個框架，成為一種非強制的規則，並且有著十分強大的限制力量。」〔註28〕對當時小農經濟社會具有高度的適應性，對於維繫當時的社會秩序具有一定的積極作用。

二、享有先買權的群體及其排列次序

　　中國古代契約中的「先買權」主要涉及「親族權」和「地鄰權」。所謂「親族權」就是指在典、賣田宅時，親族人對欲賣產業有優先購買權，從而儘量不使祖產、族產脫離本族。〔註29〕為此，家業在分割之際就先行規定「倘分析之後，或有興衰不齊，遺貨殆盡，棄產售業。必須賣與本支兄弟、叔侄之輩。改股房產更要湊與共業，不得故意拆賣出售他人，致使同業難保。而共業親支力可受者，亦不得故意措拒不受」。〔註30〕「地鄰權」則是指具有業緣聯繫者有優先典買鄰業地產的權力，是地鄰、業鄰利益關係的產物。〔註31〕

　　基於以上解釋，享有「先買權」的群體至少應該包括親族、房族、典權人、地鄰、原業主和租戶。但在清水江、徽州和浙東地區的契約實踐中，享有「優先權」群體的範圍是有差異的。清水江地區因典賣的不發達，財產交易幾乎都是一次性完成轉移，所以典權人的「優先權」較少被納入考慮範圍，而更為看重的是親族（尤其是兄弟）、房族的「優先權」，在契約中經常

〔註27〕蔣先福：《契約文明：法治文明的源與流》〔M〕，上海：上海人民出版社，1999：179。

〔註28〕吳欣：《明清時期的「中人」及其法律作用與意義——以明清徽州地方契約為例》〔J〕，南京大學法律評論，2004（01）：166～180。

〔註29〕劉道勝：《明清徽州宗族關係文書研究》〔D〕，安徽大學，2006。

〔註30〕《懋齋遺言》，劉和惠，汪慶元：《徽州土地關係》〔M〕，合肥：安徽人民出版社，2005：193。

〔註31〕劉道勝：《明清徽州宗族關係文書研究》〔D〕，安徽大學，2006。

能看到有「賣主子孫不得異言」〔註32〕「賣主兄弟不得異言」〔註33〕「賣主房叔兄弟不得異言」〔註34〕「賣主房族兄弟不得異言」〔註35〕等描述。部分契約中有「賣主房族弟兄以及外人不得異言」〔註36〕等的表述，也涉及到了地鄰的「優先權」。

此外，因林業經營需要投入大量的資金和人力，聯合佃山栽種杉木從而形成共有關係的情況在清水江地區十分普遍。在這種共有關係內部，各共有人對其應用的份額享有的權利是完全獨立的，可以獨立的轉讓其份額，從這個意義上說，「這種夥佃實質上是一種業權的細分或分割。」〔註37〕按道理說，這種林業合夥經營中的栽手與山主之間形成的租佃關係，相互之間應享有一定的權力（如「先買權」），如以下這則契約：

> 立斷賣栽手杉木人九懷魁傍寨龍士吉、光渭弟兄，今因家下缺
> 少銀用，無處得出，自願將到先年佃栽買主之地，土名翁扭，此山
> 地股栽股分為五股，地主占三股，栽（手）占一股，栽手二股分為
> 四小股，光渭弟兄占一小股，又得買文品一小股，士吉占一小股，

〔註32〕 在陳金全，杜萬華：《貴州文斗寨苗族契約法律文書彙編——姜元澤家藏契約文書（北京，人民出版社）一書所收買賣契約中，寫明「賣主子孫不得異言」的參見 32、123、134、150、162、197、198、227、249、298、332、353、361、277、379、394、455、466、467、504、533 頁。

〔註33〕 寫明「賣主兄弟不得異言」的參見上書第 3、10、11、38、42、48、54、55、56、57、74、92、118、126、153、155、156、166、193、210、222、274、278、285、330、344、348、358、364、378、399、414、452、453、455、487、499、505 頁。

〔註34〕 寫明「賣主房叔兄弟不得異言」的可參見陳金全，杜萬華：貴州文斗寨苗族契約法律文書彙編——姜元澤家藏契約文書》北京：人民出版社，第 5、12、16、19、33、47、73、77、278、338、390、535 頁。

〔註35〕 寫明「賣主房族兄弟不得異言」的參見上書第 8、9、13、30、34、41、50、52、71、81、86、88、90、120、121、122、128、129、132、133、138、154、163、183、188、191、203、211、212、216、217、218、219、220、239、244、258、259、262、263、269、288、293、315、324、340、343、357、361、374、382、383、388、397、398、448、451、465、484、492、494、509 頁。

〔註36〕 寫明「賣主房族弟兄以及外人不得異言」的參見上書第 5、10、13、16、19、30、33、42、43、50、71、74、121、128、150、153、189、191、203、210、211、221、227、243、246、263、302、308、310、311、317、340、354、、358、380、388、415、417、420、497、503、510 頁。

〔註37〕 李力：《清代民間契約中關於「夥」的觀念和習慣》〔J〕，法學家，2003（06）：39～49。

共合四股，今將四小股出賣與主家姜紹齊、紹熊、鍾太名下承買為業。當日憑中議定價銀五錢分正，親手領足應用。其山界至上憑汪講，下憑田，左憑買主與相德所〔共〕之山，右憑買主之山，四至分明。其木自賣之後，任憑買主修理管業，兄弟不得異言。倘若股數不清，具（俱）在賣主理落，不與買主之事。今恐後無憑，立有斷賣字為據。

代筆龍文甫
道光二十四年十二月二十八日立〔註38〕

該則契約的買賣雙方分別屬於兩個不同的寨子，買賣標的物的轉移應該是優先考慮了地主，因契約中未涉及中人（無中人署名），且交易金額小（銀五錢五分），所以徵詢親鄰同意的概率不大，由此大致可以推斷地主應該是享有「優先權」〔註39〕的。以下這則契約則明確的提到了地主的「先買權」：

立斷賣栽手杉木字人文堵寨姜光照，為因要銀用度，無出，自己將到先年得買姜志方栽手之股，地名風黎山……杉木地主栽手分為五股，地主占三股，栽手占貳股，今請中先問地主親房叔侄無人承買，自己請中將栽手貳股問到蔣日快大爺名下承買為業（後略）」

〔註40〕

該契約有「今請中先問地主親房叔侄無人承買」，由此可以判斷在清水江地區，享有「優先權」的群體至少有親族、房族、地鄰和具有共業關係的共業者。這些享有「優先權」群體的排列順序從契約內容看，應該是兄弟（如之前所說有大量契約提到「賣主兄弟／房族兄弟不得異言」）→親族→房族→地鄰→外寨親戚→共業者（理由詳見之後對姜萬年賣木契和范錫疇賣木契的分析）→外寨人→外來移民。

〔註38〕陳金全，杜萬華：《貴州文斗寨苗族契約法律文書彙編——姜元澤家藏契約文書》〔M〕，北京：人民出版社，2008：402，183。

〔註39〕共有物優先轉讓給共有者的契約還可參見陳金全，杜萬華《貴州文斗寨苗族契約法律文書彙編——姜元澤家藏契約文書》（北京：人民出版社，2008）第183、190、279、306、307、355、367、407、408、448、451、452、455、457、460頁。

〔註40〕陳金全，杜萬華：《貴州文斗寨苗族契約法律文書彙編——姜元澤家藏契約文書》〔M〕，北京：人民出版社，2008：340。

姜萬年賣木契：立斷賣山場杉木字人文斗下寨姜萬年，先年得
買本寨姜映發山場杉木壹塊，地名干榜，其山界至：上登頂，下憑
劉老常之山，左憑沖，右憑嶺抵買主之山木。此山與姜紹宏所共，
分著七股，得買映發壹股，今面憑中人將此一股出賣與本寨姜紹齊
兄名下承買〔為〕業⋯⋯

      憑中　姜紹懷

      道光十五年五月初三日　　萬年親筆立〔註41〕

    從契約內容看，契約所交易標的物是立契人姜萬年與姜紹宏所共有，分
七股，但最終的買受人是其兄姜紹齊（親族「先買權」是優先考慮的），由此
可見共業人的位次排序至少在親族和房族之後。

范錫疇賣木契：立賣杉木約人岩灣范錫疇，為因要銀無出，自
願將到杉木壹塊，地名也故野，上憑油山憑田為界，下憑田，左憑
紹鄉田角以嶺為界，右憑從故難從以老木憑嶺為界，此木分為貳股，
本名占壹股又壹塊皆也從修，上憑田，下憑水溝，左憑紹昭田角以
般（盤）岔為界，右憑小田角以小沖為界，此塊之木六股均分，本
名占壹股。今憑中人將此貳處木植出賣與舅父姜映輝名下承買為
業，當日言定價銀壹拾壹兩伍錢正，親手收用。其木自賣之後，任
從舅父蓄禁管業。長大砍盡，地歸原主，而賣主父子不得異言。今
恐無憑，立約存照

    憑中姜紹牙、范紹□

    嘉慶二十二年十二月二十三　日　父　范宗堯筆立〔註42〕

    從契約內容看，契約的標的物分為六股，范錫疇占一股，說明他有共業
人，但最終標的的買受人是其文斗寨的舅父姜映輝，由此可見，共業者的「優
先權」應該排在外寨親戚之後。梁治平先生分析認為，「先買權中也包含有維
護利益及尋求保障之『合理』動機。」〔註43〕山林作為一種不動產，出於方
便管理的因素，交易更適合在一個相對確定的狹小的地域內，而且親族之間

〔註41〕陳金全，杜萬華：《貴州文斗寨苗族契約法律文書彙編——姜元澤家藏契約文
書》〔M〕，北京：人民出版社，2008：318。

〔註42〕陳金全，杜萬華：《貴州文斗寨苗族契約法律文書彙編——姜元澤家藏契約文
書》〔M〕，北京：人民出版社，2008：162。

〔註43〕梁治平：《《清代習慣法》社會與國家》〔M〕：北京中國政法大學出版社，1996：
61。

的交易由於受到親情的約束和影響而變得更為穩固和安全，增強了交易的確定性與安全性。至於共業者擁有先買權，其「合理性」是顯而易見的，這在現代法律中也有幾乎相同的規定。對於合夥共有的山場或林木，出賣人即使是出賣自己的股數，也需事先徵詢其他共有人的意見，如果買受人承買共有財產而未經其他共有人同意或其他共有人不知情，買受人是很難順利地取得其受讓的共有份額的。

　　清代的徽州，宗族普遍聚居，因而親族權與地鄰權往往交叉存在，財產轉移的順序往往與親屬關係的遠近相重合，一般都是由內到外；出於管業方便性的考慮，在業緣關係的考慮上則遵循由近及遠的原則，由此既表現出一定的血緣性，又呈現出地緣性的特徵。康熙黟縣《橫岡胡氏支譜》之《家規‧壯卿公老家規》規定：「近宅冢基地田產，有出賣者，無得變賣他姓，須盡本家商量，從公估值。」〔註44〕「傳統社會的土地流動離不開特定地域市場這一空間維度，所謂『優先權』是特定地域市場下土地流動之利益關係的生動體現。」〔註45〕也就是說，個體家庭之間的財產交易，在聚族而居和親鄰優先權的共同影響下，其流動的範圍往往被限定在聚居的族群之內，尤其對於承祖鬮分的分籍產業，通過宗族內部的「湊便」「出頂」「兌換」等交易方式而形成的財產轉移更是普遍存在，由此進一步強化了親鄰的「優先權」。

　　此外，徽州各地的宗族本身往往擁有數量不菲的族產，包括田地、林場、公共墳地、祀田、義田、學田等。對於這些族產，以個體或家庭的名義是無權分割的，更不能盜賣，即使是從繼承性共業中標分得來的田產或房屋等財產，當所有者對其進行交易，這些財產所有權權屬關係的變化也要遵循「產不出戶」或「倒戶不倒族」的原則。其導致的結果就是這類族產（或公產）大多數情況下只能在親鄰之間進行買賣交易，由此又進一步強化了親鄰優先權和宗族勢力在各類財產交易中的影響力。如以下這則契約：

　　　　立杜賣大小田葉崇本堂支長葉守心、守鄖、守銘，今因公用，
　　合祠支丁議定，願將公產官字下略立契出賣與潘家潤名下為業，三
　　面議定得受時值價曹平紋銀肆兩正。其銀當即收足，其業隨即，眼
　　仝指業管業為規其稅交入買戶內支解輸糧（後略）。
　　　　光緒三十一年十月日立杜賣大小買田契：葉崇本堂

〔註44〕卞利：《明清徽州族規家法選編》〔M〕，合肥：黃山書社，2014：137。
〔註45〕劉道勝：《明清徽州宗族關係文書研究》〔D〕，安徽大學，2006。

　　　　支長：葉守鄖、葉守心、葉守銘……〔註46〕

　　契約交易標的「公產」的買賣是由財產分籍族人以同賣人、同立契人身份群體參與而完成的。

　　綜合以上兩點，清代徽州地區個體家庭的財產權益在很大程度上是以宗族組織為邊界而發生權屬關係變化的。這種變化雖然主要表現為個體之間所訂立的契約關係，但在宗族機制和親緣關係網絡的限制下，大量的財產買賣契約是在同姓（即同族）之間進行的，並一定程度上受到親鄰優先慣例之制約，宗族的組織化置產十分普遍，宗族地權在鄉土社會中扮演著重要角色。

　　再從地緣上看，因同族聚居情況比較普遍，同族親屬們一般都會在同一個組織單位——「甲」之內，且構成同一個繳稅單位，由此「甲倒累甲、戶倒累戶」的情形就普遍存在，使得徽州財產買賣中的「先買權」形成了從親族→地鄰→典權人→租佃人→原業主→同甲之人→共業者的排列次序。

　　從《清代浙東契約文書輯選》收錄的買賣契約內容看，「先買權」在浙東地區也有一定的影響力，其收錄的契約大部分都有「並無各房兄弟叔伯爭執」「無兄弟子侄爭執」「中間並無爭執等事」等類似的內容表述，如「乾隆五十七年樓士勇賣田契中有『自賣之後，任憑侄處開割過戶，輸糧管業，布種起造無阻；並無各房兄弟叔伯爭執，亦無重疊典當在外及諸般違礙等情』；道光二十六年王世瑞賣地契內有『自賣之後，任憑業和開割過戶，輸糧管業，堃造無阻，其田並無重押典當在外，亦無各房叔伯兄弟子侄爭執，及諸般違礙等情，賣主自行理直，不涉業主之事』；道光十五年朱陳氏賣山契中有『情願央宗親議論將先夫遺下民山一坵……今出賣與堂伯朱紹舜為永業。……亦無房親叔伯子侄爭執，倘有諸般違礙等情，……』；道光五年十二月昌茂賣田契中有『自賣之後，任從出錢人管業照股輪流佈種收花，中間並無爭執等是，此係兩願，各無異言 ……』」〔註47〕等內容。以張介人先生輯錄的《清代浙東契約文書輯選》中98份買賣契約為例，明確是親族承買，即明確寫明出賣與伯、侄、叔、兄、堂兄、堂弟、堂叔等的契約有55

〔註46〕劉道勝：《明清徽州宗族關係文書研究》〔D〕，安徽大學，2006。

〔註47〕張介人：《清代浙東契約文書輯選》〔M〕，杭州：浙江大學出版社，2011：15、36、51；王萬盈：《清代寧波契約文書輯校》〔M〕，天津：天津古籍出版社，2008：19。

份，占比達 56%。還有的契約雖然沒有標注買賣雙方的親屬關係，但從雙方都是同一姓氏上看，由於中國古代社會的聚族而居情況比較普遍，所以雙方是親屬關係的概率很高。嘉慶九年曹士昌賣山契〔註 48〕，買主是曹海明，契約中沒有標注買賣雙方的關係，但兩者姓氏相同，又同處一村，有親屬關係的概率極大。由此可以判斷，浙東地區的「先買權」的範圍及其排列次序應該是親族→房族→地鄰→典權人。

第二節　買賣契約啟動程序

在中國古代社會，土地、林場、林木、房屋是人們安身立命的根基，這些財產的轉移對於一個家庭，乃至一個家族的重要性是不言而喻的。因為交易的重要性，所以賣方會採用合適的方式表達自己的真實意願，或擬定草約、或口頭相告、或委託中人等，但具體採用何種方式，在清水江、徽州和浙東地區還是存在著明顯差異的。

一、啟動方式

從清水江留存的買賣契約看，賣方表達自己真實意思發起契約訂立的方式，一般為請託中人或自己親自詢問。如以下兩則契約：

〔契約 1〕乾隆四十五年姜映交賣田契

　　立斷賣田約人姜映交，為因家下缺少費用，無出，自己請中情願將到地名黨宜田二坵，出賣與堂弟姜映輝名下承買為業……

　　　　　　憑中　陸宏貴

　　　　　　代書　姜廷俊

　　　　　　乾隆四十五年六月二十二日　　立〔註 49〕

〔契約 2〕嘉慶十八年姜生蘭賣木契

　　立賣山場杉木約人姜生蘭，為因家中無糧食，無處得出，自願將地名豐結，上憑乾塘，下憑大路，左右憑沖，四至分明，自己問到本房姜映輝名下存買為業。當日憑中議定價銀六錢八分，親手收

〔註 48〕張介人：《清代浙東契約文書輯選》〔M〕，杭州：浙江大學出版社，2011：32。

〔註 49〕陳金全，杜萬華：《貴州文斗寨苗族契約法律文書彙編——姜元澤家藏契約文書》〔M〕，北京：人民出版社，2008：27。

　　回任用……此山分為四股，生蘭名下占一股，出賣與映輝名下是實。

　　內除三字。

　　　　　　憑中、代筆　紹牙

　　　　　　嘉慶十八年十二月廿五日　　立〔註50〕

　　從〔契約1〕的內容看，出賣方是通過中人發起契約訂立程序的，但因沒有留存的書面契約底稿，應該是通過口頭傳達以及和中人的商議開啟了契約的訂立程序。〔契約2〕則省略了中人，由賣主自己問到買受人處，發起了契約訂立程序。這種越過中人，由買賣雙方直接發起和訂立契約的情況在清水江地區還非特例，有一定的普遍性。也就是說，清水江地區有一部分買賣契約的發起是完全由出賣方完成的，因此在買賣契約發起的具體環節上有別於徽州和浙東地區。

　　徽州地區的田產、房屋、山林、山場等不動產買賣契約在未成立之先，由賣主先開列出賣業主、坐落四至、畝數、錢糧、時值價額等標的項目，謂之「水程字」〔註51〕，即「草約」。如：

　　　　立水程人劉家駒。情因手頭不足，願將祖遺賓陽門內坐南朝北

　　　住房一所，進門巷一條，前一路三間兩廈，第二路三間，共屋八間。

　　　前齊官街，後抵陳姓曬場，左齊陳宅牆屋，右後半截齊陳姓倉牆，

　　　前半截齊趙宅圍牆。四至坐落明白，書立浼字懇證，代為覓售。其

　　　價公平酌議，並無異說，此據。

　　　　　　　　　立水程：劉家駒

　　道光七年三月吉日具〔註52〕

　　賣主出具的「水程字」文書發揮著兩種基本功能：首先，是作為賣主意思表達真實性的證明；其次，是作為中人代表出賣人與交易有關聯的第三方，即親鄰或原業主傳達交易信息，履行「先問親鄰」的程序。安徽天長縣把這個過程稱為「經帳」〔註53〕。賣方出具的「水程字」對賣方行為有一

〔註50〕陳金全，杜萬華：《貴州文斗寨苗族契約法律文書彙編──姜元澤家藏契約文書》〔M〕，北京：人民出版社，2008：133。

〔註51〕前中華民國司法行政部：《中國民事習慣調查報告錄》〔M〕，胡旭晟等點校，北京：中國政法大學出版社，2005：525。

〔註52〕《道光七年劉家駒立水程字》〔Z〕，安徽師範大學圖書館藏。

〔註53〕前中華民國司法行政部：《中國民事習慣調查報告錄》〔M〕，胡旭晟等點校，北京：中國政法大學出版社，2005：447。

定的約束力，在清代司法實踐中也被賦予了一定的法律效力。由此，徽州買賣契約的發起至少有請託中人、擬寫草約的環節。

　　浙東寧波地區的買賣契約，一般都草擬有兩份，一份是正契，一份是存底契，有的時候兩份契約在內容上稍有差異。

　　立永賣契：周良福<u>今因乏用</u>，情願將自置民田壹處，土坐富竹嶺腳後門山頭址，計田一帶（代），量（糧）計五畝三分零。其四址：上至毛姓田山，下至山，裏至山，外至山為界，具立四址分明。情願將此田出賣與毛坤山為業，三面議開，田價錢七拾千丈，其錢當日隨契收足，<u>自賣之後</u>，任從出錢人據契管業布種收花，中間並無爭執等事，即日立除票七都貳莊，<u>將父明孝戶內民田五畝三分零情願出除</u>與五拾壹都一莊毛坤山戶內收進行糧，此係兩願，恐後無憑，立此永賣契為照。

　　道光念（廿）六年九月　日立永賣契周良福<u>押</u>。

　　見兄　金泉<u>押</u>。

　　見中　<u>毛湘江押</u>。

　　<u>李敬地押</u>。

　　中　<u>毛西章押</u>。

　　<u>代筆　周大有押</u>。〔註54〕

　　立永賣契：周良福<u>今因錢糧無辦</u>，情願將自置民田壹處，土坐富竹嶺腳後門山頭垆，計田一帶（代），量（糧）計五畝三分零。其四址：上至毛姓田山，下至山，裏至山，外至山為界，具立四址分明。情願將此田出賣與毛坤山為業，三面議開，田價錢七拾千文，其錢當日隨契收足，任從出錢人據契管業布種收花，中間並無爭執等<u>事</u>。即日立除票與七都貳莊，<u>今將父明孝戶內民田五畝三分零情願出</u>五拾壹都一莊毛坤山戶內收進行糧，此係兩願，恐後無憑，立此永賣契為照。

　　道光念（廿）六年九月　日立永賣契周良福。

　　見兄　金泉。

　　見中　毛湘江。

〔註54〕王萬盈：《清代寧波契約文書輯校》〔M〕，天津：天津古籍出版社，2008：76～77。

李敬地。

毛西章。

代字　周大有。〔註55〕

備註：兩則契約劃線部分的內容是正、底稿的區別之處。

綜合兩份契約的內容，正契的成契理由是「乏用」，存底稿的成契理由是「錢糧無辦」；正契比存底稿增加了「自賣之後」四個字；正稿的立契人、中人、代書人都進行了署押，而底稿卻沒有署押；總體上，正稿的格式相對規範一些。從兩稿內容的差異看，三方（即出賣方、中人和買方）在契約書寫過程中是進行了商議的，由此，浙東地區買賣契約的發起一般都是通過中人，或擬定草約，或口頭商議發起的。

二、中人的作用

徽州地區的中人對於契約程序的開啟具有重要的不可或缺的作用，賣主一般都會通過中人傳達自己出賣相關財產的真實的意思表達，在具體的契約行文中會有「憑中立契」「憑中出賣與」「央中」和「三面言定」「三面議定」等話語，在契約末尾則有「中人」的署押。因此徽州有「無中不成契」的說法，中人成為契約程序啟動不可或缺的「要件」之一。

浙東地區的買賣契約就其內容看，一般都是「浼中」即「懇託」中人與買方商議，完成買賣交易。如道光三十年八月陳兆林賣地契：

四千○七十九都外四圖曹朝佐收戶　立直賣契陳兆林，今因缺錢正用，情願將自己民地一爿，坐落廿五都外四圖，土名墊豆地，係效字貳千六百五拾七號，計民地柒分三釐零東至陳姓地、南至買主地、西至堪、北至堪為界，四至字號分明；內有花果雜樹一應業主收息。挽中出賣曹朝佐為業，三面議時值價銀拾捌兩五錢正，其銀當日一併收足歸家正用。自賣之後，任憑業主開割過戶，輸糧管業布種無阻其地並無重疊典押在外，亦無各房子侄爭執，倘有違礙等情，賣主自行理直，不涉買主之事。內有祖墳一坐（座），轉回有餘地數尺之則。俱是兩相情願，各無翻悔。恐後無憑，立直賣契存照行。

再批：日後贖者每兩作錢壹千並聽費（收息）取贖並照行。

〔註55〕王萬盈：《清代寧波契約文書輯校》〔M〕，天津：天津古籍出版社，2008：77。

道光三拾年八月　　　　　　　日立直賣契陳兆林（畫押）
契

　　　　　　　　　　　　　　見中張文奎（畫押）
　　　　　　　　　　　　　　代字陳延慶〔註56〕

　　即便契約行文中沒有「浼中」或「憑中」的字眼，但契約末尾卻還是有中人的署押，如寧波昌茂賣田契：

　　　　立永賣契昌茂今因乏用，情願將太祖祀田壹處，土坐方下畈，田計貳址坵，糧計貳畝零。其瓦址東至挺生更田並才有更田，南至毓侖田並安朝田，西至安朝田並野娘子田，北至西，更田並路為界，具立四址分明。情願將自己名下得分（份）股數盡出賣與坤山為業，三言明，田價錢念（該處「念」為「廿」的別字）壹千文，其錢當日隨契收足，自賣之後，任出錢人管業照股輪流佈種收花，中間並無爭執等事，此係兩願，各無異言，恐後無憑，此永賣契為照。

　　　　再批其田不起租鈔，不起利推花作利，不論年月原價取贖並照。

　　　　道光拾五年十二月　　日立永賣契昌茂押。
　　　　見中　周運押。
　　　　代字　仁立押。〔註57〕

　　也就是說，中人在浙東地區的買賣契約的發起過程中也是不可或缺的，但是清水江地區則不然，中人在一些買賣契約（約20%左右）中缺失，也就是說中人在契約發起和實際訂立的過程中有缺位現象，中人並不是絕對的不可或缺的契約要件之一，從而有別於徽州和浙東地區對中人作用與功能的看重。

　　三地契約啟動程序的差異與傳統中國社會的「倫理本位」和三地買賣契約交易本身所具有的特點密切相關。

　　傳統中國社會向來倡導家族共財，在家族共財制下，家產的權利主體不明確，結果導致田地、房屋等財產邊界的模糊性，再加上血緣與地緣的高度

〔註56〕張介人：《清代浙東契約文書輯選》〔M〕，杭州：浙江大學出版社，2011：5。
〔註57〕王萬盈：《清代寧波契約文書輯校》〔M〕，天津：天津古籍出版社，2008：19。

重合，田土的變遷順理成章就是一個家庭，甚或一個家族的巨變，牽一髮而動全身，不能不引起親鄰的高度重視，因而需要通過擬定較為正式的、書面的草約，在最大範圍內正式地告知親鄰，盡可能減少因土地或房屋變動而引發的糾紛，維護買賣雙方的利益。正如張佩國先生在分析近代江南鄉村地權時指出的那樣，「人們在家族共財制場境中總想方設法獲得別人的那份家產，其邏輯是『我的是我的，你的也是我的』，不是『你的是你的，我的是我的』」〔註58〕。即使是分家分居後，不同房之間也仍然有著千絲萬縷的財產關係。為了回應這種親鄰的力量，徽州和浙東地區在其買賣契約實踐中，一方面會突出對親鄰關係的尊重，通過中人先問親鄰，表示該交易已經沒有障礙，再通過擬定草約，進一步確認親鄰力量的影響已經降到了買賣雙方可以承受的範圍，為交易的順利進行提供保障。由此，請中也好，擬定草約也好，自然成為長期浸潤傳統親鄰力量及其影響的徽州和浙東地區買賣契約訂立的必經程序，而不會輕易省略或簡化。

清水江地區則不然，一方面因林業經濟占主導地位，所以與林業相關的買賣契約占大多數（約占70%左右），但與林木或林場相關的契約交易金額往往比較小。林芊先生在其研究中提到：「從對清水江流域林契區域性分布分析，清水江流域林業生產有其共性，即林地買賣文契多但買賣規模小。林契多表明，林業生產是當地經濟生活中一個非常活躍的組成部分。規模小則是指每一件林契中交易的無論是林地還是出售林木的收益，林農一方無論是賣主還是買主，都不是很大的林場所有者，即便是經過長期積累林場者，其一生所能積累起的林場規模也有限。」〔註59〕由此林木或林場，尤其是林木交易，較之中原的田地和房屋交易於一個家庭及其親鄰而言，所造成的影響大大降低，為此類交易贏得了較大的自由空間，買賣雙方可以在沒有第三方群體（包括中人或代書人）參與的情況下，按照雙方真實的意思表示，完成契約訂立。

另一方面，清水江的林地產權結構呈現多樣化的狀態，為林木或林場的交易方式提供了更多自由選擇的機會。我們知道，清水江地區也實行家庭財

〔註58〕張佩國：《近代江南鄉村地權的歷史人類學研究》〔M〕，上海：上海人民出版社，2002：221。

〔註59〕林芊，楊春華：《清水江文書中的林業生產：側重方法論及林農生產的視角——清至民國西南內地邊疆侗苗地區土地關係研究之一》〔J〕，貴州大學學報（社會科學版），2017，35（03）：30～40。

產共有制度〔註60〕，但根據林芊先生的研究，「清水江流域林地產權結構呈現出個人私有制主導下的四類樣態：第一類是林地權的公有，第二類是無主權荒山，第三類是私人股權下的共山（或公山），第四類是個體家庭完全所有。」〔註61〕由於清水江地區林業產權持有的這種個人私有制的發展總趨勢，再加上林業經濟自身的特點，林地產權通過契約文書表現出來的多是以股的形態體現，林地產權在不斷地轉移、變換過程中呈現出一種既聚合又分化、循環往復的紛繁特徵，家庭財產通過股份方式或聚合或者分化，它的方向都是分解成越來越小、越來越多的股權，相應的這些股權也就擺脫了原有形態而分解為新的獨立的個人私有股權，為自由交易提供了更多的可能，在某種程度上也就意味著這種頻繁的交易會受到傳統親鄰力量較少的干涉和介入，僅憑買賣雙方也能完成契約的訂立，完成財產轉移，顯現更多契約本身所應具有的特性，如自由與平等。

第三節　契約書寫

清代對民間買賣契約的書寫人、書寫內容以及書寫時的注意事項都有嚴格規定。清水江、徽州和浙東在買賣契約訂立時，會根據契約實踐的實際需求對這些規定或遵守，或變通，從而形成了各自不同的書寫規範與程序，表現出較為明顯的差異。

一、書寫人

清代買賣契約的書寫有立契人自行書寫和請人代寫兩種情況。乾隆時期對契約書寫人有「契不許倩代寫，如賣主一字不識，止許嫡親兄弟子侄代

〔註60〕關於清水江財產所有權問題的研究可參見孔卓：《清代文斗寨契約所見苗族家庭財產共有制度》〔J〕，青海民族研究，2015，26（03）：133～136；林芊：《清水江林契反映的「股權」屬性及林地權樣態——清至民國西南內地邊疆侗苗地區土地關係研究之二》〔J〕，貴州大學學報（社會科學版），2018，36（01）：42～53；朱蔭貴：《試論清水江文書中的「股」》〔J〕，中國經濟史研究，2015（01）：16～25；潘盛之：《論侗族傳統文化與侗族人工林業的形成》〔J〕，貴州民族學院學報（哲學社會科學版），2001（01）：9～14；徐曉光：《原生的法》〔M〕，北京：中國政法大學出版社，2001。

〔註61〕林芊：《清水江林契反映的「股權」屬性及林地權樣態——清至民國西南內地邊疆侗苗地區土地關係研究之二》〔J〕，貴州大學學報（社會科學版），2018，36（01）：42～53

寫」〔註62〕的規定，即要求立契人自己書寫契約或找嫡親親屬代寫。嘉慶時期也規定：「賣主不識字者，許兄弟子侄代書。」〔註63〕

　　清水江、徽州和浙東地區在國家法的規範下，都有一定數量買賣契約的書寫遵循了相關法律規定，如乾隆十八年馮德光賣田契〔註64〕、乾隆二十四年姜文華賣山契〔註65〕、雍正八年休寧縣呂漢張賣地紅契〔註66〕等的契約書寫人都是立契人自己。部分則是按規定請嫡親兄弟子侄代寫的，如乾隆二十三年休寧縣汪阿方賣地紅契〔註67〕中的「奉書男汪根實」是立契人汪阿方的兒子；清水江地區的朱達泗賣田契〔註68〕中的代筆人陶廷是朱達泗的堂叔；道光二十八年葉標賣地契的代字（及代書人）是「叔祖尚義」〔註69〕等。但是由於清律刻板的規定，實際上是無法適應契約訂立需要的，因此無論清水江、徽州還是浙東地區在契約書寫人的選擇上都是突破了清律的相關規定的，如以下這則契約：

〔註62〕張傳璽：《中國歷代契約粹編》（下冊）山陰縣孫茂芳叔侄賣田官契：條約五款〔M〕，北京：北京大學出版社，2014：1248～1249。

〔註63〕張傳璽：《中國歷代契約粹編》（下冊）山陰縣高兆原兄弟（絕）賣田官契：計開條例〔M〕，北京：北京大學出版社，2014：1308。

〔註64〕由立契人親筆書寫的浙東買賣契約可參見：張介人：《清代浙東契約文書輯選》〔M〕，杭州：浙江大學出版社，2011：9、12、40、49、50、53、54、55、73；王萬盈：《清代寧波契約文書輯校》〔M〕，天津：天津古籍出版社，2008：3、11、35、40、50、53、54、57、60、62、64、76、81、89等

〔註65〕由立契人親筆書寫的清水江買賣契約可參見：陳金全，杜萬華：《貴州文斗寨苗族契約法律文書彙編——姜元澤家藏契約文書》〔M〕，北京：人民出版社，2008：5、13、20、32、33、35、38、48、55、62、75、81、83、85、106、107、128、130、132、134、140、143、144、145、154、167、169、175、177、185、195、201、208、211、212、213、223、224、227、235、238、256、259、261、262、265、273、274、280、284、286、287、289、299、300、313、316、318、319、320、323、324、326、327、333、338、339、340、341、347、349、350、353、355、356、361、362、363、367、372、373、374、375、376、377、378、380、382、383、384、388、390、393、394、395、396、398、399、404、405、406、414、417、419、422、425、426、441、452、455、484、485、497、498、510。

〔註66〕張傳璽：《中國歷代契約粹編》（下冊）〔M〕，北京：北京大學出版社，2014：1081。

〔註67〕張傳璽：《中國歷代契約粹編》（中冊）〔M〕，北京：北京大學出版社，2014：1133～1134。

〔註68〕陳金全，杜萬華：《貴州文斗寨苗族契約法律文書彙編——姜元澤家藏契約文書》〔M〕，北京：人民出版社，2008：247。

〔註69〕張介人：《清代浙東契約文書輯選》〔M〕，杭州：浙江大學出版社，2011：74。

乾隆四十年二月樓成奇賣田契：十六都三圖羅慈信收　　九千
八百七十乙號立直賣契：樓成奇，今因缺銀使用，情願將祖父遺下
民田乙坵，坐落土名長地田……
　　乾隆四十年二月　　日　　　　立直賣文契樓成奇（點墨）……
　　　　　　　　　　　　　　　代字羅配乾（畫押）〔註70〕

　　從姓氏上看，該契約的立契人樓成奇與代書人羅配乾不同姓，因此他們肯定不是嫡親兄弟子侄關係。但是該契約上有「慈谿縣印」三處，說明這則契約是得到了官方認可的，由此可見，即使是地方官府，也並沒有完全按照清律的相關規定對契約訂立活動進行嚴格地限制，反而是採取了一種變通的做法，以適應契約實踐的需要。

　　在具體的契約實踐中，三地對清律中關於代書人相關法律的遵循是存在一定差異的。據筆者對《貴州文斗寨苗族契約法律文書彙編——姜元澤家藏契約文書》392 份買賣契約的統計看，由立契人親筆書寫的契約有 140 份，占比 35.7%；由代書人書寫的契約有 248 份，占比 63.3%。從數據統計看，一方面，清水江地區對於十分重視在契約中對書寫人的標注，即對該契約由誰書寫都做了較為清晰的說明；另一方面，在契約訂立實踐中有立契人與書寫人不同姓情況的存在。如「嘉慶二十四年文斗寨李必望賣木契中立契人李必望和代書人陸大忠、道光十三年文斗寨羅老龍賣木契中立契人羅老龍和代筆姜紹牙」〔註71〕等，說明民間在契約書寫人的選擇上有自己的變通做法，以適應契約實踐的需要。

　　據《中國古代歷代契約粹編》中的 150 份清代徽州買賣契約，標注有代書人的有 56 份，占比 37.3%；標注為立契人親筆書寫的僅有兩份，其餘的則沒有特別注明契約書寫人是誰，由此筆者推斷徽州地區對於契約由誰書寫並不十分重視，那麼清律關於契約書寫人的相關規定的作用也就大打折扣。

　　據《清代浙東契約文書輯選》和《清代寧波契約文書輯校》收錄的 578 份買賣契約看，其中標明了代書人的契約有 455 份，占比約 78.7%；由立契人親筆書寫的契約有 49 份，占比約 8.5%。可見浙東地區由代書人書寫契約的情況非常普遍。值的注意的是，慈谿縣二十七都五圖「葉氏」家族有 32 份買

〔註70〕張介人：《清代浙東契約文書輯選》〔M〕，杭州：浙江大學出版社，2011：12。
〔註71〕陳金全，杜萬華：《貴州文斗寨苗族契約法律文書彙編——姜元澤家藏契約文書》〔M〕，北京：人民出版社，2008：183、307。

賣契約，其中 11 份契約的代書人為同一個人——施德奇，從其姓氏看，與葉氏應該不是嫡親關係，而他卻頻繁地以代書人的身份出現在葉氏家族的買賣契約中，筆者據此推斷他應該是職業的代書人。由於受到傳統中國教育普及程度的影響，當時國人的識字率並不高，清代要求立契人自己或其親屬書寫契約的要求就顯得十分不切合實際，代書人的存在反而成了當時社會的一種現實需要，因為他們既識字，又懂得相關規定，再加上反覆地實踐，對契約相關內容自然是了然於胸，由他們書寫契約反而有利於內容的規範及契約效力的發揮。從這個角度看，代書人是推動清代契約要件化的重要因素之一，對契約形制產生了一定的影響。

二、書寫規範

　　清代對契約書寫規範有較為明確的規定。如「契內如有添注塗抹字樣者，作捏造論。」〔註 72〕還強調「民間買賣田房契價，須從實填寫，不准暗減，希圖減稅。違者由官查出，照契價收買與官，另行作變。倘以賣為典，查出即令更換賣契，仍將典價一半入官」。〔註 73〕可見，清代官方寄希望於規範契約書寫，並以此將契約訂立納入管理範圍。三地買賣契約出於契約實踐需要，都有在塗抹契約內容或增加批註的習慣做法，但在具體形式與內容上存在一定差異。

（一）契約塗改

　　清水江地區的買賣契約絕大多數為白契，且有相當比例的契約為立契人自行書寫，書寫時比較隨意，對契約內容進行塗改的情況較為普遍。據筆者統計，《貴州文斗寨苗族契約法律文書彙編——姜元澤家藏契約文書》一書中收集的 392 份買賣契約中，160 份契約內有添注或塗抹字樣，比例高達40.8%。如姜連賣田契中有『內改四字』的批註；龍應九父子賣木契中有『外批：其有老木在栽渭田坎下嶺木一根在外；內添三字，塗一字；此契係紹宏、映輝、李紹璜三家私買。開泰筆批』的字樣。〔註 74〕這種直接對契約

〔註 72〕張傳璽：《中國歷代契約粹編》（下冊）〔M〕，北京：北京大學出版社，2014：1308。

〔註 73〕張傳璽：《中國歷代契約粹編》（下冊）〔M〕，北京：北京大學出版社，2014：1464。

〔註 74〕陳金全，杜萬華：《貴州文斗寨苗族契約法律文書彙編——姜元澤家藏契約文書》〔M〕，北京：人民出版社，2008：229、254。

內容進行塗改的情況在徽州和浙東地區則較為少見。筆者以為這和徽州和浙東地區買賣契約多為代書人書寫的情況緊密相關，尤其與職業代書人有一定關係，他們往往有形式規範的底稿，因而出現書寫錯誤的概率較低，也就沒有必要對契約內容直接進行塗改。此外，清水江地區的買賣契約全部用漢字書寫，在個別詞語的使用上，有的契約還表現出較大的隨意性，缺乏規範性，如「文斗寨」被寫成「文堵寨」〔註75〕；「眼對約」的地名被寫成「眼對藥」「眼對樂」「引大藥」〔註76〕等；頻繁出現在買賣契約中的文斗寨買主之一的姜映輝，其名字有姜應輝、姜映飛等多種寫法，其稱呼「舅」被寫成「舊」等〔註77〕。徽州和浙東地區的契約書寫較為規範，塗改情況較為少見。

（二）契約批註

三地買賣契約都有批註的相關內容，清水江地區多用外批的形式；徽州多用再批、外批或直接在契末添注；浙東地區也多用再批、又批的形式。除了形式的不同之外，三地契約批註內容的側重點存在較大差異。

清水江地區買賣契約中對山林股權分配的標注是一大特色。如龍松茂賣木契〔註78〕中的「外批：股數地主栽手分為五股，地主占三大股，栽手占貳大股。本名栽手口股出賣」的字樣。李如蘭賣山契〔註79〕中的「外批：此山栽手地主分為三大股，如連占一股，如葵占一股，如蘭占一股，出賣木並地。內添一字，塗一字。」的字樣。但是沒有關於找價、回贖等的「批註」出現，說明清水江地區的買賣契約訂立之後，買賣標的物就會在一次交易過程中完成轉移，這與浙東和徽州地區存在著較大差異。

徽州地區的買賣契約中的標注，比較側重於對「上手契」情況的說明，以保證買賣標的物的可靠來源，維護買方的權益。如順治三年（1646）休寧縣許在中賣園地契中有「其上首來腳契三道繳付買人收執」的標注；康熙四

〔註75〕陳金全，杜萬華：《貴州文斗寨苗族契約法律文書彙編——姜元澤家藏契約文書》〔M〕，北京：人民出版社，2008：221。

〔註76〕〔日〕岸本美緒，張微：《貴州山林契約文書與徽州山林契約文書比較研究》〔J〕，原生態民族文化學刊，2014，6（02）：71～79。

〔註77〕陳金全，杜萬華：《貴州文斗寨苗族契約法律文書彙編——姜元澤家藏契約文書》〔M〕，北京：人民出版社，2008：124、227、213。

〔註78〕陳金全，杜萬華：《貴州文斗寨苗族契約法律文書彙編——姜元澤家藏契約文書》〔M〕，北京：人民出版社，2008：463。

〔註79〕陳金全，杜萬華：《貴州文斗寨苗族契約法律文書彙編——姜元澤家藏契約文書》〔M〕，北京：人民出版社，2008：344。

十八年（1709）休寧縣余有善賣房地紅契中有「共有上首來腳赤契壹張，口分扒典親弟有理共業，不便繳付」的標注；順治十二年（1655）休寧縣吳允和賣山契，有「此原契順治十四年冒口往泰州後口回家被火焚。此山於康熙五十年秋間君往、繩式立契出於草市孫宅」〔註80〕的標注；道光二十年（1840）休寧縣宋萬元賣地契中有「再批：原來赤契印有他號相連，未便撿出執付」〔註81〕的字樣。據張傳璽先生主編的《中國歷代契約粹編》，直到清光緒二年（1876），徽州地區的買賣契約（休寧縣黃躍天杜賣山業紅契）仍有對上手契的說明——「當日繳付分僉據壹張，以作來腳付受者收執作據。」〔註82〕這一習慣與清政府在道光年間的官紙契上直接省略買賣標的來源的做法不同，而該契約是紅契，可見是得到了官方認可的，也就是說，清政府並沒有嚴格按規定要求契約訂立者使用官契紙，民間自行書寫的契約也有相應的法律效力，在許多場合甚至有著與紅契相同的法律效力。

浙東買賣契約的批註內容側重於對「找價」與「回贖」相關事宜的約定。光緒五年瑞雲庵賣、找田契中有「『批：又付找價契錢陸拾三千文』的字樣；應門莊氏賣、找屋契中有『後批：忠位亡，戶內基地七釐，又找屋價大錢拾貳前文』」〔註83〕的字樣。有的則把「除票」「找價」的內容都以批註的形式放在同一張賣契上，而不再訂立新契。如光緒九年陳純水賣、除、找田契有如下內容：

> 批：立除票，廿一都二莊，今將禮盒戶內民田四畝貳分五釐正，情願出除與蔡長記戶內過戶行糧並照行。
>
> 批：立找價契，陳純水金找長記前月所賣土名潘岱外塘田價錢三拾千文。憑原中，土名畝分四址載明前契。自找之後，並無再找等情。恐後無憑，立此找契存照。
>
> 　　　　　　　　　　　日立永賣契陳純水

〔註80〕張傳璽：《中國歷代契約粹編》（中冊）〔M〕，北京：北京大學出版社，2014：991、1049、1005；張傳璽：《中國古代歷代契約粹編》（下冊）〔M〕，北京：北京大學出版社，2014：1354，（契約原件藏於安徽省博物館，編號二，二七七三七）。

〔註81〕張傳璽：《中國歷代契約粹編》（下冊）〔M〕，北京：北京大學出版社，2014：1354。

〔註82〕同上書，第1492頁。

〔註83〕張介人：《清代浙東契約文書輯選》〔M〕，杭州：浙江大學出版社，2011：132、133。

> 見中陳純茂、陳純順
>
> 　　　代字陳純粹〔註84〕

　　從該契約的批註內容可見，田產的買賣契約訂立之後，其推割過戶和找價都通過批註的形式出現在同一張契約之上，免去了許多與官方打交道的麻煩，也說明浙東地區的民間有自己認可的契約交易習慣，可以有效地規避官府書吏胥役的種種盤剝。同治四年四月韓如淵賣屋契〔註85〕中不僅有「添加『界』字一個並照行，內發票紙一紙並照行」的字樣，還有「再批：不拘年月，在後見契照（找）為原價取贖，利息是為長年貳分起息並照行」等字樣來約定贖買的內容。道光三十八年陳兆林賣地契（「慈谿縣印」兩處，官方契尾）〔註86〕中也有「再批：日後贖者每兩作錢壹千並聽費（收息）取贖並照行」的字樣，並且得到了官方認可。這種對回贖通過批註方式加以限定的情況，在浙東地區比較常見，說明當時清代浙東地區典賣的普遍存在。

三、官契紙

　　清代極力推廣官契紙的使用，規定「民間嗣後買賣田房，如不用司印官紙寫契，設遇舊業東、親族人等告發，驗明原契年月，係在新章以後，並非司印官紙，即將私契塗銷作廢，仍令改寫官紙，並照例追契價一半入官」。〔註87〕還規定「民間置買田宅，有私用白紙立契，匿不投稅者；有先用白紙立契，延擱多日始換契式稅者。此等債契許賣主中證鄉鄰人等稟明查究，扶同詢隱，並究。各該鄉約分給契式，不准私取分文。如違，許業戶稟究。有寫錯者，仍將原紙交該鄉約繳銷，另換契式填寫。」〔註88〕以此推廣和規範官契紙的使用。之後進一步規定：「未定新章以前，民間所存遠年近年小契（即未黏有本司大印契尾之契），統限一年內繳換司印官紙，從寬減半投稅。逾限如不繳換，發覺照私契論。」〔註89〕可見，清代加強對契約書寫規範管

〔註84〕張介人：《清代浙東契約文書輯選》〔M〕，杭州：浙江大學出版社，2011：138。

〔註85〕張介人：《清代浙東契約文書輯選》〔M〕，杭州：浙江大學出版社，2011：92。

〔註86〕張介人：《清代浙東契約文書輯選》〔M〕，杭州：浙江大學出版社，2011：37。

〔註87〕張傳璽：《中國歷代契約粹編》（下冊）薊州喬順賣房官契：寫契投稅章程〔M〕，北京：北京大學出版社，2014：1546～1548。

〔註88〕張傳璽：《中國歷代契約粹編》（下冊）漢州胡鄧氏母子杜賣水田房屋官契：計開條例〔M〕，北京：北京大學出版社，2014：1543。

〔註89〕張傳璽：《中國歷代契約粹編》（下冊）薊州喬順賣房官契：寫契投稅章程〔M〕，北京：北京大學出版社，2014：1546～1548。

理的另一個重要舉措就是對官契紙的推廣使用，還在不同時期進行了相關制度的制定和調整。但是這些制度在不同地區因行政力干涉力度的大小各異，導致各地區對於官印契紙的認可和使用存在著明顯的不同。徽州有為數較多使用官契紙訂立的買賣契約，清水江地區的買賣契約中罕見官契紙的使用。浙東地區隨著使用官契紙成本的增加，百姓為了降低交易成本，到了清後期也較少使用官契紙訂立契約。

第四節　契稅制度

　　要求民間田宅買賣契約訂立後繳納契稅，是清代法律對田宅買賣最重要的程序之一。「凡典買田宅，不稅契者，笞五十」〔註90〕。清入關之初就規定「凡民間執契投稅，官給司頒契尾一紙，黏連鈐印，令民間收執為據。」〔註91〕順治四年（1647年）清政府又明令「凡買田地房屋，必用契尾，每兩稅銀三分。」〔註92〕康熙年間，為增加稅契收入，規定了詳細的契稅徵收管理辦法，「田房稅銀，用司頒契尾，立簿頒發，令州縣填登，將徵收實數，按季造冊報部查核。」〔註93〕雍正四年（1726年）經河南總督田文鏡「創為契紙、契根之法，預用布政司印信，發給州縣」〔註94〕，將契紙交給繳稅人，契根則保存在官府，以便查核，與如今開納的稅票類似。但是契紙、契根之法施行若干年後，有較多弊端，主要是官吏貪贓枉法，對百姓百般刁難，極盡搜刮，易引發糾紛，危及社會秩序。於是到雍正十三年（1735年）清政府再次發布諭令：「嗣後民間買賣田房，仍照舊例，自行立契，按則納稅，地方官不得額外多取絲毫。將契紙、契根之法永行禁止。」〔註95〕乾隆元年（1736年）正式確立了行用契尾之制。乾隆十四年（1749年）進一步制定了「稅契之法」，規定民間投稅，「布政使頒發給民間契尾格式」，黏於手寫契紙之後，契尾上「編列號數，前半幅照常細書業戶等姓名、買賣田房數目、稅銀若干，後半幅於空白處預鈐司印，以備投稅時將契價稅銀數目大字填寫

〔註90〕田濤，鄭秦：《大清律例》〔M〕，北京：法律出版社，1999：198。
〔註91〕〔清〕劉錦藻：《清朝文獻通考》（卷三十一）〔M〕，浙江古籍出版社，1988。
〔註92〕席裕富，沈師徐：《皇朝政典類纂》（卷九四）〔M〕，臺北：文海出版社，1982。
〔註93〕〔清〕會典館：《大清會典事例》〔M〕，趙雲田點校，中國藏學出版社，2006。
〔註94〕曹仁虎：《皇朝文獻通考》（卷三一）〔M〕，浙江書局，光緒八年（1882）。
〔註95〕曹仁虎：《皇朝文獻通考》（卷三一）〔M〕，浙江書局，光緒八年（1882）。

鈐印之處。令業戶看明,當面騎字截開。前幅給業戶收執,後幅同季冊匯送布政使查核。」〔註96〕這項有關契稅繳納的制度,最大的特點就在於對契稅繳納具體操作程序的嚴格規範與對違規行為的嚴厲懲處。對契稅繳納的具體操作步驟規定如下:首先由各地方的布政司頒發統一印製並蓋有官方鈐印的契尾,然後交給其屬下的州縣,在交易發生之時,當者契稅繳納人的面如實填寫登記並收取稅銀,最後按照季度造冊統一上報布政司以備查驗。還特別規定契價在千兩以上,要特別備註之後統一報送所在的道、府、直至直隸州進行查驗。該稅契制度因其能有效防止經辦官吏的徇私舞弊而一直沿用到清朝末期,發生的唯一變化只是契稅稅率在清朝後期發生了一點變化,有所提高,以充實日趨空乏的國庫。契稅制度在清水江、徽州和浙東地區的實施及其對買賣契約產生的影響存在著顯著的不同。

一、契稅制度實施狀況

契稅制度在清水江、徽州和浙東地區的實施,無論在時間、力度還是地域範圍上都存在著明顯的差異。契稅制度在清水江地區的實施時間短且範圍有限。「迄今發現最早的一份紅契是明末天啟元年(1621)的一份土地買賣文契。」〔註97〕但是整個有清一代,清水江地區的紅契仍十分罕見,如乾隆五十九年文斗寨姜文照等賣田文契〔註98〕鈐有兩方滿文和漢文對照的「天柱縣印」,是繳納了契稅之後鈐蓋了縣印的紅契。在清水江買賣契約中,還發現了乾隆三十七年(1772)貴州承宣布政使司頒發給業戶姜天秀的買產契尾〔註99〕,由此可以確認清水江地區在乾隆時期已經實行了契稅制度。

乾隆以後,清水江地區的紅契,即繳納了契稅並加蓋官印的契約,呈現逐漸增多的趨勢(見表5-1)。

〔註96〕曹仁虎:《皇朝文獻通考》(卷三一)〔M〕,浙江書局,光緒八年(1882)。

〔註97〕吳才茂,龍澤江:《清代清水江下游天柱吳家塿苗族村落土地契約文書的調查與研究》〔J〕,原生態民族文化學刊,2011,3(01):45~51。

〔註98〕陳金全,杜萬華:《貴州文斗寨苗族契約法律文書彙編——姜元澤家藏契約文書》〔M〕,北京:人民出版社社,2008:2。

〔註99〕貴州省錦屏縣檔案館藏該縣平略鎮平鼇村契約。參閱王宗勳:《清代清水江中下游林區的土地契約關係》〔J〕,原生態民族文化學刊,2009,1(03):23~30。

表5-1 已出版清水江文書中乾嘉道三朝紅契份數分布表〔註100〕

書 名	乾 隆	嘉 慶	道 光
《清水江文書》第一輯	26	50	69
《清水江文書》第一輯	8	16	8
《清水江文書》第一輯	3	8	9
《貴州苗族林業契約文書彙編》	2	3	9
《貴州文斗苗寨契約法律文書彙編》	2	3	9

但因受到國家管轄力度在不同地區強弱差異及當地百姓對契稅制度認可度高低不同等因素的影響，紅契在清水江的地域分布又呈現出明顯的不均衡狀態。從《清水江文書》中所收錄的加池、文斗、平鼇等24個村寨紅契的數量看，所佔當地契約比例從0%到33.33%不等，反映了契約制度在該地區推行的不均衡狀態。光緒年間天柱縣衙的官方文告有「札到立即督催各寨業戶務將買田房白契趕緊敢轅投稅，切勿仍前觀望隱匿其有稅價，本縣俯從該紳首之請格外軫恤民艱，定章減為每千收錢十三文外加本署紙筆房費等二文、團紳經手盤費錢三文，絕不格外索取。」〔註101〕從文告內容看，顯然是在催促百姓到官府繳納契稅，可見當時百姓繳納契稅的積極性並不高，再加上出於降低交易成本的考慮（公告中每千文要收取各種費、稅18文），百姓更是不願繳納契稅。

從遺存的大量買賣契約看，契稅制度曾在徽州地區長時間、大範圍地施行，有相當一部分契約鈐有官印或黏連有契尾。目前發現的最早的徽州稅契憑證是元代的投稅契憑，即安徽省博物館藏的《延祐二年祁門汪子先賣田山赤契》及其投稅契憑。投稅契憑的具體內容如下：

> 皇帝聖旨裏，徽州路祁門縣務，今據李教諭齋文契壹紙，用價
> 錢中統鈔壹拾卷錠，買受汪子先夏山、次不及田，赴務投稅訖，所
> 有契憑須至出給者。
>
> 右付本人收執。准此。
>
> 延祐二年七月日（押）〔註102〕

〔註100〕 吳才茂：《清代清水江流域的「民治」與「法治」——以契約文書為中心》〔J〕，原生態民族文化學刊，2013，5（02）：26～33。

〔註101〕 梁聰：《清水江下游村寨社會的契約規範與秩序》〔M〕，北京：人民出版社，2008：108。

〔註102〕 安徽省博物館藏2：29643號。按：契憑上鈐有八思巴文官印。

　　至明初，徽州一般稱這種投稅契憑為契稅文憑，明中期以後，則普遍稱為契尾。清代的契稅文憑、契尾在徽州買賣契約中有相當數量的遺存。如咸豐七年江南安徽等處承宣布政使司頒發給休寧縣余鎮遠買田納稅契尾〔註103〕，其具體內容如下：

契　尾

　　　　江南安徽等處承宣布政使司為遵

　　　　旨議奏事：奉

　　　　撫部院札：准

　　　　戶部諮開：嗣後布政司頒發給民契尾格式：編列號數，前半幅照常細書業戶等姓名，買賣田房等產數目，價銀稅銀若干；後半幅於空白處預鈐司印，以便投稅時將契價稅銀數目大字填寫鈐印之處。令業戶看明，當面騎字截開。前幅給業主收執，後幅同季冊匯送布政司查核。等因，奉旨依議欽此。欽遵在案。嗣奉

　　　　戶部議改新章，諸多窒礙。業經本司詳情具奏，仍照舊辦理。

　　現奉

　　　　撫憲札行折稿到司，奉經通行飭遵在案，合亟刊刷契尾印發。自咸豐五年十一月初一日為始，凡有業戶呈契投稅，務遵定例，大字填寫，與業戶當面截開，分別黏給。去後幅仍接季送司查驗，轉報院部勿違。須至契尾者。

　　　　計開：業戶余鎮遠買金丹華田／房　　畝／間用價銀肆拾兩，納稅壹兩弍錢

　　　　布字壹千三百拾柒號右給業戶　　准此

　　　　咸豐柒年柒月　日

　　　　業戶余鎮遠買金丹華價銀肆拾兩，納稅壹兩弍錢

　　從其內容上看，主要涉及契尾的使用規範、報送流程以及業戶交易價格、契價稅銀數目。以上這份契約所載交易價銀為 40 兩，按照清代一般通行的田房買賣 3%的稅率，納稅 1 兩 2 錢，可見是嚴格按照法律的規定辦理的典型的、合法的買賣契約。清代頒行的「契尾」既是合法的買賣契約的重要組

〔註103〕張傳璽：《中國歷代契約粹編》（中冊）〔M〕，北京：北京大學出版社，2014：1427～1428。

成部分，也是契約訂立者的納稅憑證，其存在使得紅契與白契在外觀上有十分明顯的區別，是我們區分二者重要標誌之一。值得注意的是，清代的契尾使用範圍僅限於田宅買賣交易，超出田宅之外的其他交易和財產權屬的變動都沒有引入契尾制度，所以清水江地區與林業相關的買賣契約都不見契尾的使用。

浙東地區在清代屬於經濟較發達地區，早在雍正六年就開始推行契稅制度，但在具體推行過程中，在時間和區域分布上還是存在一定差異的。如慈谿縣實行的契稅繳納手續比較簡單，留存的契約上蓋的往往是「代縣印」。（所謂「代縣印」應該是當時地方政府統一的「契約完稅印」。）如「乾隆十一年十一月馮日照賣田契（蓋「代縣印」）

> 馮日照，今將自置民田乙坵，坐落十六都四圖地方，係朝字貳十（拾）三號，土名孫家屋基內，拆民田壹畝陸分五釐，出賣與樓處為業。三面議定當受價銀壹拾柒兩五錢，天平見絲正。自賣之後，任從開割過戶，輸糧管業，布種無阻。其田並無重疊典當在外，亦無兄弟子侄爭執及諸違礙等情。俱是兩相情願，各無番（翻）悔。恐後無憑，立此賣契為照行。
>
> 計開四至分明：東至共號拆田、南至河、西至樓處田、北至馮處田為界。
>
> 再批：其田不拘年限，備原價不聽（付）費取贖無阻，又照行。
>
> 乾隆拾壹年十一月　　　　　日立賣契馮日照（畫押）　契
> 中、見中馮簡邊（畫押）、樓君耀（畫押）、馮國臣（畫押）
> 　　　　　　代字　劉繼美（畫押）〔註104〕

浙東地區也施行了契根契尾之法，留存的部分契約附有契尾，乾隆十四年十二月還出現了「一契一尾」的樣式，而且蓋有縣印的契約數量逐漸增多。山陰縣使用官頒契紙的情況也較為普遍，如乾隆元年（1736）山陰縣潘禹安絕賣田官契：

> 山陰縣十七都、坊立賣田文契人潘禹安，今將自己戶內河字號田肆分零，情願凂（浼）中出賣於本縣張　處名下為業。當中三面議定時價銀式兩整，當日收足。並無重複戲典爭執等情。俗有推頭

〔註104〕張介人：《清代浙東契約文書輯選》〔M〕，浙江：浙江大學出版社，2011：4。

通例，每兩出銀　，即時交收過割，承納糧拆。此照計開：河字八百九十一號田肆分正，坐落周家徑字號……

乾隆元年十二月　日　　立賣契人　潘禹安（押）……

條約五款列後

一、絕賣者不用此契，止作戥當。戥當者若用此契，竟作絕賣。

一、契不許請人代寫。如賣主一字不識，止許嫡親兄弟子侄代寫。

一、成交時即投稅。該房查明賣主戶冊，號下注明其年月賣某人訖。

一、由貼不許借人戥當，如違者不准告照。

一、買產即便起業，勿許舊主仍佃、以杜影騙〔註105〕

說明這個時期契稅制度在浙東地區普遍推行。

但是隨著契稅稅率及其附加雜稅的提高，「至遲到光緒二十二年前，契稅的稅率已經提高到了三分三釐，而且黏貼的官發契尾也要交費。」〔註106〕這在浙東地區發現的「浙江布政使司官契紙」的相關規程中也能找到證據，如「官契紙每張壹百伍拾文」〔註107〕，「契尾紙不聽紙價，每張捐庫平銀壹兩，酌照市價銀兩，收大洋壹元伍角……」〔註108〕「契價銀壹兩，徵稅三分，折收銀陸拾陸……」〔註109〕到了清代末期，契稅稅率「甚至還提高到了 9%左右」。〔註110〕為了避稅，浙東地區與國內其他地區一樣，也出現了一定數量的白契。

〔註105〕山陰縣使用官契的契約可參見張傳璽：《中國歷代契約粹編》（中冊）〔M〕，北京：北京大學出版社，2014：1099～1100、1115、1169；張傳璽：《中國歷代契約粹編》（下冊）〔M〕，北京：北京大學出版社，2014：1249、1390、1393、1399、1412、1413、1416、1428、1443、1444、1509、1524。

〔註106〕劉高勇：《清代買賣契約研究——基於法制史角度的解讀》〔M〕，北京：中國社會科學出版社，2016：45。

〔註107〕張介人：《清代浙東契約文書輯選》〔M〕，杭州：浙江大學出版社，2011：5。

〔註108〕張介人：《清代浙東契約文書輯選》〔M〕，杭州：浙江大學出版社，2011：5。

〔註109〕張介人：《清代浙東契約文書輯選》〔M〕，杭州：浙江大學出版社，2011：5。

〔註110〕劉高勇：《清代買賣契約研究——基於法制史角度的解讀》〔M〕，北京：中國社會科學出版社，2016：184。

二、對契約形制的影響

契稅制度在清水江、徽州和浙東地區的實施，對買賣契約形制產生了多方面的影響。

（一）白契與紅契

契稅的實行直接造成了白契與紅契的區別。「買方業戶到官府投稅，繳納稅金的同時，在原契上鈐蓋官印，並將納稅憑證或契尾等黏連其後，此種契約稱為赤契（紅契），沒有鈐蓋官印，即未上稅者稱為白契。」〔註111〕紅契蓋有官方鈐印，或黏連有契尾，或採用官契紙，在外觀上明顯區別於白契。白契是建立在訂立人合意的基礎簽訂的契約，基本包括所有官契紙中規定的契約要件，與官契紙最明顯的區別就是沒有繳納契稅。因契稅制度在三地的實施時間、力度和範圍都存在較大差異，結果導致買賣契約中的紅契和白契在數量上存在明顯的不同。

依據對已刊布的清水江文書的統計，清水江地區的「『白契』比例高達93%以上」〔註112〕具體到各個地區的情況又不盡相同（參見表 5-4），但總體情況是白契占絕大多數，而紅契占比很低，且契約越多，白契的占比也越高，如下表中契約數量最多的加池寨、文斗寨和魁膽寨，其白契的占比亦高達 91.14%、97.14%和 96.85%。

表 5-4　清代清水江下游地區各村寨紅、白契約一覽表〔註113〕

地　名	契約總份數	紅契份數	紅契比例	白契份數	白契比例
加池寨	2851	281	9.86%	2570	91.14%
文斗寨	1050	30	2.86%	1020	97.14%
魁膽寨	1889	28	3.15%	861	96.85%
平鼇寨	764	22	2.88%	742	97.12%
林星寨	296	33	11.15%	263	90.85%
岑梧寨	81	3	3.70%	78	96.3%

〔註111〕樂成顯：《清水江土地文書考述——與徽州文書之比較》〔J〕，中國史研究，2015（03）：169～186。

〔註112〕劉亞男，吳才茂：《從契約文書看清代清水江下游地區的倫理經濟》〔J〕，原生態民族文化學刊，2012，4（02）：36～45。

〔註113〕劉亞男，吳才茂：《從契約文書看清代清水江下游地區的倫理經濟》〔J〕，原生態民族文化學刊，2012，4（02）：36～45。

烏山寨	65	3	4.62%	62	95.38%
坪地寨	60	0	0.00%	60	100%
塘東寨	46	4	8.70%	42	91.30%
便晃寨	38	0	0.00%	38	100%
王家榜村	37	5	13.51%	32	86.49%
關蒙寨	10	0	0.00%	10	100%
瑤光中寨	13	1	7.69%	12	92.31%
孟寨村	33	0	0.00%	33	100%
翁寨村	33	5	15.15%	28	84.85%
皇封村	31	0	0.00%	31	100%
江西街	16	2	12.50%	14	87.5%
瑤伯寨	15	1	6.67%	14	93.33%
平翁寨	14	1	7.14%	13	92.86%
平金寨	13	4	30.77%	9	69.23%
俾嗟寨	1	0	0.00%	1	100%

備註：表格數據主要來自《清水江文書》﹝註114﹞第一輯收錄的能反映紅契與白契之分的契約文書。

　　據《中國古代歷代契約粹編》收錄的 150 份清代徽州買賣契約，紅契或使用官頒契紙的 85 份，占比約 56% 以上，而白契則只占比約 44%，與清水江地區形成了較大的差異。《清代浙東契約文書輯選》中繳納了契稅的契約共有 61 份，占全部收錄買賣契約 166 份的 36.7%。同屬浙東地區的山陰縣所留存的清代買賣契約﹝註115﹞普遍使用官契紙，也多為紅契，占比約 75.6%，呈現出較為明顯的地區差異。

（二）契約要件設置與契約書寫

　　清代的徽州屬於經濟較發達地區，其稅收繳納向來為官府所重視，稅收的徵繳十分嚴格。面對嚴格的契稅法律規定，交易雙方出於自身利益和降低交易成本的考慮，採取了一些諸如將契約要件進行缺省設置或利於避稅的契約書寫方式等的辦法，從而對買賣契約產生了重要影響。如買賣田房，

﹝註114﹞張應強，王宗勳：《清水江文書》，第一輯〔M〕，桂林：廣西師範大學出版社，2007。
﹝註115﹞張傳璽：《中國歷代契約粹編》（中、下冊）〔M〕，北京：北京大學出版社，2014。

將賣主親筆簽押之原契存留，另照原契抄錄一份投稅，謂之「抄稅」〔註116〕；將一份契約分為若干份書寫，主要是將價格分成幾份，投稅時只拿出其中一份，以降低契稅額度；在契約上直接將交易金額做缺省設置，在必須投稅時由買主自行填寫交易額，以合理避稅；不寫交易時間，以防止官府發現因拖延沒及時交納契稅而受到懲罰；買主信息也盡可能簡省，向來有「於賣契內所列之買主多略名而書姓」〔註117〕的習俗，或者只書寫買方稱謂（如順治二年休寧縣許在中賣地契：……出賣與同族叔　名下為業……〔註118〕；順治二年休寧縣許元秀賣屋地白契：……盡行立契出賣與　叔名下為業。……〔註119〕）買主信息的缺失有助於其在發生與所訂立契約相關的糾紛時逃避責任，降低風險；由於黃冊和魚鱗圖冊制度在徽州施行的嚴謹與有效，一些土地買賣契約只書寫魚鱗圖冊等土地登記號，而省略四至或寫成「四至照依清冊」（如順治八年休寧縣程啟吾賣田契等〔註120〕）。實際上，契約中對契約訂立時間、交易額、買方姓名的缺省設置及一定數量白契的存在，劉高勇先生認為，「都可以看作是對買主利益的一種保護性反映；也可以說是買賣雙方針對國家法律的『合謀』的結果」〔註121〕。也就是說，基於不同利益的訴求，徽州買賣契約在形式和內容上都呈現出與本地區經濟、社會發展和民間慣習相適應的區域特色。

　　浙東地區也因契稅制度實行的相對嚴格，形成了一些出於避稅需要的契約要件設置原則和書寫習慣。如「不動產買賣契約之分立。分為三種：一

〔註116〕前中華民國司法行政部：《中國民事習慣調查報告錄》〔M〕，胡旭晟等點校，北京：中國政法大學出版社，2005：424。

〔註117〕前中華民國司法行政部：《中國民事習慣調查報告錄》〔M〕，胡旭晟等點校，北京：中國政法大學出版社，2005：494。

〔註118〕張傳璽：《中國歷代契約粹編》（中冊）〔M〕，北京：北京大學出版社，2014：989。

〔註119〕張傳璽：《中國歷代契約粹編》（中冊）〔M〕，北京：北京大學出版社，2014：990。

〔註120〕未注明交易土地四至的買賣契約可參見張傳璽：《中國歷代契約粹編》（中、下冊）〔M〕，北京：北京大學出版社，2014：989、994、995、996、998、999、1000、1004、1005、1006、1008、1009、1020、1022、1023、1024、1035、1043、1049、1051、1052、1053、1057、1063、1065、1067、1068、1070、1071、1073、1088、1101、1105、1106、1109、1113、1128、1135、1138、1143、1144、1145、1268、1287、1342、1354。

〔註121〕劉高勇：《功能決定形式——對清代買賣契約內容特點的解讀》〔J〕，韓山師範學院學報，2008（04）：17～22。

為賣契（即正契）、二找契（即中契）、三找截契（即尾契）……查是項習慣，買主至驗契之時，為取巧起見，僅持正契及找截契兩紙投稅呈驗，而中契則藏匿不出。」〔註122〕契約中買方信息表述不完整，甚至缺失，如葉成才賣屋契

> 胞弟成才，今因乏食正用，情願挽中將父遺下分授樓屋半間，坐落東箱（廂）屋。其屋東至公弄、南至佺處屋、西至二胞兄屋、北至思榮弟處，屋四至分明。憑中三面言定時值價錢三拾文正。其屋上連椽瓦，下連基地，門窗戶壁俱全。自賣之後，任從管業居住無阻，其屋並不重行典之事。俱以（係）兩相情願，各不番（翻）悔。恐後無據，立此賣契為照行。
>
> 再批：其屋不致（注）年月，錢便贖無阻並照行。
>
> 嘉慶拾三年拾月　　　　　　日立賣契胞弟成才（畫押）　契
> 　　見中胞弟成相（畫字）、叔茂松（畫十）、兄有義（畫中）
> 　　　　　　　依口代字親屬屬廷模（畫押）〔註123〕

寧波地區的同族之間賣產，多不立賣契，而立推契，如：

> 道光二十八年宗顯賣山契：宗顯今因乏用，情願將分授民山壹處，坐落土名長灣高岩下，山計壹爿，糧計四畝零，其山四址：上至高岩崗，下至山嘴合灣，裏至得業人山破塘，外至得業人山小灣埋石為界，具立四址分明，情願出推找與坤山為業，三面議開，找價錢四拾壹千文，其錢當日隨契收足，自找之後，任從出錢人官業林喬收花，中間開九元弟子佺（爭執）等事.恐後無憑，立此永找契存照。
>
> 再批：其糧開號割過戶並照。
>
> 道光念（廿）捌年四月　日立推找契宗顯。
>
> 見兄　榮教。
>
> 親筆。〔註124〕

清水江地區由於契稅制度推行的不嚴格，幾乎不存在避稅的需要，因此

〔註122〕　前中華民國司法行政部：《中國民事習慣調查報告錄》〔M〕，胡旭晟等點校，北京：中國政法大學出版社，2005：494。

〔註123〕　張介人：《清代浙東契約文書輯選》〔M〕，浙江：浙江大學出版社，2011：72。

〔註124〕　王萬盈：《清代寧波契約文書輯校》〔M〕，天津：天津古籍出版社，2008：88～89。

買賣契約要件設置和書寫格式方面就比較規範，沒有對立契時間、對價等要件進行刻意地缺省設置。

　　雖然通過繳納契稅得到官方的鈐印或契尾是買賣活動得到國家法律確認的必經途徑，清代國家政權也為配合契稅徵收採取了一系列的措施，如官方契紙、契尾的使用規定、對契稅徵收過程的嚴格監控和不斷改進等，但是因契稅制度本身存在的缺陷，使得本來具有法律權威的紅契反而喪失了權威，使得本不具備正當法律效力的白契具有了與紅契幾乎一樣的法律效力和功能，在民間獲得了一定的存續空間。更為重要的是，民間在對國家法和各地方政府所制定規則的回應與反饋過程中，還自行生成了一系列重新安排契約雙方權利和義務的習慣行為，如將第三方引入契約訂立過程，以發揮其說和、調節糾紛和確保契約效力的功能，從而彌補國家法在這方面的缺位等；這就是梁治平先生所說的習慣法。據先生看來，「習慣法乃是這樣一套地方性規範，它是在鄉民長期的生活與勞作過程中逐漸形成；它被用來分配鄉民之間的權利、義務，調整和解決他們之間的利益衝突，並且主要在一套關係網絡中被予以實施。」〔註125〕據日本法學家寺田浩明對明清時期中國傳統契約的研究，當時在「法的領域」之外，還存在著一個「契約的領域」，他認為「同其他文明的法文化一樣，明清時期的中國法中契約和法律本身同等重要，它構成了法秩序另一個不可或缺的側面。」〔註126〕梁治平先生認為「習慣由『自然』塑造而成」；因此，習慣法與各地的自然風貌、經濟發展、山川民情關密不可分，是以「從南到北，自西汩東，習慣隨風景變換。」〔註127〕清水江、徽州和浙東地區也不例外，由於三地的自然地理條件、經濟發展和風俗民情各不相同，在回應國家法及地方規制的過程中，自然形成了適合本地區實際情況與契約訂立方利益訴求的習慣做法，使得契約制度的實施及其對契約產生的效果各異，呈現出較為明顯的地區差異。

（三）契尾的差異

　　一份附有契尾為官府認可的契約，往往由三或四份文件黏連構成，從外

〔註125〕梁治平：《清代習慣法》〔M〕，桂林：廣西師範大學出版社，2015：2。
〔註126〕寺田浩明：《明清時期法秩序中「約」的性質》〔M〕，載滋賀秀三等：《明清時期的民事審判與民間契約》，北京：法律出版社，1998：140～141。
〔註127〕梁治平：《清代習慣法》〔M〕，桂林：廣西師範大學出版社，2015：54。

觀上明顯區別於白契。清代契尾的內容一般包括對契尾印製頒發的說明、契尾的填寫要求、契稅的稅率、必須交納契稅的對象、契尾的收執，以及對買產者不按照國家法律交納契稅和經辦胥吏徇私舞弊的處罰警示。契尾的格式也基本一致，即首先是對國家關於契稅徵收的政策法規的宣講，然後是契價和相應的按率折算的契稅數目填寫項，交納契稅者（買主）的具體住址、姓名以及標的的說明（從契尾的格式看，應該是以自己選擇的方式畫押），最後是交納契稅的日期，末尾一般都有頒發契尾機構的戳記和鈐印。如康熙四十四年（一七〇五）江南安徽等處承宣布政使司頒給休寧縣陳二純契尾〔註128〕：

契　　尾

　　江南安徽等處承宣布政使司為 勝治已極降平等事，康熙肆拾三年肆月初貳日奉督撫部院憲牌內開：康熙肆拾三年三月貳拾壹日準 戶部咨江南清吏司案呈奉本部送戶科抄出，該本部□安擬□遵前事，康熙肆拾貳年拾貳月拾柒日題，康熙肆拾三年正月貳拾捌日奉旨該部知道。欽此，抄出到該部臣等，查得先經浙江道御史王　條奏疏稱：江南所屬州縣每年稅契銀兩，除民間自行投報外，每圖仍派銀五兩，縣大圖多者，比至肆、伍千兩，而解司不過壹、貳百兩。今臣愚以為宜飭布政司嚴行契尾號簿，安季清查，盡收盡解。如有妄派民間，藩司立即揭參。藩司失察，一併議處。又南糧提解及袋錢等項，每石約費三、四錢不等，請給兵糧之時，令督撫核查兵籍，給與印檔，撥赴近州縣自領，酌與往來船腳之費。等因。臣部以江南諸省稅契銀兩，俱係各州盡收盡解布政司庫，原無定額。至兵丁原係為防守汛池而設，今撥赴附近州縣兵丁自領，其有無誤於防守，並有無實益於民間之處，具題行令該督撫查明，具題去後。今據江寧巡撫宋、安徽巡撫劉，會同江南、江西總督阿、總漕桑，統稱：江蘇、安徽等屬田房稅銀，原係州縣盡收盡解，並無私派圖民之弊。若用司頒契尾發令州縣登填，則徵收實數更易稽核等語。嗣後用司頒契尾立簿，發令州縣登填，仍將徵收實數按季造冊報部核查。又疏稱：各標營兵米俱以本郡

〔註128〕張傳璽：《中國歷代契約粹編》（中冊）〔M〕，北京：北京大學出版社，2014：1047。

之米給本處之兵。民無旁費，兵不遠涉，久稱兵民兩便。仍然舊例遵行，等語。應將御史王 條奏兵丁撥赴近州縣自領米石之處，毋庸議，仍照舊例遵行可也。康熙肆拾年貳月貳拾柒日題：本月貳拾壹日奉旨依議。欽此。

抄部送司，為此，令諮前去，欽遵查照施行。等因，到院備行到司，奉此。除經通行所屬一體欽遵外，令匭刊尾給發。為此，仰州縣官吏遵照部文，奉旨及 憲行事理，凡遇民間置買田地、山塘、房屋、蘆洲產業，查照契內每價壹兩微稅三分，著令業戶照數填薄內，一面將原契黏連本司編號契尾，填明鈐印，給發執據，仍將微收實數按季造冊送司，以憑詳送 部院查核。其稅銀務遵按季解司充餉，事關 國課，無論紳衿軍民，一體輸納。如有隱匿不稅，以及不用司頒契尾者，即係漏稅，該印官據實詳報，定將產業依律沒官，業戶立拿究治。倘敢縱容經胥藉端需索尾費，或微稅多而解報少，一經查實，則嚴參復提，重究不貸，須至契尾者。

　　　　　　　州
　計開：徽州府休寧　　　業戶　　　　用價銀貳兩
　　　　　　　縣
　買者 圖　甲　　　賣主　　　金阿謝
　田地 山塘 房屋 蘆洲 於康熙　年　月　日完納稅銀陸分
　　　　　　　　　右給業主陳二純　准此
　康熙肆拾肆年　月　日　給
　布政使司

　　從該契尾內容看，多是關於各地契稅數量的分配、稅銀徵解的要求、違規的處置以及對官員營私舞弊行為的警告，其重點在於如何實現契稅按時、按量的繳納，亦是江南地區向為清代稅賦重地的間接反映。

　　由於「契尾不僅僅是一種稅契憑證，同時它也是官府對所交易田宅的私有權的法律保證書」〔註129〕，因此清代將契尾的使用範圍謹慎地限制在田地和房屋買賣契約中，其他相鄰的物權交易和物權變動，都不必使用契尾。由此契尾實際上就成了賣契與典契在外觀上的重要區別之一。契尾內容一般帶

───────────────

〔註129〕周紹泉：《田宅交易中的契尾試探》〔J〕，中國史研究，1987（1）。

有較為濃烈的地方色彩。這是因為契尾是由各個地方的布政司負責印刷製作的，各地方布政司會根據所管轄地區管理的需要，在契尾中設置不同的內容與要求。如以下這份乾隆三十七年（1772）貴州承宣布政使司頒發給業戶姜天秀的買產契尾內容，顯然與江南安徽等處承宣布政使司所印製的契尾存在著明顯不同。

契　尾

　　貴州等處承宣布政使司，為遵旨議奏事，奉撫部院憲牌，准戶部諮開河南司案呈，所有本部議覆河南布政使富條奏，買賣田產將契尾黏連用印，存貯申送府州藩司查驗等因一折，於本年十二月十二日奏，本日奉旨：依議，欽此。相應抄錄司班，並頒發格式，行文貴州巡撫，欽遵辦理可也等因，諮移到本都院，准此合就檄行。為此，仰司官吏查照票內，準部諮奉旨及黏單內事理，即便欽遵刊刷，酌量頒發，移行遵照辦理，仍刷樣呈送備查。毋違。

　　須至契尾者

　　計開

　　業戶姜天秀等買　　坐落

　　用價銀〇千二百六拾　兩　錢稅銀　拾　兩　錢　分　釐

　　布字壹百伍拾伍號

　　　　右給與業戶姜天秀等准此

　　乾隆三拾柒年拾壹月　　日〔註130〕

　　該契尾的內容較為簡潔，既沒有契稅繳納的比例，也沒有對不按時按量交納契稅者的處罰規定，由此可以大致推斷當時貴州地區契稅制度的施行並不為中央政府所重視，契稅制度的施行亦不十分普遍，這也是清水江地區白契數量占比高的一個重要原因。

（四）官契紙的使用

　　在契稅制度的影響下，三地買賣契約外觀上的差別還表現在官契紙的使用上。清代契稅制度中還包括對官契紙的推廣使用上。官契紙不僅要求繳納契稅，而且還需要使用者繳納一定的印製費用。雍正六年，為了杜絕經辦契

〔註130〕王宗勳：《代清水江中下游林區的土地契約關係》〔J〕，生態民族文化學刊，2009，1（03）：23～30。

稅胥吏收而不填或者多收少填的徇私舞弊行為，雍正帝接受河南巡撫田文鏡的建議，取消契尾，改頒官印契紙契根，使契約和稅據合為一紙，以規範契稅的繳納與管理。浙東地區亦發現有官契紙，其格式如（圖5-5）。

圖 5-5　慈谿縣所見清代官頒契紙〔註131〕

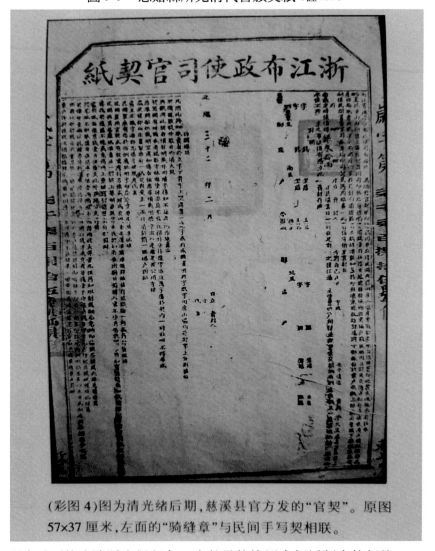

（彩圖4）圖為清光緒后期，慈溪县官方发的"官契"。原圖57×37厘米，左面的"骑缝章"与民间手写契相联。

浙東地區的山陰縣也保留有一定數量的使用官契紙訂立的契約〔註132〕，

〔註131〕張介人：《清代浙東契約文書輯選》〔M〕，杭州：浙江大學出版社，2011：3。
〔註132〕參見張傳璽：《中國歷代契約粹編》（中、下冊）〔M〕，北京：北京大學出版社，2014：1099、1115、1169、1249、1342、1393、1399、1412、1413、1416、1428、1443、1444、1509、1524。

如乾隆四十三年張恒一絕賣湖田官契〔註133〕。官契紙不僅有官頒契紙特殊的標識，契約末尾還有計開條款例，內容包括官府對於契約性質、書寫、契稅繳納、契紙填寫要求等的說明事項，從形式上明顯有別於民間自行書寫的契約。如乾隆元年（1736）山陰縣潘禹安絕賣田民契與官契就存在明顯的區別。

潘禹安絕賣田民契

　　　　立絕賣文契潘禹安，今將自己戶內河字八百九十壹號田肆分，
浼（浼）中出賣與　張處為業。三面議定價銀肆兩正。自賣之後，
任憑過戶收花。欲後有憑，存此為照。

　　　　計開

　　河字八百九十壹號田肆分正，坐落周家徑。

　　契內銀兩，當日一併收足。

乾隆元年十二月　　日　立絕賣文契　　潘禹安（押）

　　中見　　張東周（押）張益齋（押）張三重（押）潘南柱（押）

絕賣文契〔註134〕

潘禹安絕賣田官契

　　山陰縣十七都坊立賣田文契人潘禹安，今將自己戶內河字八百
九十壹號田肆分，浼（浼）中出賣與　張處為業。當中三面議定價
銀式兩整，當日收足。並無重疊戥典爭執等情。俗有推頭通例，每
兩出銀　 ×，即時交收過割，承納糧差。此照

　　　　計開：

　　河字八百九十壹號田肆分正，坐落周家徑字號

　　字　　號　　　　　　　　　　　　　　字號

　　舊管都　名下完糧開除

　　新版十七都十七圖蔡堰莊　名下入冊納糧

　　乾隆元年十二月　　　日　立賣契人　潘禹安（押）

　　　　　　　　　　　　　中人　潘禹桎（押）

〔註133〕張傳璽：《中國歷代契約粹編》（中冊）〔M〕，北京：北京大學出版社，2014：1169。

〔註134〕張傳璽：《中國歷代契約粹編》（中冊）〔M〕，北京：北京大學出版社，2014：1099。

契內銀兩當下一併完足（押）　張三重（押）
　　　　　　　　　　　　　　張東周（押）

條約五款列後

一、絕賣者不用此契，止作戲當。戲當者若用此契，競作絕賣。

一、契不許請人代寫。如賣主一字不識，止許嫡親兄弟子侄代寫。

一、成交即時投稅。該房查明賣主戶冊，號下注明契年月日賣某人訖。

一、由貼不許借人戲當，如違者不准告照。

一、買產即便起業，勿許舊主仍佃，以杜影騙。〔註135〕

備註：橫線部分為官契紙與民契紙在具體內容上的差異。

　　兩份契約的立契人同為潘禹安，且契約對出賣的標的物、對價、中人等要件的描述也基本相同，但在契約格式和個別內容的措辭上存在一定差別，官頒契紙對契約內容的敘述更為規範和詳盡，著重強調了標的物的權利瑕疵擔保（並無重疊戲典爭執等情）、契稅的繳納、俗例推頭的收取以及推收過割。在契約末尾還列有「條約五款」，分別對契約性質、契約書寫人、投稅、契約適用範圍、過割進行了明確的規定，凸顯了官府對契稅繳納和推收過割的重視，即對契約管理的著重點在於徵稅和確保國家正常的稅賦徵收。

　　浙東地區有部分買賣契約使用了官契紙，如以下這則契約：

〔註135〕張傳璽：《中國歷代契約粹編》（中冊）〔M〕，北京：北京大學出版社，2014：1099～1100。

圖 5-6　光緒三十二年柴賢生賣屋契〔註 136〕

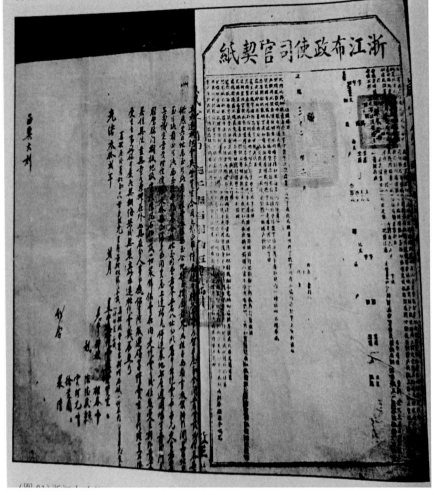

　　該契紙與民間自行書寫的契約黏連在一起，在外觀上與民間書寫的契約有較為明顯的區別。

　　同治三年休寧縣邵金氏母子杜賣荒山官契〔註 137〕的格式與浙東地區有所不同，契紙上不僅有「縣給契紙」的標注，而且在契約開始處有「契紙係本縣捐廉刊刷發給，不取民間分文。惟該冊稅書經理發給以及倒換簿□往來飯食，准業戶每張給錢三拾文。不准多索」的說明，但契末沒有相關條款。可見，出於管理需要所印製的官契紙在不同地區還是存在一定差異的。

〔註 136〕張介人：《清代浙東契約文書輯選》〔M〕，浙江：浙江大學出版社，2011：5。
〔註 137〕張傳璽：《中國歷代契約粹編》（下冊）〔M〕，北京：北京大學出版社，2014：1450。

　　三地之所以在白契和紅契在數量上存在較大差異，與清代契稅制度本身所固有的缺陷不無關係。

　　首先，契稅繳納的各種漏洞，造成了買賣交易成本的大幅度提升。清代明確規定田地買賣的契稅標準是 3%，但在實際執行中，一些州縣往往私自加徵賦稅，提做「陋規」；有的官吏更是將契約扣押不發、以圖受賄而中飽私囊；更有膽大者，胡亂填寫冊內價銀數目，與契約內所填之數不符，百姓反而更多一層盤剝；尤其是到了乾隆朝後期以後，官吏對百姓橫征暴斂，到同治年間更甚，契稅日漸成為百姓的沉重負擔。張介人先生編著的《清代浙東契約文書輯選》中收錄的「浙江布政使司官契紙」所載的十五條亦可以清晰地看到清代契稅的變化：

　　　　12 款：官契紙每張售價壹百伍拾文，此外並無分文浮□（耗）。
　　（比起雍正年間的「每契壹紙賣錢伍文」已經翻了 30 倍）

　　　　13 款：契尾紙不聽紙價，每張捐庫平銀一兩，酌照市價銀兩，收大洋壹元伍角，如以制錢銅元完納，即核照各該處大洋兌價核算。

　　　　14 款：契價銀壹兩，徵稅三分，折收銀陸拾陸□加□，價以錢洋成交者，與起錢壹仟作銀柒錢，每洋壹元亦作銀柒錢，稅銀照此核算。（按：有□者，有字不可識。）〔註138〕

　　清代中後期的契稅負擔比雍正、乾隆時期明顯加重。當清朝末年，各個省份自行訂立契稅標準，更是對契稅的節節攀升起了推波助瀾的作用，地方官府在制定契稅稅率及相關政策時無視百姓的利益訴求及其經濟狀況，不斷提升契稅稅率，「買契之稅，有加至四分五釐、五分、六分六釐者。」〔註139〕有的契稅稅率「甚至還提高到了 9% 左右」。〔註140〕結果是百姓因為畏懼官吏的盤剝，往往不到官府去辦理稅契手續。浙東慈谿縣到清後期的白契數量明顯增多，寧波地區也多採用訂立白契的方式處理田房交易。徽州地區也遺存了大量白契。

　　其次，契紙的使用也為胥吏徇私舞弊、貪贓枉法提供了方便之門，雖然清政府規定了契紙的價格，「每契壹紙賣錢伍文，解司以為油紅紙張之費，毋

〔註138〕張介人：《清代浙東契約文書輯選》〔M〕，浙江：浙江大學出版社，2011：5。
〔註139〕〔清〕劉錦藻：《皇朝續文獻通考》（卷5）〔M〕，光緒三十一年，189。
〔註140〕劉高勇：《清代買賣契約研究》——基於法制史角度的解讀〔M〕，北京：中國社會科學出版社，2016：184。

得多取，苦累小民」〔註141〕，但是契紙契根之法「行之既久，書吏夤緣為奸，需索之費數十倍於從前，徒飽吏役之壑，甚為地方閭閻之累」。〔註142〕

　　第三，清代為推廣官契紙而對契約書寫方面所作出的種種苛刻的規定，在當時識字率不高的社會根本無法有效施行，再加上經辦胥吏和書役的盤剝，也使得交易成本大幅提升，對多數本已經濟困窘的出賣方而言無疑上雪上加霜，民間為了避免官牙、胥吏和書役的盤剝，減少因與官府打交道而帶來的麻煩，往往選擇訂立白契，而不到官府辦理繳納契稅手續，以維護買賣雙方的利益，結果是各地都存在著數量不菲的白契。也就是說「清朝政府以契稅確認產權的方式因其與民爭利的立場、腐化的官吏徵收系統以及不斷攀升的契稅稅率等原因，沒能被民間認同。」〔註143〕筆者以為這種說法是符合三地契約實踐的，且直接反映在三地紅契與白契數量的差異上。

　　清代契稅制度的出發點主要在於保障國家稅收收入，對契約相關制度設計的重點無疑就會放在類似官契紙的使用與推廣、契稅繳納、制定和調整契稅稅率、規定懲罰措施等環節上，這勢必造成各類交易成本的大幅攀升，增加契約訂立者的經濟負擔，自然得不到百姓的認可，其推行及其效果必然大打折扣。尤其是到了乾隆朝後期以後，官吏對百姓橫征暴斂，契稅日漸成為百姓的負擔，結果使得百姓因為畏懼官吏的盤剝，往往不到官府去辦理稅契手續，而選擇私下訂立白契，以維護買賣雙方的利益；同時還在對國家法和各地方政府所制定的契稅繳納規則的回應與反饋過程中，生成了一系列重新安排契約雙方權利和義務的習慣行為（如普遍私下訂立白契），即梁治平先生所說的習慣法。據先生看來，「習慣法乃是這樣一套地方性規範，它是在鄉民長期的生活與勞作過程中逐漸形成；它被用來分配鄉民之間的權利、義務，調整和解決他們之間的利益衝突，並且主要在一套關係網絡中被予以實施。」〔註144〕也就是說，「清朝政府以契稅確認產權的方式因其與民爭利的立場、腐化的官吏徵收系統以及不斷攀升的契稅稅率等原因，

〔註141〕　張傳璽：《中國歷代契約粹編》（中冊）〔M〕，北京：北京大學出版社，2014：1092。

〔註142〕　張傳璽：《中國歷代契約粹編》（中冊）〔M〕，北京：北京大學出版社，2014：1092。

〔註143〕　劉高勇：《論清代的契稅與民間契約管理》〔J〕，廊坊師範學院學報，2008（02）：85～88。

〔註144〕　梁治平：《清代習慣法》〔M〕，桂林：廣西師範大學出版社，2015：2。

沒能被民間認同」〔註145〕，使其在規範民間的契約時難以奏效，結果是沒有繳納契稅的白契在清代的各個地區和各個時期都佔有一定的比例。「契約作為一種民間原生形態的文本，其所發揮的社會功能與複雜多變的社會實際幾乎一致，大到群體利益之統合，小到具體而微之利害，契約所起的作用甚廣，它往往化矛盾於未萌之中，息糾紛於訴訟之先，其文本所體現的社會關係可謂民間基層社會關係之一生動寫照。」〔註146〕通過契約所形成的約束力對於維繫交易秩序，乃至地方的社會生活秩序都具有不可或缺的重要作用。清代各級地方政府在處理有關土地、房屋所有權糾紛的原則首先以契約為最關鍵的依據，「告婚姻必以媒妁聘定為據，告田土必以契券地鄰為據，告債負必以中保及契據為據」。〔註147〕清律亦明確規定「凡民人告爭墳山，近年者以印契為憑。如係遠年之業，須將山地字號畝數、及庫貯鱗冊、並完糧印串，逐一丈勘查對，果相符合，即斷令管業。若查勘不符，又無完糧印串，其所執遠年舊契及碑譜等項，均不得執為憑據，即將濫控侵佔之人，按律治罪。」〔註148〕

　　契約在標的物所有權證明方面亦具有非常重要的作用。如《咸豐九年（1859）汪氏萬年山帳》就是對一處山場糾紛調解過程及調解書的記錄。這件山賬記錄了在糾紛過程及契約在其中發揮的重要作用，從中可以管窺契約作為重要憑證在民事糾紛解決中的功能。這裡的契約，我們並不確定它到底是紅契還是白契，但確實起到了重要的證據作用，由此我們可以大致推斷，契約的證據作用與其是否繳納過契稅並無必然的聯繫。

　　此外，傳統中國社會基於對「花落訟庭」的「無訟」境界的追求，一般將戶婚、田土、錢債等事項泛稱為「細事」，地方政府側重的是治安、稅收與禮儀等問題，對於民間日常生活的糾紛，只要不是人命重案，就多採用「託中調解」「委中理剖」「批中處理」的處理方法，以法定的訴訟程序來解決民事爭端，並不是必要且經常的途徑。「對於一些契約糾紛，清代的契約

〔註145〕劉高勇：《論清代的契稅與民間契約管理》〔J〕，廊坊師範學院學報，2008（02）：85～88。
〔註146〕劉道勝：《明清徽州民間契約關係的維繫》〔J〕，安徽師範大學學報（人文社會科學版），2007（02）：143～148。
〔註147〕〔清〕黃六鴻：《福惠全書》，卷11（第3冊）〔M〕，合肥：黃山書社，1997：327。
〔註148〕田濤，鄭秦點校：《大清律例》〔M〕，北京：法律出版社，1999：195。

當事人往往委託中人幫忙調處。」〔註149〕再加上白契和紅契在其法律效力上並沒有太大的區別，凡是交易雙方訂立和認可的契約都可以在糾紛解決中作為重要的證據而發揮作用，因此無論徽州還是浙東地區都存在著數量不少的白契，清水江地區白契的比例更是高達轉93%〔註150〕，使得「建立在意思自治基礎上的契約關係在社會裏生了根」〔註151〕，契約（絕大多數是民間私下訂立的白契）成了當地苗、侗、漢等各族人民主張和保護自己權益的重要憑證，在該地區的林木糾紛中，官府一般也會按照契約進行裁決，將契約作為勘分界至、解決糾紛的重要憑證和依據。日本學者寺田皓明認為，「如果所謂的『法秩序』指的是皇帝以官僚為執行機構對民間發生的種種惡行壞事進行懲戒，那麼『法秩序』即等同於所謂『信賞必罰』的過程；而如果把『法秩序』理解為人們不直接依靠暴力，而是通過語言和交往形成秩序的行為總體，那麼明清時期『法秩序』的實體部分則是由契約構成的。」〔註152〕從這個意義上說，這些在民間生活中具有重要意義的契約體現了清代習慣法及其法秩序的基本形態，反映了人們真實的社會生活形態，凸顯了地區性契約研究的必要性和重要性。

第五節　推收過割

清律規定：「凡典買田宅……不過割者，一畝至五畝，笞四十，每五畝加一等，罪止杖一百。其不過割之田入官。」〔註153〕過割也稱「推收」，意思是就產業和田稅過戶。這項制度可能產生於「初稅畝」之後。〔註154〕推收過割包含了買賣中的產權轉移和稅費轉移兩種手續。產權轉移手續即「推產入買人戶」程序，其中還包含了對原業主的「離業」要求；稅收轉移手續

〔註149〕 劉道勝：《明清徽州的民間調處及其演變——以文書資料為中心的考察》〔J〕，安徽師範大學學報（人文社會科學版），2008（04）：425～430。
〔註150〕 劉亞男，吳才茂：《從契約文書看清代清水江下游地區的倫理經濟》〔J〕，原生態民族文化學刊，2012，4（02）：36～45。
〔註151〕 （日）岸本美緒：《明清契約文書》〔M〕，滋賀秀三、王亞新等編：《明清時期的民事審判與民間契約》〔M〕，北京：法律出版社，1998：309。
〔註152〕 〔日〕寺田浩明：《明清時期法秩序中「約」的性質》，載《明清時期的民事審判與民間契約》〔M〕，王亞新、梁治平編譯，北京：法律出版社，1998：140。
〔註153〕 田濤，鄭秦：《大清律例》〔M〕，北京：法律出版社，1999：198。
〔註154〕 張傳璽：《秦漢問題研究》〔M〕，北京：北京大學出版社，1995：128。

即「推稅」，土地上的稅賦由原業主繳納改為新業主承擔。嘉慶手抄本《錢穀必讀》中記載了推收過割的基本程序，「立契成交之後，原主同現業齎帶契紙推字赴莊書處。如原業田糧，本在一都二圖，現業住在二都三圖，則應過入二都三圖冊內。一都二圖之莊書，查收賣主推字，將糧於冊內注除出應過畝分數目之條，交於二都三圖之莊書，照數科則，添入冊內。」〔註155〕推收過割的主要目的在於避免「產去稅存」的不正常現象，以保證「履畝而稅」〔註156〕的制度得以實施。過割之後，徵收稅賦的對象與買賣田產的歸屬都得以確定。《乾隆五十一年（1786）休寧縣孫廷爵賣田契》，通過對「其稅奉例隨即在本家四甲孫文尤戶內起割，推入買人戶內辦納糧差」〔註157〕的描述就完成了過割手續，明確了賦稅的徵收對象和田地所有權的歸屬。為了督促人們在田宅買賣交易結束後及時進行稅糧的過割，清代官府還以完糧印串作為田宅所有權的重要憑證之一，清律規定：「凡民人告爭墳山，近年者以印契為憑。如係遠年之業、須將山地字號畝數、及庫貯鱗冊、并完糧印串，逐一丈勘查對、果相符合、即斷令管業。若查勘不符，又無完糧印串，其所執遠年舊契及碑譜等項，均不得執為憑據，即將濫控侵佔之人，按律治罪。」〔註158〕還將稅糧過割和訴訟糾紛聯繫在一起，明確規定在民間因為產權糾紛而尋求國家權利的救濟時，以是否完納稅糧作為訴訟主體的資格要求，所以清代官方頒行的狀紙格式上，一般都有「完納戶名」一項，要求原告填寫，而狀紙後面所附的《狀式條例》則明確規定「告婚姻，無媒約、聘書田土無糧號、印串、契券錢債無票約、中證者，不准」。〔註159〕由此可見，清代對於推收過割環節的設定及法律規定不可謂不完善。但是在實際的操作中，基於對利益的訴求和當地經濟、社會、文化等因素的影響，清水江、徽州和浙東地區的推收過割實際上存在著較大的差異，其表現如下：

〔註155〕楊國楨：《明清土地契約文書研究》〔M〕，北京：中國人民大學出版社，2009：253。

〔註156〕黃銘，曾亦：《春秋公羊傳》〔M〕，北京：中華書局，2016：86。

〔註157〕張傳璽：《中國歷代契約粹編》（中冊）〔M〕，北京：北京大學出版社，2014：1203。

〔註158〕田濤，鄭秦：《大清律例》〔M〕，北京：法律出版社，1999：199。

〔註159〕田濤，許傳璽，王宏治：《黃岩訴訟檔案及調查報告》〔M〕，北京：法律出版社，2004：234。

一、過割憑證

買賣雙方進行完稅賦轉移的手續以後，經辦的基層縣衙要給買主出具一定的憑證，一般稱為推單。清代有官頒的統一格式的推單，內容如下：

> 立推單人某人係某縣某鄉某甲人。今將本甲某戶下田若干（或地若干，或山若干），共平米若干，推與某　名下，某圖某甲某戶下，收戶當差。所推是實。恐後無憑，立此推單存照。
>
> 乾隆　　年　　月　　日　　　　　立推單人某人押
>
> 　　　　　　　　　　　　　　　　憑中人某人押
>
> 　　　　　　　　　　　　　　　　造　　冊某人押〔註160〕

但因受到當地經濟社會文化、風俗習慣以及政府管轄力度大小的影響，實際過割憑證的形式和稱謂在不同地區存在較大差異。徽州地區推收過割的憑證有歸戶票，如道光二十年（1840）休寧縣冊發給黃正仁收稅歸戶票〔註161〕；歸戶簽票，如嘉慶十四年（1809）休寧縣童春暉歸戶簽票〔註162〕；僉業票，如道光二十一年（1841）休寧縣發給童繡文僉業票之二〔註163〕；歸戶小票，如道光二十一年（1841）休寧縣發給童繡文歸戶小票〔註164〕；收稅票，如同治九年（1870）休寧縣發給童秀峰收稅票〔註165〕；僉票，如嘉慶二十年（1815）休寧縣發給童春輝戶簽票〔註166〕；推單，如順治十二年李有功推單等。推單的具體內容如下：

> 立推單人李有功，原賣過上名溪底，係人字八百十三號，計稅二分五釐乙毛五係六忽，又土名何六坑，係人字四百六十一號，計

〔註160〕張傳璽：《中國歷代契約粹編》（下冊）〔M〕，北京：北京大學出版社，2014：1572。

〔註161〕張傳璽：《中國歷代契約粹編》（下冊）〔M〕，北京：北京大學出版社，2014：1355。

〔註162〕張傳璽：《中國歷代契約粹編》（下冊）〔M〕，北京：北京大學出版社，2014：1274。

〔註163〕張傳璽：《中國歷代契約粹編》（下冊）〔M〕，北京：北京大學出版社，2014：1364。

〔註164〕張傳璽：《中國歷代契約粹編》（下冊）〔M〕，北京：北京大學出版社，2014：1365。

〔註165〕張傳璽：《中國歷代契約粹編》（下冊）〔M〕，北京：北京大學出版社，2014：1469。

〔註166〕張傳璽：《中國歷代契約粹編》（下冊）〔M〕，北京：北京大學出版社，2014：1292。

稅乙分乙釐二毛又土名木約丘，係官字五十九號，計稅五分七釐乙毛三共計田稅　正。其稅本戶推入希勳戶輸納。兩家不必赴局而會，立此推單存照。

立推單人李有功

中見李守之〔註167〕

圖 5-7　康熙四十三年黃道金立推單〔註168〕

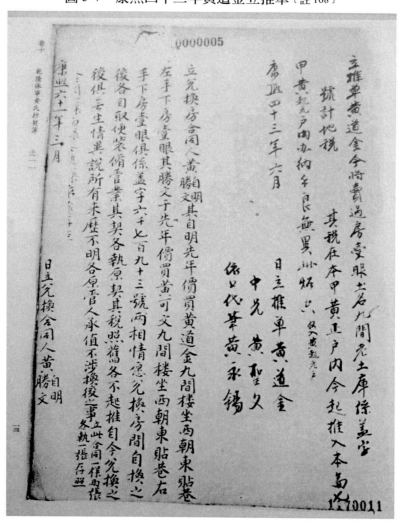

綜合徽州過割憑證的形式，可以分為兩大類，即民間私下訂立的，憑證末尾寫有立推單人、中人等。第二種是官方正式開列的過割憑證，包括收稅票、僉票、簽票、歸戶票等，由官府統一印製，一般有統一的格式，都是過割後官府提供的憑證，只是在不同時期，有不同的稱謂，從而呈現出一定的地方性特徵。

浙東地區的過割憑證的形式和稱謂也較為多樣，有除票，其格式（如圖5-8）：

圖5-8　道光十年（1830）慈谿縣曹朝佐三兄弟立除票〔註169〕

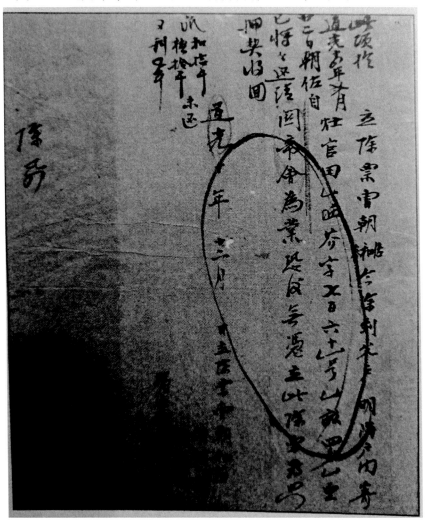

〔註169〕張介人：《清代浙東契約文書輯選》〔M〕，杭州：浙江大學出版社，2011：7。

該除票的具體內容為：

> 立除票：王門（姜）氏，今除得九都外四圖王戎慶戶內係字號，
> 計基地口口口。憑中過除於本都本圖曹開暄，次年收戶過條入冊無
> 阻。恐後無憑，立此除票存照行。
>
> 光緒三年十一月　　　　　　　　日立除票王門姜氏　　　　除
>
> 　　　　　　　　　　　　　　　　見除、中陳延興
>
> 除行　　　　　　　　　　　　代字陳星楷」〔註170〕

還有推旗，如嘉慶九年（1804）山陰縣徐大有出田推旗〔註171〕；出推草
單，如道光二年（1822）山陰縣周鐵湖田出推草單〔註172〕；推收執照，如咸
豐元年山陰縣高竹軒推收執照〔註173〕；出開票，如咸豐十一年（1861）山陰
縣王子厚賣田出開票〔註174〕。浙東慈谿縣的過割憑據還有推契的形式，如道
光二十八年葉標立推契：

> 立推契八甲（腳），葉標今推得朝下岸甲畈丁地壹分貳釐，推得
> 葉思忠公戶入冊無阻，此照行。
>
> 道光廿八年六月　　　　　　日立推契葉標（畫十）
>
> 　　　　　　　　　　　見推中瑞豐（畫押）
>
> 　　　　　　　　　　　代字尚義（畫押）〔註175〕

收戶據，如宣統元年十二月施靜隆「立收戶據」

> 今將古東管戶內施誠浩戶來稅地壹畝壹分正，入葉姓太陽會戶
> 內輸稅入冊過條。恐後無憑，立此收戶據存照行。
>
> 宣統元年十二月　　　日立古東管施靜隆字（閒章鈐印）〔註176〕

立收關，如道光二十八年六月鄭東來「立收關」：

〔註170〕張介人：《清代浙東契約文書輯選》〔M〕，杭州：浙江大學出版社，2011：41。
〔註171〕張傳璽：《中國歷代契約粹編》（下冊）〔M〕，北京：北京大學出版社，2014：1259。
〔註172〕張傳璽：《中國歷代契約粹編》（下冊）〔M〕，北京：北京大學出版社，2014：1309。
〔註173〕張傳璽：《中國歷代契約粹編》（下冊）〔M〕，北京：北京大學出版社，2014：1414。
〔註174〕張傳璽：《中國歷代契約粹編》（下冊）〔M〕，北京：北京大學出版社，2014：1439。
〔註175〕張介人：《清代浙東契約文書輯選》〔M〕，杭州：浙江大學出版社，2011：74。
〔註176〕張介人：《清代浙東契約文書輯選》〔M〕，杭州：浙江大學出版社，2011：83。

耿記」（章）立收關：九都外四圖，今收得曹超佐戶內，收茶字三佰卅七號民田貳畝壹分零；本都本圖曹明海戶內拍來，限本年過條入冊。今蒙縣主諭准開入，無得指阻。恐後無憑，立此收關存照行。

　　　道光二十八年六月　　　日立收關，莊書、鄭東來筆、「耿陽圖記」（章）〔註177〕

過條，如宣統三年五月裘祝三立過條：

今收得：念七都壹圖沈久生戶內來，忘字二百九十四號，灶民田貳分五釐；又短字無細號灶民田貳分五釐；入與念七都五圖葉彩堂戶內入冊輸糧。本年拾月過條，即日印稅。此照行。

　　　宣統三年五月　　　日立莊房裘祝三（記、章）收條〔註178〕

　　綜合以上浙東地區過割憑證的種類，我們可以將其分為三種，一種是民間自己開立的，憑證末尾寫有立除票人、中人、代字人等。第二種是鄉村中半官方性質的人員開立的，憑證起始處有「收×××」字，結束處有「立此收戶據，存照行」字樣。之所以由半官方性質的人員開列單據，是因為清政府設立的官本位是到縣級為止的，縣以下百姓以自治為主，這種半官方性質的人員往往是村中有地位的人，由此可以看出辦理過割手續不是在官府，而是在交易地，所以會出現這種由半官方性質人員開列的過割憑證。第三種是官方正式開列的過割憑證，如之前提到的山陰縣高竹軒推收執照，由官府統一印製，有固定的格式。

　　清水江地區因賦稅制度推行地並不嚴格，且範圍和力度有限，所以並未見到專門的推單或除票等類似的過割憑證。

二、重視程度

　　清代官方從出於保證稅賦徵收的需要出發，規定了推收過割的具體操作程序，但是在民間的契約實踐中對於稅賦糧差的起推過割是比較靈活的，能反映出其對待推收過割的態度。如清水江地區的田產交易基本上不涉及這個環節，即使是涉及到，對推收過割的約定也極為簡單，沒有專門訂立推單的程序。如以下這則契約：

〔註177〕張介人：《清代浙東契約文書輯選》〔M〕，杭州：浙江大學出版社，2011：37。
〔註178〕張介人：《清代浙東契約文書輯選》〔M〕，杭州：浙江大學出版社，2011：85。

立斷賣田約人姜文甫，今因缺少用費，情願將分內之田大小五坵，坐落地名冉翁出賣，請中問到鄧大朝名下承買為業。當日憑中面議定斷價銀一十一兩三錢整，親手領回應用。其田自斷之後，憑從買主下田耕種管業，而賣主兄弟族人不得異言。如有異言，在賣主向前理落，不干買主之事。恐人心不古，立此賣字世代子孫永遠為據。

外批：其有天柱原糧照冊完納。

憑中　　姜岩生

代筆　　姜廷望

嘉慶元年三月初三日　　　立〔註179〕

從契約內容看，雙方只是以「外批」的方式對賦稅繳納問題進行了約定。再比如以下這則契約：

立斷賣田約人本房姜周培，為因……無從得出，情願將到分下祖遺田大小二班，土名坐〔落〕黨泥，託中問到族下侄姜口口承買耕種為業。當日憑中三面言定……兩正，親手……分釐不欠。其田自賣之後，任從買主子孫管業，賣主之子口並房人不得番（翻）悔異言。倘有來歷不清，俱在賣主尚（上）前理落，不干買主之事。糧隨田走，照冊完糧。今恐口說無憑，立此斷賣田字為據。

憑中　　姜□、陸生

代書　　□□□

乾隆五十八年～一月廿五日　　立〔註180〕

該契約比較明確地規定了稅糧的繳付方式——「隨田走，照冊完糧」，但雙方並不會專門立推單或到官府辦理過割手續。

綜上，清水江地區的田宅買賣交易一般不到官府履行過割手續。因為這種現象的普遍存在，以至於有些賣主會以稅賦為由，在買賣交易中獲利，或者以沒有稅賦負擔來吸引買主，以促成交易。如雍正三年四月，兵部在議覆雲貴總督高其倬條奏苗疆事宜時就曾指出，當地「土司貧苦，往往將有糧之

〔註179〕陳金全，杜萬華：《貴州文斗寨苗族契約法律文書彙編——姜元澤家藏契約文書》〔M〕，北京：人民出版社，2008：56。

〔註180〕陳金全，杜萬華：《貴州文斗寨苗族契約法律文書彙編——姜元澤家藏契約文書》〔M〕，北京：人民出版社，2008：47。

田作為無糧之土，賣與紳拎商民，以致完納無，致派累苗戶」，因此，要求「救令查核清楚，令買田之人，照例輸納。」〔註 181〕

　　履行推收過割手續無疑會帶來交易成本的提升，因此在法律規範的框架下，徽州地區對於推收過割採取了較為靈活的處理方式。有的契約會對推收過割環節進行比較明確的約定。如歙縣鄭元瑞賣山官契：

　　　　歙字壹號契紙給發拾陸都貳圖冊裏　　立賣契人鄭元瑞，係十七都二圖，今將承祖分受育字三千二百二十九號，土名烏雞山計地稅乙分四釐。浼中出賣與吳　　名下為業，議定時價文銀捌兩止。銀契當即兩相交明。其山東至路，西至本家山界，南至塘，北至山。眷照依清冊釘（訂）界交業，定憑拖造風水，本家陰曆墳。本戶地稅即於本圖十甲下黃明戶內推入十六都二圖吳懷仁戶內支解。倘有內外異說，賣人理直。

　　　　今恐無憑，立此賣契為照。

　　　　內有東北角櫃子樹貳根，交買人管業。在（再）批。

　　　　康熙十九年八月日……

立賣契人　鄭元瑞（押）

親兄　　鄭元甫（押）

中見人　吳養之（押）

朱口亨（押）

代筆　　章建達（押）

居間　　吳篤生（押）〔註 182〕

　　有的則不會約定具體的推收過割時間，以方便買賣雙方靈活處理。如雍正五年休寧縣王紹周等賣基地紅契中約定：「其稅今現在祖租戶得業辦納。倘日後買主另立己戶，任憑照契推入買人戶內辦納無辭」〔註 183〕；康熙五十年休寧縣胡子開賣地紅契中則有「其稅早晚過割入戶支解」〔註 184〕的話語；康

熙五十七年休寧縣許允升賣地紅契則有「其稅奉例起推，並無難異」〔註185〕的說辭；乾隆二十四年休寧縣吳清宇活賣地紅契中對於過割的約定是「其地稅即交管業過割入戶輸糧」〔註186〕，嘉慶元年休寧縣方其玉杜賣園地紅契則約定「其稅糧在本家八甲方魁戶內起割，聽從推入本都二圖二甲佘光裕戶內，自行辦納糧差」〔註187〕。因為這些契約都是經過官方加蓋鈐印的紅契，可見官方也認可這種對過割手續靈活變通的做法。徽州還有民間私下訂立推單的情況，如以下這張推單：

康熙二十年李光林推單

　　立推單人李光林，今將賣過官字六百五十九號土名樓關口，地
稅三釐整，自四圖乙甲李義相戶推入二圖十甲李希勳戶輸納無阻，
不必赴局面會。恐後無憑，立此推單存照。

康熙二十年十月廿八日立推單人李光林
見弟李蔚然
李邦述
侄福孫〔註188〕

　　有的則根本不進行過割，如安徽黟縣恒有賣產而糧不過割，每遇開徵，則買主給錢，賣主完納，名曰「墊」糧〔註189〕；安徽貴池買賣田產多不推收糧裸，由買主另立貼字，交給賣主，按年在賣主原有戶內貼錢完糧。〔註190〕

　　浙東地區對推收過割的態度和做法與徽州十分相近。一部分買賣契約中有就明確記錄有推收過割的內容，如毛廷茂賣田契：

〔註185〕張傳璽：《中國歷代契約粹編》（中冊）〔M〕，北京：北京大學出版社，2014：1057。

〔註186〕張傳璽：《中國歷代契約粹編》（中冊）〔M〕，北京：北京大學出版社，2014：1135。

〔註187〕張傳璽：《中國歷代契約粹編》（下冊）〔M〕，北京：北京大學出版社，2014：1230。

〔註188〕王鈺欣，周紹泉：《徽州千年契約文書》（第五卷）〔M〕，廣州：花山出版社，1994：292。

〔註189〕前中華民國司法行政部：《中國民事習慣調查報告錄》〔M〕，胡旭晟等點校，北京：中國政法大學出版社，2005：442。

〔註190〕前中華民國司法行政部：《中國民事習慣調查報告錄》〔M〕，胡旭晟等點校，北京：中國政法大學出版社，2005：449。

　　佺延茂等今因乏用，情願將太祖祀田壹處，土坐上蔴車。又壹
處，寺前下滑，其四址坵叚皷分知明不具，其田父名下卅股得一，
將自己兄弟三人名下情願出賣與坤山叔為業，三面言明，田價錢三
千八百文正，其錢當日隨契收足，自賣之後，任從出錢人照號照股
開割過戶管業布種收花，中間並無爭執等事，此係兩相情願，各無
異言，立此賣契永遠存照。

　　再批：其祀田卅股得一內有延甲名下前賣與坤山叔為業。

　　再批：其糧照號照股開割過戶輸糧並照。

　　道光拾七年拾月　　日立永賣契延茂押。

　　同弟　　仁仰押。

　　同弟　　仁富押。

　　見中　　仁倫押。

　　代字榮登押。〔註191〕

　　有的契約立有推單、推進、除票等正式文據〔註192〕，表明該地區會比較
嚴格地按照國家法的相關規定進行推收過割。但是出於對胥吏盤剝的迴避與
降低交易成本的訴求，浙東地區還存在不少私下進行過割的情況，如浙江武
康縣民間置買產業，有不即時過戶，即以應完糧銀交付於原業主代完，由原
業主出立報糧收票交付買主的習慣〔註193〕；浙江給雲、泰順等縣民間買賣田
宅，向有業主易至數手，而糧不過戶，實成積習。審其原因，均有前清推收糧
吏需索規費甚巨，民間為規避起見，遂各隱匿其買賣事實，另由原承糧戶向
管業主備錢納糧，稱曰稅戶相沿既久，視為習慣。〔註194〕清代浙江遂安縣鄉
例，「不曾賣絕田地，是不過戶的，仍是賣主包佃交租，貿買主出糧交與賣主

〔註191〕王萬盈：《清代寧波契約文書輯校》〔M〕，天津：天津古籍出版社，2008：
　　　　 32。

〔註192〕浙東地區立有的推單或推旗等正式文據可參見張傳璽：《中國歷代契約粹編》
　　　　（中下冊）〔M〕，北京大學出版社，2014：1104、1129、1259、1414、1415、
　　　　 1417、1439、1445、1467、1480、1534、1560；張介人：《清代浙東契約文
　　　　 書輯選》〔M〕，浙江大學出版社，2011：33、37、41、50、51、74、77、136、
　　　　 138、143、145、146、147。

〔註193〕前中華民國司法行政部：《中國民事習慣調查報告錄》〔M〕，胡旭晟等點校，
　　　　 北京：中國政法大學出版社，2005：226。

〔註194〕前中華民國司法行政部：《中國民事習慣調查報告錄》〔M〕，胡旭晟等點校，
　　　　 北京：中國政法大學出版社，2005：496。

完納的。」〔註 195〕如以下這則契約：

> 咸豐八年（1858）山陰縣張德潤絕賣田官契：山陰縣十七都柒
> 圖立絕賣田契人張德潤，今將祖遺自己戶內淡字號中田內邊五分
> 正，**浼種情願出賣與本縣族處名下為業**……再批：此田原係拾柒都
> 七圖張聖勅戶內承糧。因老戶公產，推收未便，公同酌議幫糧肆千
> 文，每年起息，以作完糧之用。並照。（後略）〔註 196〕

　　從契約內容看，出賣方之前的稅糧完納就不在自己戶內，此次出賣田地
之後的稅糧完納仍未過割，而是由雙方議定通過幫糧起息的方式仍在原來的
戶內進行繳納。

　　綜上，三地不履行過割手續的現象還是比較普遍的，其中又以清水江地
區為甚。究其原因，首先是因為官府對推收過割管理本身就不如契稅那麼嚴
格。因為稅糧的徵收是按地畝固定收取的，且徵收的時間、份額也是基本固
定的，不容易遺漏。由此，官府關注的重點往往是稅賦有無著落，而不是由
誰繳納，因此民間即使有「變產已經數世」，稅糧「仍在舊戶下完納」的現
象，但並沒有就此造成徵收無著的情況，因此「官與糧書」往往「皆昏然不
知」，稅賦由誰繳納的情況也屬自然。雖然這種情況有可能讓賣主承擔田去
糧存的風險，而買主也可能在交易完畢後，面臨賣主以辦納糧差為名不停地
被要求找價的麻煩，但不願意和官府打交道的心理，「隱匿稅契」以降低交
易成本的打算，以及對在過割稅糧時可能遭受經辦書吏的種種刁難、勒索的
恐懼，再加上買賣雙方之間的較為穩定的親或鄰的關係，都讓百姓更樂意於
私下解決推割事宜。即使真的到了因為田土等財產權屬不清在民間無法解決
而必須提交公堂之上決斷時，再行補辦過割手續也為時不晚。

　　其次，則可以歸結為清代對推收過割立法方面本身存在的缺陷與漏洞。
中國古代社會向以農業立國，清代也不例外，其立法都是建立在農業生產
的基礎之上，無論契稅的繳納、稅糧的過割都圍繞著農業生產展開，對於明
顯區別於農業生產的林業生產，其相關法律規範既十分匱乏又表現出較強
的不適應。清水江地區以林業生產為主，契約的訂立主要圍繞著林業經濟

〔註 195〕中國第一歷史檔案館、中國社會科學院歷史研究所：《清代的土地佔有關係
　　　　和佃農的抗租鬥爭》〔M〕，北京：中華書局，1988：351。

〔註 196〕張傳璽：《中國歷代契約粹編》（下冊）〔M〕，北京：北京大學出版社，2014：
　　　　1678。

展開，契約在構成要件、訂立程序方面本身就與徽州和浙東地區存在著顯著的差別。如果將適用於農業生產的契約訂立程序生搬硬套到以林業生產為主的清水江地區，其結果可想而知。因此清水江地區對推收過割的不重視，自是情理之中。這種不適應和不重視的最直接的表現就是即便是在交易標的為田產的買賣契約中，也鮮見對於稅糧過割的約定，或者是約定內容極為簡略，更不會專門訂立推單；而當地為數最多的以林木、林場為交易標的的買賣契約更不會涉及推收過割事宜。眾所周知，「從清代國家立法看，儘管民事方面的法律有了一定的發展，但仍然相當薄弱，而民事糾紛在實踐中又不可避免地大量存在，所以依靠地方官吏理剖，地方官員通過創立地方性法律規範，彌補中央立法的空白，或者對國家法律進行解釋和強化，在某種程度上完成對中央立法的再創造。」〔註197〕清代清水江地區買賣契約的訂立及其效力的發揮其實是在行政權力和民間權力的通力合作才得以實現的，其中對於推收過割的變通性做法恰恰是這種合力作用的結果之一。

三、操作的規範性

由於對履行推收過割重視程度顯著不同，三地在推收過割時所採取的方式的規範性也存在較大差異。

清水江地區在契約內容中對推收過割只是簡單地提及或進行約定，一般不會再專門履行訂立推單、到官府辦理手續等類似的程序，推收過割並沒有獨立於買賣契約之外而存在；更多的時候，清水江地區在完成買賣契約訂立後，並不進行推收過割，這與清代關於推收過割的規定相去甚遠，按照國家法或地方官府的要求，這種操作是不規範的。

徽州和浙東地區則不然，在履行推收過割程序的時候比較規範，所訂立的推收過割憑證形式較為多樣。如之前提到的，有的是在買賣契約中進行約定，有的則會另行訂立正式的推收過割文據，如推單、推旗、除票、推收執照等，這顯然是在買賣契約訂立完成之後，買賣雙方就與財產相關的賦稅轉移問題開啟的另一個新的程序，與清代國家法或地方官府的規定和要求相吻合，其操作具有規範性。

清代地方官府為了保證其賦稅收入，對推收過割也進行了積極的回應，

〔註197〕王志強：《法律多元視角下的清代國家法》〔M〕，北京：北京大學出版社，2003：28～29。

設計了統一的推收過割憑證，如道光十二年十一月王世瑞所立的除票。

立除票

王世瑞，今除得廿五都外四圖，開富戶內效字貳千六百卅三號，計民地四分七釐。又同字號，開榮戶內冊民地貳分三釐。出除於九都四圖。

收戶過條入冊，此照行。

道光拾貳年十一月　　　　日立除票王世瑞（畫押）

見除劉大高（畫押）

代字王世秀（畫押）〔註198〕

從內容上看，主要是對交易標的轉移的具體描述，與買賣契約類似，還有中人、代書人等第三方的參與，為其效力的發揮提供官方和民間的雙重保障。在浙東，由地方官府統一印製的推收過割憑證還有推收執照，如咸豐二年（1852）山陰縣發給魏呈祥湖田推收執照，具體內容如下：

推收執照　紹興府山陰縣正堂胡　　為請嚴推收以杜漏稅事：遵奉憲行，今據拾柒都柒圖石林戶內齋同契旗、將後開號欽除入十八都一圖魏呈祥戶下人冊承糧。合行填給除單、並將契隨收投稅。倘逾限偭稅照例追罰。執照。

計開：

師字一百七十六、七、八十二、三號，湖田肆畝捌式釐正。

又，二百二十一號，田肆畝肆分捌釐壹毫。

承納次年銀米為始。此照。

咸豐式年正月　　日　　稅字　　　　號〔註199〕

從該執照的內容看，特別強調了契稅和稅糧繳納問題，可見制定該憑證的主要出發點在於稅賦的徵繳，從中也能窺見官府對浙東地區稅賦繳納管理的相對嚴格。

徽州地區也有專門的「收稅歸戶票」等統一的票據，如一四六三清乾隆三十八年（一七七三）休寧縣黃景如收稅歸戶票：

〔註198〕張介人：《清代浙東契約文書輯選》〔M〕，杭州：浙江大學出版社，2011：50。

〔註199〕張傳璽：《中國歷代契約粹編》（中冊）〔M〕，北京：北京大學出版社，2014：1415。

收稅歸戶票

休寧縣貳拾玖都壹圖奉

縣主　　驗契推收事：本圖拾甲黃景如戶丁

今買地　宗，土名五城中街，係信字 壹千柒伯三拾肆號，計稅柒分釐肆 壹柒毫柒絲。壹千柒佰三拾捌號，

計稅三分壹毫
捌絲捌忽。

計地稅壹畝肆釐玖毫伍絲捌忽整。

於　本　年本月用價銀

買到仝都仝圖肆甲黃 茂戶一分九釐三毛。
茂戶八分一釐式毛。

　　　　　　　尚賢戶四釐四毛五絲八忽。

今照推票入冊歸戶，給發小票，業主收執存照。

乾隆三十八年十貳月　　日冊里黃茂有（章）

　　　　　癸拾陸號合同〔註200〕

　　從該憑證的內容看，是對買方對交易標的所有權及稅賦繳納數量的再次確認。由此可見，徽州和浙東地區在推收過割手續方面是比較規範的。

　　三地在推收過割方面之所以存在這樣的差異，除了之前提到的清代政府對於推收過割管理的不嚴格及立法有失之外，筆者以為還有以下幾方面的原因：

　　首先，與清代推收過割程序本身有關。按照清代的相關規定，百姓到官府履行推收過割程序，要繳納一定費用；各地方官府也對此做了種種規定。如浙江官頒絕賣契中就有「俗有推頭通例每兩出銀伍分」〔註201〕的規定，說明辦理推收過割手續時，需每兩出銀五分作為手續費。根據乾隆年間的江南名幕汪輝祖的記載，「民間田產交易，開除過戶，例每畝制錢十文。吾邑舊規，畝一百文。除七收三，勒有碑記。三十年前，蕭公來署縣事，加至三百文一畝，後至談公任內，甲辰、乙巳間，畝至五、六百文。數年來，鄉

〔註200〕張傳璽：《中國歷代契約粹編》（中冊）〔M〕，北京：北京大學出版社，2014：1158。

〔註201〕楊國楨：《明清土地契約文書研究》〔M〕，北京：中國人民大學出版社，2009：202。

民願而暗者，須千文以外，即士紳亦非五六百文不可。」〔註202〕另據《光緒慈谿縣志》卷十二「田賦」記載：「分巡寧紹臺兵備道文：……冊書視過戶為居奇，往往多方刁難，索取推收規費，漫無限制。甚有買田一畝而指為常產，買山一畝而指為風水，索取筆費錢二三千文至四五千文不等（按：收筆費，實是一種手續費，照官方規定田產每畝十文，山池蕩每畝五文），以致業主不堪其索，每於契買之後糧不過割，情願私自幫貼，仍寄原戶完納……同治六年五月日給。」〔註203〕可見百姓到官府辦理推收過割手續除了要繳納手續費之為，還會受到胥吏等辦事人員的盤剝，這些在推收過割過程中產生的額外費用，其結果是導致交易成本的大大提升。出於降低交易成本的需要，契約訂立雙方當然更願意私下約定推收過割或私下立推單以節約成本，這樣既可以減少因推收過割與官府打交道而帶來的種種麻煩，又可以完成稅賦的轉移達到保護雙方利益的目的。因此，無論在清水江、徽州還是浙東地區，都存在著推收過割的變通做法，其憑證也呈現出多樣化的樣態，是民間出於自身利益保護的通行做法。

其次，這種差異性還與中國古代社會血緣與地緣高度重合的社會結構密切相關。中國傳統社會以農業為主的生產方式，造成了各地對田地所特有的倚重，人們在以土地為核心的有限的空間內形成了「親即是鄰，鄰即是親」、血緣與地緣高度重合的社會結構關係；在這種特定的「關係」網中，人們注重「關係」（具體的、特殊的、而非抽象意義上的）、講究「人情」與「面子」。因此中國古代社會「是一個『熟悉』的社會，沒有陌生人的社會」。〔註204〕既然在很大程度上都是親鄰之間訂立的契約，自然大家也不好破壞「關係」，不顧「人情」，撕破「面子」，所以賦稅的轉移也不必特別地去官府解決，私下約定即可。此外，清代的土地、房屋、林木以及林場的交易絕大多數都是在同族或同村範圍內進行，多數學者名之為「土地的村級市場」〔註205〕。在這種狹小的範圍內，人們長時間地在一起生活勞作，人與人之

〔註202〕〔清〕汪輝祖：《病榻夢痕錄》（卷下）〔M〕，梁文生，李雅旺校注，南昌：江西人民出版社，2012：95。

〔註203〕張介人：《清代浙東契約文書輯選》（前言）〔M〕，杭州：浙江大學出版社，2011：5～6。

〔註204〕費孝通：《鄉土中國生育制度》〔M〕，北京：北京大學出版社，1998，6。

〔註205〕趙曉力：《中國近代農村土地交易中的契約、習慣與國家法》〔J〕，北大法律評論，1998（02）：427～504。

間不僅彼此相互熟悉，而且對各自的土地、房屋、林木或林場等財產也瞭如指掌。在這種情況下，當雙方發生財產權屬關係變動時，似乎也沒必要特別地對所交易的土地進行推收過割。即使出現糾紛，清代國家一直竭力倡導「田宅細事」糾紛在民間以非訟的方式加以解決，也大大降低了民間因為田宅買賣糾紛而上公堂的幾率，再加上還有更有「面子」的人（中人、族長、村長）從中調解，也大可不必鬧到公堂之上，壞了「關係」，沒了「人情」，丟了「面子」。由此民間在推收過割的履行上也更願意通過習慣的、民間通行的方式解決，並且形成了各地區不同的習慣做法，如對過割憑證的不同稱謂，採取的不同的開立的方法（私下的、半官方的、官方的）等，顯現出較為明顯的地區性差異。

　　第三，則與中央對三地管轄力度的大小息息相關。清代政府在不同地區管轄力度的大小是存在差異的。造成這種差異性的原因主要緣於賦役徵繳對於中央政權重要性的不同。如經濟發達的江南地區，賦稅向來是名目繁多，諸如田賦、地稅、山稅、苔塗蕩稅、蛤戽稅、屯田稅、人丁賦、河泊稅、地漕銀、起運銀、戶部本色銀、禮部本色銀、津貼路費銀、工部本色熟鐵銀、工部朱銀、工部折色銀、鹽課、漕運本色銀、漕運折色銀、耗羨以及加潤銀等等〔註206〕，於中央財政的重要性自不必多言。徽州自唐宋以來就是重稅之地。據史料記載，「其生勤矣，而租挈又重，蓋特起於唐末，偽刺史陶雅之所增，異時去京師遠，有司未及以為言。」〔註207〕明朝初年政府在徽州編製了詳細的「黃冊」和「魚鱗圖冊」，並按其徵收賦稅與差役。由於徽州與京城相距甚遠，運糧工作往往耗資巨大，明建文三年七月休寧李生遠賣地的原因就是由於「攢運糧儲，缺少盈纏支用」〔註208〕，其時徽州稅賦與勞役負擔之沉重可見一斑。明中後期，徽商崛起，在外享有盛名，地方政府以此為由對徽州的賦稅徵繳更酷，如顧炎武曾言：「（徽州）嘉靖以來，又益以不時之派，一歲之中，徵求亟至，其弊孔開之，由一二大賈積資在外，有殷富名，致使部曹監司議賦視他郡往往為重。其實商賈，雖餘貲多不置田業，田業乃在農民，賦煩役重，商人有稅糧者，尚能支之，農民騷苦矣。」

〔註206〕〔清〕李前泮修，張美翊：《奉化縣志》（卷七）〔M〕，臺北：成文出版社，1975：239。

〔註207〕〔宋〕羅願：《興安志》（卷二）〔M〕，清光緒十四年重刊本。

〔註208〕《明清徽州社會經濟資料叢編》（第一輯）〔M〕，北京：中國社會科學出版社，1988：10。

〔註209〕清代沿襲明朝舊制，徽州仍是重稅之地，各種稅賦名目繁多，百姓負擔沉重，這在契約中也多有反映。如劉伯山主編的五輯《徽州文書》中標明了具體賣產原因的 1191 份買賣契約中，因為「賦役所逼」而賣產的契約數量最多，所佔比例最大，為 43.19%〔註210〕，表明清代徽州地區賦稅的繁重。由此，無論中央還是地方官府對徽州和浙東地區的賦稅徵繳與管理自然十分嚴格，對於直接影響賦稅收入的田產交易及其推收過割也是格外關注。因此徽州和浙東地區能較為嚴格和規範地履行推收過割手續，並留存了一定數量的推單、除票和歸戶小票等過割憑證自在情理之中。而在開發相對較晚，且以林業經濟為主的清水江地區，清代一般會採取「因俗而治」「因地制宜」的方針政策，對該地區的控制力度顯然要比徽州和浙東地區弱的多，當地民間習慣法對各種經濟關係的影響與作用會比較大，具體到推收過割上，其結果就是對推收過割的不重視與操作程序的簡省。

第六節　找價與回贖

　　岸本美緒認為，「所謂找價，就是對已經賣出的對象，賣主向買主提出價格補差的要求，或者補價本身。回贖就是賣主原則上以原價重新買回已經賣出去的對象。」〔註211〕不少清代買賣契約中有對回贖的相關約定，而且遺存下來的清代的找價契存量巨大，從側面反映了當時各地實際存在和普遍流行的找價與回贖慣習。但是由於受到清水江、徽州和浙東三地經濟社會發展和風俗習慣等因素的影響，找價與回贖在三地具體的契約實踐中具有明顯的差異性。

一、找價

　　清水江、徽州和浙東地區在找價契的數量、具體的找價方式以及過程方面存在著一定差異。

　　清水江地區的買賣契約沒有內地賣契中活賣與絕賣之分，現存的買賣契約中雖也有以田產作抵借款的契約，這頗類似於典契，但與活賣畢竟還有一

〔註209〕（嘉靖）《徽州府志》（卷八）〔M〕，北京圖書館出版社，1998：297。

〔註210〕洪虹：《明以來徽州賣契中賣產原因研究》〔D〕，安徽大學，2017。

〔註211〕〔日〕岸本美緒：《明清時代的「找價回贖」問題》，載楊一凡，寺田浩明：《日本學者中國法制史論著選》〔M〕，北京：中華書局，2016：350～380。

定的區別，清水江地區現存的契約中沒有發現有活賣契約存在，亦沒有發現內地契約中找價、增洗之類的風俗〔註212〕。筆者以為，這既與當地淳樸的民風民俗有關，也與清水江地區買賣契約本身所具有的特點不無關係。如其中的錦屏契約文書反映林業方面的內容約占 70%左右，涵蓋林業的各個領域和層面，但大多買賣契約涉及的交易額度小（在「一兩」以下），所以一般為一次性交易，很難形成二次或多次找價的情況。

　　與清水江地區不同，徽州留存了數量不菲的找價契，多見於土地、田塘、房屋等買賣交易之中，已出版的各類契約文書中都有一定數量的找價契（見表 5-9）。

表 5-9　徽州找價契統計表

編 著 名 稱	找價契數量
徽州千年契約文書（40 卷）	73
田藏契約文書粹編（3 冊）	0
中國徽州文書民國卷（10 卷）	212
明清徽州社會經濟資料叢編（2 輯）	15
安徽師範大學館藏千年徽州契約文書集粹（10 冊）	1
徽州文書類目	178
徽州文書（5 輯 50 卷）	163

　　從地域分布上看，找價契在歙縣、黟縣和休寧縣較多。多數找價契以「立加約人」「立杜絕加約人」「立杜斷加約人」「立增找契人」「立加價人」「立加找典契人」「立復據」等開頭，如以下幾則契約：

嘉慶十二年黟縣查高宙立復據

　　立復據查高宙因嘉慶十年原賣上名佘婆塢山一處，得實價銀千兩，因中人短價，身心不甘，又央族化等理論，買人又備價銀五兩五錢，身由親手收足，自議之後再不入山侵竊及藉端生事。其山日後聽便買人蓄養樹木柴裝柴薪絲毫無阻，空口無據，立此復約為據。

〔註212〕制度的存在，使得出典人對土地保有回贖的權利，如果不能或不願回贖，則可將不動產賣斷，而民間出典土地的價格要比絕賣少很多，這時候就產生典賣與絕賣之間差價的補足問題，是謂找貼，也叫找價、拔價、增找、加找、增洗、加價、加典等。民間習俗，在回贖之前，也可進行找價，其次數沒有一定的限制，學者們多認為找價與回贖制度有著內在的聯繫。

嘉慶十二年十二月　　　　　日立復據　查高宙
　　　　　　　　　　　　　見　　議　兄高宥
　　　　　　　　　　　　　依口代筆　佟希適〔註213〕

有的契約則是先出典再加價出賣的找價契，如以下這則契約：

立加杜斷典約人江盧氏仝男孿勤今因摽掛急用，自情原將一祖遺開荒坦地一塊上名簡，先年憑中出典與慶芳姪名下為業，得受典價，立有約據，歷來受業無異。今將原典之業憑中盡行立杜斷加約，加到慶芳延名下，互面議定，加找典價銀三百五十文整。（後略）〔註214〕

即使是山林類買賣交易，也有找價的情況。如清咸豐七年十二月歙縣程玉貴立加當山契：

立加當山契人程玉貴今因錢糧公費無著，只得將祖遺受上名小鴻大鴻二處山業，憑中加當與族名下為業，得受加當價足大錢八千文正，以公濟公。（後略）〔註215〕

浙東地區經過初次交易、找價之後再轉移田地所有權的現象十分普遍。找絕契的格式與內容如下：

乾隆五十八年十月（樓）世榮等賣田找絕契

立永遠找絕歡契：弟世榮、世德、世金，今因缺銀使用，情願將年前出賣兄處民田壹坵，坐落土名橫三石，共計民田壹畝三分肆釐，四至字號係前契載明。今憑原中三面議定找價錢壹拾貳千壹百文正，其錢當日一併收足歸家正用，自找之後，永遠杜絕，各無番（翻）悔。恐後無憑，立此永遠找絕歡契存照行。

乾隆五拾捌年拾月　　　　　日立永遠找絕歡契世榮（畫○）　找
　　　　　　　　　　　　　　同找世德（畫押）、世金（畫○）
　　　　　　　　　　　　見找世芳（畫押）、旭明（畫押）、成嶽（畫押）

〔註213〕劉伯山：《徽州文書》，第一輯（第三卷）〔M〕，桂林：廣西師範大學出版社，2005：396。
〔註214〕劉伯山：《徽州文書》，第一輯（第五卷）〔M〕，桂林：廣西師範大學出版社，2005：171。
〔註215〕劉伯山：《徽州文書》，第三輯（第三卷）〔M〕，桂林：廣西師範大學出版社，2009：495。

　　　　　　　　　　　羅若雲（畫押）、樓世遜（畫○）、世忠（畫押）

大吉照行　　　　　　　　　　　　　　　代字閔風（畫押）〔註216〕

　　土地買賣經「找價」之後，出賣方便喪失了對於土地的所有權，雙方另
立絕賣契或找契，以找契作為絕賣契，完成土地所有權的徹底轉讓。為了杜
絕出賣方再次找價，一般會在找契中約定不再找價，如以下這則契約：

　　　　　　　　　　　　　　立找契

　　　仁英等今因乏用，情願將父遺下富山壹處，土坐龍舌山，計山
　　　壹爿，糧計拾畝零。其四址載明前契不具，情願盡找與坤山為業，
　　　三面言明，找價錢錢念（廿）四千文正，其錢當日隨找收足，自找
　　　之後，並無再找等情，此係兩願，各無異言，恐後無憑，立此找契
　　　為照。

　　　　道光拾七年五月　　　　　　　　日立找契仁英押。

　　　　　　　　　　　　　　　　　　　同弟　仁豪押。

　　　　　　　　　　　　　　　　　　　同　　仁富押。

　　　　　　　　　　　　　　　　　　　見中　禮恭押。

　　　　　　　　　　　　　　　　　　　代字　秉筠押。〔註217〕

　　綜合徽州和浙東找價契約的內容看，二者有著各自不同的特點。徽州的
找價，首先具有重複性的特點，即找價行為往往不是一次性完成的，往往要
重複多次，且持續時間長，如乾隆十六年的陶聲華立重複加添字據〔註218〕，
無論從字據的標題還是具體內容看，實際上陶聲華的找價行為已經重複多次
了。二是持續時間長。多有契約訂立多年之後，賣主仍向買主找價，即所謂
的「賣而不絕，找而不斷」的現象。如道光二十二年六月朱韓氏立杜斷加典
田租字〔註219〕中的朱韓氏的找價行為發生在田租典賣之後的二十八年。三
是找價行為發生的頻率高。如康熙三十年休寧郁炳先將祖遺池蕩絕賣與江處
管業，已收足絕賣銀，但就在同一年（康熙三十年），又先後三次央中向江

〔註216〕張介人：《清代浙東契約文書輯選》〔M〕，杭州：浙江大學出版社，2011：16。

〔註217〕王萬盈：《清代寧波契約文書輯校》〔M〕，天津：天津古籍出版社，2008：
　　　　25。

〔註218〕王鈺欣，周紹泉：《徽州千年契約文書》（第二卷）〔M〕，廣州：花山出版社，
　　　　1994：104。

〔註219〕劉伯山：《徽州文書》，第三輯（第七卷）〔M〕，桂林：廣西師範大學出版社，
　　　　2009：422。

處找價，訂立找價契。〔註220〕

浙東的找價，一是多數財產是經過永賣——找價——絕賣而完成交易的。據張介人先生編輯的《清代浙東契約文書輯選》一書中收錄的 166 份買賣契約中，找價契和找絕契有 46 份，占比 27.7%，可見有相當數量的財產是經過找價而最終完成契所有權轉移的。二是「找價」約定實際的履行情況十分複雜。有的出賣方因經濟窘迫，即使在找價之後，仍可能以各種原因再次找價，甚至多次找價，幾成慣例。康熙末年任浙江天台縣知縣的戴兆佳在《天台治略》卷六收錄的《一件嚴禁富戶揩贖刁民告找告贖事》中的相關內容可窺其端倪。「至於找價一項，現奉撫憲通行飭令勒石永禁催取……但此一賣不容再贖一價不許再找，乃據他處之契明價足者而言。若在天台則有難以一例施行者。天台田土交關有正必有找，有賣契而無搗根（找價收據）不許推收過戶……」〔註221〕地方官府對此也搖擺不定，一般在制定有關「找價」的相關規定時，都要考慮到當地的俗例。正如春楊先生所言，「他們為了維護民間田土買賣秩序，一方面堅決遏制和打擊找價回贖之風，斥之為『惡習』『俗例』；另一方面從遵從習慣的角度出發，有限度地肯定民間私契的合理性，對找價採取靈活變通的態度，在審理找價回贖糾紛過程中原情執法，照顧傳統道德和情理因素，以化解田土買賣雙方因找價而引發的矛盾糾紛。地方官員與其說是依法判斷與否，不如說在懲罰惡者的兩極措施中摸索化解糾紛的最合適的方法。」〔註222〕這段話很好地詮釋了地方官府對於找價行為的曖昧態度和搖擺不定的行為，為「找價」行為留下了各種可操作的藉口和可運作的空間，在一定程度上更加強化了民間存在的「找價」行為。三是通過一些特殊的手段「找價」。在浙江省平湖縣，「凡棄產杜絕之戶，子孫窮極無聊，欲向得主加價而無理由，有將祖宗牌位用紅布包好攜往得主家，謂之牌位回門」，得主遇此惡作劇，不得不酌予金錢，揮之使去。」〔註223〕這雖然說得是江南地區，但浙東也應該差不多，因為找價風

〔註220〕劉伯山：《徽州文書》，第三輯（第四卷）〔M〕，桂林：廣西師範大學出版社，2009：427、428、429。

〔註221〕楊一凡，寺田浩明：《日本學者中國法制史論著選》〔M〕，北京：中華書局，2016：362。

〔註222〕春楊：《明清時期田土買賣中的找價回贖糾紛及其解決》〔J〕，法學研究，2011，33（03）：175～193。

〔註223〕張佩國：《近代江南鄉村地權的歷史人類學研究》〔M〕，上海：上海人民出版社，2002：155。

氣的興盛，賣主往往籍以各種理由和方式找價。「找價問題的出現與延續，是封建政權、宗法倫理觀念、土地所有制形式等封建社會諸機體綜合作用的結果，它正是中國封建社會自我調節能力的典型表現之一」〔註224〕，這種說法是符合清代找價的實際情況的。

二、回贖

　　回贖，就是在約定時間內，贖回之前所賣標的物的一種行為。回贖一般與找價密切相關，常常是若買主不願支付找價時，賣主則可以以原成交價贖回原交易之標的物。岸本美緒認為所謂「回贖」，就是賣主原則上以原價重新買回賣出去的對象。〔註225〕

　　通過對清水江、徽州和浙東地區回贖情況的考察，筆者以為其不同主要表現在契約數量和對回贖時間的約定上。

　　清水江地區有「回贖權利」約定的契約數量較少，而且這種情況往往出現於典契之中。買賣契約中的交易往往都是一次性完成的，一般不會對回贖進行約定。

　　與清水江地區不同，徽州和浙東地區大多數契約都有對「回贖權利」的約定，如乾隆四十五年樓陳氏賣田契中有「其田限至壹拾伍年外，備原價每兩柒貳串，外加聽費（收息）取贖無阻並照行」，對回贖權利的行使方式和時間都進行了明確的約定。即使是一些標識有「絕賣」字樣的契約，有的時候賣方也會要求行使回贖權，如道光二十四年葉鍾秀賣田契（「慈谿縣印」兩處，官方契尾）：

　　　　立永遠絕賣文契：葉鍾秀……恐後無憑，立此永遠絕賣文契存

　　照行。契內加「銀」字乙個並照行……

　　　　道光二十四年四月　日立永遠絕賣文契葉鍾秀（畫押）（後略）

　　〔註226〕

　　葉鍾秀賣田契標明是「永遠絕賣文契」，結尾處也有「立此永遠絕賣文契存照行」的話語，立契人的畫押是「立永遠絕賣文契葉鍾秀」，並附有契尾，

〔註224〕陳鏗：《中國不動產交易的找價問題》〔J〕，福建論壇（文史哲版），1987（05）：
　　　　29～35。

〔註225〕〔日〕岸本美緒：《明清時代的「找價回贖」問題》，載楊一凡，寺田浩明：
　　　　《日本學者中國法制史論著選》〔M〕，北京：中華書局，2016：350～380。

〔註226〕張介人：《清代浙東契約文書輯選》〔M〕，浙江：浙江大學出版社，2011：34。

說明該契約中的買賣行為在理論上應該是絕賣，那麼就不應該再進行找價或回贖，但是賣田契在訂立一年後，賣方葉鍾秀仍然進行了找價，且訂立了找絕契：

道光二十五年四月葉鍾秀賣田找絕契

　　立永遠找絕文契：葉鍾秀，今因缺銀正用，情願將上年所賣之田三坵……情願挽中出找於曹處永遠為絕業……今恐無憑，立此永遠找絕歎契存照行。

　　　　道光二十五年四月　　　　日立永遠找絕歎賣文契葉鍾秀（畫押）

（後略）〔註227〕

　　也就是說徽州和浙東地區「活賣」與「絕賣」的界限並不清晰，由此產生了大量的找價行為。「找價回贖糾紛的難以解決，其原因就在於『絕賣』與『活賣』的界線模糊不清。」〔註228〕其曖昧性首先表現在契約形式的含糊，即兩地的買賣契約只寫賣給某人，而很少能夠明確寫明是「絕賣」還是「活賣」；其次就是在概念上也沒有明確地對「絕賣」和「活賣」加以區分，即便是寫明絕賣的交易，賣主也會提出找價回贖的要求，如之前的葉鍾秀賣田契。

　　以回贖期限為標準，可以把清水江地區有「回贖權利」約定的典契分為兩大類：一種是沒有明確約定回贖期限，一般用「日後不拘遠近，銀到贖田」進行表述，如以下這則契約：

范述堯、紹正兄弟典田契

　　立典田約人范述堯、紹正兄弟二人，為因家下缺少銀用，無出，自願將到土名皆壘秧田壹坵，憑中出典與姜氏福香名下承典為業。憑中言定典價銀貳拾伍兩整，親領應用。此田自典之後任從典主耕種管業，日後不拘遠近，銀到贖田，田歸原主。恐後無憑，立此典契永遠存照。（後略）〔註229〕

　　以上這種情況在清水江地區比較普遍，並沒有遵照清律關於回贖期限的

〔註227〕張介人：《清代浙東契約文書輯選》〔M〕，浙江：浙江大學出版社，2011：35。

〔註228〕〔日〕岸本美緒：《明清時代的「找價回贖」問題》，載楊一凡，寺田浩明：《日本學者中國法制史論著選》〔M〕，北京：中華書局，2016：350～380。

〔註229〕陳金全，杜萬華：《貴州文斗寨苗族契約法律文書彙編──姜元澤家藏契約文書》〔M〕，北京，人民出版社，2008：97。

相關規定主張回贖權利。

　　另外一種類型則是對回贖期限進行了明確的約定，一般以年為時間單位，如以下這則契約：

姜憲宗典契

　　立典田契人姜憲宗，為因缺少銀用，無出，自願將到祖遺地名白堵高坎田大小二塊，今將作典與姜兆龍名下。銀五兩無錢，親手領回應用。其田限至四年以上，不俱（拘）遠近相贖。今恐無憑，立此典田契為據。

　　外批：東道中人錢共銀一錢，日後贖田要補。

　　通戴戥子。

憑中、代筆　姜開元

道光廿四年十月廿七日　　立〔註230〕

　　此外，清水江地區的「白契」占典當契約文書的絕大多數，以《清水江文書・土地關係及其他事務文書》和《貴州文斗寨苗族契約法律文書彙編——姜元澤家藏契約文書》為例，其中收錄的 61 件典當契約中沒有使用「紅契」和「官頒契紙」的情況，表明清水江地區契約訂立擁有較大的自由度。

　　徽州買賣契約有「絕賣」與「活賣」之分，其中的「活賣」契會約定和明確賣方的「回贖權利」，如清乾隆八年（1743）休寧縣程永乾活賣田紅契：

　　廿五都六圖立賣契人程永乾，今因錢糧無辦，自願央中將承祖遺下田壹丘，坐落土名上栗樹、豈字貳千壹百拾九號，計租六砠、計稅玖分壹釐柒毫整；又將田壹丘，係豈字貳千壹百廿四號，土名栗樹下，計租柒砠，計稅玖分柒釐整……即交買主管業收苗受稅為定。其稅奉新例：即行起推買主戶內辦納糧差，並無異說。倘有內外人攔阻，以及重複交易等情，盡是賣人承值，不涉買主之事。其田三面言定，日後聽從賣人原價取贖，無得異說。今恐無憑，立此賣契存照。

　　乾隆十五年六月　日憑中三面加田便九伍色銀陸兩伍錢正，是身當日一併收足。三面言定嗣（俟）後永遠不得取贖。再批。（押）

〔註230〕陳金全，杜萬華：《貴州文斗寨苗族契約法律文書彙編——姜元澤家藏契約文書》〔M〕，北京：人民出版社，2008：400。

其上首來腳赤契被毀無存，未有繳付。再批。（押）原中程德光
（押）程清如（押）

契內加〔足〕、〔主〕貳字。再批。（押）

乾隆八年九月　日賣契人　程永乾（押）

親　叔　程文祥（押）

中　見　程彬臣（押）　程清如（押）　朱孔昭

（押）　程德光（押）程仲陵（押）〔註231〕

契約對具體的回贖時間並未做約定。而乾隆五年休寧縣金若濤活賣地紅契中則對回贖時間做了明確的約定，「其地議定準在來年八月內任憑原價取贖；如過八月，永遠絕賣，不得取贖。」〔註232〕

浙東地區的情況也十分類似。如道光十八年寧波地區的連效賣田契中的「日後照依年日原價取贖」，實際上並未對回贖時間進行具體的約定；而乾隆十一年慈谿縣馮日照賣田契中的「其田不局年份，備原價不聽（付）費取贖無阻，又照行」，則明確約定了回贖的期限。

但是值得我們注意的是，儘管徽州和浙東地區對回贖權利的時間在契約中有限定，但實際操作中卻並未嚴格按照約定進行，往往是賣主憑著各種藉口主張其回贖或找價的權利，一次性完成財產轉移的比較罕見。

找價與回贖之所以在清代大範圍、長時間地存在，筆者以為這首先凸顯了古代中國土地於百姓而言毋庸置疑的重要性。土地就是百姓「安身立命」的根基所在。對於一般百姓而言，土地意味著一家人的生計，失去土地則生活無著，因此出賣土地的行為往往都是出於無奈和不情願，再加上傳統中國社會自古就有「不能輕易出賣田房」〔註233〕，以及「個人對他們祖上傳下的土地具有不可剝奪的權利」〔註234〕等這樣根深蒂固的觀念的影響，出賣這種「祖遺產業」——田宅的行為往往為大家所不恥。費孝通先生在《江村經濟》一書論述到，「把從父親那裡繼承來的土地賣掉，就要觸犯道德觀念。『好兒

〔註231〕張傳璽：《中國歷代契約粹編》（中冊）〔M〕，北京：北京大學出版社，2014：1109。

〔註232〕張傳璽：《中國歷代契約粹編》（中冊）〔M〕，北京：北京大學出版社，2014：1105。

〔註233〕俞江：《「契約」與「合同」之辯》〔J〕，中國社會科學，2003（06）。

〔註234〕步德茂：《過失殺人、市場與道德經濟：18世紀中國財產權的暴力糾紛》〔M〕，北京：社會科學文獻出版社，2008：95。

子不做這種事，這樣做就是不孝。』」〔註 235〕由此，在浙江嘉興以堂名立賣契，賣主列名居間是項習慣，因「素有聲望之人往往顧全體面，不肯用自己真名姓出賣產業，乃以堂名寫於契內立契人項下，復以不能見信於買主，則即以真正賣主之姓名，列於見賣人之地位。」〔註 236〕在這種情形下，售賣價格雖低，但保留了回贖權的「活賣」往往成了無奈和不情願情形下的最佳選擇。但實際的情況是，雖然通過「活賣」保留了「回贖」權，但經濟的窘迫往往又迫使出賣者無力回贖，只得央中找價，發生找價行為，結果由「活賣」或「典賣」向「絕賣」轉變的過程中產生了大量的找價契。找價與回贖實際上綜合了傳統中國社會的經濟、文化和社會等一系列的複雜因素，既是百姓日常生計訴求的直接反映，又是諸如「祖遺產業」「業不出戶」等傳統觀念的反映，折射出土地於百姓的重要性及因此而導致的傳統中國社會田宅等財產交易的複雜性特徵。

其次，找價與回贖深受傳統中國社會結構下的中人的影響。我們在找價契約中一般都能看到「託親苦勸得業者」或「託原中從中勸諭」及「挽原中」之類的用語，正如我們在很多契約中所看到的那樣，充當中人角色的人往往能得到交易雙方的信任。如果交易雙方本身就是一個族屬的話，那情況自然還要簡單得多，憑藉中人的勸說和調節，找價行為都能達成。如果交易雙方不是一個族屬的人，契約中的中人一般會有多個，僅從姓氏上看，一般都有與賣主或買主同姓的。在這種情況下，通過中人的勸解和說和，找價行為也往往能夠達成。中國傳統社會由於其血緣與地緣高度重合的架構，契約訂立雙方往往不是親，即是鄰，有著千絲萬縷的聯繫。當賣方真的以經濟困窘、生活所迫等理由向買方找價，再加上同樣具有親鄰關係的中人的說和，買主也很難不顧人情、關係和面子而予以拒絕。也就是說，在中國傳統社會結構下，賣主只要博得中人的同情，在周圍親鄰的輿論壓力和中人的斡旋下，賣主的找價要求一般都會達成。

在這裡，我們還應該關注一下中人在這個過程中所起的作用。在傳統中國社會結構下發生的買賣交易，訂立的契約，都有中人的參與，而中人的身份一般都是在百姓中有一定威信和聲望的人，有的地方習慣中甚至要求買賣

〔註235〕費孝通：《江村經濟》〔M〕，南京：江蘇人民出版社，1986：130。
〔註236〕前中華民國司法行政部：《中國民事習慣調查報告錄》〔M〕，胡旭晟等點校，北京：中國政法大學出版社，2005：478。

契約的訂立必須以本地的團保為中人，「倘契內無地保簽字，則所立契約可作無效」，可見中人地位的不一般。在徽州和浙東的買賣契約中，一般都以「央中」「浼中」「挽中」來表達對中人的敬重。在中人出面就找價一事和買主斡旋的情況下，如果買主依然堅持自己的利益毫不妥協，那在一定程度上就是對民間威信的挑釁，而且還可能背上「為富不仁」的道德罵名，受到周圍人們的孤立。「而他人的不滿……乃是有力的約束……社會上的孤立，是可怕的懲罰，在中國清代這樣一個依然以小空間、小地域生活為場域的社會裏，集體的嘉許或者非難的力量，在任何小群體中都是非常強大的。」〔註237〕中國傳統社會是一個「熟人社會」，儘量避免撕破臉皮的實用主義生存哲學是制約人們走向公堂的一個重要因素，而「『餓死不做賊，冤死不告狀』這種『忍』的日常生活規訓，則是存在看似「無理」的找價等要求的契約秩序能夠在民間順利運行的強大潤滑劑。」〔註238〕

第三，清代國家對於契約管理的疏漏。《大清律例·戶律·典買田宅》規定：「……若賣主無力許憑中公估，找貼一次者，另立絕賣契紙……」，准許「找貼一次」為找價行為提供了法律支持。模棱兩可的法律條文無法杜絕第二次、第三次，乃至多次找價。再加上清代契約管理制度的不完善，如缺少土地財產權登記制度，令不動產權屬難以固定。當買主在受到不斷找貼的困擾時，國家也沒有提供法律救濟，反而希望通過不斷調整有關律例，減少與民間慣習的衝突，儘量使雙方逐步融合，以維持稅賦徵繳與市場交易秩序。地方官員在執法中也搖擺不定，對於找價的一方多持同情態度，或者從維持地方秩序出發，儘量避免田房交易糾紛，為找價留下了空間，在某種程度上助長了各地找價風氣的盛行。

第四，與清代中後期的地價上漲有一定關係。清代著名的文人錢永對清初上海地區的地價狀況有具體的評述：

> 前明中葉，田價甚昂，每畝值五十餘兩至百兩，然亦視其田之肥瘠。崇禎末年，盜賊四起，年穀屢荒咸以無田為幸，每畝只值一二兩，或田之稍下，送人亦無有受諾者。至本朝順治初，良田不過

〔註237〕〔英〕S·斯普林克爾：《清代法制導論》〔M〕，北京：中國政法大學出版社，2000：121～123。

〔註238〕徐忠明：《小事鬧大與大事化小：解讀一份清代民事調解的法庭記錄》〔J〕，法制與社會發展，2004（06）：3～25。

二三兩；康熙年間，長至四五兩不等；雍正年間仍復順治初價值。
至乾隆初年，田價漸長，然余五六歲時，亦不過七八兩，上者十餘
兩，今閱五十年竟長至五十餘兩矣。〔註239〕

在地價上漲的情況下，賣主將地轉賣給新的買主時所獲得的價銀自然要
比當初他購買該地的價銀高得多，賣主的上手心裏往往難以平衡，不管他和
該地之間的關係已經斷絕多久了，根深蒂固的「祖業觀念」讓他覺得他也應
該從地價上漲中得到一點好處。

綜上，清水江、徽州和浙東地區買賣契約的訂立程序，在統一的國家法
和清代中國特有的血緣、地緣社會結構的大背景下，一方面呈現出高度的統
一性，基本上都要履行先問親鄰、擬定「草約」、請託中人、書寫契約、繳納
契稅、推收過割、找價或回贖等步驟，從而完成田產等財產的交易與轉移。
但受到三地經濟發展、社會結構和風俗習慣等因素的影響，買賣契約訂立程
序在具體環節的設定，諸如是否請中、是否擬定「草約」、是否繳納契稅、是
否推收過割、是否找價和進行回贖權利的約定等方面都存在著一定差別，既
反映了三地契約主體利益訴求與交易習慣的不同，亦反映了國家政權對不同
地區管轄力度強弱的不同，形象而生動地演繹了中國傳統社會不同地區在買
賣契約訂立、變化、演進和發展中的多元的社會秩序。「明清中國這種特殊的
社會秩序生成模式，並非本質上天生就是『不公正』『落後』的社會秩序，毋
寧說，它代表的是多元化的社會秩序生成模式中的一種類型。」〔註240〕

〔註239〕〔清〕錢泳：《履園叢話》〔M〕，張偉譯，中華書局，1979。
〔註240〕尤陳俊：《明清中國房地買賣俗例中的習慣權利——以「歎契」為中心的考
　　　　察》〔J〕，法學家，2012（04）：14～28＋176。

第六章　結　論

　　清代舉凡田宅買賣、租佃、借貸、分家析產、婚娶等諸多民事領域中都普遍訂立契約，契約使用範圍十分廣泛，契約類型與內容趨於多樣與豐富，契約格式更是臻於成熟和完善。買賣契約作為重要的契約類型之一，其外在形式日趨規範與統一，契約內容漸趨明確與固定，一方面，在國家法和地方統一法律規章制度的規範與國家政權的竭力參與下，表現出較高的統一性；另一方面，則因受到不同地區經濟、社會、文化風俗等因素的綜合作用，無論是在契約主體構成、交易標的選擇，還是契約要件設置及契約訂立程序方面又表現出較為明顯的地區性差異，構成了具有地緣差序格局特徵的各地區較為真實的日常生活圖景。楊國楨先生曾指出，「契約是財產權利關係的法律文書，是財產所有權、使用權的書證。契約文書和封建法典、國家政令一樣，都體現了反映實際社會經濟關係的意志關係，即法權關係。但兩者還有所不同，封建法典、國家政令是對實際生活中的法權關係的概括和規範，具有一定的穩定性，它的變動一般落後於現實經濟關係的變化。而契約文書既反映了封建法律規定的基本精神，又是法律規定在實踐中的具體運用，故能因時制宜，因地制宜，因事制宜，比前者更直接、更具體地反映現實經濟關係及其法權關係的變化；同時，立契雙方一般都對履行契約負有義務，制約著契約期限內雙方的經濟行為，故契約所體現的法權關係，一般都成為實際生產關係的一個構成部分。因此，契約不僅是研究法制史的基礎資料，而且是研究中國古代社會經濟史的基礎資料。」〔註1〕

〔註1〕楊國楨：《明清土地契約文書研究》〔M〕，北京：中國人民大學出版社，2009：11。

　　基於以上考量，本文選取了清水江、徽州和浙東地區的買賣契約作為考察對象，結合個別案例，通過對比分析，對三地買賣契約的發展變化情況作一探討。希望通過對這三地買賣契約的比較研究，竭力發現國家法及地方政府與契約相關的各項法規制度在這些地區實際運行中的差異，準確地認識和把握這些地區和民族的地方慣例以及風俗習慣與國家法相互作用、相互影響的實際情況；分析和探討這些地區存在著較為明顯差異的經濟、社會、文化等因素對買賣契約的形式、內容、程序等所造成的影響，努力還原或再現具有地緣差序格局特徵的內地和邊疆區域少數民族較為真實的日常生活圖景，為豐富中國古代契約及民事法律的研究內容做出有益的嘗試。

　　孟德斯鳩認為，「法律應該顧及國家的物質條件，顧及氣候的寒冷、酷熱或溫和，土地的質量，地理位置，疆域大小，以及農夫、獵人或牧人等民眾的生活方式等等。法律還應顧及基本政治體制所能承受的自由度，居民的宗教信仰、偏好、財富、人口多寡，以及他們的貿易、風俗習慣等等。最後，各種法律還應彼此相關，考慮自身的起源、立法者的目標，以及這些法律賴以建立的各種事物的秩序。必須從所有這些方面去審視法律。」〔註2〕清代就買賣契約及其訂立所制定的較為詳盡的法律法規和各地方政府出臺相關條例規程，姑且不論其是否與當時買賣契約及其訂立實踐的諸多實際需求完全契合，但實際上還是對三地買賣契約及其訂立產生了重要的形塑作用。因此，無論是清水江、徽州還是浙東地區的任何買賣契約及其訂立，其實都是在清代國家法及相關制度的大背景下進行的，契約訂立雙方必需首先考慮到國家法及相關制度的系列規定，在不違反國家法及相關制度的基本準則和精神的前提下，再結合本地經濟、社會、文化發展和風俗慣例，對契約的形式與內容作出適當調整，否則契約效力是無法得到保證的。也恰恰是在國家力量的不斷介入和干預下，尤其是清代中期以後，各地出現了數量較多的官頒契紙和蓋有官府鈐印或黏連有契尾的契約，標誌著國家力量對民間買賣交易越來越多的介入，其直接的結果就是有力地推動著買賣契約朝著形式漸趨統一、內容相對固定、構成要件趨同的方向發展。這在清水江、徽州和浙東地區亦然。從論文之前的分析，我們看到，在國家法的統一規制和頻繁的契約訂立實踐的共同作用和影響下，清水江、徽州和浙東三地買賣契約的要件構成有趨同化的發展趨勢，基本上由賣方和買方、

〔註2〕孟德斯鳩：《論法的精神》〔M〕，許明龍譯，北京：商務印書館，2014：15。

買賣契約的性質（絕賣還是活賣）、成契理由、買賣標的來源（繼承、自置、標分）、買賣標的（土地、房屋、山林、山場）、交易價格、交付、權利瑕疵保證、契末署押等相對固定的要件構成。即便是要件的排列順序也大致相同，統一採用了宋代以來即形成的徽州契約格式，要件排列遵循立契人→成契理由→買賣標的→買方→交易價格→交付→權利瑕疵擔保→契末署押的基本順序，具有一致性的特徵。在書寫方面，全部採用漢字書寫（包括清水江地區），使用的是清代當時規範的字體，立契時間也採用清代統一紀年的格式標注，顯示出較高的相似性。據此，俞江認為「中國傳統契約在形式結構上的相似特徵，不但反映在不同類型上，也反映在不同地域上，最後，也是反映在不同時代之間的。」〔註3〕

　　但這只是問題的一個方面。因為契約是經濟、交易關係的直接反映，為了適應不同地區經濟社會發展的實際需求，各地買賣契約在其要件構成、內容陳述、形式種類等方面都呈現出較為明顯的差異。有學者指出「經濟因素、地理狀況、文化因素是影響徽州契約觀念的重要因素」〔註4〕，這當然也適用於其他地區，即在各地經濟、文化、自然地理環境等因素的綜合作用下，各地契約在統一發展的大趨勢下，仍保留和顯現出較多的地域特徵或民族特色。通過對契約及其相關制度的研究，對於理解和把握中國契約精神，將其作為「構建新型法治的中國元素」〔註5〕加以借鑒和發揚，無疑具有積極意義與重要價值。清水江、徽州和浙東作為清代三個經濟、社會及文化發展都有一定差異的地區，其買賣契約的內容必然呈現出一定的不同，而這種內容上的不同又直接導致其契約形式的不同，畢竟「內容」決定「形式」，買賣契約內容的差異必然導致契約形式上的不同。

　　清水江、徽州和浙東地區買賣契約在內容上的差異主要表現在以下六個方面：

　　第一，契約主體。在「同居共財」觀念和相關財產制度的規範下，契約訂立主體一般是家庭中的男性尊長。與此同時，也是在財產共有觀念和制度

〔註3〕俞江：《是「身份到契約」還是「身份契約」》〔J〕，讀書，2002（05）：54～63。

〔註4〕劉志松：《徽州傳統民間契約觀念及其遺存——以田藏徽州民間契約及對徽州六縣的田野調查為基礎》〔J〕，甘肅政法學院學報，2008（02）：57～62。

〔註5〕霍存福：《中國古代契約精神的內涵及其現代價值——敬畏契約、尊重契約與對契約的制度性安排之理解》〔J〕，吉林大學社會科學學報，2008（05）：57～64＋159。

的影響下，尊長在處置家庭的田產、房屋等重要財產時，往往會考慮到卑幼的權利，或者直接將契約訂立權賦予卑幼。這樣，無論在清水江、徽州還是浙東地區都出現了父子、叔侄同為契約主體的情況。其中的徽州，由於受到當地宗族勢力的影響，表現得尤為突出，家族內成員聯合署名訂立契約現象具有一定的普遍性，且聯署的親屬範圍往往突破了核心家庭的限制，而呈現出複雜化和多樣性的特徵。清水江地區則由於林業經濟發展的特殊需求，即需要人力與資金的大規模和長時間的投入，家庭成員或家庭之間聯署訂立契約有助於凝聚家庭或家族的力量，因此成了當地契約訂立時普遍性的選擇。為了聯合和投入更多的力量經營林業，清水江地區對於山場的經營還常常按照「股」的形式展開，並頻繁地對「股」進行交易與買賣，從而極大地擴展了各個村寨的經濟交往空間，通過「股」份將地緣關係本來疏遠或者沒有關係的村寨也聯繫在了一起。由此，聯署訂立契約的主體之間就突破血緣關係，通過他們之間建立起來的共業關係，為契約訂立主體提供了更多的選擇，使得該地區買賣契約主體呈現出多樣化和複雜化的特徵，顯現出與林業經濟高度適應的樣態。浙東地區小農經濟佔據主導地位，且地權分化較為充分，當地的農業生產多以小規模核心家庭為主，為了克服小型家庭生產力水平有限且經濟較為脆弱的缺陷，以經濟紐帶建立聯繫的「會」組織在浙東地區廣為分布。這種會的組織和運作形式一般為：加入會組織的村民以一定的土地或農具入會構成會產，根據其入會土地和農具的價值確定其所佔的份額，一般稱為「股」或「腳」；每年由會員輪值，在固定的時間以會產的收益置辦祭神儀式，然後將祭神用品根據約定的數額按股平分給會員，剩餘部分為輪值的會員所有。會股因其具有收益權，因此可以轉讓，由此會組織的會員通過對其所有會股的轉讓，就成了買賣契約中頗具特色的主體之一。在某些特殊情況下，如戶絕、未婚、歸宗、夫亡守志等，女性也可以參與契約訂立活動，處置家庭財產。受經濟發展模式與家庭生計方式的影響，女性作為契約主體的情況在各地呈現出較為明顯的不同。其中以清水江地區表現得更為突出，女性在參與契約訂立活動方面擁有更多權利，既可以充任賣主，亦可以充任買受人，還可以充任中人，在處置家庭財產權利方面擁有更大的自主性和更多的主動性，顯示出清水女性較高的家庭和社會地位。

第二，契約客體，即買賣標的物。不同的自然地理環境塑造了清水江、徽州和浙東三地不同的物產與生產方式、經濟發展模式及經濟結構。清水江

地區因適宜林木的生長，林業經濟相對發達，再加上清代中期以後商品經濟的介入，買賣契約多以與林業密切相關的林木、林場、林地為標的物。而徽州和浙東地區屬於傳統的農業經濟區，雖然兼或也有林業經濟，但在當地的整個經濟發展中所佔比例明顯比清水江地區要小的多，以土地為中心的買賣契約佔據絕對的重要地位。這種差異導致的結果之一，就是圍繞著不同標的物所設立的契約內容的不同。如徽州和浙東地區的買賣契約以土地為主要標的物，契約內容也就圍繞著土地所有權展開。浙江布政使司在乾隆年間曾出告示曰：「民間執業，全以契券為憑。……蓋有其斯有業，失契即失業也。」〔註6〕，形成了圍繞著土地佔有、使用及轉讓的眾多的契約類型，其中又以土地買賣契約為多。明中葉以後，隨著地權分化的發展及程度、範圍的不斷加深與拓展，徽州和浙東的「一田二主」現象普遍，反映在契約內容上，就是出現了「田面權」和「田底權」的買賣契約。據汪柏樹先生看來，「清代徽州土地買賣契約所轉移的地權類型有三種：大買權、小買權、大小買權。」〔註7〕楊國楨先生亦認為，「清代浙江土地買賣文契，……從地權性質來看，有田底權和田面權的分割買賣，和東南諸省盛行『一田二主』的地區並無區別。」〔註8〕再加上這兩個地區土地所有權的轉移往往無法一次性完成，又產生了大量以找價、找絕為主要內容的「添價契」「找價契」「找絕契」「杜添加契」等契約類型，從而成為區別於清水江地區土地買賣契約的重要特徵之一。清水江地區的買賣契約因其以與林業經濟相關的林木、林場、林地為主要標的物，所以契約標的物也多以此展開，出現了以「栽手」「杉木」「林地『股』」「油山」「山場」「嫩杉木」「雜木」等作為標的物的契約。

　　第三，契稅的繳納及契稅繳納的應對措施。買方業戶到官府投稅，繳納稅金的同時，在原契上鈐蓋官印，並將納稅憑證或契尾等黏連其後，此種契約稱為「赤契」（紅契），沒有鈐蓋官印，即未上稅者稱為「白契」。契稅制度，一方面是官府為加強對土地等財產買賣的控制與管理，另一方面是為了增加財政收入。張傳璽先生曾指出：「稅契政策的產生和實行，是古代國

〔註6〕　《治浙成規》（卷一）〔M〕，清道光間刻本，23。
〔註7〕　汪柏樹：《大買，小買，大小買——清代徽州土地賣契地權研究》〔J〕，黃山學院學報，2014，16（04）：1～9。
〔註8〕　楊國楨：《明清土地契約文書研究》〔M〕，北京：中國人民大學出版社，2009：201。

家的財政需要。」〔註9〕要求民間田宅買賣契約訂立後繳納契稅,「凡典買田宅,不稅契者,笞五十」〔註10〕,是清代法律對土地等財產買賣最重要的規定之一,也是影響買賣契約內容最為重要的因素之一。清水江、徽州和浙東地區契稅制度施行的時間、範圍和力度不盡相同,由此造成了三地買賣契約在內容上的差異。清水江地區的契稅制度並沒有大範圍地推行,因此罕見因避稅需要而採取的一些在契約要件設置和書寫方面的變通措施,契約要件構成相對完整,與徽州和浙東地區存在著比較明顯的區別。徽州和浙東地區為了合理避稅,民間除了訂立一定數量的白契之外,還採取了一些諸如對契約訂立時間、交易價格、買方基本信息進行缺省設置的變通措施,以期降低交易成本,維護雙方利益,並從容應對因繳納契稅與官府打交道而帶來的種種麻煩。

第四,「找價」與「回贖」的內容約定。清水江地區的買賣標的物基本上是一次性完成轉移的,所以也就沒有徽州和浙東地區所謂的「活賣」與「絕賣」之分,鮮見「找價」行為,契約內容中也較少見到對回贖權利及主張的約定(少量的典契除外),契約類型中亦沒有「找價契」或「找絕契」。這種情況的出現,既與清水江地區的林業經濟息息相關,亦與當地苗、侗等民族的風俗慣例有密切關係,有學者認為清水江地區的「民眾彼此之間可以很好地遵守這並無國家法律效力的契約規範,實現經濟秩序的良好運行,這就是禮制維繫之下的倫理經濟現象。」〔註11〕清水江地區因林木、林場等財產交易而發生的糾紛,往往通過民間調節予以解決,或者訴諸於神靈,甚至把「請神祈禳的行為引入到契約文書的簽署中,以解爭端。」〔註12〕由此,在倫理道德的框架下,清水江地區通過大量「白契」將財產交易一次性完成,並通過當地百姓良好的信用和倫理道德有效的維繫著當地的交易秩序和林業經濟的發展,一般不會出現交易之後的找價回贖行為。徽州和浙東地區都有數量不菲的「找價契」,許多契約都有對「回贖」的約定。筆者以為找價回贖反映了

〔註9〕 張傳璽:《中國歷代契約粹編》(上冊)〔M〕,北京:北京大學出版社,2014:20。
〔註10〕 田濤,鄭秦:《大清律例》〔M〕,北京:法律出版社,1999:198。
〔註11〕 劉亞男,吳才茂:《從契約文書看清代清水江下游地區的倫理經濟》〔J〕,原生態民族文化學刊,2012,4(02):36~45。
〔註12〕 吳才茂:《民間文書與清水江地區的社會變遷》〔M〕,北京:民族出版社,2016:126。

傳統農業社會條件下，土地對於小農家庭的生計維持和家業傳承的重要性。
在小農經濟條件下，土地是百姓「安身立命」的根基，自古就形成了「不能輕
易出賣田房」〔註 13〕的觀念。通過「活賣」的形式，賣主至少保留了對土地
的回贖權，沒有完全斬斷與原有土地的聯繫，在情理上就能較少背負因出賣
土地而受到的道德指責。一般情況下，活賣的價格比絕賣低，而且變為絕賣
後，賣主就不能回贖，所以就會發生找價，直至與時價達成對應平衡的狀態。
而這種狀況對買賣雙方都是有益的。在絕賣之前，買主可以以略低於時價的
價格保留土地，而賣主既可以保留回贖權，又可以在無力回贖土地時得到適
當的補償。我們經常能看到契約中以「今時價不足」為由要求找價的文字。
梁治平先生據此認為，「找貼習慣的發生，首先是因為有活賣一類交易形式
存在。就此而言，它不失為一種合理的制度⋯⋯透過這些習俗，我們或可以
感覺到人與土地之間某種模糊而有力的超經濟聯繫。」〔註 14〕找價之所以能
夠發生，還與傳統中國特殊的社會結構有著密切的關係。費孝通先生通過研
究認為傳統中國的鄉村社會「是一個『熟悉』的社會，沒有陌生人的社會」
〔註 15〕，傳統農業社會生產方式對田地所特有的倚重，直接造就了「親即是
鄰，鄰即是親」的社會關係，各種財產的轉移就發生在這種「親即是鄰，鄰即
是親」的社會關係之中，交易雙方有著太多「斬不斷，理還亂」的牽絆。岸本
美緒認為，「土地買賣猶如從這人際網中織出一個新的網眼。買主與賣主的關
係不因『絕賣』而斷絕，買主的土地所有權的正當性反而要由賣主予以支持。
表面上是杜絕、拔根、割藤，其實與這些詞語正好相反，人際關係存續的感
覺在絕賣後的找價支付的背後流露出來。」〔註 16〕當經濟上遇到困境而手足
無措的，且與買方往往有著親鄰關係的賣方，通過中人向買方請求對已經出
賣的土地等財產加價時，往往能夠得到周圍也有著親鄰關係的人們的同情，
從而促使買主更多地站在道義的角度，在周圍鄉鄰的輿論壓力以及中人的斡
旋之下，同意賣主的找價要求。如果買主依然堅持自己的利益毫不妥協，那
在一定程度上就是對民間威信的挑釁，而且還可能背上「為富不仁」的道德

〔註 13〕俞江：《契約與「合同」之辯》〔J〕，中國社會科學，2003（06）。
〔註 14〕梁治平：《清代習慣法》〔M〕，桂林：廣西師範大學出版社，2015：110。
〔註 15〕費孝通：《鄉土中國・生育制度》〔M〕，北京：北京大學出版社，1998：6。
〔註 16〕〔日〕岸本美緒：《明清時代的「找價回贖」問題》，載楊一凡，寺田浩明：
　　　　《日本學者中國法制史論著選》〔M〕，北京：中華書局，2016：350～380。

罵名，受到周圍人們的孤立。在一個「熟悉」的社會，沒有陌生人的社會裏被孤立的處境是時人難以承受和應對的。最後，找價回贖的大量存在還要歸因於清代法律本身的缺陷以及官方的曖昧態度與立場。准許「找貼一次」的大清律例無疑為找價行為提供了法律支持，而模棱兩可的法律條文實際上給「二次」「三次」以至於多次「找貼」提供了合法理由。再加上地方官府在實行有關找價回贖的規定時，都會考慮當地的俗例，實際上形成了中央的「成法」和地方「因地制宜」的地方法規的並列，在能否找價回贖問題上並沒有形成明確的判斷標準，在對待具體找價回贖問題的處理上具有很大的搖擺性，顯示出國家法的粗糙及其對找價回贖問題規範的有限性。康熙末年任浙江天台縣知縣的戴兆佳在《天台治略》卷六收錄的《一件勸諭買產人戶速循天台舊例了根找絕以斬葛藤以清案牘事》中這樣記述：「田產買賣之不許告找告贖乃是定例，但律設大法，理順人情，事貴因地制宜，難以拘泥成法。」〔註17〕表達了他按照地方慣例處理糾紛的想法。清初思想家陳確在其隨筆《產述論》中論及找價回贖問題的可否時亦認為，「土地以義可回贖，也以義不可回贖；以情可回贖，也以情不可回贖。應該在對方與自己之間衡量情義，深入追求其『中』。不能一言以概之，所以應該存心適當酌量。」〔註18〕顯示出官方對於找價回贖行為的曖昧態度與立場，反而助長了找價之風的盛行。

第五，契約的責任擔保。清代契約的擔保責任一種是權利瑕疵擔保，即賣主對自己出賣的標的物享有所有權和處分權，保證無第三人向買主主張任何權利的義務。權利瑕疵擔保是清代三地買賣契約構成的不可或缺的一部分，它有助於明顯權責、減少糾紛，確保契約效力的正常發揮，而且還能進一步強化契約的證據功能，在發生糾紛時能提供有效的證明。因為無論清代國家法還是司法實踐中都是非常注重契約的這種證據功能的。清律有「凡民人告爭墳山，近年者以印契為憑」的明確規定。在百姓看來，官府所頒給的契據自然可以成為自己管業的有力憑證，而其中的權利瑕疵擔保因其能確保契約內容的合法性而又增強了這一功能。就契約內容看，三地對於權利瑕疵擔保的側重點存在明顯差異。清水江地區的買賣交易大多數是

〔註17〕楊一凡，寺田浩明：《日本學者中國法制史論著選》〔M〕，北京：中華書局，
　　　　2016：362。
〔註18〕〔日〕岸本美緒：《明清時代的「找價回贖」問題》，載楊一凡，寺田浩明：
　　　　《日本學者中國法制史論著選》〔M〕，北京：中華書局，2016：350～380。

一次性完成轉移的，鮮見典賣和找價行為，因此對標的物的權利瑕疵擔保，一是側重於標的物權屬關係的無爭議，即排除了賣主房族弟兄等親屬、族人或外人對標的物的主張權利；二是側重釐清標的物的來源無爭議；三是明確賣主承擔權屬關係發生爭議的全部責任。徽州地區買賣契約在權利瑕疵擔保方面的側重點，一是強調契約訂立的平等性；二是對「起推過割」事宜進行特別的約定；三是對無「重複交易」的承諾和擔保；四是通過對「上手／老／來腳契」的繳付或其去向說明，進一步確保標的物的權屬關係；五是明確賣方承擔所有因權利瑕疵而引發問題或糾紛的全部責任。浙東地區的買賣契約中關於權利瑕疵擔保，一是側重於對「無重複買賣」的承諾；二是對「回贖權利」的約定和承諾；三是防止因「親鄰先買權」而可能引發的糾紛；四是強調「合意」的立契原則與賣主承擔所有瑕疵責任。清代買賣契約除了權利瑕疵擔保之外，還有中人的擔保責任。李桃和陳勝強認為，「中人在清代契約中發揮著介紹、見證、保證和調處的功能，是古代契約成立的要件，無中人參與的契約極少，中人是維繫民間法秩序的重要力量。」〔註19〕清水江、徽州和浙東地區的中人在買賣契約中的擔保責任因受到經濟、社會、文化等因素的影響，其實際效力和發揮作用的基礎不盡相同。尤其是清水江地區存在著相當數量的「無中人」契約，在很大程度上削弱了中人在契約中所起的擔保作用，顯示出其區別於內地契約的較為明顯的地域特徵和民族特色。

　　第六，對推收過割的不同約定。從買賣契約內容看，清水江地區的大多數契約基本上不涉及推收過割這個環節，即使是涉及到，其推收過割的約定也極為簡單，與清代國家法的規定相去甚遠，沒有專門的類似於內地的「立推單」等後續環節。徽州買賣契約關於推收過割的約定是契約不可或缺的內容，還常常在正式的契約訂立完成之後專門訂立「推單」，即規範地按照國家法的相關規定履行手續，這與當地賦稅管理嚴格且規範有直接關係。這從對買賣標的信息描述上也能反映出來。徽州買賣契約中的買賣標的物經常以官方的登記號指代，或者以「照依清冊」的方式予以說明。這是因為自南宋時期，徽州地區即開始進行土地丈量和魚鱗圖冊的登記造冊，其後接連不斷，至明清時這一制度更為成熟。田地皆登記在冊，所以契約中常用田地的魚鱗冊登記號指代。徽州買賣契約還會開列所交易田產的租賦

〔註19〕李桃，陳勝強：《中人在清代私契中功能之基因分析》〔J〕，河南社會科學，2008（05）：61～63。

情況。浙東地區在明清兩代亦是和里甲制相配合的黃冊制度和魚鱗圖冊制度管理最嚴謹而有效的地區，因而關於田產的交易一般都會注明其在官方的魚鱗冊中的登記號，有的還特別標注田產的租稅或租賦情況，並就推收過割事宜進行約定，以確保國家的賦稅徵收有著落。

清水江、徽州和浙東地區的買賣契約不僅內容上存在著諸多差異，在形式上也有不少區別，其差異主要體現在以下四個方面：

第一，中人是否作為契約構成要件。清水江、徽州和浙東地區的契約要件在清代呈現高度統一的發展趨勢，採用的基本上都是徽州契式，但在部分契約要件構成上還是存在著些許差別的，比如中人。徽州和浙東地區向有「無中不成契」的說法，「中人」是買賣契約成立的必備的、不可或缺的「要件」之一，這既是中國千百年流傳下來的傳統交易規則之一，也是中國古代極具特色的契約制度之一。「中人在契約中最明顯的作用是締約雙方之間的中介、見證，即參與締約雙方的介紹與引見、對標的物的勘定與檢查、議定價格、監督和證明給付與交割等等。中人參加契約簽訂的全過程，具有證人的資格，既可以證實契約成立的公開與公平，又對標的物的轉移進行見證。當契約關係受到損害時，對於當事人雙方可能產生的爭執與衝突，中人還起到調解人的作用。」〔註20〕徽州和浙東地區買賣契約基本上都是在中人的參與下完成的，中人發揮著介紹、見證、保證和調處的功能，是不可或缺的契約構成要件。清水江地區則不然，有約 20% 的買賣契約沒有中人。筆者以為這種現象一方面與林木、林場、林地買賣交易本身的特點（交易額小、多在同族或同村內進行）以及受倫理道德規範的約束息息相關，另一方面則反映了清水江地區契約訂立方式的相對自由與靈活。

第二，契約訂立時間的書寫與位置。眾所周知，在現代民事法律中，訂立時間是契約成立的必備要素之一，發揮著重要的證據功能。在徽州和浙東地區，契約訂立雙方出於避稅和減少胥吏盤剝的利益訴求，有將買賣契約訂立時間進行缺省設置的做法。清水江地區，由於繳納契稅的買賣契約數量不多（「白契」比例高達 93%〔註21〕），且典賣契約較少，無論土地、房屋還是

〔註20〕 李祝環：《中國傳統民事契約中的中人現象》〔J〕，法學研究，1997（06）：136～141。

〔註21〕 劉亞男、吳才茂：《從契約文書看清代清水江下游地區的倫理經濟》〔J〕，原生態民族文化學刊，2012，4（02）：36～45。

林木、林地、林場的交易都是一次性完成，似乎不需要考慮避稅和贖買的情況，因此一般情況下都不會刻意地對契約訂立時間進行缺省設置，對契約訂立時間的標注較為完整和明確。三地的契約訂立時間在契約中的位置因受到契末署押的影響也存在明顯不同。

第三，契末署押。契末署押在清代的絕大多數地區被認為是保證契約效力的構成要件之一。清水江、徽州和浙東地區在參與契末署押的群體及其人數、署押的形式方面存在著較大差別。清水江地區的立契人基本不在契末署押，但並不會影響契約效力。徽州和浙東地區則明確要求立契人在契末署押，立契人的契末署押實際上是買賣契約不可或缺的構成要件之一。三地買賣契約的中人是否署押和署押的具體形式方面也存在較大差異。清水江地區的中人有缺省設置的情況，中人的契末署押也就有缺位的情況。而徽州和浙東地區則不存在這種現象，因為「立契有中」的觀念在該地區根深蒂固，中人在契約中的地位和作用不可替代。「在傳統民事契約的成立過程中，我們不能得知雙方當事人的經濟與社會地位是否平等，尤其是借貸、租賃、雇傭等關係的契約，雙方不平等的關係有時還相當明顯，甚至在同族內部的契約中，也可能存在長幼與輩份的區別，但是民事契約的雙方作為當事人又必須受到權利與義務在相對平等條件下的制約，於是中人就作為一個支點使雙方在契約簽訂的過程中局部地、暫時地處於一種相對平衡的狀態下，契約關係才得以成立。」〔註22〕中人的參與及其在契末的署押實際上已成為契約訂立時的一種必要程序。由此徽州和浙東地區的中人除了要求在契約末尾進行署名之外，一般還要畫押，以表明對該環節的重視，並確保契約的效力。無論立契人還是中人的畫押形式在不同地區呈現出多樣化的狀態，且男女有別，反映的是不同地區對契末署押的重視及各不相同的地方風俗習慣。清水江地區中人的契末署押形式較為簡略，一般署名即可，畫押的契約數量有限。

第四，契約外觀。繳納了契稅的紅契要麼有官府鈐印，要麼黏貼契尾，要麼使用官契紙，在外觀上明顯區別於沒有繳納契稅的白契。白契基本上為單頁，沒有官方鈐印，也不黏貼契尾，一般為民間自行書寫。清水江地區的買賣契約絕大多數為白契，比例高達 93% 以上，說明契稅制度在該地區推行

〔註22〕李祝環：《中國傳統民事契約中的中人現象》〔J〕，法學研究，1997（06）：136
　　　　～141。

的時間、範圍和力度都十分有限。徽州和浙東地區有相當數量的紅契，較之清水江地區，說明契稅制度在這兩個地區推行的時間長、範圍廣、力度大。

筆者以為，造成清水江、徽州和浙東地區買賣契約內容與形式地區差異性的主要原因有以下四個方面：

首先是經濟因素。馬克思認為：「每種生產形式都產生出它所特有的法權關係、統治形式等等……法律只是表明和記載經濟關係的要求而已。」〔註23〕「契約文書和封建法典、國家政令一樣，都體現了反映實際社會經濟關係的意志關係，即法權關係。」〔註24〕清水江地區、徽州和浙東的區域社會經濟關係本身存在著較為明顯的差異，分別以林業、農林兼做和農業經濟為主，自然會造成三地買賣契約在其內容、形式及訂立程序上的差異。

清水江地區，因地處偏僻，經濟發展水平相對落後，林木、林場及土地等財產的交易相對簡單，多數契約所涉及交易的金額小，如嘉慶四年姜文甫、文邱賣木並山契中「當日憑中議定價文銀陸錢整」〔註25〕、嘉慶二十四年姜卓賣木契中「當日憑中議定價銀捌錢整」〔註26〕、道光二十三年姜老惟賣木契中「議定價約穀三十斤」〔註27〕等；由此，契約效力的發揮似乎並不需要國家法特別的保障，依靠當地的風俗慣例就可以保障契約訂立雙方對其責任與義務的履行。再考慮到清代有關契稅繳納的規定：「凡買田地房屋，增用契尾，每兩輸銀三分」。〔註28〕無疑會增加訂立契約的成本，對於經濟本來就十分窘迫的立契人而言，這無疑又是雪上加霜。出於經濟利益的考慮，選擇訂立「白契」恰好是最經濟實用的選擇，結果就是當地白契的數量多，而繳納了契稅的紅契則較為罕見。因其林業經濟相對發達，沒有形成複雜的地權分化，也鮮見中原地區田宅買賣中的「加價」或「找貼」行為，亦沒有發

〔註23〕馬克思，恩格斯：《馬克思恩格斯全集》（第四卷）〔M〕，北京：人民出版社，1972：103～104、122。
〔註24〕楊國楨：《明清土地契約文書研究》〔M〕，北京：中國人民大學出版社，2009：11。
〔註25〕陳金全，杜萬華：《貴州文斗寨苗族契約法律文書彙編——姜元澤家藏契約文書》〔M〕，北京：人民出版社，2008：60。
〔註26〕陳金全，杜萬華：《貴州文斗寨苗族契約法律文書彙編——姜元澤家藏契約文書》〔M〕，北京：人民出版社，2008：188。
〔註27〕陳金全，杜萬華：《貴州文斗寨苗族契約法律文書彙編——姜元澤家藏契約文書》〔M〕，北京：人民出版社，2008：385。
〔註28〕〔清〕嵇璜，劉墉：《清通典》（卷八）〔M〕，浙江書局，1645。

現專門的「找價契」。與之相對應的則是林業契約的發達，除了數量巨大的林業契約，如「林地買賣契」「林木買賣契」「佃栽山林契」之外，還形成了「主佃分成合同」、賣木「分銀合同」等合同類文書，印證了當地林業經濟的發達及其以契約為代表的各類法權關係的複雜多樣。

徽州買賣契約的交易對象涵蓋田產、房舍、菜園、池塘、墓地、林場、林木、奴婢（或人身）等，種類十分豐富，與當地經濟發展和百姓的日常生活緊密相關；根據買賣的性質可以將契約分為絕賣契、活賣契、典契、找價契等，反映了徽州地權分化的多樣性和財產權屬關係變化的靈活性；根據是否繳納契稅，可以將買賣契約分為白契和紅契，還出現了使用官契紙的買賣契約，從中可以看出國家政權出於徵繳賦稅的需要而對當地契約訂立的介入與管理；基於地權分化基礎上各種田產交易的實際需求，徽州買賣契約還形成了「田面權」「田底權」或「『田面權』＋『田底權』」形式的交易關係。這些交易形式甚至延伸擴展至林業、水利設施等的買賣交易中，形成了更為複雜的民事法律關係。徽州買賣契約所呈現出來的以上特點都是受到徽州當地經濟發展影響的直觀表現。

浙江素為農業經濟富庶的省份，在商品經濟的影響下，地權分化普遍，土地的佔有、使用及其轉移上普遍採用契約方式，有「民間執業，全以契券為憑」判斷土地所有權歸屬的慣例；地權轉移頻繁，從買賣契約的種類上看，有「活賣」與「絕賣」之分；從地權性質上看，有「田底權」和「田面權」的分割買賣，並分別使用不同的契式；因「活賣」保留有回贖和找價的權利，因此也留存有大量的「加找契」「找絕契」「找貼契」；在土地出賣後會進行專門的推收過割，留存了形式多樣的推割憑證，如「除票」「推旗」「僉票」等，以此即有助於明確土地所有權權屬，又利於官府確保稅賦的徵繳，反映出當地買賣契約與地區經濟發展高度契合的樣態。

此外，買賣契約的訂立還與中國古代社會占主導地位的小農經濟模式密切相關。「小農經濟是一種以家庭或家族為組成單位，通過男耕女織方式進行的小土地分散式經營。」〔註29〕中國古代社會的農業生產，到明清時期，達到了一個相當高的水平，「尤其是在農作物傳播、井灌推廣、經營集約化、

〔註29〕趙曉耕：《身份與契約：中國傳統民事法律形態》〔Ｍ〕，中國人民大學出版社，2012：23。

少收多種等方面，都向前邁進了一步。」〔註30〕這種生產力的發展與進步為清代的商品經濟發展奠定了重要基礎，使各類農產品、手工業產品，甚至土地、房屋、林木、林場等的交換水平都有了進一步的提升，為小農經濟與市場的結合提供了前提條件。也就是說，清代買賣契約的頻繁訂立是建立在小農經濟與市場結合的基礎之上的。再加上小農經濟本身所具有的規模小、承受能力弱、生產力水平不高等特徵，作為生產單位的一家一戶與市場發生聯繫的頻次就會比較高，即在家庭財力有所提升和比較充裕的情況下，家庭或家族就有購進土地的動機和傾向，而與市場發生關聯。因為對於中國古代社會的家庭和家族而言，土地除了其經濟價值之外，它還有著重要的安全保障效應。「傳給兒子最好的東西就是地，地是活的家產，錢是會用光的，可是地是用不完的……佔有土地的動機與這種安全感是不可分割的。」〔註31〕徽州地區外出有獲利的商人們一般都會回鄉置辦田產。據此，周紹泉先生認為，「徽商以及徽州土地買賣分別陷入了『賣產—買產—賣產』和『土地財產—商業資本—土地財產』兩個循環。」〔註32〕這在很大程度上促進了徽州田宅買賣交易的頻繁。由於小農經濟的不穩定性和脆弱性，每個家庭或家族又經常會面對生計艱難的生存壓力，往往會被迫出賣土地或其他形式的家庭財產以維持生計，家庭或家族為此也會與市場發生較為頻繁的聯繫。從清水江、徽州和浙東地區買賣契約的成契理由看，我們不難發現其中大部分的賣產行為都是為生活所迫，為了謀求生存不得已而為之，正所謂：「子孫貧難，至鬻基產者，勢不能禁。」〔註33〕體現出小農經濟模式下平常百姓在日常生活中一貫遵循的「以生為本」的基本原則。

其次是傳統中國社會結構的影響。傳統中國社會是一個血緣與地緣高度重合的社會，人們主要生活在血緣和地緣疊加的共同體之中，形成了「親即是鄰，鄰即是親」的社會關係，在這種「關係」網絡中，契約訂立不再是簡簡單單的買賣雙方的事情了，而是變成了親鄰共同關心的「大事」，體現在買賣交易實踐中，就是極其重視交易第三方在契約中的作用。通過對清代買

〔註30〕李文治：《明清時代封建土地關係的鬆懈》〔M〕，中國社會科學出版社，2007：6。

〔註31〕費孝通：《江村經濟》〔M〕，北京：北京大學出版社，2018：126。

〔註32〕周紹泉：《試論明代徽州土地買賣的發展趨勢——兼論徽商與徽州土地買賣的關係》〔J〕，中國經濟史研究，1990（04）：97～106。

〔註33〕卞利：《明清徽州族規家法選編》〔M〕，合肥：黃山書社，2014：97。

賣契約的分析我們可以看到，中國古代的買賣交易實際上是一個由買賣雙方和第三方組成的契約。參與其中的群體常常以這椿交易為紐帶，被更緊密地聯繫在了一起。對於賣主而言，當他在經濟上走投無路的時候，他獲得了某種意義上的「求助對象」；對於買主而言，當他覺得對賣主的「援助」還可以接受的時候，賣主的「找價」請求就可以得以實現，而當他覺得已經到了不能接受的時候，他可以選擇要求賣主贖回該地；中人參與契約訂立，除了獲取一定數額的報酬之外，其更為看重的是在社會關係網中獲得親鄰的讚譽與認同。即使是親族參與契約訂立，除了能獲得一定的經濟利益之外，他們作為自己賴以生存的鄉村社會關係網絡中的一員，必然與契約訂立者存在著經濟、倫理道德，甚或地緣方面的各種無法割捨的聯繫。唐紅林認為，「親族作中的內在驅動是倫理道義，外在的也就自然的形成了互相幫助的集體本位的倫理生活狀態與秩序。」〔註34〕由此民間土地、房屋、林木、林場的交易活動因為牽涉到社會關係網中的方方面面，所以必然需要靠「有面子」的中人在其中說和、斡旋來促成交易的最終達成。從這個意義上說，「成功的交易一半靠中人的說辭和技巧，一半則基於其『面子』。中人面子越大，交易成功的可能性也越大，契約的穩定性也越強。」〔註35〕在傳統中國鄉村社會生活的語境下，交易中有「面子」的第三方群體人物的斡旋，親族周圍其他人基於同情弱者的勸說，都是助成這種交易秩序能夠運行下去的重要因素。隨著這種「親鄰」等傳統的鄉族力量對契約訂立活動影響強弱的變化，買賣契約的內容和形式也會相應地發生變化，從而呈現出較為明顯的地區差異性。以清水江地區為例，隨著商品經濟對林業生產及其產品交易的持續介入，契約訂立的範圍就大大突破了家族、村寨的限制，而擴展到更大範圍的場域進行，從而有力地消弭了親鄰等鄉族勢力對契約訂立的影響與干涉，對契約內容產生了直接的影響（如無中人契約的出現、大量白契的存在、對推收過割程序的忽略等），使得該地區的契約呈現出別樣的姿態，而有別於其他地區的契約。此外，古代中國還是一個等級社會。政治上有君臣、官吏、官民之分，社會上有良賤之別，家庭內部有親疏、尊卑、長幼之不同。梁治平先生認為：「家族倫常的身份規則不但是國家生活的規範，同時還是一般

〔註34〕唐紅林：《中國傳統民事契約格式研究》〔D〕，華東政法大學，2008。
〔註35〕梁治平：《清代習慣法：社會與國家》〔M〕，北京：中國政法大學出版社，1996：
　　　　161～162。

人際關係的模式。這就造成身份意識的高度發達：身份溢出了家族的範圍，成為社會關係方面的基本要素。除傳統的「五倫」以外，同族、同姓、同鄉、同窗以及門生故舊等等，都可說是重要的社會關係。它們公開或隱蔽地，合法或不合法地支配著社會的政治、經濟活動。與此相比，契約關係不僅領域狹小，而且往往在龐大的身份網絡中被擠壓變形。」〔註36〕血緣、地緣因素和民間傳統交易習慣的強大慣性下，以及清代基層社會的里甲組織結構和賦稅徵收方式的影響下，契約中經常能見到「今請中先問地主親房叔侄無人承買」「賣主房族弟兄日後不得異言」類似的語句，說明親鄰勢力仍然起作用，契約關係始終在以戶籍為經和以地籍為緯的制度框架和宗法精神的背景下發展演變，無法擺脫政府與親族勢力的限制與束縛，人們的交易不是建立在自己的信用與自由選擇的基礎之上，而是更多地建立在「三面言定」的基礎與身份等級的權威之上。契約參與者（國家、鄉鄰、契約訂立雙方）力量的對比與變化是造成買賣契約地區差異性的另一個重要因素。

第三是地方風俗慣例的作用。王世杰在論述中國古代法的特質時談到：「中國歷代法典對於近代民法典中所規定之事項規定極少，蓋錢田戶婚等事項多只涉私人與私人間之利益關係，專制國家以為與公益無涉，遂俱視為細故因之律文亦多所疏略，然錢田戶婚等事之未經律文規定者，卻亦大都有習慣法在那裡支配。」〔註37〕「習慣法表現為『鄉例』『俗例』『鄉規』『土例』等。」〔註38〕清代國家法對於民事法律內容的規定是相當粗略和簡陋的，大多數地方都有民事契約諸多類型同時並存的樣態，民間交易秩序需要依靠地方風俗或「鄉規」「俗例」來維繫，清代社會也正是通過這種方式得以運行。梁治平先生也有類似的看法，他認為「這些在民間生活中有著重要作用的契約文書體現了清代習慣法的基本形態，表現了習慣法的傳統。」〔註39〕因習慣法往往出於「自然」，自然受到不同地區風土人情的影響，所以不同地區就有不同的習慣法。如清水江地區，由於社會歷史原因、封閉的居住環境，歷史上，當地的苗、侗等少數民族並沒有「國家」和「國家法」的概念，他

〔註36〕梁治平：《法辯：法律文化論集合》〔M〕，桂林：廣西師範大學出版社，2015：45。

〔註37〕楊鴻烈：《中國法律發達史》〔M〕，上海：上海書店出版社，1990：4。

〔註38〕周遠廉，謝肇華：《清代租佃研究》〔M〕，瀋陽：遼寧人民出版社，1986：216。

〔註39〕梁治平：《清代習慣法：社會與國家》〔M〕，北京：中國政法大學出版社，1996：47。

們在民事活動中遵守著互幫互助、誠實守信、等價有償等原則，而這些原則成為苗疆人們基本的行為規範，還形成了一套有效的糾紛解決機制，加上濃厚的民族文化影響，「民族習慣法早已內化為黔東南人們的行為準則和維持社會秩序的規範，使得民族習慣法在一定歷史階段成為黔東南苗疆真正的「法律」或『活的法』」。〔註40〕具體到契約實踐，在這些民族習慣法的規範和影響下，清水江的買賣契約無論從其形式還是到內容都呈現出與內地契約較為明顯的差異。俞江先生認為，「一個人類社會，無論存在著多麼巨大的地域或民族的差異，都不可避免地需要展開交往和溝通，那種交往中的關係又無一不可視為某種契約關係，而契約關係的成立，並不完全也不可能完全建立在法律的支撐上——儘管社會越發達則國家和法律對契約越起到重大的影響，但從一開始，契約是建立在良心和信任上的。或者，至少不應該低估道德自律在契約中的重要作用。也應看到，無論是近代還是古代，在契約信用和效力上達成共識，是任何社會賴以維持的底線。這種共識，從普遍意義來說，既含有經濟關係中的博弈的後果，又是社會倫理的一種經驗的但卻是必然的規定。」〔註41〕以清水江地區為例，隨著林業經濟的發展，據記載，當地「每年來此經商的商賈不下千人，年成交營業總額百萬兩白銀以上；商人們有來自全國各地，而以安徽、江西、陝西等組成的「三幫」和以湖南常德府、德山、河佛、洪江、託口等組成的『五勳』等商幫最為著名；而且還有從山上放木而下的『山客』和以購買水中木材的『水客』之分；緊靠清水江邊侗族聚居的錦屏縣王寨是清政府專設的總木市，這裡終日熙熙攘攘，沸沸揚揚。」〔註42〕當地形成的糧木套種方式及林木分成辦法也對各地剩餘勞動力形成了巨大的吸引力。在利益驅動下，有大量外省移民來清水江地區從事林業生產。從遺存的買賣契約看，買賣雙方大大突破了家族、村寨、省份的界限，極大地擴展了地區社會的活動空間。苗、侗、漢族之間的往來日益頻繁，相互之間不僅建立了經濟聯繫，而且在生活方式、文化、婚姻等方面相互影響，尤其是中原地區漢族的生活方式與文化對清水江地區當地的苗、

〔註40〕陳曉光：《法律多元視角下的苗族習慣法與國家法》〔M〕，貴陽：貴州民族出版社，1996：172。
〔註41〕俞江：《是「身份到契約」還是「身份契約」》〔J〕，讀書，2002（05）：54～63。
〔註42〕廖耀南：《清水江流域的木材交易，貴州文史資料選輯》（第六輯）〔M〕，貴陽：貴州人民出版社，1980：4～6。

侗民族產生了深刻的影響；訂立契約、建立祠堂、祭祀祖先、興辦教育，以詩書禮儀化人等漸為苗、侗民族所借鑒和吸納，對當地社會產生了深遠的影響。與此同時，在清水江地區原有地方風俗習慣的影響下，當地買賣契約也較多地融入了地域性和民族性的內容，因而具有了區別於它處的顯著特徵。

　　第四則是中國古代禮法文化的影響。考察中國的民事法律必須從「禮」入手。張國華先生曾指出：「以現代法的視野考察中國古代社會時，無『法』之名，卻有『法』之實的『禮』理所當然地應納入法的研究中。最富中國特色的有關『治者與被治者的關係』上及『公民間的關係』上的法律，在西方稱作『政治法』『民法』，而在中國則統稱作『禮』。」〔註43〕中國古代社會「雖無民法專書，而關於民事法則之見於載籍者，不勝枚舉。」〔註44〕諸多民事法與「禮」都有著極為密切的關係，如親屬關係的界定、親屬之間責任的劃定、義務的承擔等。民間普遍遵循的以「禮」為重要依據制定的具有民事法律規範性質的「鄉規」「民約」，甚或「家規族法」在人們的日常生活起著重要的規範作用。正所謂「道德仁義，非禮不成；教訓正俗，非禮不備；分爭辯訟，非禮不決；君臣上下，父子兄弟，非禮不定；宦學事師，非禮不親；班朝治軍、涖官行法，非禮威嚴不行；祈禱祭祀、供給鬼神，非禮不誠不莊。是以君子恭敬撙節退讓以明禮。」〔註45〕《清史稿·刑法一》曰：「中國自有書契以來，以禮教治天下。勞之來之而政出焉，匡之直之而刑生焉。政也，刑也，凡皆以維持禮教於勿替。」中國古代人們對禮與法關係理論上的主流認識就是禮是法之根本和「精義」之所在。可以說，「『禮』是中國傳統法的靈魂。」〔註46〕由此「禮」也是中國古代社會一種重要的民事法律規範形式，是確定古代社會財產權和人身權最主要的規範，直接影響著中國傳統的民法秩序、民事法律關係及其在整個法律關係中的地位等各個層面。尤其是在中國古代鄉土社會，國家政權的管轄力量只能到達縣一

〔註43〕李光燦，張國華：《中國法律思想通史》（第一卷）〔M〕，太原：山西人民出版社，1994：13。

〔註44〕謝振民，張知本：《中華民國立法史》（下冊）〔M〕，北京：中國政法大學出版社，1997：740。

〔註45〕〔西漢〕戴德，戴聖：《禮記，曲禮》〔M〕，南昌：江西美術出版社，2013：26。

〔註46〕馬小紅：《禮與法——法的歷史連接》〔M〕，北京：北京大學出版社，2017：115。

級，遍布各個地方的鄉村只靠以「禮」為依據產生的習慣法與倫理來協調，「它們不但填補國家法遺留的空隙，甚至構成國家法的基礎。當然，也正因為其非官方性，這部分法律往往與國家法不盡一致，但這並不妨礙它們成為一個社會法律秩序中真實和重要的一部分，甚至，它們是較國家法更真實而且在某些方面也更重要的那一部分。」〔註 47〕此外，中國傳統文化重視等級和諧性，法文化上的「無訟」的價值取向正是這種文化的表徵。「聽訟，吾猶人也，化解必也使無訟乎。」〔註 48〕在以「禮」為指導的中國古代社會，「無訟」成為執政者的理想，「息訟」成為施政的重要手段，為了達到「無訟」的目的，調處成為解決民事糾紛的重要方式。中國古代社會的民事關係一般都侷限於親友、鄉鄰之間，所以在血緣倫理關係上形成的家長、族長所主持的調解具有重要作用。他們在進行調解時也以闡明禮儀倫理為首要原則，勸導當事人按照禮義所確立的權利義務關係來規範自己的行為，化解糾紛。如果以禮義調解不成而將爭訟交到官府，地方官審理案件的標準仍會先從傳統的禮義倫理出發，以維護地方秩序為宗旨，最後才考慮訴訟雙方的正當利益。在地方官的觀念中，只要辨明了倫理關係、義利關係，財產關係就不言自明了。「即使權益不明，在義利面前也是小利一椿，無傷社會秩序。」〔註 49〕清代法律亦明確規定「和鄉黨以息爭訟。」這樣就形成了建立在中國古代「無訟」理想和重人倫和諧秩序之上的糾紛解決模式。在這樣的模式下，民事權利的確定必須服從於維護綱常、倫理秩序的目標，形成了中國古代特有的民事調解法文化特色。清水江、徽州和浙東地區受到「禮」的浸潤的時間、方式、強度各不相同。如徽州乃是朱子故里，徽州人常年「讀朱子之書，服朱子之教，秉朱子之禮，以鄒魯之風自持」。〔註 50〕自然秉承中國古代社會的「禮」；再加上徽州聚族而居，宗族組織嚴密，素重宗法，各宗族的族規家法中都有如何遵從「禮」的相關規制，形成了長幼有序、尊卑分明的禮義倫理道德秩序。因此徽州買賣契約中的成契理由有

〔註 47〕梁治平：《清代習慣法：社會與國家》〔M〕，北京：中國政法大學出版社，1996：35。

〔註 48〕〔清〕阮元：《十三經注疏》《論語注疏》〔M〕，北京：中華書局，1980：2504。

〔註 49〕俞根榮：《儒家義利觀與中國傳統民法文化》，載陳鵬生，反町勝夫：《儒家義利觀與市場經濟》〔M〕，上海：上海社會科學出版社，1996。

〔註 50〕洪虹：《明以來徽州賣契中賣產原因研究》〔D〕，安徽大學，2017。

很大一部分與「禮」有著直接或間接的關係，如以「婚喪嫁娶之需」為成契理由的買賣契約比例達 16.29%，體現了「禮」在徽州的普遍影響力。清水江地區地處偏遠，在明清之前曾經有過高度自治的歷史與傳統，中央政府統治的不斷介入，是與林業的開發，漢文化的浸潤及商品交易中心的轉移等一系列政治、經濟、文化事件聯繫在一起的。在這個過程中，當地各民族的風俗習慣與清代國家禮法互動，形成了一個有別於其他地區的法律控制秩序。清水江地區的契約文書種類繁多，名稱各異，除常見的買賣、借貸、租佃等單契之外，還有對家產或者山場林木的分析和相關權屬糾紛調解的記載，涉及到社會生活的方方面面，顯示了當地經濟社會發展對契約文書的依賴。而具體到買賣契約，無論其內容和形式都呈現出顯著的地域特徵和民族特色，這無疑是中原地區傳統禮法與當地風俗習慣共同作用的結果。

盧梭在《社會契約論》中提問，「人們如何才能生活在一個有秩序的群體中，仍然能『自由如初』？最終，他對這個問題的回答就是『社會契約』。」〔註51〕契約意味著訂立者要在自由、平等的基礎上認同和遵守同一個規則，並按照約定去履行職責。誠實、守信是契約的最為基本的精神和追求，它有益於一個社會的效率與公平，亦有助於一個社會自由與秩序的維護，更有利於自由與秩序的結合。從對三地買賣契約的分析中我們能感覺到，契約真實地記錄了地區社會財富的流動與變化情況，對於維護地區交易秩序、規範人們的經濟行為，乃至引發促進會變化方面亦有自身積極的價值與意義。

首先，對地區經濟發展具有規範與推動作用。契約涉及到經濟生活的方方面面，是調整各類經濟關係和人們經濟行為的主要規範形式之一。以清水江地區為例，該地區在清代，隨著林業貿易的發展和興盛，人工造林逐漸成為當地重要的生產方式。但人工造林屬於長週期的產業，獲得經濟收益一般需要 20 至 30 年，在這期間不僅需要投入大量的人力、物力和資金，還要做好防火、防盜和防毀林等工作，因此人工造林並獲得預期收益本身就是一種高風險的經濟活動。在杉木漫長的生長週期內，造林者甚至等不到山林長大就已經故去，或因經濟困乏而被迫將未長成的幼林賣出。在這種情形下，要想對人工造林形成穩定的經濟收益預期就必須建立一套有效

〔註51〕〔法〕盧梭：《社會契約論》〔M〕，北京：商務印書館，2012：3。

的保障機制。這套保障機制在相當程度上要依靠契約和國家法及其形成的
法秩序。考慮到清代國家法中民事法律的粗鄙和簡略，以及官方往往將錢
糧戶婚視為細故的態度與做法，契約反而在維持交易秩序、促進經濟發展
方面發揮著更為重要的作用。現在清水江地區留存的大量契約正好說明清
水江地區林業經濟生活的規範在很大程度上得益於契約的規範作用。通過
這些契約不僅可以明確不同家庭、家族和村寨的經濟權屬，約束人們在林
業經濟發展過程中形成的各種經濟與法權關係，有效調節當地林業市場秩
序，而且有助於促進林木、土地、房屋等財產在當地的流轉，保護和平衡人
工造林環節中各方的利益分配關係，為各方利益主體的權益主張提供重要
保障，還可以為當地參與林業經濟發展的家庭、家族和村寨提供穩定的經
濟收益預期，為當地經濟發展提供基礎和前提條件，最終為清水江地區大
規模人工造林長期、有序、有效地進行提供重要保障。契約的規範作用是清
水江地區林業經濟長盛不衰的重要原因和奧秘所在。清水江地區的文斗寨
不僅保留了大量契約，而且還有「曬契」的慣習，可見當地對契約的重視。
此外，由於林木生長週期長，期間的買賣交易頻繁，各種經濟利益關係複
雜，極易發生糾紛。一旦發生經濟糾紛，契約往往是利益雙方主張權益的重
要依據，無論是理講、鳴神，還是鳴官，契約都是不可或缺的憑證，契約對
於當地經濟發展和交易秩序的維護具有重要作用。恰恰是因為清水江地區
的苗、侗民族將中原地區的契約創造性地應用於當地林業經濟發展，建立
了林業租佃關係、山林土地買賣關係以及一整套完整的林木產、運、銷體
系，才極大的推動了當地林業經濟的發展。

　　徽州和浙東地區日常生活中的土地、房屋、地基等財產的轉移，家族或
家庭的經濟權屬與利益的確定與明晰，也都借助買賣契約得以實現；經濟
行為的規範、經濟糾紛的解決也都有賴於買賣契約及其中人的撮合、參與
和調解，契約實際上成為地區市場交易秩序維護與保障機制的重要組成部
分，在維護交易秩序，促進地區經濟發展、維護社會秩序等方面發揮著重要
作用。

　　其次，反映和再現了地區財富的流動與變化情況。買賣契約本身記錄的
就是土地、房屋、林木、林場等財產的轉移與流動，反映的是社會或家庭財
富的分配與流動情況。

　　以清水江地區為例，隨著當地林業經濟的發展，人們通過買賣契約的訂

立，不僅實現了家庭、家族或村寨財產的轉移與流動，而且在林業商品經濟的衝擊下，地區財富流動還出現了一些新的變化。

一是區域內財產有從公到私的流動趨勢。清代乾隆以前，清水江地區尚處於農村公社階段，許多土地、山林、河流等都為村寨居民共同佔有。隨著林業商品經濟的發展，大量公共的山林、林地、河流等逐漸通過「股」的劃分被據為私有，這在契約中都是有所體現的。如：

> 立賣山約人平鼇寨，為因文堵之事，出賣杉木一塊，坐落地名皆里烏之馬等。二十股分山，不得爭論。保喬得一股、番堂、文卿二人共一股，金玄兄弟得一股，銀喬得一股……〔註52〕

從契約內容看，就是以買賣契約的形式，眾人通過「股」的劃分，對之前的荒山林地據為各家所有。從另外一則黨假令山分山文書，也能看到這種變化趨勢：

> 計開黨假令一繞之山，先前老界趾（至）：上憑頂，下至溪，左憑直嶺，以上寨分界至凹頸……先年分山，凹頸以上分為四幅，早年分清。上邊第一田……領四股，青宇一股，晚向一股，紹興兄弟一股……上下山場開清，穆等心全意原立此清單，異日照依四股數分清，不得執先年先年淆雜舊單合約於內混爭。即有老單合約，日後查出，是為故紙之黏清單，永遠為據」〔註53〕

從該文書內容看，就是眾人對黨假令山以「股」的形式進行的二次瓜分。

二是區域內財富向個人集中。林業經濟的發展與繁榮，大大加速了清水江地區地權分化的步伐，原有的社會關係發生了較為複雜的分化，區域內財富有向個人集中的趨勢。以錦屏文斗寨的姜映輝為例，他從乾隆三十九年到道光十五年的六十一年中，共參與了 118 次契約訂立活動，不斷地購進土地和山林，將本家族或本村寨多人持有的山場、林木股份和土地變成了個人私有，積累了大量財富，成為文斗寨的土地和山場大業主。根據貴州大學林芊教授的分析，「林業經濟發展催生起許多林業經營大戶，進而也引

〔註52〕張應強，王宗勳：《清水江文書》，第二輯（第三冊）〔M〕，廣西師範大學出版社，2009：1。

〔註53〕陳金全，杜萬華：《貴州文斗寨苗族契約法律文書彙編——姜元澤家藏契約文書》〔M〕，北京：人民出版社，2008：556。

發各戶間的競爭。」〔註54〕如道光年間姜氏香矯、開怡母子的三份賣田契〔註55〕，第一份契約的成契理由是「為因丈夫光齊所該賬務無處歸還」，第二份的是「為因缺少銀用」；第三份契約的內容是「母子無銀贖回」之前典賣與他人的田產，只好斷賣。三份契約的對價分別是價銀壹百三拾貳兩、貳拾六兩、壹百零捌兩（扣除典當價外，補銀三兩六錢）〔註56〕，從中可以看出這個家庭原來應該是該地區的大戶人家，因為在《貴州錦屏文斗寨苗族契約法律文書彙編——姜元澤家藏契約文書》中交易額達到 100 兩的只有 5 起，而其財產的買受人無一例外都是當時很有勢力和威望的「三家」代表之一的姜映輝，且三份契約中都把他尊稱為「姜映輝公」，可以看出契約訂立雙方社會地位因經濟地位發生變化而產生的巨大落差，亦是當地經濟發展對契約產生巨大影響作用和通過契約訂立實現地區財富再分配的具體表徵。

三是區域內財富流動速度加快，流動範圍得以擴張。清水江地區留存了數量巨大的買賣契約，本身就是對當地頻繁地社會財富和家庭財產流動情況的真實記錄。買賣契約的訂立還極大地擴展了村寨成員的社會交往空間，各類財產不僅在家族成員和村寨成員之間流動，而且還突破了血緣、地緣、村寨的限制，在本地居民與客民之間、村寨與村寨之間、本地區村寨與其他毗鄰省份的村寨之間，甚至是相隔甚遠的地區之間建立了經濟聯繫，通過木材的生產、運輸、銷售形成了一個巨大的經濟關係網絡。在這個網絡中，地區社會財富和家庭財產的流動速度明顯加快，流動區域明顯擴大。如「立租栽杉人會同縣唐玉周。今問到文堵下寨……立佃栽杉租是實……」記錄的就是湖南會同人到錦屏文斗寨佃種杉木。「立賣杉木山場約人江右唐萬宗。……自願將先年買得姜騰芳、文干名下杉木……出賣與姜之模名下承買為業……」是外來移民江西人唐萬宗在清水江地區種植和買賣杉木。由此可見，清水江地區各類財富的流動區域有所擴大。尤其是大量林木運往內地，每年的交易額在百萬兩白銀以上，來自全國各地的商人們聚集於此，也加速了地區內各

〔註54〕林芊，王鳳梅：《「三家」「三老家」：錦屏文斗苗寨宗族的生成與擴展——對「清水江文書」相關契約的考察》〔J〕，原生態民族文化學刊，2016，8（04）：29～39。
〔註55〕陳金全，杜萬華：《貴州錦屏文斗寨苗族契約法律文書彙編——姜元澤家藏契約文書》〔M〕，北京：人民出版社，2008：310、311、317。
〔註56〕同上書，第 317 頁。

類財富的流動。之前對文斗寨姜元澤家藏契約交易標的來源的統計數據看，自置標的所佔比例最高，也能說明當地區域內林木、林場、土地等財產流動的頻繁。

從徽州地區留存的買賣契約看，隨著交易雙方力量及利益訴求的變化，家族或家庭財產呈現出再分配的流動壯態。雖然徽州各宗族對於族產、祠產、眾存產業，都有個體家庭無權分割、盜賣的相關規定。但名義上的眾存共業的田土實際上被不斷分析並投入流通領域。如以下這則契約：

> 立杜賣契人邱新發祀秩下支丁邱光鏮全聯鴻合房人等，緣因光緒二年修造鄉祠，所該舊帳目無歸，祀內人等公議，自情願託中將承祀內民水田二號下略，自願憑中立契出賣，毫無存留，一併出賣黔邑十三都邱青祥名下，聽憑入田收稅收租管業，聽憑立個人耕種，身房人等無得異說（後略）〔註57〕

通過宗族血緣關係擬制而成的各類族會會產，也可以進行交易，即宗族共有財產也可以以其佔有股份的形式向個體家庭流動，如以下這則契約：

> 十八都三圖四甲立杜賣社田契人鮑承安、承俊、承烈等支丁，今因錢糧緊急，缺少使用，自情願將承祖遺下社會社田一阪，係臣字捌佰零三號，計田稅捌分柒釐壹毫伍絲，土名水充乾，四至照依清冊，今託憑中出賣到本都本圖六甲程咸章名下為業。（後略）
> 〔註58〕

此外，由於小土地所有者的脆弱性和不穩定性，一些家庭因經濟貧困等原因而將標分的祖產出賣，也促進了土地等形式的財產的頻繁流動。如以下這則契約：

> 十六都十一圖立杜賣契人程永胙，今因急用，自願將祖遺下服字四千九百零九號，……憑中立契盡行出賣與程名下為業（後略）
> 〔註59〕

根據章有義對徽州土地關係的研究，先生認為「由明至清，大約到清代

〔註57〕劉伯山：《徽州文書》，第一輯（第一卷）〔M〕，桂林：廣西師範大學出版社，2005：170。

〔註58〕《歙縣程氏文書》〔M〕，安徽大學徽學研究中心特藏室藏，包號024。

〔註59〕張傳璽：《中國歷代契約粹編》（中冊）〔M〕，北京：北京大學出版社，2014：1145。

中葉為止，徽州地區的土地分配愈來愈明顯地趨向集中……」〔註 60〕這種情況在徽州買賣契約中也有所體現。如十三都康英等僅於嘉靖十九至二十二年間就置買地產多達 25 宗〔註61〕，且多為族人小塊的「分籍」土地，可窺其田土兼併之頻繁。由此，宗族財產所有權在紛繁複雜的個體經濟行為的同化下，最終同私有的、個體的地權一樣，日益多樣化，並在傳統買賣契約關係上衍生出不同形態的交易關係，如涉及「田骨權」和「田皮權」的大買與小買及其訂立的契約；有活賣之外形成的找價契；還有典當契、對換契、退契、認契、頂契、便契、補契、湊買等等。以上這些買賣契約所反映的財富流動與轉移的情況亦都構成了徽州地區經濟發展的重要內容，並反映出當地經濟的發展與變化。

　　浙東地區留存的買賣契亦真實地記錄和反映了當地以土地為主要形式的財產流動的情況。以《清代寧波契約文書輯校》所收錄的 411 份買賣契約為例，其中 323 份屬於出賣田地的契約，即絕大部分屬於地權轉移的契約，其他買賣契約標的則主要涉及房屋、地基和山地，可見當地以農業生產為主，普通百姓家庭財產的主要形式是土地、房屋和山地。從所收錄買賣契約的訂立主體看，參與地權轉移的普通百姓居多，但交易的對象相對穩定，381 份買賣契約的買主為奉化毛坤山及其家族成員，占所有買賣契約的比例高達92.7%，表明當地土地及房屋、山地等財產有向個別人集中的發展趨勢。從契約內容還能看到，隨著毛坤山經濟勢力的不斷增強，他對土地的兼併，逐漸由早期的田面權逐漸向田底權轉化，且多以找價契的形式完成對土地所有權的轉移，表明該地區的土地所有權日益集中。普通百姓則因失去土地而出現了佃農化的情況，這與「田底權」和「田面權」分割買賣的情況十分吻合。此外，寧波地區的這些買賣契約內容還反映了當地區域內財產從家族共有到家庭私有的流動趨勢。如瑞範賣地基契〔註62〕、玉麟賣房契〔註63〕、毓倫賣路基契〔註64〕所交易的標的分別是「祖遺老臺門內得分（份）堂前明堂行路基

〔註60〕章有義：《明清徽州土地關係研究》〔M〕，北京：中國社會科學出版社，1984：10。

〔註61〕王鈺欣，周紹泉：《徽州千年契約文書，宋元明編》（第 5 卷）〔M〕，廣州：花山出版社，1994：263。

〔註62〕王萬盈：《清代寧波契約文書輯校》〔M〕，天津古籍出版社，2008：44。

〔註63〕王萬盈：《清代寧波契約文書輯校》〔M〕，天津古籍出版社，2008：45。

〔註64〕王萬盈：《清代寧波契約文書輯校》〔M〕，天津古籍出版社，2008：45。

地」「祖遺老臺門內堂前明堂行路等將乾坤兩房得分（份）名下」「祖遺老臺
門內堂前明堂行路，將自己房下得分（份）股數」，可以推斷該交易標的——
老臺門內堂前明堂行路曾為家族共有財產，將其作為標的進行交易，說明其
所有權從家族共有變成了家庭私有。還有一些買賣契約將祀田或所佔祀田股
份作為交易標的，如以下這則契約：

> 仁倫今因乏用，情願將太祖祀田壹處……其田卅股得一，情願
>
> 將得分（份）名下出賣與坤山為業……〔註65〕

說明原來習慣上屬於家族共有的祀田逐漸為各個家庭所分割佔有，並可
以進行交易，反映了浙東地區財產流動的趨勢。

第三，是影響地區社會發展變化的因素之一。買賣契約對於維繫地區交
易秩序，規範人們行為具有重要作用，因此大量買賣契約的訂立在一定程度
上就成了影響地區社會發展變化的重要因素之一。以清水江地區為例，契約
在明代傳入該地區之後，應用範圍不斷擴展，舉凡分家、繼承、買賣、租佃、
公共秩序的維繫等都有賴於契約。隨著契約的普遍使用，不僅關係到個人或
家庭中所有的重大事件，而且關乎日常的生產經營、財產買賣、家庭生計都
與契約有關；無論是富家大戶，還是小民百姓，對物權的佔有、經濟權屬的
劃分、經營收益的穩定預期也都有賴於契約。如果離開契約，人們的經濟社
會生活就會變得混亂與無序，其中的不穩定性和不安全感會大大增加，因而
建立在雙方合意基礎上的契約關係就成了維繫當地社會秩序的重要力量。生
活在該地區的人們的生活習慣在契約與王朝力量的雙重作用下，逐漸從原有
的「插草為界」轉變為了「依契管業」，在社會生活的方方面面和各個領域都
發生了顯著變化。伴隨著契約進入清水江地區的還有中原地區的文化，隨著
苗、侗、漢族之間往來的日益頻繁，漢族傳統文化中的重祖敬宗、文化教育、
語言文字、祖先祭祀、宗教信仰、以詩書禮儀化人等漸為苗、侗民族所借鑒
和吸納，對當地社會產生了深遠的影響，引發了當地苗、侗民族社會生活的
巨大變化。

徽州地區宗族內部眾存共業相當普遍，宗族組織化置產十分興盛，其權
利義務關係的維繫與保障也多倚重於買賣契約所規定的內容及人們對契約的
重視，這對於整合區域內有限的土地資源，調節家庭因不斷分析產生的貧富

〔註65〕王萬盈：《清代寧波契約文書輯校》〔M〕，天津古籍出版社，2008：31。

差別，以及加強家庭之間的紐帶聯繫，均奠定了重要的物質基礎，同時也提供了重要保障。與此同時，個體家庭的財產權益也受到一定的限制。一是個體家庭對於族產、祠產、眾存產業無權分割或盜賣，結果是在宗族內部發生的湊便、出頂、兌換等交易關係普遍存在，這也在一定程度上使得傳統財產買賣關係具有了明顯的宗法性和地域性特徵，對當時人們的經濟關係和行為起到了重要的規範作用。其次，即使是繼承性共業分籍田土，其權益流動一般也要遵循「產不出戶」「倒戶不倒族」的原則，個體家庭的產業權益在很大程度上是以宗族組織為邊界而發生權益流動的。這種流動雖然主要體現為個體之間的契約關係，但在宗族機制和親緣關係網絡牽制下，土地等財產的契約關係在形式上平等的背後，實際上隱含著事實上的不平等，從而使得財產流動的自由度亦大打折扣。清代雖然是中國古代契約發展的成熟階段，保留了大量的契約，但始終沒能突破傳統社會的束縛，契約關係仍受到當時社會經濟、等級身份以及國家權力等的制約，無法真正和徹底地回歸契約的本性——自由與平等，也就無法發展和演化出一種完全的、徹底的契約關係，推動社會的現代轉型。

張傳璽先生曾言：「將大量的有系統的不同地域的契約收集到一起，發現在地域性差異之外，存在著普遍意義上的趨同，這或許顯示出一種『同一』的規律」。〔註66〕將清水江、徽州和浙東三地的買賣契約放在一起進行比較分析，有助於我們發現清代國家法及地方政府與契約相關的各項法規制度在這些地區的契約實踐中的具體差異；通過分析和探討造成這些差異的原因，有助於幫助我們準確地認識和把握這些地區契約及其訂立的真實情況，為我們還原或再現具有地緣差序格局特徵的內地和邊疆區域少數民族較為真實的日常生活圖景提供豐富的素材，對於豐富我國古代民事法律研究的方法與內容，並為我國現代民事法律建設提供借鑒不無裨益。正如張晉藩先生所說的那樣，「必須對本國的法律傳統與現實國情持有清醒和尊重的態度，並盡可能的將傳統法律中的民主性因素納入新建立的法律體系之中，為先進性的法律制度提供深厚的社會土壤和文化支持。」〔註67〕這也是本文研究的重

〔註66〕張傳璽：《中國歷代契約粹編》（上冊）〔M〕，北京：北京大學出版社，2014：3～24。

〔註67〕張晉藩：《中國法律的傳統與近代轉型》〔M〕，北京：法律出版社，2009：580。

要意義與價值所在。

　　清水江、徽州和浙東地區買賣契約所涉內容極其繁複，筆者在對具體問題的比較、分析和論證上，雖然參閱了許多前輩的學術成果，也盡可能做到材料選擇的準確性、可靠性、廣範性，論證的科學性、嚴謹性，但面對如此紛繁複雜的問題時，囿於自己學識、能力和時間的有限，仍存在著許多問題，如材料選擇的覆蓋面不夠廣、研究方法仍側重於史學方法，社會學方法的運用有限、對買賣契約與三地經濟社會關係的研究較為薄弱，誠懇地希望得到各位方家的批評指正；並期望通過自己的努力，在未來的學習探索中對此文中存在的問題、未能解決的問題以及不足之處能夠加以修正、改進和完善。

主要參考文獻

一、歷史文獻與資料彙編

1. 《張家山漢墓竹簡（二四七號墓)》，北京：文物出版社，2006 年版。

2. 《新唐書》，北京：中華書局，1975 年版。

3. 《唐六典》，程仲夫點校，北京：中華書局，1992 年版。

4. 《唐律疏議箋解》，劉俊文點校，北京：中華書局，1996 年版。

5. 《宋會要輯稿》，北京：中華書局，1957 年版。

6. 《名公書判清明集》，中國社會科學院歷史研究室宋遼金元研究室點校，北京：中華書局，2002 年版。

7. 《元代法律資料輯存》，黃時鑒點校，浙江：浙江古籍出版社，1988 年版。

8. 《大明律》，懷效鋒點校，北京：法律出版社，1999 年版。

9. 〔明〕雷夢麟：《讀律瑣言》，北京：法律出版社，2000 年版。

10. 〔明〕郭子章：《黔記，貴州府縣志輯》（第 2 輯），成都：巴蜀書社，2006 年版。

11. 〔明〕沈庠、趙瓚：《貴州圖經新志》（第 1 輯），成都：巴蜀書社，2006 年版。

12. 〔清〕胡章：（乾隆）《清江志》，清乾隆五十五年修抄本。

13. 〔清〕錢聞震，陳文焯：（光緒）《奉化縣志》，清光緒十一年刊本。

14. 《戶部則例》，道光十一年校刊，北京：國家圖書館古籍庫。

15. 《大清宣統新法令》，北京：商務印書館，宣統二年本。

16. 〔清〕昆岡等：《大清會典事例》，光緒二十五年八月石印本，北京：中國政法大學圖書館典藏。

17. 〔清〕徐家幹：《苗疆聞見錄》，吳一文點校，貴陽： 貴州人民出版社，1979 年版。

18. 《清實錄》，北京：中華書局，1985 年版。

19. 〔清〕陳其元：《庸閒齋筆記》，北京：中華書局，1989 年版。

20. 中國社會科學院歷史研究所清史研究室：《清史資料》，北京：中華書局，1989 年版。

21. 《清代巴縣檔案彙編（乾隆卷）》，北京：檔案出版社，1991 年版。

22. 〔清〕愛必達：《黔南識略》，杜文鐸點校·貴陽：貴州人民出版社，1992 年版。

23. 〔清〕賀長齡：《清經世文編》，北京：中華書局，1992 年版。

24. 〔清〕吳壇：《大清律例通考》，馬建石、楊育棠校注，北京：中國政法大學出版社，1992 年版。

25. 〔清〕段光清：《鏡湖自撰年譜》，北京：中華書局，1997 年版。

26. 《清史稿》，北京：中華書局，1997 年版。

27. 〔清〕沈之奇：《大清律輯注》，懷效鋒、李俊點校，北京：法律出版社，2000 年版。

28. 《大清民律草案》，楊立新點校，長春：吉林人民出版社，2002 年版。

29. 〔清〕俞正燮：《癸巳存稿》，于石，馬君驊，諸傳奇點校，安徽：黃山書社，2005 年版。

30. （乾隆）《貴州通志》，成都：巴蜀書社，2006 年版。

31. 〔清〕汪輝祖、蒯德模：《病榻夢痕錄·雙節堂庸訓·吳中判牘》梁文生、李雅旺校注，江西：江西人民出版社，2012 年版。

32. 〔清〕沈家本：《寄簃文存》，北京：商務印書館，2015 年版。

33. 〔清〕吉同鈞：《大清現行刑律講義》，栗銘徽點校，北京：清華大學出版社，2017 年版。

34. 〔清〕汪輝祖：《佐治藥言》，李敖精編，天津：天津古籍出版社，2017 年版。

35. 楊國楨：《清代閩北土地文書選編（一）》，中國社會經濟史研究，1982 年版。

36. 楊國楨：《清代閩北土地文書選編（二）》，中國社會經濟史研究，1982 年版。

37. 《明清徽州社會經濟資料叢編》，北京：中國社會科學出版社，1988 年版。

38. 中國第一歷史檔案館、中國社會科學院歷史研究所：《清代土地佔有關係與佃農抗租鬥爭》，北京：中華書局，1988 年版。

39. 王鈺欣、周紹泉：《徽州千年契約文書》，廣州：花山出版社，1994 年版。

40. 王本元、王素芬：《陝西省清至民國文契史料》，西安：三秦出版社，1991 年版。

41. 《清河州契文匯編》，蘭州：甘肅人民出版社，1993 年版。

42. 《福建明清經濟契約文書選輯》，北京：人民出版社，1997 年版。

43. 田濤、鄭秦點校：《大清律例》，北京：法律出版社，1999 年版。

44. 《清代上海房地契檔案彙編》，上海：上海古籍出版社，1999 年版。

45. 譚棣華、冼劍民：《廣東土地契約文書》，廣州：暨南大學出版社，2000 年版。

46. 唐立、楊有賡、武內房司：《貴州苗族林業契約文書彙編》，東京：東京外國語大學，2001 年版。

47. 田濤、鄭秦、宋格文：《田藏契約文書粹編》，北京：中華書局，2001 年版。

48. 前中華民國司法行政部：《中國民事習慣調查報告錄》，胡旭晟，等點校，北京：中國政法大學出版社，2005 年版。

49. 劉海岩：《清代以來天津土地契證檔案選編》，天津：天津古籍出版社，2006 年版。

50. 陳金全、杜萬華：《貴州文斗寨苗族契約法律文書彙編——姜元澤家藏契約文書》，北京：人民出版社，2008 年版。

51. 杜家驥：《清嘉慶朝刑科題本社會史料輯刊》，天津：天津古籍出版社，2008 年版。

52. 王萬盈：《清代寧波契約文書輯校》，天津：天津古籍出版社，2008 年版。

53. 孫兆霞：《吉昌契約文書彙編》，北京：社會科學文獻出版社，2010 年版。

54. 曹樹基、潘星輝、闕龍興：《石倉契約》，杭州：浙江大學出版社，2011、2012、2014 年版。

55. 張介人：《清代浙東契約文書輯選》，杭州：浙江大學出版社，2011 年版。

56. 高聰、譚洪沛：《貴州清水江流域明清土司契約文書（亮寨篇）》，北京：民族出版社，2014 年版。

57. 李琳琦：《安徽師範大學館藏千年徽州契約文書集萃》，蕪湖：安徽師範大學出版社，2014 年版。

58. 羅志歡、李龍潛：《清代廣東土地契約文書彙編》，濟南：齊魯書社，2014 年版。

59. 張傳璽：《中國歷代契約粹編》，北京：北京大學出版社，2014 年版。

60. 陳金全、梁聰：《貴州文斗寨苗族契約法律文書彙編：姜啟貴等家藏契約文書》，北京：人民出版社，2015 年版。

61. 張應強、王宗勳：《清水江文書》，南寧：廣西師範大學出版社，2016 年版。

62. 李斌：《貴州清水江文書·黎平文書》，貴陽：貴州民族出版社，2018 年版。

63. 《貴州清水江文書·三穗卷（第一輯）》，貴陽：貴州人民出版社，2018 年版。

二、今人論著

（一）著作

1. 阿風：《明清徽州訴訟文書研究》，上海：上海世紀出版股份有限公司，2015 年版。

2. 卞利：《明清徽州社會研究》，合肥：安徽大學出版社，2004 年版。

3. 曹樹基、潘星輝、闕龍興：《石倉契約》（全三輯），浙江大學出版社，2011、2012、2014 年版。

4. 陳顧遠：《中國法制史概要》，北京：商務印書館，2011 年版。

5. 陳金全：《中國傳統司法與司法傳統》，陝西：陝西師範大學出版社，2009 年版。

6. 程樹德：《九朝律考》，北京：中華書局，1963 年版。

7. 費成康：《中國的家法族規》，上海：上海社會科學院出版社，1998 年版。

8. 馮爾康：《18 世紀以來中國家族的現代轉向》，上海：上海人民出版社，2005 年版。

9. 馮賢亮：《明清江南的州縣行政與地方社會研究》，上海：上海古籍出版社，2015 年版。

10. 范忠信：《情理法與中國人》，北京：中國人民大學出版社，1992 年版。

11. 范忠信：《中國法律傳統的基本精神》，山東：山東人民出版社，2001 年版。

12. 韓國磬：《敦煌吐魯番出土經濟文書研究》，福建：廈門大學出版社，1986 年版。

13. 費孝通：《江村經濟》，北京：北京大學出版社，2018 年版。

14. 費孝通：《鄉土中國・生育制度》，北京：北京大學出版社，1998 年版。

15. 傅衣凌：《明清農村社會經濟》，上海：三聯書店，1961 年版。

16. 傅衣凌：《明清社會經濟變遷論》，北京：人民出版社，1989 年版。

17. 傅衣凌：《明清封建土地所有制論綱》，上海：上海人民出版社，1992 年版。

18. 傅衣凌：《明清社會經濟史論文集》，北京：中華書局，2008 年版。

19. 高明士：《日本學者研究中國史論著選譯》，北京：中華書局，1993 年版。

20. 韓秀桃：《明清徽州的民間糾紛及其解決》，合肥：安徽大學出版社，2004 年版。

21. 何勤華：《法的移植與法的本土化》，北京：法律出版社，2001 年版。

22. 侯文昌：《敦煌吐蕃文契約文書研究》，北京：法律出版社，2015 年版。

23. 胡中生：《明清徽州人口與社會研究》，合肥：安徽大學出版社，2016 年版。

24. 蔣先福：《契約文明：法治文明的源與流》，上海：上海人民出版社，1999 年版。

25. 孔慶明、胡留元、孫季平：《中國民法史》（上、下），長春：吉林人民出版社，1996 年版。

26. 李伯重：《多視角看江南經濟史（1250～1850）》，北京：三聯書店，2003

年版。

27. 梁漱溟:《東西文化及其哲學》,上海:商務印書館,1999 年版。

28. 李倩:《民國時期契約制度研究》,北京:北京大學出版社,2005 年版。

29. 李文治,江太新:《中國宗法宗族制和族田義莊》,北京:社會科學文獻出版社,2000 年版。

30. 李文治:《明清時代封建土地關係的鬆懈》,北京:中國社會科學出版社,2007 年版。

31. 李志敏:《中國古代民法》,北京:法律出版社,1988 年版。

32. 梁聰:《清水江下游村寨社會的契約規範與秩序》,北京:人民出版社,2008 年版。

33. 梁啟超:《中國歷史研究法》,北京:中華書局,2009 年版。

34. 梁啟超:《梁啟超論中國法制史》,北京:商務印書館,2012 年版。

35. 林端:《儒家倫理與法律文化》,北京:中國政法大學出版社,2002 年版。

36. 劉高勇:《清代買賣契約研究——基於法制史角度的解讀》,北京:中國社會科學出版中國社,2016 年版。

37. 劉家安:《買賣的法律結構——以所有權移轉問題為中心》,北京:中國政法大學出版社,2003 年版。

38. 劉淼:《徽州經濟社會史研究譯文集》,黃山:黃山書社,1987 年版。

39. 劉雲生:《中國古代契約法》,成都:西南師範大學出版社,2000 年版。

40. 廖耀南:《清水江流域的木材交易·貴州文史資料選輯(第 6 輯)》,貴州:貴州人民出版社,1980 年版。

41. 林芊:《明清時期貴州民族地區社會歷史發展研究——以清水江為中心、歷史地理的視角》,北京:知識產權出版社,2012 年版。

42. 呂思勉:《呂著中國通史》,上海,華東師範大學出版社,2004 年版。

43. 魯西奇:《中國古代買地券研究》,廈門:廈門大學出版社,2014 年版。

44. 梁治平:《清代習慣法:社會與國家》,北京:中國政法大學出版社,1996 年版。

45. 梁治平:《法律的文化解釋》,上海:三聯書店,1998 年版。

46. 梁治平:《法意與人情》,北京:中國法制出版社,2004 年版。

47. 梁治平:《明清公牘秘本五種》,北京:中國政法大學出版社,2013 年版。

48. 梁治平：《尋求自然秩序中的和諧：中國傳統法律文化研究》，北京：商務印書館，2013 年版。

49. 梁治平：《法辨：法律文化論集》，南寧：廣西師範大學出版社，2015 年版。

50. 馬小紅：《禮與法——法的歷史連接》，北京：北京大學出版社，2017 年版。

51. 毛國權：《宗法結構與中國古代民事爭議解決機制研究》，北京：法律出版社，2007 年版。

52. 蒲堅：《中國歷代土地資源法制研究》，北京：北京大學出版社，2006 年版。

53. 秦佩珩：《明清社會經濟史論稿》，河南：中州古籍出版社，1984 年版。

54. 瞿同祖：《清代地方政府》，范忠信，何鵬，晏鋒譯，北京：法律出版社，2011 年版。

55. 瞿同祖：《瞿同祖論中國法律》，北京：商務印書館，2014 年版。

56. 瞿同祖：《中國法律與中國社會》，北京：商務印書館，2010 年版。

57. 沙知：《敦煌契約文書輯校》，江蘇古籍出版社，1998 年版。

58. 蘇力：《法治及其本土資源》，北京：中國政法大學出版社，1996 年版。

59. 唐長孺：《吐魯番出土文書》，北京：文物出版社，2000 年版。

60. 田濤，許傳璽，王宏治：《黃岩訴訟檔案及調查報告——尋法下鄉傳統與現實之間》（上下卷），北京：法律出版社，2004 年版。

61. 王立民：《法律思想與法律制度》，北京：中國政法大學出版社，2002 年版。

62. 王日根：《明清民間社會的秩序》，長沙：嶽麓書社，2003 年版。

63. 王旭：《契紙千年——中國傳統契約的形式與演變》，北京：北京大學出版社，2013 年版。

64. 王志強：《試析晚清至民初房地交易契約的概念—民事習慣地區性差異的初步研究》，《北大法律評論》（第 4 卷第 1 輯），北京：法律出版社，2001 年版。

65. 魏道明：《秩序與情感的衝突——解讀清代的親屬相犯案件》，北京：中國社會科學出版社，2013 年版。

66. 吳才茂：《民間文書與清水江地區的社會變遷》，北京：民族出版社，2016年版。

67. 吳建華：《明清江南人口社會史研究》，北京：群言出版社，2005年版。

68. 吳欣：《清代民事訴訟與社會秩序》，北京：中華書局，2007年版。

69. 徐曉光、謝暉《「約法」社會——清代民國清水江流域契約社會環境中的民族法秩序》，北京：中國社會科學出版社，2018年版。

70. 楊國楨：《明清土地契約文書研究》，北京：中國人民大學出版社，2009年版。

71. 楊鴻烈：《中國法律思想史》，上海：商務印書館，1936年版。

72. 楊鴻烈：《中國法律發達史》，北京：中國政法大學出版社，2009年版。

73. 楊開道：《中國鄉約制度》，北京：商務印書館，2015年版。

74. 葉建華：《浙江通志》，杭州：浙江人民出版社，2005年版。

75. 葉顯恩：《明清徽州農村社會與佃僕制度》，合肥：安徽人民出版社，1983年版。

76. 葉孝信：《中國民法史》，上海：上海人民出版社，1993年版。

77. 俞榮根：《道統與法統》，北京：法律出版社，1999年版。

78. 俞江：《近代中國民法學中的私權理論》，北京：北京大學出版社，2003年版。

79. 楊一凡、寺田浩明：《日本學者中國法制史論著選（明清卷）》，北京：中華書局，2016年版。

80. 曾憲義：《法律文化研究》，北京：中國人民大學出版社，2008年版。

81. 張傳璽：《秦漢問題研究》，北京：北京大學出版社，1995年版。

82. 張傳璽：《契約史買地券研究》，北京：中華書局，2008年版。

83. 張晉藩：《中國法律的傳統與近代轉型》，北京：法律出版社，1997年版。

84. 張晉藩：《清代民法綜論》，北京：中國政法大學出版社，1998年版。

85. 張晉藩：《中國民法通史》，福州：福建人民出版社，2005年版。

86. 張佩國：《近代江南鄉村地權的歷史人類學研究》，上海：上海人民出版社，2002年版。

87. 張小也：《官、民與法》，北京：中華書局，2007年版。

88. 張研：《清代經濟簡史》，鄭州：中州古籍出版社，1998年版。

89. 張應強:《木材之流動——清代清水江下游地區的市場、權力與社會》,北京:生活·讀書·新知三聯書店,2006 年版。

90. 章有義:《明清徽州土地關係研究》,北京:中國社會科學出版社,1984 年版。

91. 章有義:《近代徽州租佃關係案例研究》,北京:中國社會科學出版社,1988 年版。

92. 趙岡:《中國經濟制度史》,北京:中國經濟出版社,1991 年版。

93. 趙曉耕:《身份與契約:中國傳統民事法律形態》,北京:中國人民大學出版社,2012 年版。

94. 鄭秦:《清代法律制度研究》,北京:中國政法大學出版社,2000 年版。

95. 周遠廉、謝肇華:《清代租佃制研究》,瀋陽:遼寧人民出版社,1986 年版。

96. 朱勇:《清代宗族法研究》,湖南:湖南教育出版社,1987 年版。

97. 朱勇:《中國法制史》(第三版),北京:法律出版社,2016 年版。

98. 鄭振滿:《明清福建家族組織與社會變遷》,北京:中國人民大學出版社,2009 年版。

99. 〔日〕岸本美緒:《明清契約文書》,《明清時期的民事審判和民間契約》,北京:法律出版社,1998 年版。

100. 〔美〕D·布迪,C·莫里斯《中華帝國的法律》,朱勇譯,南京:江蘇人民出版社,2003 年版。

101. 〔美〕E·博登海默:《法理學法律哲學與法律方法》,鄧正來譯,北京:中國政法大學出版社,2004 年版。

102. 〔美〕韓森:《傳統中國日常生活中的協商》,魯西奇譯,南京:江蘇人民出版社,2008 年版。

103. 〔美〕富勒:《法律的道德性》,鄭戈譯,北京:商務印書館,2005 年版。

104. 〔美〕黃宗智:《長江三角洲的小農家庭與鄉村發展》,北京:中華書局,1992 年版。

105. 〔美〕黃宗智:《華北的小農經濟與社會變遷》,北京:中華書局,2000 年版。

106. 〔美〕黃宗智:《清代的法律、社會與文化》,上海:上海書店出版社,

2001 年版。

107. 〔美〕黃宗智：《中國鄉村研究》，北京：商務印書館，2003 年版。

108. 〔美〕黃宗智：《法典、習俗與司法實踐》，上海：上海書店出版社，2003
年版。

109. 〔美〕黃宗智：《清代以來民事法律的表達與實踐：歷史、理論與現實（套
裝共 3 冊）》，北京：法律出版社，2014 年版。

110. 〔美〕高道蘊：《美國學者論中國法律傳統》，北京：清華大學出版社，
2004 年版。

111. 〔日〕高橋芳郎：《宋至清代身份法研究》，李冰逆譯，上海：上海世紀
出版股份有限公司，2015 年版。

112. 〔法〕盧梭：《社會契約論》，北京：商務印書館，2012 年版。

113. 〔美〕諾思（North，D. C.）：《經濟史中的結構與變遷》，上海：三聯書
店上海分店，1991 年版。

114. 〔美〕諾思（North，D. C.）：《制度、制度變遷與經濟績效》，劉守英譯，
上海：三聯書店，1994 年版。

115. 〔德〕馬克斯‧韋伯（Max Weber）《中國的宗教：儒教與道教》，康樂、
簡惠美譯，南寧：廣西師範大學出版社，2010 年版。

116. 〔德〕馬克斯‧韋伯（Max Weber）《經濟與社會（第一卷）》，閻克文譯，
上海：上海人民出版社，2010 年版。

117. 〔德〕馬克斯‧韋伯（Max Weber）《經濟與社會（第二卷）》（上、下），
閻克文譯，上海：上海人民出版社，2010 年版。

118. 〔德〕馬克斯‧韋伯（Max Weber）：《法律社會學：非正當性的支配》，
康樂、簡惠美譯，南寧：廣西師範大學出版社，2011 年版。

119. 〔日〕仁井田陞：《中國法制史》，上海：上海古籍出版社，2018 年版。

120. 〔美〕R. M. 昂格爾（RobertoMangabeiraUnger）：《現代社會中的法律》，
南京：譯林出版社，2001 年版。

121. 〔美〕施堅雅：《中國農村的市場和社會結構》，北京：中國社會科學出
版社，1998 年版。

122. 〔英〕S. 斯普林克爾：《清代法制導論》，北京：中國政法大學出版社，
2000 年版。

123. 〔日〕森田成滿：《清代中國土地法研究》，牛傑譯，北京：法律出版社，2012 年版。

124. 〔日〕森正夫：《明清時代史的基本問題》，周紹泉譯，北京：商務印書館，2013 年版。

125. 〔美〕孫隆基：《中國文化的深層結構》，廣西：廣西師範大學出版社，2004 年版。

126. 〔美〕希爾斯：《論傳統》，上海：上海人民出版社，1991 年版。

127. 〔奧〕尤根‧埃利希《法律社會學基本原理》，北京：中國社會科學出版社，2009 年版。

128. 〔古羅馬〕優士丁尼：《買賣契約》，北京：中國政法大學出版社，2001 年版。

129. 〔日〕滋賀秀三：《中國法制史——基本資料的研究》，東京：東京大學出版會，1993 年版。

130. 〔日〕滋賀秀三：《中國家族法原理》，北京：法律出版社，2003 年版。

131. 〔英〕S‧斯普林克爾：《清代法制導論》，張守東譯，北京：中國政法大學出版社，2000 年版。

（二）論文

1. 阿風：《明清時期徽州婦女在土地買賣中的權利和地位》，《歷史研究》，2000 年第 1 期。

2. 阿風：《中國歷史上的「契約」》，《安徽史學》，2015 年第 4 期。

3. 卞利：《明清徽州民俗健訟初探》，《江淮論壇》，1993 年第 5 期。

4. 卞利：《清代江西安遠縣土地買賣契約文書的發現與研究》，《農業考古》，2004 年第 3 期。

5. 賓長初：《清代徽州錢會的計量分析——基於〈徽州文書〉第二輯所收會書的考察》，《中國社會經濟史研究》，2011 年第 4 期。

6. 陳洪波、龍澤江：《新發現貴州清水江侗族魚鱗冊評介》，《雲南民族大學學報》（哲學社會科學版），2014 年版。

7. 陳慧萍：《清代貴州清水江流域中的村寨公共財產處置——以清水江契約文書為例》，《閩西職業技術學院學報》，2017 年第 2 期。

8. 陳柯云：《明清徽州地區山林經營中的「力分」問題》，《中國史研究》，

1987 年第 1 期。

9. 陳柯云：《從〈李氏山林置產簿〉看明清徽州山林經營》，《江淮論壇》，
   1992 年第 1 期。

10. 陳勝強：《中人對清代土地絕賣契約的影響及其借鑒意義》，《法學評論》，
    2010 年第 3 期。

11. 陳學文：《明清徽州土地契約文書選輯及考釋》，《中國農史》，2002 年第
    3 期。

12. 陳學文：《土地契約文書與明清社會、經濟、文化的研究》，《史學月刊》，
    2005 年第 12 期。

13. 程澤時：《清代錦屏木材「放洪」糾紛與地役權問題——從加池寨和文斗
    寨的幾份林契談起》，《原生態民族文化學刊》，2010 年第 2 期。

14. 程澤時：《交換分享與分配裁判：清代苗疆永佃制》，《民間法》，2017 年
    第 2 期。

15. 春楊：《明清時期田土買賣中的找價回贖糾紛及其解決》，《法學研究》，
    2011 年第 3 期。

16. 馮爾康：《清代宗族祖墳述略》，《安徽史學》，2009 年第 1 期。

17. 傅衣凌：《論明清社會的發展與遲滯》，《社會科學戰線》，1978 年第 4 期。

18. 傅衣凌：《明清封建各階級的社會構成》，《中國社會經濟史研究》，1982
    年第 5 期。

19. 傅衣凌：《福建農村的耕畜租佃契約及其買賣文書》，《中國社會經濟史研
    究》，1983 年第 4 期。

20. 傅衣凌：《明清封建地主論》，《廈門大學學報》（哲學社會科學版），1985
    年第 4 期。

21. 郭睿君、李琳琦：《清代徽州契約文書所見「中人」報酬》，《中國經濟史
    研究》，2016 年第 6 期。

22. 郭睿君：《清代徽州契約文書所見「中人」身份探討》，《檔案學通訊》，
    2017 年第 4 期。

23. 韓樹偉：《敦煌吐魯番法律契約文書研究回顧與展望》，《吐魯番學研究》，
    2017 年第 2 期。

24. 韓樹偉：《黑水城出土西夏文契約文書之習慣法研究》，《青海民族研究》，

2018 年第 1 期。

25. 何勤華：《清代法律淵源考》,《中國社會科學》,2001 年第 2 期。

26. 賀衛方：《「契約」與「合同」的辨析》,《法學研究》,1992 年第 2 期。

27. 何石軍、溫方方：《習俗與契約治理：清代山西土地典契定價的量化分析》,《北京大學學報》（哲學社會科學版）,2018 年第 4 期。

28. 胡鵬,李軍：《兩套清代糧價數據資料綜合使用之可行性論證與方法探討——基於文獻學和統計學方法的分析》,《中國社會經濟史研究》,2016 年第 2 期。

29. 黃忠鑫：《山林經濟變動與信貸契約書寫的演變——清代歙縣璜尖村的個案研究》,《中國農史》,2017 年第 6 期。

30. 惠清樓：《清代宗族經濟關係探略》,《南開學報》（哲學社會科學版）,2017 年第 5 期。

31. 霍存福：《中國傳統法文化的文化性狀與文化追尋——情理法的發生、發展及其命運》,《法制與社會發展》,2001 年第 3 期。

32. 霍存福：《論中國古代契約與國家法的關係——以唐代法律與借貸契約的關係為中心》,《當代法學》,2005 年第 1 期。

33. 霍存福：《中國古代契約精神的內涵及其現代價——省略－重契約與對契約的制度性安排之理解》,《吉林大學社會科學學報》,2008 年第 5 期

34. 霍存福、劉曉林：《契約本性與古代中國的契約自由、平等——中國古代契約語言與社會史的考察》,《甘肅社會科學》,2010 年第 2 期。

35. 孔卓：《清代文斗寨契約所見苗族家庭財產共有制度》,《青海民族研究》,2015 年第 3 期。

36. 李力：《清代民法語境中「業」的表達及其意義》,《歷史研究》,2005 年第 4 期。

37. 李映發：《清代川西農村土地佔有變遷考察——〈成都龍泉驛百年契約文書〉中土地買賣研究》,《四川師範大學學報》（社會科學版）,2014 年第 1 期。

38. 李祝環：《中國傳統民事契約成立的要件》,《政法論壇》,1997 年 6 期。

39. 李祝環：《中國傳統民事契約中的中人現象》,《法學研究》,1997 年第 6 期。

40. 林芊、楊春華：《清水江文書中的林業生產：側重方法論及林農生產的視

角——清至民國西南內地邊疆侗苗地區土地關係研究之一》,《貴州大學學報》(社會科學版),2017 年第 3 期。

41. 林芊、楊春華:《清水江林業契約與林農經濟史的量化關係研究》,《原生態民族文化學刊》,2017 年第 4 期。

42. 林芊:《清水江文書研究兼與趙世瑜先生商榷》,《貴陽學院學報》(社會科學版),2017 年第 4 期。

43. 林芊:《清水江林業契約文書中「股」之形式及其特徵》,《貴州文史叢刊》,2018 年第 3 期。

44. 劉伯山:《徽州文化的基本概念及歷史地位》,《安徽大學學報》,2002 年第 6 期。

45. 劉高勇、屈奇:《論清代田宅契約訂立中的第三方群體:功能及其意義》,《西部法學評論》,2011 年第 3 期。

46. 劉小萌:《乾、嘉年間畿輔旗人的土地交易——根據土地契書進行的考察》,《清史研究》,1992 年第 4 期。

47. 劉正剛、楊憲釗:《清代閩東契約與鄉村女性地位研究》,《暨南學報》(哲學社會科學版),2017 年第 1 期。

48. 龍澤江、譚洪沛、吳小平:《清水江文書所見清代貴州苗侗地區的田糧計量單位考》,《農業考古》,2012 年第 4 期。

49. 羅洪洋、張曉輝:《清代黔東南文斗侗、苗林業契約研究》,《民族研究》,2003 年第 3 期。

50. 羅洪洋:《清代黔東南錦屏苗族林業契約的糾紛解決機制》,《民族研究》,2005 年第 1 期。

51. 羅洪洋:《清代黔東南錦屏苗族林業契約之賣契研究》,《民族研究》,2007 年第 4 期。

52. 羅康隆:《清代貴州清水江流域林業契約與人工營林業的發展》,《中國社會經濟史研究》,2010 年第 2 期。

53. 陸躍升:《清代漢族移民與清水江中、上游農林經濟開發考述》,《農業考古》,2014 年第 4 期。

54. 呂志興:《中國古代不動產優先購買權制度研究》,《現代法學》,2000 年第 1 期。

55. 馬國君、李紅香:《近六十年來清水江林業契約的收集、整理與研究綜述》,《貴州大學學報》(社會科學版),2012 年第 4 期。

56. 馬小紅:《「確定性」與中國古代法》,《政法論壇》,2009 年第 1 期。

57. 馬學強:《民間執業 全以契券為憑」——從契約層面考察清代江南土地產權狀況》,《史林》,2001 年第 1 期。

58. 盤應福:《清代清水江下游鄉村社會經濟生活中的「股」研究——基於對帶「股」字樣契約文書的考察》,《青海民族研究》,2018 年第 2 期。

59. 瞿見:《清水江林業契約中的採伐權:規範及其實踐》,《貴州大學學報》(社會科學版),2018 年第 3 期。

60. 瞿見:《清代村寨代筆中的「筆銀」——基於黔東南文斗寨的研究》,《原生態民族文化學刊》,2019 年第 1 期。

61. 瞿同祖:《清律的繼承和變化》,《歷史研究》,1980 年第 4 期。

62. 任志強:《明清時期墳塋的紛爭》,《安徽大學法律評論》,2009 年第 1 期。

63. 沙苗苗:《清代清水江茶山契約的私法秩序初探》,《法制與經濟》,2016 年第 6 期。

64. 單洪根、龍澤江:《林業契約與林權改革》,《林業經濟》,2010 年第 8 期。

65. 寺田浩明,王亞新:《清代民事審判:性質及意義——日美兩國學者之間的爭論》,《北大法律評論》,1998 年第 2 期。

66. 沈炳堯:《清代山陰、會稽、諸暨縣房地產契約文書輯存》,《中國經濟史研究》,1998 年第 3 期。

67. 譚棣華、趙令揚:《從廣州愛育堂契約文書看清代珠江三角洲的土地關係》,《中國社會經濟史研究》,1987 年第 4 期。

68. 唐力行:《明清徽州的家庭與宗族結構》,《歷史研究》,1991 年第 1 期。

69. 唐力行:《徽州方氏與社會變遷——兼論地域社會與傳統中國》,《歷史研究》,1995 年第 1 期。

70. 童廣俊、張玉:《試論清代、民國時期冀中農村土地買賣中的契約精神——以束鹿縣張氏家族土地買賣契約為例》,《河北法學》,2006 年第 8 期。

71. 王德慶:《清代土地買賣中的陋規習慣——以陝南地區為例》,《歷史檔案》,2006 年第 3 期。

72. 王帥一：《明清時代的「中人」與契約秩序》，《政法論壇》，2016 年第 2 期。

73. 王萬盈：《產權交易下的清代浙東契約文書述論》，《西北師大學報》（社會科學版），2008 年第 3 期。

74. 王正華：《晚清民國華北鄉村田宅交易中的官中現象》，《中國經濟史研究》，2018 年第 1 期。

75. 王振忠：《清水江文書所見清、民國時期的風水先生——兼與徽州文書的比較》，《貴州大學學報》（社會科學版），2013 年第 6 期。

76. 王振忠：《清代藏書家汪啟淑的商業經營與社會生活——對幾份新見契約文書的解讀》，《學術月刊》，2019 年第 1 期。

77. 王宗勳：《錦屏民間林業契約及徵集研究基本情況》，《貴州檔案》，2002 年第 3 期。

78. 王宗勳：《從錦屏契約文書看清代清水江中下游地區的族群關係》，《原生態民族文化學刊》，2009 年第 1 期。

79. 王宗勳：《略論清水江中下游地區碑刻的社會價值及保護》，《貴州大學學報》（社會科學版），2015 年第 3 期。

80. 王宗勳：《從清水江文書看清代清水江中下游外來移民「入住權」的取得——岑梧「鎮寨」文書解讀》，《貴州大學學報》（社會科學版），2016 年第 2 期。

81. 王宗勳：《好訟與無訟：清代清水江下游兩種不同權利糾紛解決機制下的區域社會》，《貴州大學學報》（社會科學版），2016 年第 6 期。

82. 王宗勳：《法律、族規與款規款約的互滲及作用——以魁膽侗寨為例》，《貴州大學學報》（社會科學版），2017 年第 4 期。

83. 王宗勳：《試論清水江木商文化》，《貴州大學學報》（社會科學版），2018 年第 2 期。

84. 魏道明：《家族主義與中國法律思想的淵源》，《青海師範大學學報》（哲學社會科學版），1993 年第 3 期。

85. 魏道明：《從簡牘資料看秦的家庭結構》，《青海師範大學學報》（哲學社會科學版），2003 年第 1 期。

86. 魏道明：《中國古代遺囑繼承制度質疑》，《歷史研究》，2000 年第 6 期。

87. 魏明孔：《中國封建社會轉型時期的小農經濟與市場》，《中國經濟史研究》，1996 年第 2 期。

88. 魏明孔：《區域經濟史資料的發掘整理與利用——兼評王萬盈〈清代寧波契約文書輯校〉》，《中國經濟史研究》，2008 年第 4 期。

89. 魏明孔，豐若非：《改革開放 40 年中國經濟史研究的回顧與展望》，《中國經濟史研究》，2018 年第 5 期。

90. 魏明孔：《改革開放 40 年來的中國古代經濟史研究述評》，《中國史研究動態》，2018 年第 5 期。

91. 韋明鏵：《「白螞蟻」解——關於房地產買賣之「中人」及其文化釋讀》，《檔案與建設》，2002 年第 5 期。

92. 吳才茂：《清代清水江流域的「民治」與「法治」——以契約文書為中心》，《原生態民族文化學刊》，2013 年第 2 期。

93. 吳才茂：《從契約文書看清代以來清水江下游苗——侗族婦女的權利地位》，《西南大學報》（社會科學版），2013 年第 4 期。

94. 吳才茂：《近五十年來清水江文書的發現與研究》，《中國史研究動態》，2014 年第 1 期。

95. 吳承明：《經濟史學的理論與方法》，《中國經濟史研究》，1999 年第 1 期。

96. 吳承明：《經濟史：歷史觀與方法論》，《中國經濟史研究》，2001 年第 3 期。

97. 吳承明：《談談經濟史研究方法問題》，《中國經濟史研究》，2005 年第 1 期。

98. 吳蘇民，楊有賡：《「皇木案」反映「苗杉」經濟發展的歷史軌跡》，《貴州文史叢刊》，2010 年第 4 期。

99. 吳蘇民，楊有賡：《「清江四案」「白銀案」之前後》，《貴州文史叢刊》，2011 年第 2 期。

100. 許光縣：《清代契約法對土地買賣的規制——以紅契制度為中心的考察》，《政法論壇》，2008 年第 1 期。

101. 徐忠明：《從明清小說看中國人的訴訟觀念》，《中山大學學報》（社會科學版），1996 年第 4 期。

102. 徐忠明：《明清刑事訴訟「依法判決」之辨正》，《法商研究》，2005 年第

4 期。

103. 徐忠明：《中國法律史研究的可能前景：超越西方，回歸本土？》，《政法論壇》，2006 年第 1 期。

104. 徐忠明：《清代中國司法裁判的形式化與實質化——以〈病榻夢痕錄〉所載案件為中心的考察》，《政法論壇》，2007 年第 2 期。

105. 楊國楨：《清代浙江田契佃約一瞥》，《中國社會經濟史研究》，1983 年第 3 期。

106. 楊卉青：《宋代土地契約法律制度》，《保定學院學報》，2011 年第 5 期。

107. 楊軍：《清代國家對貴州民族地區的法律治理》，《學術論壇》，2017 年第 5 期。

108. 楊有賡：《文斗苗族地區的明清社會經濟文化發展狀況——〈姜氏家譜〉剖析》，《貴州民族學院學報》（社會科學版），1989 年第 4 期。

109. 楊有賡：《清代苗族山林買賣契約反映的苗漢等族間的經濟關係》，《貴州民族研究》，1990 年第 3 期。

110. 楊有賡：《漢民族對開發清水江少數民族林區的影響與作用（上）》，《貴州民族研究》，1993 年第 2 期。

111. 楊有賡：《漢民族對開發清水江流域少數民族林區的影響與作用（下）》，《貴州民族研究》，1993 年第 3 期。

112. 楊志芳：《清代、民國雲南買賣契約中「第三方群體」研究》，《思想戰線》，2017 年版第 5 期。

113. 俞榮根：《天理、國法、人情的衝突與整合——儒家之法的內在精神及現代法治的傳統資源》，《中華文化論壇》，1998 年第 4 期。

114. 俞江：《契約與合同之辯》，《中國社會科學》，2006 年第 3 期。

115. 俞江：《清代的立繼規則與州縣審理——以寶坻縣刑房檔為線索》，《政法論壇》，2007 年第 5 期。

116. 俞江：《中國地權源流》，《中國改革》，2010 年第 3 期。

117. 張本照：《清代鄉村社會契約秩序研究的回顧與展望》，《科技信息》（科學教研），2008 年第 13 期。

118. 張光紅：《鳴神與鳴官：清代清水江流域民間糾紛多元解決機制試探》，《貴州大學學報》（社會科學版），2017 年第 2 期。

119. 張晉藩：《論中國古代民法研究中的幾個問題》，《政法論壇》，1985 年第 5 期。

120. 張晉藩、汪世榮、何敏：《論清代民事訴訟制度的幾個問題》，《政法論壇》，1992 年第 5 期。

121. 張微：《日本學者武內房司苗族山林契約文書研究析略》，《貴州師範學院學報》，2017 年第 5 期。

122. 張小也：《健訟之人與地方公共事務——以清代漕訟為中心》，《清史研究》，2004 年第 2 期。

123. 張雪慧：《徽州歷史上的木材經營初探》，《中國史研究》，1987 年第 1 期。

124. 張陽陽：《清代黔東南契約習慣法與國家法的衝突與調適》，《原生態民族文化學刊》，2017 年第 3 期。

125. 張應強：《清代契約文書中的家族及村落社會生活——貴州省錦屏縣文斗寨個案初探》，《廣西民族學院學報》（哲學社會科學版），2005 年第 5 期。

126. 趙曉力：《中國近代農村土地交易中的契約、習慣與國家法》，《北大法律評論》，1998 年第 2 期。

127. 鄭小春：《汪氏祠墓糾紛所見明清徽州宗族統治的強化》，《安徽大學學報》（哲學社會科學版），2007 年第 4 期。

128. 鍾一葦：《清水江文書中的訴訟及其交易習慣》，《貴州大學學報》（社會科學版），2017 年第 6 期。

129. 周進、李桃：《同姓中人在清代土地絕賣契約中的法律角色研究——從與賣方的關係探討》，《貴州社會科學》，2009 年第 11 期。

130. 周紹泉：《田宅交易中的契尾試探》，《中國史研究》，1987 年第 1 期。

131. 朱琳：《回顧與思考：清代糧價問題研究綜述》，《農業考古》，2013 年第 4 期。

132. 朱滸，劉素敏：《2016 年清史研究綜述》，《清史研究》，2017 年第 4 期。

133. 朱澤坤：《清代貴州農林經濟思想略論》，《農業考古》，2016 年第 1 期。

134. 〔日〕岸本美緒、欒成顯：《東京大學東洋文化研究所契約文書研究會的 30 年》，《史學月刊》，2005 年第 12 期。

135. 〔日〕岸本美緒、張微：《貴州山林契約文書與徽州山林契約文書比較研

究》,《原生態民族文化學刊》,2014 年第 2 期。

136. 〔日〕涉谷裕子:《安徽省休寧縣龍山鄉浯山嶺村山林經營方式的特徵》,
《史學》,2002 年第 4 期。

137. 〔日〕寺田浩明:《關於清代土地法秩序「慣例」的結構》,《日本中青年
學者論中國史》(宋元明清卷),上海:上海古籍出版社,1995 年版。

138. 〔日〕寺田浩明:《明清時期法秩序中「約」的性質》,載滋賀秀三等:
《明清時期的民事審判與民間契約》,北京:法律出版社,1998 年版。

139. 〔日〕中島樂章:《清代徽州的山林經營、紛爭及宗族形成——祁門三四
都凌氏文書研究》,《江海學刊》,2003 年第 5 期。

(三)學位論文

1. 曹務坤:《明清時期貴州民田制度研究》,博士學位論文,雲南:雲南大
學,2016 年。

2. 曹伊清:《法制現代化視野中的清末房地產契證制度》,博士學位論文,
江蘇:南京師範大學,2006 年。

3. 付饒:《清代貴州清水江地區與徽州地區林業契約的比較》,博士學位論
文,貴州:貴州民族大學,2016 年。

4. 胡鵬:《清代中期華北糧食市場整合研究(1776～1840)》,博士學位論文,
北京:中國農業大學,2017 年。

5. 胡謙:《清代民事糾紛的民間調處研究》,博士學位論文,北京:中國政
法大學,2007 年。

6. 李力:《清代民間契約中的法律》,博士學位論文,北京:中國人民大學,
2003 年。

7. 黎帥:《清代黔東北經濟開發研究(1644～1840 年)》,博士學位論文,
湖北:中南民族大學,2018 年。

8. 梁聰:《清代清水江下游村寨社會的契約規範與秩序》,博士學位論文,
四川:西南政法大學,2007 年。

9. 羅海山:《傳統中國的契約:法律與社會》,博士學位論文,吉林:吉林
大學,2005 年。

10. 彭志才:《清代以來江西地區社會經濟若干問題研究(1723～1964)》,博
士學位論文,河北:河北大學,2014 年。

11. 唐紅林：《中國傳統民事契約格式研究》，博士學位論文，上海：華東政法大學，2008 年。

12. 王兵傑：《清代順治至嘉慶時期北京地區地契研究》，博士學位論文，北京：中國社會科學院，2009 年。

13. 王成偉：《中國古代土地關係變動的考察》，博士學位論文，吉林：吉林大學，2007 年。

14. 王德慶：《契約、習慣與社會秩序》，博士學位論文，陝西：陝西師範大學，2003 年。

15. 魏順光：《清代中期墳產爭訟問題研究》，博士學位論文，四川：西南政法大學，2011 年。

16. 王新斐：《清代山西稅契制度研究》，博士學位論，山西：山西大學，2013 年。

17. 邢丙彥《近代松江西部土地租佃制度研究》，博士學位論文，上海：上海師範大學，2012 年。

18. 徐嘉露：《明代民間契約習慣研究》，博士學位論文，河南：鄭州大學，2018 年。

19. 楊朝迎：《宋至清代徽州地區幾件買賣契約文書初探》，博士學位論文，甘肅：蘭州大學，2013 年。

20. 袁家超：《清代契約法制研究》，博士學位論文，北京：中國政法大學，2009 年。

21. 趙良玉：《古代中人作用之法律分析》，博士學位論文，河南：鄭州大學，2018 年。

22. 黃亞楠：《清代以來江浙地區田房契稅研究》，碩士學位論，上海：華東師範大學，2015 年。

23. 金海姣：《清代浙東田地買賣契約研究》，碩士學位論文，遼寧：遼寧大學，2014 年。

24. 李宇：《契約所見清代山西土地價格研究》，碩士學位論文，山西：山西大學，2015 年。

25. 梅磊：《道光年間湖北天門熊氏田地買賣契約文書研究》，碩士學位論文，河南：鄭州大學，2016 年。

26. 穆柔荷：《清代河南土地交易研究》，碩士學位論文，河南：鄭州大學，
    2018 年。

27. 文琴：《貴州錦屏苗侗地區「林契文書」的價值、生存危機及保護對策》，
    碩士學位論文，華中師範大學，2012 年。

28. 楊洋：《清代至民國福建德化縣契約文書研究》，碩士學位論文，河北：
    河北大學，2012 年。

29. 周振明：《清代宏村萬氏宗族的經濟與社會生活研究》，碩士學位論文，
    安徽：安徽大學，2015 年。

30. 朱晉一：《清代清水江流域錦屏縣山林買賣契約文書研究》，碩士學位論
    文，陝西師範大學，2014 年。